헤겔연구 제27호

감성과 이성

* 이 학술지는 2009년도 정부재원(교육인적자원부 학술연구조성
사업비)으로 한국학술진흥재단의 지원을 받아 출판되었음

헤겔연구 제27호

감성과 이성

한국헤겔학회 편

차례

1부 헤겔의 이해

2부 일반 논문

3부 부록

제1부

헤겔의 이해

사변적 변증법 형성을 위한 플라톤 변증법에 대한 헤겔의 해석

이 동 희

요약문

이 글은 헤겔이 사변적 변증법 형성을 위해 플라톤 변증법을 어떻게 해석하고 수용했는가를 밝히고자 한다. 헤겔은 자신의 사변적 변증법 개념 형성을 위해 칸트, 피히테 셸링 등 당대의 변증법 이해 보다 엘레아학파와 플라톤에 나타난 고대의 변증법을 더욱 높게 평가한다. 헤겔은 칸트의 이율배반에 나타난 변증법적 논리 보다 제논의 변증법을 사태에 내재적이며 객관적이라고 평가한다. 특히 헤겔은 『파르메니데스』편과 『소피스테스』편 등에서 엘레아학파의 이론을 사변적 변증법으로 발전시킨 플라톤의 변증법을 자신의 사변적 변증법의 모범이자 선행으로 생각한다. 헤겔은 플라톤의 변증법이 모순을 긍정해 사변적 변증법의 길을 열었다고 생각한다. 그러나 변증법과 관련한 헤겔의 플라톤 해석은 여러 가지 논란을 낳았다. 예를 들어 『소피스테스』편에서 헤겔은 플라톤이 여전히 모순을 긍정하는 변증법을 전개하는 것으로 해석했지만, 실제로 플라톤은 모순을 긍정하기보다 모순을 피하고자 했다. 헤겔은 시종일관 플라톤의 변증법을 자신의 사변적 변증법의 관점에서 해석했기 때문에 플라톤의 변증법의 또 다른 점을 보지 못했다. 그러나 헤겔이 플라톤의 개별적인 측면에서 플라톤의 변증법을 오해했지만, 전체적인 측면에서 플라톤의 변증법이 지향하는 바를 올바르게 이해하고 있었다고 할 수 있다. 헤겔에 따르면, 플라톤은 엘레아학파의 변증법을 통해 사태에 내재적인 모순을 분명하게 드러냈고, 이러한 모순들로부터 긍정적이면서 더 고차적인 통일을 발전시키기 위한 이데아의 변증법을 기획했다. 헤겔은 플라톤을 이렇게 해석함으로써 고대 그리스의 변증법의 기획위에서 자신의 사변적 변증법의 형성의 정당성을 확보할 수 있었다.

● 주요어 : 삼원성, 이율배반 변증법, 사변적 변증법, 플라톤, 엘레아, 파르메니데스, 제논, 개념의 자기 운동, 모순

머리말

헤겔의 변증법 개념을 이해하기 위한 시도와 해석은 많았지만, 국내 학계에서는 정작 그 기원과 형성에 대해 제대로 논의한 적은 별로 없다. 그 이유는 그 동안 헤겔의 변증법이 우리 시대가 처한 현실의 모순과 역동성을 설명하기 위한 실천적 관심의 차원에서 연구되어 왔기 때문이다. '80년대 헤겔 변증법에 대한 연구가 최고조를 이룰 때, 변증법과 관련한 헤겔 연구는 주로 맑스나 레닌의 해석에 자극을 받아 『정신현상학』의 '노동' 개념, '주인과 노예의 변증법'이 주를 이루거나, 헤겔 『대논리학』에 대한 해석이 주를 이루었다.[1)] 그러나 헤겔 변증법에 대한 이러한 연구경향은 철학사적으로 헤겔 변증법의 기원과 형성을 규명하는 일을 등한시 했고, 헤겔 변증법이 갖는 의미와 그 특성을 밝히는 데도 한계를 드러냈다.

헤겔은 자신의 변증법의 연원과 의미를 그가 항상 씨름했던 고대 그리스 철학자들의 변증법과 연관시키고 있다. 그는 『정신현상학』의 서설(Vorrede)[2)] 그리고 『대

1) 한국의 헤겔 연구 경향으로는 이동희 · 김윤구, 『헤겔연구목록』(새한철학회, 1999), 이동희,『한국의 헤겔 연구사』(새한철학회 2000), 그리고 김윤구,『한국에서의 헤겔연구사』(대동철학회, 2000) 참조.

2) Hegel, G.W.F., *Phänomenologie des Geistes*, Hamburg, 1952, 57쪽(이하 PhdG로 약호). 본문에서 서설은 특별한 설명이 없을 경우 정신현상학의 서설(Vorrede)를 뜻하며, 정신현상학의 번역문은 기본적으로 임석진, 『정신현상학』(2005, 한길사)에 따라 인용.

논리학』(Wissenschaft der Logik)[3] 등 곳곳에서 변증법에 관한 한 칸트, 피히테, 셸링 등 당대의 철학자들보다 고대의 철학자들이 훨씬 더 훌륭하다는 평가를 내린다. 헤겔은 서설에서 이 고대 엘레아 철학자의 변증법을 다룬 플라톤의 『파르메니데스』편을 고대 변증법의 최고의 예술작품(Kunstwerk)라고 표현한다.[4] 또한 베를린의 『철학사강의』에서도 플라톤의 『파르메니데스』 편을 "플라톤 변증법의 가장 유명한 걸작"[5]이라고 부각시킨다. 실제로 헤겔은 1812년 10월 23일 친구인 니이트함머에게 보낸 편지에서도 칸트의 이율배반보다 '고대 엘레아 철학자의 변증법'이 훨씬 더 훌륭하다고 적고 있다. 어떠한 점에서 헤겔은 변증법과 관련해서 당대의 철학자들보다 고대의 철학자들을 높게 평가했고, 플라톤의 『파르메니데스』 편을 고대 변증법의 최대 예술작품이라고 말을 한 것일까?

이러한 질문에 대답하기 위해서는 당대의 변증법에 대한 헤겔의 비판과 변증법과 관련한 그대 그리스 철학자들, 특히 플라톤의 변증법 및 플라톤에 의해 해석된 엘레아 학파의 변증법에 대한 헤겔의 이해를 살펴보아야 한다.

헤겔은 자신의 철학을 형성하는 중요한 국면마다 고대 그리스철학, 특히 플라톤 철학과 대결을 했다. 가다머도 헤겔은 항상 플라톤적 대화들을 일상적으로 사유하며 지냈다고 한다. 실제로 헤겔이 젊은 시절부터 항상 고대 그리스 철학, 특히 플라톤과 씨름한 흔적을 발견할 수 있다. 이미 튀빙겐 시절부터 헤겔은 횔덜린 및 다른 친구들과 함께 플라톤을 읽고 번역한 적이 있었다.[6] 튀빙겐 신학교를 졸업한 후, 가정교사생활을 하던 1797년 프랑크푸르트 시절에 헤겔은 횔덜린을 따라 "미의 이념이 최상의 이념"인 "심미적 플라톤주의"를 추종하기도 했다. 이후에 헤겔은 이러한 경향에서 벗어나기는 했지만, 플라톤 철학은 이후 헤겔 철학 체계의 기획을 위해 중요한 기초를 제공해 주었다. 헤겔은 플라톤의 덕론과 국가론을 통해 정치적 윤리학의 구상을 받아 들여 이를 인륜성에 관한 총체적인 이론으로 정초하는 한편, 다른 한편으로는 칸트의 이율배반론과 함께 플라톤의 『파르메니데스』편을 통해 진정한 철학적 회의주의를 구상한다. 이러한 철학적 회의주의의 작업은 나중에 변증법에 기초한 논리학의 기획을 위한 중요한 출발점이 되었다.[7]

---

3) Hegel, G W.F., *Wissenschaft der Logik, Werke* 5, Frankufrt/M., 1969 226쪽(앞으로 헤겔 전집은 G.W.F, Hegel, *Werke in zwanzig Bänden*, hrsg. v. E. Moldenhauer u, K. MIchel, Frankufrt/M., 1969를 기본적으로 사용하고 Werke로 약호하고 권수를 밝힘)
4) PhdG, 57쪽.
5) Werke 19, 79쪽.
6) K. Rosenkranz, *Hegels Leben*, Berlin 1844, 40 쪽.
7) Düsing, K., *Hegel und die Geschichte der Philosophie, Darmstadt*, 1983, 69쪽.

헤겔은 플라톤이야말로 자연철학이나 실천철학과 더불어 변증법을 독립적인 철학적 학문으로 만든 사람이라고 보고 있다. 헤겔은 플라톤이 사변적 변증법의 창시자이며, 그에게서 시작된 변증법이 그의 작품들 중에서 가장 흥미롭고 난해하다고 말을 한다.[8] 헤겔은 플라톤이 변증법에 선행하는 중요한 이론들을 수용하면서 변증법을 존재론적이면서도 방법론적인 독자적 이론으로 구상했으며, 이러한 변증법 이론을 『파르메니데스』편에서 관철시켰다고 본다.[9] 이와 같은 플라톤 변증법에 대한 헤겔의 연구는 플라톤 해석의 선구적인 업적으로 이어지기도 했다. 헤겔은 플라톤의 변증법의 심오함을 이해한 선구자일 뿐만 아니라, 『파르메니데스』, 『소피스테스』 그리고 『필레보스』라는 본래 사변적인 플라톤의 대화편들을 발견한 인물이다. 이 대화편들은 18세기 철학에서는 주목을 받지 못하다가 헤겔의 덕택으로 비로소 플라톤 철학의 본래적 핵심부분으로 자리 잡게 되었다. 그러나 변증법과 관련한 헤겔의 플라톤 해석은 여러 가지 논란과 해석을 낳았다.[10] 그러한 논란과 해석의 핵심은 헤겔이 자신의 변증법의 형성에 본질적인 영향을 미쳤다고 본 플라톤의 변증법, 즉 플라톤이 해석하고 비판적으로 발전시킨 엘레아학파의 변증법에 대한 헤겔의 해석이 정당한가 하는 것이다. 이러한 문제는 헤겔의 변증법의 정당성과 관련이 있으며, 헤겔 변증법의 연원과 정신이 어디에 있는가를 볼 수 있는 중요한 문제라 할 수 있다.

1. 당대 변증법 개념에 대한 헤겔의 비판

가다머에 따르면, 칸트에 의해 제기된 선험적 변증론의 덕택으로 변증법이 새롭게 명성을 얻게 되고, 변증법 속에서 이성이 오성적 사고의 한계를 초월하여 사물을 파악할 특유의 가능성이 제시되었다고 한다.[11] 피히테, 셸링, 슐라이어마허, 헤

---

8) "이제 플라톤의 사변적 변증법에 대해 말한다면, 그에게서 시작된 이 변증법은 그의 작품들 안에서 가장 흥미로운 것이요, 또한 가장 난해한 것이기도 하다. 그래서 사람들은 플라톤의 저술들을 연구하면서도 흔히 이 변증법을 알지 못하는 것이다" Hegel, G.W.F., *Geschichte der Philosophie*, Glockner, 18권 Stuttgart, 226쪽.

9) Düsing. K., *Hegel und die Geschichte der Philosophie, Darmstadt*, 1983, 87쪽.

10) 헤겔의 플라톤 해석에 대한 논란과 해석에 대해서는 다음의 책을 참조. Düsing. K., *Hegel und die Geschichte der Philosophie, Darmstadt*, 1983, 55-68 쪽 참조.

11) Gadamer, H.G., "Hegel und die Antike Dialektik", in : Gadamer, H.G., *Gesammelte Werke, Bd. 3, Neuere Philosophie*, Tübingen, 1987, 3쪽.

겔은 당대에 이러한 가능성을 인식하고, 학문적 방법으로서의 변증법을 정초하려고 했던 사람들이다. 이들 중에서도 헤겔은 변증법을 자신과 시대를 같이 하는 사람들과 달리 완전히 독자적인 학문 방법으로 위치시키고 있다.

헤겔은 당시에 오인되어 사용되어 왔던 변증법에다 학문적 방법으로서의 철저한 성격을 부여함으로써 변증법의 성격을 분명하게 하고자 했다. 이와 관련해서 그는 『정신현상학』의 서설에서 학문의 방법을 언급하면서 당대 철학자들의 '변증법' 이해를 비판하고, 형식적 논변이나 논증과 구별되는 '개념 그 자체의 자기운동'인 "변증법"을 옹호한다.

헤겔은 "서설"에서 변증법과 관련해서 오성적 사유형식이 가진 삼원성(Triplizität)을 발견한 칸트에 대해 언급한다.[12] 헤겔은 이미 『믿음과 지식』(1802)에서 칸트와 연관해서 삼원성을 "사변의 핵심"이라고 언급한 적이 있었다. 헤겔이 변증법과 관련해 칸트의 삼원성을 높게 평가하는 까닭은 칸트의 범주론이 순수한 사유의 형식을 제공하고, 그 자체 사유의 운동을 제시하는 단초를 제공하였기 때문이다. 그러나 헤겔은 칸트의 삼원성은 죽어 있으며 몰개념적이라고 말을 한다.

> "이와 마찬가지로, 처음에는 본능에 의해 다시 발견된, 그러나 아직도 죽어 있으며 몰개념적인 칸트의 삼원성이 절대적 의미로 고양된 이후에, 참다운 내용의 참다운 형식으로 제시되는 동시에 학문의 개념이 부상하게 되었다."[13]

헤겔이 칸트 철학의 삼원성(Triplizität)을 "아직도 죽어 있으며, 몰개념적인" 것이라고 평가하는 것은 칸트철학의 삼원성이 오성적 사유의 형식을 보여 주지만, 그 사유 형식이 대상으로 하는 내용과 그 내용의 발전과정을 결여하고 있다고 보기 때문이다. 헤겔은 칸트의 삼원성이 대상의 생명성을 결여했기에 아직 죽어 있다고 보는 것이다. 또한 헤겔이 몰개념적이라고 보는 것은 칸트의 범주적 오성은 순수 사유의 형식을 제시할 뿐, 사유의 자체의 운동에 대해 전혀 언급하지 않기 때문이다.

---

12) 헤겔은 칸트의 삼원성에 대해 이미 『믿음과 지식』에서 다음과 같이 높게 평가한 바가 있다. "칸트는 사유나 형식을 무형식적인 것으로서 , 그리고 공허한 통각으로서가 아니라 지성으로서 그리고 참된 형식으로서, 말하자면 삼원성으로서 파악하였기 때문이다. 이 삼원성에 사변적인 것의 맹아가 홀로 놓여 있다." 참조 Hegel, G.W.F., 황설중 역, 『믿음과 지식』, 아카넷, 2003, 64쪽.

13) PhdG, 41쪽.

그러나 칸트의 삼원성이 보여 준 사유의 운동 형식은 이후 학문 개념에서 절대적 의미를 지니게 된다. 피히테, 셸링 등이 이 사유 운동에 주목해 그것을 학문의 방법적 원리인 변증법으로 고양시키고자 했다. 그러나 헤겔은 이 학문의 체계에 있어 중요한 사유의 변증법적 운동을 피히테, 셸링의 철학이 더욱 도식화하고 한낱 일람표 정도로 전락시켜 놓았다고 비판한다.

피히테는 칸트의 삼원성을 학문의 방법적 원리로 고양시켜 놓았다. 피히테는 삼원성의 원리를 정립-반정립-종합의 변증법적 사유운동으로 제시한다. 첫 번째 단계인 정립은 모순이 아직 은폐되어 존재하는 논리적 발전의 출발점을 형성한다. 두번째 단계인 반정립은 은폐되었던 모순이 전개됨에 따라 구분과 대립으로 드러나게 되는 것을 나타낸다. 마지막으로 세번째 단계인 종합은 대립의 변증법적 해소를, 즉 갈등하는 계기들의 통합을 구현한다.[14] 그러나 피히테가 삼원성을 학문의 방법적 원리로 고양시켰다고 할지라도 헤겔의 입장에서 보면 그것은 칸트 철학의 내용 없는 형식으로부터 크게 진전해 나간 것은 아니다. 왜냐하면 그는 이러한 것을 순수한 주관적 자아(das reine subjektive Ich)의 활동으로만 생각했기 때문이다. 피히테에게 삼원성은 학문의 방법적 원리로 고양되었지만, 아직 대상의 생명성을 표현하지 못하고 있고 사유 대상 자체의 운동이 되고 있지 못하다. 셸링은 피히테의 주관적 관념론(Subjkektiver Idealismus)에 대항하여 객관적 실재로서 자연을 강조하였다. 그러나 헤겔은 셸링 및 셸링 추종자들이 사용하는 삼원성의 원리 역시 도식적이고 지나치게 형식적이라고 비판한다. 헤겔은 셸링이 사유 대상에 주목하기는 했지만, 셸링의 삼원성은 외부의 형식에다 내용을 짜맞추는 그러한 형식주의라고 본다. 헤겔은 셸링의 자연철학에 나타나는 형식주의는 사유 대상 존재의 운동과 전혀 무관한 외면적 도식에 불과하다고 본다. 헤겔은 셸링의 자연철학이 크게 영향을 끼친 브라운주의(Brownianismus)를 비판하면서 그러한 형식주의가 얼마나 엉성한 학문적 구성인가를 비판한다. 스코틀랜드 출신의 의사 브라운은 모든 병을 너무 강력한 자극과 너무 약한 자극 두 가지로 환원시킨 다음에, 모든 병을 원기왕성한 병과 원기왕성하지 않은 병으로 나누었다.[15] 헤겔은 이러한 돌팔이 의사가 하는 것과 같은 도식의 적용을 자연철학적인 형식주의에서도 볼 수 있다고 비판한다.

---

14) G. Stiehler, *Die Dialektik in der Phänomenologie des Geistes*, Akademie Verlag, Berlin, 1964,. 144쪽.

15) John Brown, *Elementa medicinae*, 1780.

"이러한 형식주의는 내적인 생명이나 생명력이 있는 존재의 자기 운동 대신 직관이나 감각적인 지에 의한 단순한 규정을 표면적인 유추를 통해 주논점으로 하여 도식을 이렇듯 외면적이고 공허한 방식으로 이용하는 것을 학문적 구성으로 내세운다."[16)]

헤겔이 볼 때, 셸링은 사유 대상을 그 자체에서 전개하지 않고, 자기가 만든 도식, 즉 붉은 색으로서의 정신적 관념과 푸른 색으로서의 자연적 실재를 대조시키는 도식을 대상에 적용하려고 하였다.[17)] 이것은 마치 화가가 물감판 위에다가 적색과 녹색의 두 가지 색만을 가지고서, 사람이 기록화를 구하면 캔바스에 붉은 색을 칠하고, 풍경화를 구하면 푸른 색을 칠하는 것과 같다고 헤겔은 셸링을 비판한다. 헤겔은 셸링의 철학이 사유 대상 자체의 운동을 표현하지 않고 외부의 도식을 사유 대상에다 적용해 드러 난 사유와 대상 간의 차이를 또 다시 외부적인 도식인 동일성에다 가져다 덧씌우는 방식으로 사유와 대상간의 통일을 이루었다고 힐난한다.

"이러한 형식주의가 도식상에 나타난 차이를 부끄럽게 여기며 이를 반성의 탓으로 돌리면서 모든 것을 절대의 공허 속으로 몰아 넣고 나서는 순수한 동일성과 같은 형식 없는 백색을 덧칠하는 수법을 씀으로써 결국 단색의 절대화를 완성해 놓았다는 데 대해서는 이미 이야기한 대로이다. 앞에서 본 단색으로 된 도식이나 이에 준하는 생명없는 상표와 지금 말한 절대적 동일성 그리고 어느 한쪽에서 다른 쪽으로의 이행은 그 모두가 하나같이 죽은 지성의 산물이며 외부에서 끌어 들여 온 인식에 지나지 않는다."[18)]

헤겔은 칸트가 '본능적으로 발견한' 삼원성의 원리가 피히테나 셸링에 와서 학문의 원리로 제기되었지만, 생명 없는 도식으로 전락된 것을 비판하며 자신의 변증법 개념을 내세운다. 그가 볼 때 변증법은 '사물 자체의 생명이자 운동'을 파악하는 학문적 방법의 원리이다. 헤겔에 따르면, "학문은 오직 개념의 고유한 생명력을 통해서만 체계화" 되어야 하며, "형식적인 도식에 따라 외면으로부터 존재에 첨가되는 성질 대신 존재의 자기 운동" 을 파악해야 한다.[19)] 다시 말해 학문적 관찰은 대상의 내적 삶과 자기 운동을 표현해야만 한다. 그러나 피히테나 셸링과 같이 형식에 얽매여 있는 오성은 "내용 자체에서 움터 나오는 개념 파악에 대한 필요성조

16) PhdG, 42쪽.
17) PhdG, 43쪽.
18) PhdG, 43쪽.
19) PhdG, 44쪽.

차도 깨닫고 있지 못하다."[20]

헤겔은 "학문적 방법의 본성은 내용과 불가분하게 결부되어 자기 자신의 힘으로 운동의 리듬을 결정"하는 데 있으며, 그것을 나타나는 것이 바로 사변 철학(Spekulative Philosophie)이라고 주장한다.[21] 이점에서 헤겔이 파악하는 변증법이란 사유 대상이나 내용과 무관한 외부적인 도식이나 형식이 아니라 사유 대상의 내적 운동으로부터 전개되는 사유의 법칙이라 할 수 있다.

헤겔은 당대 변증법에 대한 비판적 서술 이후에 변증법이 왜 논변 위주의 형식적 사유와 다른가에 대해서 이렇게 언급한다.

> "논변위주의 형식적 사유는 주로 다음 두 가지 점에서 개념적인 사유와 대립하는 관계에 있다. 우선 그것은 일단 파악된 내용에 부정적인 자세를 취하면서 이를 반박하고 무효화한다. 〔....〕논변위주의 형식적 사유는 표상이건 사상이건 또는 양자의 혼합물이건, 그 어떤 내용을 놓고서도 개념적인 사고에 다다를 수 없는 또 다른 면을 안고 있다."[22]

논변위주의 형식적 사유로 대표적인 것은 아리스토텔레스의 형식논리학을 들 수 있다. 아리스토텔레스의 형식 논리학은 무모순을 지향한다. 그러나 이러한 형식 논리학적 사유는 무모순을 지향하기에 모순이 되는 규정들을 자체 내에 품을 수가 없다. 그렇기 때문에 새로운 사실의 발견이나 사유의 내용을 풍부하게 하거나 새로운 단계로 발전해 가는 개념적 사고에 도달할 수 없다. 헤겔이 볼때 변증법의 주요한 점 중의 하나는 개념 자체가 대립적 규정들을 자체 안에 해소해 나가면서 내용을 풍부하게 하고 새롭게 한다는 점이다.

헤겔은 학문의 토대가 "개념의 자기 운동"에 있으며, 변증법은 이러한 것을 파악하는 방법이라고 주장하면서 그 연원을 고대 변증법으로부터 찾는다. 헤겔은 서설의 마지막 부분에서 변증법의 최고 작품으로 플라톤의 『파르메니데스』를 언급한다. 헤겔은 아리스토텔레스의 형식 논리학을 비판하지만 그에게 가장 심원하고 사변적인 진리가 있다는 것을 인정한다. 그러나 가다머가 지적하는 것처럼, 철학적 논증에 있어서만큼은 헤겔은 "아리스토텔레스가 아니라 엘레아 학파의 변증법과 플라톤의 변증법을 철학적 논증을 이해하기 위한 자기 본래의 모범"으로 간주했다.[23]

---

20) PhdG, 44쪽.
21) PhdG, 47쪽
22) PhdG, 48쪽 이하
23) Gadamer, H.G., 앞의 책, 4쪽

2. 칸트의 변증법과 제논의 변증법에 대한 헤겔의 평가

헤겔은 칸트의 오성 범주론과 그 이후 칸트 철학을 도식적으로 적용한 셸링을 비판하지만, 『대논리학』에서 칸트의 이율배반론에 나타난 변증법을 사변적 관념론에 이르는 중요한 의미를 지닌 것으로 평가한다. 칸트에 의하면 변증법이란 가상(假象)의 논리학, 즉 참인 듯이 보이는 오류를 비판하는 논리학이다. 그에 의하면 우리는 단지 경험적 세계 즉 현상계를 인식할 수 있을 뿐이며 초경험적인 것, 예컨대 신이나 영혼 등에 대해서는 인식할 수 없다. 그런데 우리의 이성은 본래 개개의 판단을 종합, 통일하려는 경향이 있기 때문에 어떻해서든 경험을 초월한 무제약적인 것을 찾으려고 하는데, 이때 오류가 발생한다. 칸트는 이 오류를 선험적 가상이라 불렀는데, 이를 밝히고 비판하는 것을 선험적 변증법의 임무로 생각했다. 그러나 칸트에게서 변증법이란 플라톤과 같이 진리를 탐구하기 위한 적극적인 철학의 방법이 아니라 단지 참인 듯한 오류를 비판하는 소극적인 역할로 규정되어 있었다. 따라서 헤겔은 칸트의 이율배반론은 '자신의 변증법의 이전 형태'인 부정적 변증법에 머물고 있다고 본다.[24] 이 점에서 헤겔은 제논을 언급하고 있는 '칸트의 이율배반론'을 제논의 역설들을 통해 대체한다. 칸트는 '이율배반론'에서 제논의 변증법이 궤변이 아니라, 실재하는 세계의 총체성을 언급하자마자 발생하는 이율배반에 대해 언급한 것이라는 점을 지적한다.[25] 그러므로 칸트는 플라톤이 제논을 "교활한 궤변가"라고 평가한 점에 대해 동의하지 않았다. 그러나 칸트는 이율배반이 갖는 '회의적 방법'과 사유를 '독단'에 빠지지 않게 하는 "비판적 · 이론적인 이점"에만 주목할 뿐, 사태 자체에서 발생하는 변증법의 모순에는 주목하지 못하고 있다. 이 점에서 헤겔은 칸트보다 제논의 역설들에 더욱 특별한 의미를 부여한다. 헤겔이 볼 때, 엘레아 학파, 그 중에서도 특히 제논의 변증법의 장점은 제논의 변증법에 의해서 모순들이 사태 자체 속에서 증명된다는 데 있다. 헤겔의 견해에 따르면, 칸트의 이율배반론에서 나타난 정립과 반정립은 그 자체 내적으로 발생한 것이 아니다. 엄밀히 말해 그것은 대립 관계이지 모순관계가 아니기 때문이다. 헤겔은 『대논리학』의 '양(量, Quantität)'에서 칸트의 이율배반을 상세하게 분석하며 이렇게 비판을 한다.

24) 참조 Düsing, K., *Hegel und die Geschichte der Philosophie, Darmstadt*, 1983, 49쪽.
25) Kant, I., *Kritik der reinen Vernunft*, Hamburg, 1956, 500쪽.

"이제 칸트의 이율배반을 더 자세히 살펴보면 결국 이것은 한 가지 규정이 가진 서로 대립되는 두 계기 중의 *어느 한쪽에* 대해 아주 단순한 정언적 주장을 하는 것과 다름 없다. 게다가 이때의 단순한 정언적이며 또한 본래적인 의미에서 실언적인 주장은 비뚤어지거나 왜곡된 논법으로 시종된 틀 속에 갇혀서 마치 논증이라도 되는 듯한 외관을 띠면서 그러한 주장의 한낱 단언적인 요소를 은폐시키거나 이를 호도하려고 한다."[26]

헤겔이 생각할 때 모순이란 한 사물의 내적 필연성에 의해 반대의 것이 나타나는 것, 즉 정립에 의해 반정립이 필연적으로 발생해야 하는 것이다. 헤겔은 칸트의 변증법에 반해, 제논의 변증법은 "사상 그 자체의 본질, 즉 내용의 순수개념에 의해서 입증되는 운동"을 보여준다는 의미에서 '객관적'이며 '사태 내재적'이라고 평가한다.[27] 제논은 참으로 존재하는 것은 유일부동이며 불생불멸이라는 자신의 스승 파르메니데스의 사상을 옹호하기 위해, '운동'이나 '다자'가 존재한다고 생각하는 사상이 모순을 안고 있다는 것을 논증하려고 했다. 헤겔은 이 점에서 아리스토텔레스를 따라 제논을 변증법의 발견자로 본다.[28] 그러나 헤겔은 아리스토텔레스가 제논의 변증법을 플라톤과 같이 세밀하게 다루지 못하고 있다고 본다.[29] 아리스토텔레스는 제논이 내적 모순을 통해 운동을 부정했다고 지적하지만, 헤겔은 아리스토텔레스의 제논 해석에 동의하지 않는다. 헤겔은 "마치 코끼리의 존재를 의심할 수 없듯이 운동의 존재는 감각적으로 확인"된다고 주장한다. 그가 볼 때 제논은 추호도 운동을 부인하려 하지 않고, 운동은 모순된 것이므로, 진리가 아니라는 점을, 따라서 운동은 참다운 존재가 아니라는 점을 증명하려 했다는 것이다. 아리스토텔레스는 엘레아학파의 실재에 대한 부정 이래로 그리스의 사유가 몰두해 온 "현상들의 구제"를 자신의 탐구의 중요한 목적으로 삼았고, 엘레아학파의 방법에 대립되는 요구, 즉 감각적인 것에 대한 판단은 모순이 없어야 한다는 요구를 내세웠다. 그러나 헤겔은 감각적인 것의 파악에서는 그 자체 모순이 발생할 수밖에 없다고 하는 엘레아학파의 입장을 지지한다.

---

26) Werke 5, 218쪽.

27) Werke 18, 301쪽.

28) 이 표현은 아리스토텔레스의 소년기 저술인 『소피스테스』의 인용문으로서 디오게네스 라에르티우스와 섹스투스 엠피리쿠스에서 발견된다. 이에 대해서는 *Aritotelis fragmenta selecta*, hrsg. v. W.D, Ross,Oxford 1955, 15쪽 참조. 여기서는 Düsing, K.,*Hegel und die Geschichte der Philosophie*, Darmstadt, 1983, 48쪽 주 16이하에서 재인용.

29) '운동'과 관련한 아리스토텔레스의 제논 이해에 대한 헤겔의 비판은 다음을 참조 Hegel, Werke, 18, 305쪽.

헤겔은 제논이 대립되는 규정들도 외부에서 세워진 것이 아니라, 그 자체의 규정에 의해 세워진 것으로 이해했다는 점에서 높이 평가한다. 그것은 사물의 운동에 기인하는 변증법이기 때문이다. 그러므로 그는 제논에게서 사물의 운동을 말해주는 참다운 객관변증법을 발견한다.

"그〔제논〕에 따르면, 최초에 변증법이 운동으로부터 발단하게 되었던 이유는 바로 이 변증법 자체가 운동이라는 것, 혹은 또 운동 자체가 곧 모든 존재의 변증법에 다름 아니라는 데 있다. 이렇게 본다면 사물은 스스로 운동하는 가운데 본래부터 자기의 변증법을 갖추고 있거니와 이때 운동이란 스스로 타자화되는 것, 따라서 자기를 지양하는 것이다."[30)]

헤겔은 제논이 운동의 개념에 의해 모순을 보여 주려 한 까닭은 그 모순이 운동에 반하는 것을 증명하려 한 것이 아니라 역으로 모순이 항상 있을 수밖에 없는 것을 증명하고자 했던 것이라 본다. 그런데 헤겔은 제논이 모순율을 넘어서지 못하고 있으며, 제논의 변증법이 모순의 긍정이라는 점으로까지 발전하지 못하고 있다고 주장한다. 그는 대립되는 두 개의 술어를 다 같이 부정한다는 점에서 제논의 변증법을 본래의 변증법이라 할 수 없다고 본다. 헤겔에 따르면, 그것은 부정 변증법에 그치고 있다. 이런 부정 변증법의 논증에 의하면 엘레아학파의 존재도 결국 무와 대립될 수밖에 없을 것이라 본다. 이점에서 헤겔은 플라톤의 변증법에 주목한다. 헤겔이 볼 때 초기 대화편 속에서 플라톤은 무모순의 원리를 지키지만, 『파르메니데스』 편에서는 엘레아학파의 전통과 일치해서 대화를 기술하면서 변증법에다 진리를 탐구하기 위한 방법이라는 적극적 의미를 부여한다. 헤겔은 플라톤의 『파르메니데스』편을 더 이상 단순한 회의주의와 부정적으로 머무는 논리학의 전형이 아니라 자신의 '사변적 변증법'의 결정적인 논증단계의 전형으로 생각한다. 이런 점에서 그는 아리스토텔레스가 아니라, 엘레아학파의 변증법과 플라톤의 변증법을 철학적 논증을 이해하기 위한 자기 본래의 모범으로 삼은 것이라 할 수 있다.

30) Werke 18, 305쪽.

3. 플라톤 변증법에 대한 헤겔의 이해

가다머는 「헤겔과 고대의 변증법」이라는 논문에서 최초로 순수사유로 고개를 돌린 엘레아학파의 철학이 헤겔이 보기에는 부정적으로만 머물렀던 제논의 변증법에서 완성되고 이 변증법이 플라톤의 변증법의 한 계기로 흡수된다는 사실에 주목하고 있다.[31)]

우선 헤겔은 플라톤의 변증법에서 부정적으로 표상을 혼란시키는 과제가 빈번하게 나타난다고 지적한다. 이것은 소피스트들의 변증법과도 같은 것이다. 제논 이래로 소피스트들을 거치면서 변증법은 완전히 논쟁술로 전락해버리고 말았다. 헤겔은 소피스트의 변증법을 "허위 변증법" 또는 "외적 변증법"(äußerliche Dialektik)이라는 말로 표현한다. 이 변증법은 외부 관찰자의 시선에서 "지금껏 확정적인 것으로 간주되어 오던 일체의 대상적 요소를 동요시키는 근거나 측면을" 제시하는 방법으로 대상 자체의 논리가 아니라 대상의 외부에서 제시하는 논증 방법이다. 소피스트에게 와서 참다운 의미를 잃어버리고 논쟁술에 이기기 위한 기술로 전락한 변증법에 대해 새롭게 중요한 의미를 부여한 철학자가 소크라테스와 플라톤이었다. 소크라테스는 변증법을 대화술, 문답법으로 훌륭하게 구사한 철학자였다. 그는 어떤 질문을 하여 상대방이 대답하면 상대방의 대답 속에 모순이 있음을 자각시켜 상대의 주장을 무력화하는 방식으로 변증법을 구사했다. 이때의 변증법은 그것의 논의의 결과가 단지 부정적인 것이기에 헤겔은 이 변증법을 부정 변증법이라 칭한다. 제논이 자신의 스승의 존재 개념을 정당화하기 위해 자신의 이율배반론을 구축했던 것과 같이 플라톤도 그의 청년기 저술에서 소피스트와 관련해서 스승 소크라테스의 이론을 뒷받침하고자 부정변증법을 자주 사용하였다. 그러나 다른 한편으로 소크라테스와 더불어 플라톤은 변증법을 진리를 탐구하기 위한 사유방법으로 고양시킨다. 플라톤은 변증법을 학문의 최고의 방법으로 중요시했다.

엘레아학파의 존재 개념처럼, 플라톤에게 선과 진은 영원불멸하며 영속적이다. 그러나 그는 엘레아학파와 다르게 스스로 변화하는 사물들이 갖는 긍정적 가치를 박탈하지 않는다. 그러한 것들은 플라톤에 있어서 모사(eidolon)의 의미를 갖는다. 그것으로부터 플라톤 변증법에 가장 고유한 객관적 실재의 모범인 참된 형태

31) Gadamer, H.G., "Hegel und die Antike Dialektik", in : Gadamer, H.G.,., *Gesammelte Werke, Bd. 3, Neuere Philosophie*, Tübingen, 1987, 19쪽 이하 참조.

(eidos)의 존재에 대한 참여(methexis, participatio)가 나타난다. 플라톤의 변증법은 주어진 사물들로부터 출발해서 이데아적 존재에로 상승하는 기술이다. 이러한 상승을 플라톤은『국가』에서 서술한 바가 있다.

> "그러면 '지성에 의해서 〔라야〕 알 수 있는 종류'의 다른 한 부분으로 내가 뜻하는 것은 다음 것이라 이해하게나. 이는 '이성(logos)자체'가 '변증술(dialetikè) 논변(dialegesthai)의 힘(능력)'에 의해서 파악되게 되는 것으로서, 이때의 이성은 가정들을 원리들로서가 아니라 문자 그대로 '밑에(hypo) 놓은 것(thesis)'(기반 : hypothesis)들로서 대하네. 즉 '무가정의 것'(to anypotheton)에 이르기까지 '모든 것의 원리(근원)'〔선의 이데아〕로 나아가기 위한 발판들이나 출발점들처럼 말일세. 이성 자체가 이를 포착하게 되면, 이번에는 이 원리에 의존하고 있는 것들을 고수하면서, 이런 식으로 다시 결론(종결) 쪽으로 내려가되, 그 어떤 감각적인 것도 전혀 이용하지 않고, 형상(eidos)들 자체만을 이용하여 이것들을 통해서 이것들 속으로 들어가서, 형상들에서 또한 끝을 맺네."(『국가』 511b–c)

플라톤의 상승의 변증법은 이성 자체의 원리 및 운동을 파악하는 힘이다. 이성은 선의 이데아라는 원리에 참여하고 있는 것을 고수하면서, 감각적인 것을 이용하지 않고 형상 그 자체들만을 이용해 '모든 것의 원리', 즉 선의 이데아로 나아간다. 헤겔은 플라톤의 변증법이 이데아 원리에 참여한 것을 부정하거나 배제하지 않고 그것을 고수해 '모든 것의 원리'인 선의 이데아에로 나아간다는 점에서 제논의 부정 변증법과 다르다고 보았다. 헤겔은 이러한 플라톤의 사변적 변증법이『파르메니데스』편에서 시작되었다고 본다. 헤겔은 플라톤이『파르메니데스』편을 통해 진정한 이데아에 대한 앎을 얻기 위해 관통해야 하는 모순들과 역설들을 보여준 것이라 생각했다. 이러한 점에서 헤겔은 플라톤이『파르메니데스』편에서 모순의 긍정성을 인식하고 있었으며, 모순의 긍정을 통해 존재론적 이데아 변증법을 기획했다고 해석한다.

플라톤의『파르메니데스』편은 소크라테스가 주장하는 형상론의 비판론을 내용으로 하는 제 1부(126a~137c)와 여러 가정에 따른 변증법의 훈련 부분인 제 2부로 구성되어 있다. 제 2부는 7개의 가정으로 이루어져 있다. 제 1부에서 젊은 소크라테스는 플라톤의 이데아설의 대변자로 등장한다. 그러나 젊은 소크라테스의 이데아설에 대해 파르메니데스의 반박이 제기된다. 소크라테스는 이데아의 형상계와 현상계의 이원론을 구분하는 입장에 서 있다. 그러나 파르메니데스는 "머리카락이나 진흙"과 같이 "사소하고 품위 없는 것들에도 상응하는 형상"(130c7-8)이 있지 않겠느냐"는 질문을 던져 소크라테스로 하여금 대답을 하기 어렵게 만든다. 소크라테스가 이러한 입장에서 벗어나기 위해 참여 이론(methexis: participatio)을 언급하자, 파르메니데스는 소크라테스의 참여이론에 대해 논박을 해서 소크라테스를 아포리아에 빠지게 한다. '도포'의 예를 들어 파르메니데스는 소크라테스가 주장하는 대로 개별자가 형상에 부분적으로 참여하면서 그 형상 전체의 본질을 나눠 갖는다고 주장 하는 것이 모순임을 보여 준다. 파르메니데스는 하나의 형상이 부분으로 나누어지면서 동시에 전체로서 하나로 있다는 것이 불가능함을 젊은 소크라테스에게 일깨워준다.

> "마치 하나의 도포로 여러 사람을 덮고서 그대는 여러 사람들 위에 도포가 하나인 전체로 있다고 말하는 것과 같다.〔....〕 그렇다면 그 도포는 각자 위에 전체로 있을까 아니면 각각 서로 서로위에 도포의 다른 부분이 있을까?〔...〕형상들 자체는 나눠질 수 있고, 그것에 참여하는 것들은 그 부분에 참여하는 것일 테고, 각각의 안에는 결코 전체가 아니라 각각의 부분이 있을 것이다."(131 b-c)

예리한 파르메니데스는 〈큼〉, 〈같음〉 그리고 〈작음〉의 이데아를 예로 들어 계속해서 청년 소크라테스의 형상론을 반박해 나간다. 파르메니데스에 의하면 개별자가 이데아에 부분적으로 참여함으로써 그 본질을 나눠받는다면, 각각의 큰 것들은 큼 자체의 부분, 즉 큼 자체보다 작은 것에 참여함으로써 큼을 분유 받게 되는 것인데 이것은 작은 것에 참여함으로써 큼을 얻는 것으로 모순이라는 것이다.

이러한 파르메니데스의 논박 앞에 젊은 소크라테스는 형상론을 제대로 옹호하지 못하고, 변증법적 훈련의 필요성을 깨닫게 된다. 제2부는 그러한 변증법적 훈련을 다룬다. 그러나 플라톤은 제 2부에서 이데아론의 존재론적 의미를 의심하는 데서부터 출발한 엘레아학파의 변증법을 개선시켜 그 정점에 이르게 한다. 여기서 엘레아 학파의 '모순과 역설'들은 플라톤에 의해 정점으로 고양된다. 파르메니데스는 '하나'의 탐구에서 '하나'가 전체일 수도 없고 부분을 가질 수도 없음을 증명한 다음, 하나는 전체요 부분을 갖는다고 하는 이와 반대되는 주장을 증명한다. 이 '하나'에 대한 탐구에서 서로 두 개의 모순되는 진술이 모두 참으로 제시된다.

헤겔은 이점에서 플라톤이『파르메니데스』편에서 모순을 긍정하는 긍정적이고 사변적인 변증법을 전개했다고 본다.[32] 사변적인 변증법은 제 모순의 전제를 폐기하기 위해서만 그 모순에 도달하는 변증법이 아니고, 존재와 비존재, 차별과 무차

별의 모순이나 대립을 그것들이 서로 관련하고 있는 상태, 요컨대 보다 높은 통일에서 이해하는 변증법인 것이다.[33] 이런 『파르메니데스』편의 면모는 헤겔이 예나에서부터 진정한 철학적 회의주의를 구성할 때 결정적인 의미를 지닌 것이었다.[34] 이런 점에서 헤겔은 칸트의 이율배반론과 함께 『파르메니데스』편을 논리학의 기획과 논리학의 방법론인 변증법의 본질적 방향으로 삼았다.[35] 그런데 플라톤 변증법에 대한 이러한 헤겔의 수용은 올바른 것인가?

4. 플라톤 변증법에 대한 헤겔의 오해

헤겔은 플라톤이 『파르메니데스』 제2부에서 엘레아 학파의 변증법이 갖는 '부정적인 존재론적 논증'을 함축적으로 비판하며 자신의 새로운 존재론과 이데아 변증법을 준비했다고 주장한다. 헤겔의 파악에 의하면, 『파르메니데스』편에서 순수하며 유한한 오성 규정들은 대립적 규정들 없이는 어떤 규정도 존립할 수 없기 때문에, 본래적으로 존재하는 바의 규정이라고 할 수 있는 '오성에게 타당한 모순율'에 따라서 지양되어야 하는 것이다. 그래서 『파르메니데스』편은 분명히 헤겔이 보기에는 '절대자의 인식이 지닌 부정적 측면'을 보여주지만, 인식의 긍정적 측면을 필연적으로 전제한다. 헤겔은 플라톤의 『파르메니데스』편이 "역설들을 관통하는 이러한 진행과정"을 통해 진정한 이데아에 대한 앎을 얻기 위한 준비단계로 본다. 그러기에 헤겔은 플라톤이 『파르메니데스』편에서 모순의 긍정성을 인식하고 있었으며, 『파르메니데스』편의 엘레아학파적인 개념성과 논증방식을 필연적인 것으로 간주하고 있었다고 본다. 이런 점에서 헤겔은 『파르메니데스』편을 진정한 존재론적 이데아 변증법의 해명이라고 해석한다. 이러한 헤겔의 『파르메니데스』편에 대한 긍정적 해석은 여러 비판을 낳았다. 대표적인 것은 E.von Hartmann과 L. Sichirollo이다. E.von Hartmann는 『파르메니데스』편의 대화가 모순을 용인하는

---

32) 플라톤 변증법에 대한 헤겔의 해석을 지지하는 책으로는 다음을 참조: Martin, G., *Platon*, Reinbek bei Hamburg, 1997.
33) Gadamer, H.G., "Hegel und die Antike Dialektik", in : Gadamer, H.G,., *Gesammelte Werke, Bd. 3, Neuere Philosophie*, Tübingen, 1987, 36쪽.
34) Hegel, G.W.F., 'Verhältnis des Skepticismus zur Philosophie', in: *Gesammelte Werke*, Bd.4, Meiner, Hamburg 1968.
35) 참조 Düsing, K., *Hegel und die Geschichte der Philosophie*, Darmstadt, 1983, 69쪽.

것 같지만, 플라톤이 다른 대화들 속에서 무모순의 원리를 견지하기 때문에 헤겔이 『파르메니데스』편을 자신의 모순 변증법의 역사적 증거로 삼고자 할 때 통일적인 플라톤 해석을 할 수 없었다고 비판을 가한다.[36] 그러나 E. Hoffmann, G. Prauss와 H. Gundert와 같은 플라톤 해석자들은 플라톤이 모순율이 이중적 의미를 지니고 있다고 본다. 플라톤이 모순율을 견지하지만, 그의 대화록을 엘레아학파의 전통 속에서 기술했다고 본다. L. Sichirollo는 헤겔의 판단에 대해 대립적이다.

> "잘 알다시피 헤겔은 파르메니데스를 '플라톤 변증법의 최고 걸작'으로 특징지었다. 이러한 주장은 플라톤 텍스트와 연관해서 유지될 수 없다. 여기서 언급되는 변증법은 플라톤이 아니라 제논의 것이기 때문이다."[37]

이러한 L. Sichirollo 주장은 플라톤이 모순율을 엘레아의 제논 식으로 해석했다는 것을 간과하고 있다.[38] 헤겔은 『소피스테스』편도 『파르메니데스』편과 동일한 의미에서 모순을 긍정하는 변증법이 있다고 처음부터 믿고서 읽었다. 헤겔은 플라톤의 이데아의 변증법에서 그러한 모순 긍정의 변증법을 찾고 있으며, 『소피스테스』 편에서 모순들의 긍정적인 결과들을 해석함으로써 자신의 긍정적 사변적 변증법의 선행으로 삼았다. 헤겔은 『소피스테스』를 존재와 비존재의 계속적인 서술이라고 보았다.[39] 헤겔은 『소피스테스』편에서 플라톤이 존재와 무의 단순성과 절대성에 관한 파르메니데스의 학설에 반대했다는 사실을 인식했다. 존재자는 동시에 부정을 포함해야만 하며, 다른 한편 비존재자도 존재해야만 한다. 이러한 플라톤의 사상을 헤겔은 플라톤 변증법의 '최고 형식'에 속하는 '존재와 비존재의 동일성'으로 해석한다. 여기서 헤겔은 서로 모순적인 규정들이 통합되는 절대적 동일성을 분명히 염두에 두고 있다. 헤겔이 이렇게 생각한 것은 피치노의 잘못된 『소피스테스』 라틴어 번역에 기인한다. 헤겔은 "타자라는 것은 동일한 것이며, 동일한 것은 타자이며, 그것도 똑같은 관점에서 볼 때 그러한 것을 밝히는 것"(소피스테스, 259c~d)이라는 피치노의 번역을 따라 플라톤이 모순을 긍정했다고 보고, 『소피스테스』편을 긍정적 변증법의 증거로 삼았다. 헤겔은 플라톤의 논의에서 두 개의 특수한 규정들이 서로 대립하며 보편자의 모순을 구성하게 된다고 본다. 이 모순

---

36) Hartmann, E. von, *Über die dialektische Methode*, Berlin, 1868, 4쪽 이하.
37) Sichirollo, L. *Dialegesthai–Dialektik*, Hildesheim 1966, 81 Anm.
38) Andries Sarlernijin, *Hegelsche Dialektik*, Berlin, 1971 38쪽 이하.
39) Werke 19, 70쪽.

은 보편자를 해소하는 것이 아니라, 보편자 속에 계기로서 변증법의 운동과 이행을 발생시킨다. 헤겔은 『소피스테스』편에서 서로 모순되는 것들이 보편자 속에로 통일되는 것으로 보며, 그것을 "플라톤 고유의 변증법의 주요규정"으로 발견한다. 그러나 사실 플라톤은 『소피스테스』편에서 모순을 긍정하기보다는 한쪽이 다른 쪽에 대해 항상 타당하게 되는 관점들을 논박하면서 모순을 피하고 있다.

> "어떤 사람이 상이한 것을 어떤 의미에서 동일한 것이라 하고, 동일한 것을 어떤 의미에서는 다르다고 할 때, 그가 이것들 중 하나가 그런 상태에 있다는 의미에서, 그리고 그런 관점에 따라 언급된 것들을 하나씩 논박하면서 따라갈 수 있는 것이네." (『소피스테스』 259 c)

사실 『소피스테스』편은 아리스토텔레스가 형이상학 제 4권에서 세운 모순율의 유명한 정식의 가장 중요한 선행형태로 간주된다. 플라톤은 예를 들어 『소피스테스』편에서 모순을 일으키는 것은 불가능하며, 존재할 수 없다는 사실을 분명하게 언급한다.

> "자네(테아이테토스)와 관련해 언급되더라도 다른 것들이 같은 것들로 그리고 '있지 않은 것들'(존재하지 않는 것들)이 '있는 것들'(존재하는 것들) 로 언급되는 경우에 실제로 동사와 명사들로부터로 생긴 이런 결합(Synthesis)이야말로 실제로 그리고 참으로 거짓진 술이 되는 것 같군." (『소피스테스』 263 d 1~4)

이러한 점에서 『소피스테스』는 헤겔의 해석한 바와는 다른 것이었다. 헤겔은 『파르메니데스』편에서 개선된 엘레아 학파의 변증법과 『소피스테스』편의 변증법을 구분하지 않은 채 플라톤의 이데아의 변증법으로 간주했다. 그는 『소피스테스』편에서 후기 플라톤의 또 다른 종류의 이데아의 변증법을 보지 못했다.[40] 헤겔은 『파르메니데스』편에서부터 『소피스테스』편까지 플라톤의 변증법을 시종일관 자신의 사변적 변증법의 관점에서 해석했기 때문이다. Düsing은 헤겔이 이렇게 플라톤 변증법을 해석하는 것은 존재범주의 변증법에 관한 자신의 후기 구상의 관점 때문이었다고 지적한다.[41] 헤겔은 자신의 사변적 변증법을 통해 플라톤의 『파르메

40) Düsing, K., *Hegel und die Geschichte der Philosophie*, Darmstadt, 1983, 90쪽.
41) Düsing, K., *Hegel und die Geschichte der Philosophie*, Darmstadt, 1983, 85쪽.

니데스』편에 등장하는 모순들로부터 긍정적이면서 더 고차적인 통일을 발전시키려했다. 헤겔은 플라톤과 아리스토텔레스가 존재의 본성으로 표현한 에이도스나 이데아 개념에 대해서도 그러한 사변적 변증법의 요구를 내세운다.

> "아낙사고라스 이후의 철학자들은 현존재의 본성을 좀더 명확하게 에이도스나 이데아라는 개념으로 파악했다. 이 에이도스나 이데아란 규정된 보편성(*bestimmte Allgemeinheit*)을 지닌 '유'(Art)개념이다.〔...〕 존재가 유로 규정될 경우 그것은 단일한 관념물이 되며 거기에서는 단일한 누스가 실체가 되어 있다. 이렇듯 단일하고 자기동일적이므로 실체는 확고부동한 존재이다. 그러나 자기 동일성이라는 것은 또한 부정성을 안고 있기도 한데, 바로 이 부정성으로 인하여 확고부동한 존재는 해체되고 만다."[42)]

헤겔은 자기동일적이고 확고부동한 실체에 대해 부정성의 요구를 통해 해체시킨 후 좀더 고차적인 통일을 꾀하고자 했다. 헤겔이 볼 때 에이도스나 이데아 모두 단일한 사유이지만 그것이 풍부한 내용성을 갖기 위해서는 자기 스스로의 운동을 통해 구별을 만들어 내야 하기 때문이다. 이 구별 속에서 오성이 파악하는 모순이 발생하지만 그 모순은 좀더 고차적인 통일, 즉 보편적 이성으로 나아가기 위한 과정이다. 『정신현상학』의 '서설'에서 헤겔은 이러한 '존재'의 본성을 파악하기 위한 의미를 이렇게 서술한다

> "왜냐하면 단일한 사유라는 것은 스스로 운동하는 가운데 자체적으로 구별을 자아내면서 동시에 자기의 고유한 내면에 바탕을 둔 순수한 개념을 보유하는 것이기 때문이다. 따라서 이렇게 본다면 지성이라는 것은 하나의 생성운동을 뜻하며, 오성은 이 생성운동 속에서 보편적인 이성을 간직하는 것이다."[43)]

헤겔에 따르면 사변적 변증법이 존재를 온전하게 파악하기 위해서는 존재 자체의 자기 운동, 즉 존재 자체의 타자로의 전환과 그리고 자기에로의 복귀를 내적 필연성에 의해 수행해야만 한다. 헤겔은 이 사변적 변증법의 입장에서 플라톤의 변증법의 전체적 방향이 지향해 나가는 바를 읽어 냈다. 그렇게 함으로써 그는 자신의 사변적 변증법의 역사적 연원과 근거를 고대 변증법, 특히 플라톤의 변증법에

42) PhdG 46쪽.
43) PhdG, 47쪽.

서 찾을 수 있었다.

맺는 말

헤겔은 분명 플라톤을 오해함으로써 플라톤의 변증법을 자신의 사변적 변증법의 선행형태로 삼았다. 헤겔은 『파르메니데스』편과 『소피스테스』편의 해석을 통해 자신의 변증법 개념을 정당화하고, 또한 '모순'의 긍정이라고 하는 계기를 발견하고자 하였다. 이러한 해석에서 헤겔은 성급하게 플라톤의 변증법을 모순율을 배반하는 모순 긍정의 변증법으로 오해해 버린 점이 있다. 이러한 오해에도 불구하고, 헤겔은 『파르메니데스』편과 『소피스테스』편을 통해 플라톤이 엘레아 학파의 '모순과 역설'을 넘어서는 이데아의 변증법을 기획하고 있다는 점을 보여 주었다. 엘레아 학파는 각각의 명제에 대립하는 명제가 주장될 수 있으며, 양쪽의 명제는 그때마다 독립적으로 그 귀결에 이르기까지 설명되지 않으면 안된다는 논의의 형식을 주장했다. 그러나 이러한 논의 형식에 따르면 규정된 것은 바로 모순에 가득찬 것으로 그 자체는 존재할 수 없으며 무효한 것이다. 그러나 헤겔에 따르면, 플라톤은 이런 엘레아학파의 부정 변증법을 넘어서기 위해, 이러한 모순들로부터 긍정적이면서 더 고차적인 통일을 이루기 위한 이데아의 변증법을 『파르메니데스』편과 『소피스테스』편에서 기획하였다고 볼 수 있다. 이러한 점을 두고 가다머는 헤겔이 플라톤을 개별적인 관점에서 오해하고 있다고 하더라도 전체적인 측면에서는 플라톤을 바르게 이해하고 있다고 말을 한다.[44] 헤겔에게 모순의 긍정은 중요하다. 헤겔은 『파르메니데스』편에서 플라톤이 제논의 변증법을 개선하면서 '모순의 긍정'을 보았고 이데아의 변증법을 통해 그러한 모순 긍정, 즉 모순을 포괄하는 보편자의 변증법을 찾고 있다고 해석했다. 헤겔은 플라톤의 『소피스테스』편을 모순들의 긍정적인 결과들로 해석함으로써 플라톤의 사변적 변증법의 기획을 읽어 냈고, 그것을 사변적 변증법의 선행으로 삼았다. 그러므로 헤겔은 『파르메니데스』편과 『소피스트』편에 나타난 플라톤의 변증법을 본질적인 방향으로 삼아 『대논리학』에서 존재, 무, 생성의 논리를 전개할 수 있었다. 헤겔은 플라톤의 변증법을 '사변적 변증법'의 입장에서 해석함으로써 '모순율'에 기반한 고대 그리스 철학자들

44) Gadamer, H.G., "Hegel und die Antike Dialektik", in : Gadamer, H.G,., *Gesammelte Werke, Bd. 3, Neuere Philosophie*, Tübingen, 1987, 20쪽.

의 변증법과 플라톤의 변증법의 차이를 분명하게 드러낼 수 있었다. 그리고 그 점에서 헤겔은 자기 방식에 따른 것이기는 하지만 플라톤 변증법이 갖는 철학적 기획과 그 의미를 보여주었다고 할 수 있다.

참고 문헌

Hegel, G.W.F., *Phänomenologie des Geistes*, Felix Meiner, Hamburg, 1952.

Hegel, G.W.F., *Vorlesungen über die Geschichte der Philosophie* I, II, Werke 18, 19, Suhrkamp, Frankfurt/M., 1986.

Hegel, G.W.F.,, *Verhältnis des Skepticismus zur Philosophie*, in: Gesammelte Werke, Bd.4, Meiner, Hamburg 1968.

Kant, *Kritik der reienen Vernuft*, Felix Meiner, Hamburg, 1956.

Platon, *Werke*, Darmstadt, 1990.

플라톤, 박종현역, 『국가』, 서광사, 1997.

플라톤, 김태경역, 『소피스테스』, 한길사, 2000.

Gessmann, M., *Skepsis und Dialetik. Hegel und der Platonische Parmenides*, in : *Skeptizismus und spekulatives Denken in der Philosophie Hegels*, hrsg. von H.F.Fulda &R.-F. Horstmann, Stuttgart 1996.

Gadamer, H.G., *Hegels Dialektik, Gesammelte Werke*, Bd. 3 J.C. B. Mohr, 1987

M. Riedel(hrsg.), *Hegel und die antike Dialetik*, Frankfurt/M., 1990.

Klaus Düsing, "Formen der Dialektik bei Plato und Hegel", in: hrsg.v. M. Riedel, *Hegel und die antike Dialektik*, Frankfurt/M., 1990.

Pöggeler O., "Die Ausbildung der spekulativen Dialetik in Hegels Begegnung mit der Antike", hrsg.v. M. Riedel, *Hegel und die antike Dialektik*, Frankfurt/M., 1990.

Klaus Düsing, *Hegel und die Geschichte der Philosophie*, Darmstadt, 1983.

_____ , 서정혁 역, 『헤겔과 철학사』, 동과서, 2003.

Martin, G., *Platon*, Reinbek bei Hamburg, 1997.

Andries Sarlernijin, *Hegelsche Dialektik*, Walter de Gruyter, 1971.

Hartmann, E. von, *Über die dialektische Methode*, Berlin, 1868.

Sichirollo, L. *Dialegesthai-Dialektik*, Hildesheim, 1966.

Rüdiger Bubner, *Zur Sache der Dialektik*, Reclam, 1980.

Stiehler, G., *Die Dialektik in der Phänomenologie des Geistes*, Berlin, 1964.
송영진, 『플라톤의 변증법』, 철학과 현실사, 2000.
조종화, 「플라톤의 관여의 변증법과 헤겔의 모순의 변증법」, 『헤겔연구』24, 용의 숲, 2007.
프리도 릭켄, 김성진역, 『고대 그리스철학』, 서광사, 2000.

Hegels Interpretation der platonischen Dialektik für die Formung seiner spekulativen Dialektik

Rhie, Donghie

In diesem Aufsatz geht es um die Interpretation Hegels von der platonischen Dialektik für seine Formung der spekulativen Dialektik. Hegel kritisiert seine zeitgenössische Verständnisse der Dialektik als Formalismus und Schematismus. Er findet vielmehr in der antiken Dialektik den lebendigen Geist der Dialektik. In diesem Zusammenhang hält er die platonische Dialektik für die Muster und Vorwegnahme seiner spekulativen Dialektik. Nach der Hegelschen Interpretation entwickelt Platon besonders in seinen Schriften Parmenides und Sophistes die Dialektik, die den Widerspruch billigt. Aber Platon versucht in Sophistes offensichtlch Widerspruch zu vermeiden. Hat Hegel die platonische Dialektik mißverstanden ? Hegel hat trotz seines teilweisen Misverständnisses die platonische Dialektik im Kern richtig verstanden. Hegel kann in der platonischen Dialektik einen Entwurf der spekulativen Dialektik herausbringen, die durch den Widerspruch hindurch die Wahrheit erlangen kann.

In diesem Zusammenhang kann Hegel die platonische Dialektik als Vorwegnahme fur seine spekulativen Dialektik halten.

Schlagwörter: Triplizität, Antinomie, Dialektik, Spekulative Dialektik, Platon, Elea, Parmenides, Zenon, Selbstbewegung des Begriffes, Widerspruch

정념의 형이상학과 그 윤리학적 함의

– 데카르트와 헤겔의 정념관을 중심으로

소 병 일

요약문

본 연구는 정념에 관한 다양한 철학적 입장들 중에서도 이성과 보편적 질서를 중시했던 대표적인 두 철학자, 데카르트와 헤겔의 정념관을 비교 · 검토하고자 한다. 근대 철학의 출발을 알렸던 데카르트와 그 말미를 장식했던 헤겔은 이성의 보편적 성격과 그 질서, 그리고 체계를 강조하였다는 점에서 그 철학적 지향성은 유사하다고 할 수 있다. 그러나 그들이 이성을 통한 정념의 제어라는 스토아적 관점을 반복하는 것은 아니다. 양자 모두 보편적 질서와 이성을 강조했다고 하더라도 그 철학적 기획과 방법의 차이에서 그들의 정념관과 그로부터 도출되는 윤리학적 지향성은 스토아와는 다른 논쟁적인 접점을 형성한다. 본 논문에서는 특히 양자로 대변될 수 있는 철학적 방법론과 '습관'과 '고결'을 중심으로 그 차이에 내재된 윤리학적 함의를 검토할 것이다.

데카르트가 정념의 내적 원리를 설명하기 위해 신의 섭리를 요청하는 방식이라면, 헤겔은 그 섭리가 현실의 다양한 계기를 통해 실현되고 설명될 수 있다고 본다. 데카르트의 형이상학적 체계는 정념과 정념의 제어라는 실천철학적인 물음에 대해 스토아적인 형식주의에 머문다면, 헤겔의 경우 데카르트를 해명하여 그 보편적 질서와 개인을 매개시킬 수 있는 방법을 모색한다.

형이상학적 차원에서 보자면 헤겔은 데카르트의 형이상학적 체계를 보완한다고 할 수 있으며, 윤리적인 차원에서 보자면 개인을 넘어 공동체적 관계를 고려한다. 헤겔은 갈등하고 대립하는 개인들의 구체적 삶을 일련의 발전과정으로서 설명할 수 있는 철학 체계를 구상한다. 데카르트적인 입장에서 보자면 정념의 문제는 사고의 빈곤과 의지의 박약에서 발생한다. 반면 헤겔은 이성적 사유나 의지를 중시하는 입장에서 벗어나 정념과 사유의 통일성을 주장한다. 이러한 통일성 속에 소위 삶의 장애로 우려되었던 정념의 영역은 지양될 수밖에 없는 과정상의 계기로 등장한다.

이론적인 차원에서 보자면 헤겔은 데카르트에게 노정된 문제들을 일관된 방식으로 설명할 수 있는 체계를 보여주었다고 할 수 있다. 그러나 철학적 태도와 방법을 넘어 철학과 한 개인의 삶 사이에 노정된 긴장감에 주목할 때 양자의 관계는 역전될 수 있다. 비록 데카르트가 의도하지는 않았을지라도 그의 저작 곳곳에서 보편적 원리나 체계로 완전히 포섭할 수 없는 영역으로서 정념을 인정한다. 이 지점에서 데카르트는 보편적 철학 체계로 환원할 수 없는 한 개인의 구체적인 삶과 현실적인 정념 연구의 출발점을 환기시킨다.

● 주요어 : 데카르트, 헤겔, 정념, 습관, 고결, 신의 섭리, 윤리학, 형이상학

Ⅰ. 들어가며

흔히 정념을 이성에 대비되는 것으로 간주하고 이것을 억제하거나 통제해야만 한다는 스토아적인 정념관은 지금의 우리 시대에도 정념을 이해하는 상식처럼 통용되곤 한다. 철학사적으로 정념과 이성을 대비시키고 이성의 우위와 통제의 중요성을 강조하는 입장은 그 기원이나 영향력을 고려하자면 가장 오래된 것이고 일반적이라고 볼 수 있다. 이는 다른 차원에서 보자면 정념은 긴 역사 동안 부차적이고 불필요한 인간의 본성으로 간주되어왔음을 의미한다. 그러나 이러한 정념관은 이성의 우위에 대해 의구심을 품었던 철학자들의 문제의식을 고려한다면 정념 이해의 한 가지 방식이라고 할 수 있다. 당연히 이성과 정념에 대한 상이한 이해방식은 이론적인 차원에서나 실천적인 차원에서 완전히 해소될 수 없는 예민한 논쟁점을 형성한다.

본 연구는 정념에 관한 다양한 철학적 입장들 중에서도 이성과 보편적 질서를

중시했던 대표적인 두 철학자, 데카르트와 헤겔의 정념관을 비교 · 검토하고자 한다. 우선 양자의 정념관은 이성을 중심으로 하는 정념의 이해방식들 중 일정한 유형들을 대변할 수 있다고 보기 때문이다. 그리고 양자의 차이는 정념과 관련된 그들의 이론적 긴장과 그 속에 내재된 철학적인 난제들이 여전히 인간 이해에 있어 우리의 출발점임을 보여줄 것이다.

근대 철학의 출발을 알렸던 데카르트와 그 말미를 장식했던 헤겔은 외면적으로 이성의 보편적 성격과 그 질서, 그리고 체계를 강조하였다는 점에서 그 철학적 지향성은 유사하다. 그렇다면 과연 이들은 소위 이성중심주의적 입장에서 이성을 통한 정념의 제어와 통제의 필요성을 역설했을까? 이는 그리 단순하게 답할 수 있는 문제가 아니다. 그 이유는 양자 모두 보편적 질서와 이성을 강조했다고 하더라도 세계와 인간, 그리고 이것을 체계화시키려는 철학적 기획과 그 방법, 그리고 이로부터 도출되는 윤리학적 함의는 상이하게 해석될 수 있기 때문이다.

데카르트와 헤겔의 정념관을 구체적으로 비교 검토하기 전에 본 논문의 주제에 관해 제기될 수도 있을 문제점에 대해 간단하게 언급하는 것이 필요할 것이다. 우선 정념이라는 개념어 사용에서 발생할 수 있는 문제점이다. 이 글에서 사용하는 정념이라는 개념은 데카르트의 Passion과 헤겔의 Leidenschaft에 해당하며, 양자는 이 개념을 다른 맥락에서 사용하기 때문에 그 개념적 정의를 일대일로 비교하는 것은 무리가 따른다. 그러나 이것이 정념과 관련된 사태와 이에 관한 양자의 문제의식을 일반화시킬 수 있는 공통지반이 없다는 것을 의미하지는 않는다. 데카르트가 정념과 관련하여 문제시하는 지점을 헤겔은 감정(Fühlen)의 차원으로 다룰 뿐 양자는 정념에 관한 논의지형은 유사하다고 할 수 있다. 양자 모두 정념이라 칭하건 감정이라고 칭하건, 흔히 의식이나 이성과 이에 대비되는 것으로 간주되었던 감성을 형이상학적인 질서 속에서 통일적으로 혹은 일관된 체계 속에서 파악하고자 했기 때문이다.

또한 데카르트와 헤겔의 시대적 문화적 차이 혹은 그 철학함의 조건이나 환경을 고려하지 않고 일대일로 비교할 수 있느냐는 문제를 제기할 수 있다. 본 연구는 양자의 철학적 기획과 방법에 주목할 경우, 양자의 입장에서 시대와 공간을 넘어서는 이론적 전형들을 축출할 수 있다고 본다. 정념에 대한 그들의 철학적 논의는 새로운 형이상학과 그에 맞는 체계를 지향하는 철학적 기획과 맞물려 있다. 이 부분이 양자를 비교 검토할 수 있는 접점을 형성한다. 정념과 관련하여 데카르트와 헤겔의 차이는 그들의 세계관과 인간관의 차이로부터 쉽게 추측할 수 있는 것이 사실이다. 데카르트가 물질과 연장 혹은 정신과 육체라는 두 개의 큰 범주로 세계와 인간을 설명하려고 한다면, 헤겔은 그것을 정신(Geist)의 운동 혹은 발전과정으로서 설명하고자 하기 때문이다. 헤겔은 방법론적으로 그 자체로 명석판명한 인식을 할 수 있는 사유 능력을 전제하고, 이를 통해 정념과 같은 육체적인 것을 파악할 수 있다는 데카르트적인 입장을 거부한다. 그는 사유와 육체적인 것을 상호작용 혹은 양자가 계기로서 상호 발전하는 것으로 파악하며, 정념을 자신의 철학체계에 적극적으로 수용하고자 한다. 이는 철학적 방법론으로 보자면 기하학적 방법과 변증법적 방법의 차이를 반영한다고 할 수 있다. 본 논문은 두 개별 철학자의 입장 차이가 아니라, 양자로 대변되는 철학적 방법론과 그 차이에 내재된 윤리학적 함의에 집중하고자 한다.

본 논문의 구성은 다음과 같다. 2장에서는 데카르트의 『정념론』[1]과 상대적으로 정념에 관한 헤겔의 입장이 상대적으로 잘 드러나는 『엔찌클로페디』[2]를 중심으로 양자의 정념 규정을 검토할 것이다. 그리고 3장에서는 데카르트가 정념의 제어와 통제라는 윤리적인 문제에서 중심적으로 논하는 '습관(habitude)'과 '고결함(générosité)'[3]을 검토하고 이와 대비하여 헤겔의 입장이 무엇인지 살펴볼 것이다. 그리고 마지막으로 간략하게나마 정념에 관한 두 철학자의 논의가 지금의 우리 시대에 가질 수 있는 윤리학적 혹은 실천철학적 의미를 되짚어 보고자 한다.

Ⅱ. 데카르트와 헤겔의 정념 규정

정념과 관련하여 데카르트와 헤겔의 근본적인 입장 차이는 정념과 이와 대비되는 것으로서 의식 사이의 관계에서 드러난다. 데카르트는 정념의 차원과 의식의

---

1) Descartes, Les Passions de l'ême, in *Oeuvres de Descartes XI*(publiées par Ch. Adam & Paul Tannery), Paris:J. Vrin, 1974. 영어번역본으로는 The Passions of the Soul, in *The philosophical Writings of Descartes Vol. I*(trans. and ed. by John Cottingham, Robert Stoothoff, Dugald Murdoch), Cambridge; Cambridge Univ. Press, 1985 참조. 이하 Oeuvres de Descartes는 AT로, The philosophical Writings of Descartes는 CSM으로, Les Passions de l'âme는 PA로 약칭.

2) Hegel, *Enzyklopädie der Philosophischen Wissenschaften III*, in G.W.F. Hegel Werke in Zwanzig Bänden 10, Surhkamp, 1986. 이하 En III으로 약칭.

3) générosité는 국내에서 관대함이라고 번역되기도 한다. 이 글에서는 générosité가 고결(noble)이나 좋은 태생(well-born)의 의미를 가지는 라틴어 generosus에서 온 것임을 부각시키고자 고결함이란 번역어를 사용할 것이다. 어원에 관해서는 John Cottingham, *A Descartes Dictionary*, Blackwell Publishers, 1993, p. 67 참조.

차원을 분리시켜 양자의 관계를 기계론적으로 설명하는 방식을 취한다면 헤겔은 양자의 관계를 정신(Geist)과 같은 상위의 원리가 실현하는 유기적인 관계로 파악하고자 한다. 또한 데카르트가 정념을 의식과 대비시키고 수동적으로 의식에 표상되는 것으로 파악한다면, 헤겔은 감정 자체에 내재한 의식적 계기를 통해 상대적이지만 감정에 의식적 능동성을 부여한다.

1. 데카르트의 정념규정

후대의 일관적인 비판과 달리 데카르트는 자신의 글 곳곳에서 인간이 정신과 육체의 통일체라는 것을 부정하지는 않는다. 그리고 『정념론』에서 나타나듯이 그는 정념을 통일체로서 인간을 이해하기 위한 것이자, 올바른 삶을 위해 연구되어야만 할 과제로 삼는다. 그러나 그의 철학 체계와 설명방식은 주지하듯이 정념을 이성과 의지에 대립하는 이원적인 구조로 배치하면서 양자의 상호작용을 해명해야만 하는 이론적 난점을 낳는다. 이 문제는 정념과 관련된 윤리학적 논의에 영향을 끼치게 되는데, 우선 그의 정념 규정을 구체적으로 살펴보자.

데카르트에 따르면 정념(Passion)의 발생 원인은 육체(corps)이다. 그러나 정념은 의식과 무관한 것이 아니라 의식에 '수동적으로' 주어진 것, 즉 의식에 의해 표상 혹은 포착될 수 있는 것이다.[4] 데카르트는 정념의 외연을 순수하게 마음에 의존하는 사고와 의지를 제외한 감지되는 것 일반으로 확장시킨다. 정념의 외연을 확장시키면서 그는 정념을 3 가지 유형으로 구분한다. 첫 번째 유형의 정념은 보고 듣는 것과 같은 우리 외부의 대상과 관련된 '감각적 지각(perception)'이다.[5] 둘째는 배고픔, 목마름, 고통과 같은 자연적 욕구들로 우리 자신의 육체와 관련된 '지각'이다.[6] 기쁨과 분노와 같은 지각들이 정념의 마지막 유형으로, 데카르트는 이러한 정념들은 영혼(âme)과 관계한다고 말한다.[7] 그런데 17세기 철학자들이 그러했듯이 데카르트 또한 이러한 정념들은 기본적으로 동일한 기계적 원리에 의해 작동한다고 본다.[8]

4) 데카르트는 세 번째 성찰에서 '지각한다'라는 용어를 지적인 것에 대한 순수한 정신적 이해라고도 파악하는데, 이것이 『정념론』에서도 지각이라는 개념이 이러한 의미로 사용되고 있다면, 정념은 철저히 의식적 반성의 대상이라고도 말할 수 있다. AT VII, p. 46; CSM II, p. 32 참조.

5) PA, art. 23.

6) Ibid., art. 24.

7) Ibid., art. 25.

정념은 '동물정기(esprits animaux)', 뇌와 송과선, 신경, 근육과 같은 육체적 기관의 기계적 운동과 그 결과물이다. 정념이 발생하는 원인은 '(동물)정기가 뇌 중앙에 있는 소선(小線) 혹은 송과선을 자극(agitation)'시키기 때문이다.[9] 정념은 동물정기의 운동이 송과선에 자극을 주면서 발생하는 것이고, 영혼이 그 자극을 지각한다는 측면에서, 정념은 표상, 즉 의식의 대상이 된다. 그리고 송과선은 정신과 육체가 만나는 곳이며, 이성과 정념이 충돌하는 곳으로 상정된다. 달리 말해 송과선은 정신과 육체의 상호작용을 설명할 수 있는 그리고 그 자체로는 육체를 움직일 수 없는 정신적인 것이 육체를 움직일 수 있는 해부학적 혹은 생리학적 근거가 된다.[10]

데카르트는 『정념론』 초반부에 정념의 생리학적 혹은 기계적 원리를 제시한 후 정념이란 제대로 안다면 충분히 제어할 수 있는 것이라는 입장을 취한다. 자연과학적이며 상식적으로 보이는 이러한 태도는 지금의 시대에는 식상해 보이지만, 이 속에는 기존의 정념관을 넘어서려는 데카르트의 노력이 숨어 있다. 데카르트는 정념을 비이성적인 것 혹은 이성적인 삶의 장애라고 한 기존의 전통적인 관점을 거부하고, 오히려 정념을 통해 인간이 이성적인 삶을 살아갈 수 있다고 본다. 그런데 이것은 정념을 자연 혹은 본성이라는 보편적 원리에 종속시키는 스토아주의적 원리와 맞닿아 있다. 이는 다음의 주장에서 잘 나타난다.

> (정념은) 인간에게 있어 육체를 위해 준비되어야 할 것에 대해 영혼이 움직이거나 태도를 취하게 하는 것이다.[11]

> 모든 정념의 기능은 오직 자연(nature)이 우리에게 유용하다고 가르쳐 준 일을 의욕하고 이와 아울러 그 의욕을 견지하도록 영혼을 변화시키는 데 있다.[12]

---

8) 이에 관해서는 Roger Ariew and Alan Gabbey, "The scholastic Background", in *The Cambridge History of Seventeenth-Century Philosophy*(ed. by Daniel Garber, Michael Ayers), Cambridge Univ. Press, 1998, pp. 428–429 참조.

9) PA, art. 51 참조. 괄호는 필자.

10) 데카르트의 정념 규정과 그 기계적 원리에 관한 좀 더 구체적인 설명은 소병일, 「기하학적 이성과 생리학적 욕망의 갈등」, 『범한철학』(55호), 범한철학회, 2009, 478–483쪽 참조.

11) PA, art. 40. 괄호는 필자.

12) Ibid. art. 52. 참조. 데카르트는 art. 74에서도 비슷한 말을 한다. "모든 정념의 기능은 오로지 마음이 지녀야 할 사고활동을 강화하고 유지시키는 것이다."

위의 주장에 따르면 인간은 형이상학적인 차원에서 '자연'이라는 이성적인 원리 속에 있으며, 정념은 '자기보존'이라는 그 원리를 실현할 수 있는 일종의 동력과 같은 것이다. 달리 말해 정념이란 비이성적인 무절제의 원인이 아니라 그 자체로 이성적인 원리를 실현할 수 있는 매체가 된다.

데카르트의 정념관을 도식화시키자면, 육체에서 발생하는 정념은 일종의 기계적 원리에 따라 작동한다. 그리고 그 기계적 원리는 자연이라는 보편적 질서, 즉 자기보존에 부합한다.[13] 따라서 그러한 정념의 기능과 원리를 제대로 알지 못했기에 정념은 단순하게 제어해야 할 부정적인 심적 상태로 파악되었던 것이다. 데카르트의 입장에서 보자면 정념에 휘둘리는 이유는 결국 사고 혹은 지적 능력의 결핍이다.[14] 그에 따르면 "지도를 잘하면 정념에 대해 절대권을 갖지 못할 만큼 빈약한 영혼은 존재하지 않는다."[15] 즉 누구나 충분히 배우고 사고할 수 있다면 불필요한 정념을 제어할 수 있다. 이는 논리적으로 정념을 지각의 대상이라고 전제한 것과 밀접한 연관이 있다. 달리 말해 만약 정념이 지각의 대상이라면 우리가 정념에 휘둘리는 이유는 그것을 제대로 지각하지 못하고, 그 속에 숨은 보편적 원리를 따르지 못해서이다.

결국 데카르트에게 정념의 문제는 정념 속에 내재된 이성적 성격, 정확히 말해 생리학적 기계적 원리를 해명하고 이해하는 것이 관건이 된다. 그러나 이는 정념의 제거를 강조했던 전통적인 입장들이 그토록 우려했던 문제를 해결했다기보다는 무화시켰다는 것이 적절할 것이다.

정념의 영역이 바로 구체적인 삶을 영위하는 나에 관한 관심이라고 할 경우, 데카르트의 정념관은 정념을 이성의 원리로 환원했을 뿐 이성과 정념의 이원론적 구별에서 크게 벗어나지 않는다. 달리 말해 데카르트가 자연의 원리가 있으며 이것을 알 수 있는 능력이 인간에게만 있다고 전제하고, 그 자연에 따르는 삶을 강조하는 스토아주의적 전통을 자연과학의 힘을 빌려 완성시킨다고 볼 수 있다.[16] 데카르트는 정념에 대한 이성의 우위와 이성을 통한 정념의 제거를 주장할 필요가 없다.

---

13) 데카르트는 육체의 보존을 정념의 기능으로 보았지만, 정념의 기능을 육체에 국한될 수 없는 '잘 삶'으로 확장시킨다. 이는 논리적 비약이자 혼동이라고 볼 수 있다. 이에 관한 지적으로는 Amelie Oksenberg Rorty, "Cartesian Passions and the Union of Mind and Body", in *Essays on Descartes' Meditations*(ed. by Amelie Oksenberg Rorty), Berkeley: Univ. of California Press, 1986, p. 526 참조.

14) 이러한 지적 능력이란 '우리의 힘에 의존하는 것과 의존하지 않는 것을 구별할 수 있는 능력'을 말한다. PA, art. 141 참조.

15) Ibid., art. 50 참조.

왜냐하면 정념 자체도 자기보존이라는 보편적 질서에 종속되기 때문이다. 이는 데카르트가 정념과 관련하여 스토아주의에 제기되었던 후대 철학자들의 비판에서 자유로울 수 없음을 의미한다.

2. 헤겔의 정념 규정

데카르트의 정념 개념은 헤겔의 관점에서 보자면 감정(Fühlen)에 상응한다. 헤겔은 이러한 감정을 '영혼(Seele)'이라는 범주 아래에서 다룬다. 여기서 주의할 것은 데카르트가 영혼(âme)을 육체와 대비되는 개념으로 의식 혹은 사유활동 일반을 의미하는 것으로 사용한다면, 헤겔의 영혼개념은 의식의 전단계를 이루며 생명을 유지하는 기(氣)와 같은 것을 의미한다는 점이다. 헤겔은 『엔찌클로페디』3 권의 '인간학(Anthropologie)' 장에서 영혼을 '자연적 영혼(natürliche Seele)', '감지하는 영혼(fühlende Seele)', '현실적 영혼(wirkliche Seele)'으로 구분한다. 여기서 첫 번째 자연적 영혼은 일반적인 생명체의 생명유지와 관련되는데, 감각(Empfindung) 작용에 해당한다.[17] 그리고 '감지하는 영혼'은 자연적 영혼의 발전태로, 감정에 해당한다. 단순하게 보자면 데카르트가 구분하고 있는 모든 정념의 형태를 헤겔은 감각과 감정으로 논한다고 말할 수 있다. 차이는 데카르트가 정념이 의식적 활동을 통해 표상 혹은 지각될 수 있는 대상으로 본다면, 헤겔은 감각과 감정 속에서 의식적 활동이 작동하거나 혹은 개입되어 있다고 파악하는 것에서 드러난다. 그는 정념을 데카르트처럼 감각과 감정을 포괄하는 상위 개념으로 사용하지 않는다. 일단 데카르트의 정념 개념과 유사하다고 볼 수 있는 감각과 감정을 헤겔은 어떻게 규정하는지 살펴보자.

1) 감각과 감정

헤겔은 데카르트가 정념을 육체에서 시작하는 것과 영혼 자체에서 시작하는 것을 구분하는 것처럼 감각을 '신체 자체의 영역'과 '정신의 영역'에서 오는 것으로 구분한다.[18] 그리고 헤겔 또한 외적인 감각은 물론이고 내적인 감각도 신체 기관과

---

16) 스토아주의적 입장은 자연에 따른 삶이 이성적이라고 강조한다. 그런데 롱이 지적하듯이 그 자연과 이성이 어떻게 일치하는가에 대해 스토아주의는 만족스러운 답을 주지는 못한다. A. A. Long, "The logical basis of Stoic ethics", in *Stoic Studies*, Berkeley and Los Angeles: Univ. of California Press, 1996, pp. 150-151 참조.

17) En III, § 396.

밀접한 연관이 있다고 본다. 신체의 영역은 오감(五感)이라고 불리는 것과 관계한다. 그리고 정신의 영역에 소속된 감각이란, 데카르트와 유사하게 외부 자연에서 주어지는 것이 아니라 이미 영혼(Seele)에 포함되어 있는 감각이다. 그런데 헤겔은 오감을 데카르트처럼 외적 대상이 영혼에 영향을 끼치는 단순한 기계적 자극이 아니라, 영혼이 자연성에 머물지 않고 자신을 대자적으로 바라볼 때, 내면화되며 상기되는 것으로 파악한다. 데카르트의 철학 체계에서 인간의 감각은 대상의 성질이 아닌 물체의 양적 변화를 받아들이는 것일 뿐이다. 그런데 데카르트는 감각적 지각이란 마음과 육체의 합성체(uni)인 인간에게 무엇이 이롭고 무엇이 해로운 것인지를 마음에 보여주기 위해 신이 혹은 자연이 우리에게 준 것이라고 말한다. 그리고 그는 마음 자체에는 오류가 있을 수 없고, 감각적 지각의 발생 과정에도 기계론적으로 오류가 없다고 본다. 왜냐하면 인간의 마음은 공통감각이 들어있는 뇌의 영향을 받기 때문이고, 감각은 신경의 운동 결과로 나타나는 것이기 때문이다.[19] 이에 반해 헤겔은 감각을 생명체가 외부 대상과 관계하며 자신의 생명을 유지하는 방식으로 이해한다. 그런데 생명유지와 관련하여 감각은 단순히 외부 대상을 직접 받아들이는 것에 머무는 것이 아니라, 낮은 단계의 인지적 기능을 갖는다.[20] 그리고 이를 설명하기 위해 헤겔은 흔히 의식의 영역을 설명하는 개념인 '관념성(Idealität)', '자아(Ich)', '주관성(Subjektivität)'을 끌어들인다.[21]

헤겔에게 있어 감각작용은 관념화와 떨어져 생각할 수 없다. 이러한 관념화의 과정을 통해 '감각이 반성된 총체성'[22], 즉 감정이 나타난다. 감각은 특정한 신체 기관에 의해 촉발되는 것이라면, 감정은 감각들의 체계화 또는 반성의 결과물이다. 이러한 헤겔의 관점을 감정과 의식의 관계로 설명하자면, 감정에는 소위 의식적 요소가 내포되어 있다. 감정은 감각처럼 외적 자연에 의존하는 것이면서도, 감각을 관념화시킴으로써 직접성을 벗어나 능동성을 보여주는 상태로 나아간 것이

---

18) En III, § 401.

19) Descartes, Meditations touchant La Premiere Philosophie, AT IX-1, pp. 64-72; CSM II, pp. 56-62 참조.

20) 이에 관한 논의는 『정신현상학』에서도 그대로 드러난다. '감각적 확신' 장에서 헤겔은 그 확신이 추상적이며, 공허하다고 지적한다. 그는 여기서 감각적 확신으로 종교를 증명하려는 입장이나, 감각만이 인간 인식에서 가장 기본적이고 확실하다고 생각하는 입장, 이와 반대로 감각을 덧없는 것으로 보는 회의주의 입장을 비판하고자 한다. Hegel, *Phänomenologie des Geistes*, Hamburg: Meiner, 1952, ss. 86-87 참조. 이하 PhG로 약칭.

21) 각 영혼의 성격과 그 구체적 이행에 관한 설명으로는 소병일, 「헤겔 철학에서 감성의 운동 구조」, 『헤겔연구』 18호, 한국헤겔학회, 2005, 153-164쪽 참조.

22) En III, § 402.

다. 여기서 데카르트와 헤겔의 차이가 분명히 드러난다. 감정이 감각을 체계화한다는 헤겔의 주장에서 감정은 감각의 직접성과 수동성에서 벗어난 것이라고 할 수 있다. 그러나 데카르트에게 정념은 자아의 의식에 혹은 영혼에 수동적으로 주어지는 지각의 대상일 뿐이다. 헤겔에게 감정은 감각에 비해 더 내재화된 것이며 대상에 덜 종속된 것이며, 자기 자신과 관계한다는 측면에서 능동성을 갖는다. 그리고 헤겔은 이 능동적 성격에 의해 감정의 '내면적 개체성'을 이룬다고 주장하고, 다시 이 내면적 개체성(innerliche Individualität)을 '자아' 개념을 통해 설명한다. 감정에서 나타나는 '나'라는 개체성은 외부에 실재하는 것을 그것이 있건 없건 보존하며 잠재적으로 유지하는 상태를 지시한다. 헤겔이 자아 개념을 통해 강조하고 싶은 것은 감정이 자기 외부의 것들에서 벗어나, 자기 자신 속에 머문다는 점이다.[23] 이때 자아란 무엇을 느끼는 '나'를 의미한다. 이 단계의 자아는 완전히 자립적인 것이 아니며, 외적인 것에서 벗어나지 못하는 상태이나, '신체성과 신체성에 관련된 외재적인 것이 자연적 다양성이라는 진리로 환원'[24] 된다.

헤겔이 감정을 감각의 반성된 총체성이라고 규정하고, 관념, 자아라는 개념을 통해 감정이 가지는 개체적 측면과 자기반성의 구조를 설명할 때, 그는 어떤 상위의 운동 구조 속에서 감정을 이해하고 있다는 것이 드러난다.

> 감정의 전체, 혹은 감정의 총체성으로 드러난 영혼에는 이미 오성적, 이성적 의식이 내재하고 있다.[25]

오성 혹은 이성의 요소가 감정 속에 내포되어 있다는 헤겔의 주장은 양자를 분리시키는 데카르트의 입장에서는 수용할 수 없는 설명방식이다. 물론 헤겔은 감정과 이성의 차이를 부정하지 않는다. 그 내용이나 대상에 있어 분명 감정과 이성은 차별성을 지니기 때문이다. 감각에서 감정으로 이행이나, 감정의 성격에 오성과 이성의 요소가 내재한다는 헤겔의 주장은 감정과 이성 혹은 의식의 상태를 분리시킬 수 없다는 것을 의미한다. 예를 들어 내가 무엇을 느낀다고 했을 때, 그 순간 감정에는 그 대상과 그것을 느끼는 자아라는 두 계기가 함께 작동한다. 무엇을 느낀다는 것은 결국 일정한 분리와 결합의 과정을 거치는 것이며, 헤겔은 이러한 사태

23) 이러한 의미에서 헤겔이 언급하고 있는 자아는 데카르트적인 자아와 달리 자기발전의 과정 속에서 설명되어야 하는 범주라고 할 수 있다.

24) En III, § 403.

25) Ibid., § 405.

를 감정 속에서 오성, 이성적 영역이 작동하고 있다고 설명하는 것이다.

도식적이지만 데카르트와 헤겔을 비교하자면, 데카르트가 정념을 지각이라고 파악한 점은 감정 속에 일종의 인지적 기능이나 이성이 내재해 있다는 헤겔의 입장과 크게 다르지 않다고 할 수 있다. 근본적인 차이는 정념이라고 불리는 감정의 상태를 의식하는 자아가 관찰할 수 있는 대상으로 볼 것인지, 아니면 그 자체로 주체적 기능을 갖는 것으로 볼 것인가에서 드러난다. 그리고 의식하는 자아의 확실성을 전제하는 방식과 자아를 자기발전하는 과정 속에서 구성되는 것으로 볼 것인지가 정념 혹은 감정에 관한 양자의 차이를 드러낸다.

헤겔이 감정 속에서 자아의 자기발전의 계기를 찾을 때, 그는 정념과 이성을 이원적으로 대립시키는 형이상학적 실체관에서 벗어나 정념과 이성 혹은 의식의 관계를 하나의 운동과정으로 파악하는 것이다. 이 경우 헤겔은 형이상학적인 차원의 실체와 그 체계들의 관계를 설명하기 어려운 데카르트적인 문제상황을 벗어난다.

2) 정념

이제 헤겔이 어떠한 맥락에서 정념(Leidenschaft) 개념을 사용하는지 알아보자. 그는 데카르트처럼 정념을 수동적으로 포착되는 지각 일반으로 확장시키지 않고, 흔히 이해되듯 격정적인 감정상태로 지시하는 용어로 사용한다. 그런데 헤겔이 정념을 논의하는 맥락과 의미는 단순하지 않다. 그는 정념을 '영혼'과 '의식'의 단계를 거쳐 나타나는 '정신(Geist)'을 논할 때 언급한다. "감정의 소재는 …… 이미 정신 속에 있는 것으로 정립된다"[26]는 주장은 감정에 대한 그의 입장을 압축적으로 드러낸다. 그는 감정을 소재의 차원에서 다룰 경우, 감정을 자의적이고 우연적인 것으로 파악할 수밖에 없다고 본다. 여기서 헤겔은 감정과 의식이 더 이상 분리되지 않는 상태인 정신을 전제하고 있다. 정신에 이르러 감정은 모든 이성적 내용을 그 자신 속에 갖게 된다.[27] 정신이 감정의 형식으로 나타나지만 직접적이며 우연적인 것으로 몰락하지 않는다. 왜냐하면 헤겔에 따르면 그것은 이성적인 공통지반에 대한 인정을 근거로 하는 것이기 때문이다.

헤겔은 정신의 단계에서는 이론적인 것과 실천적인 것은 구별되지 않는다고 주

26) Ibid., § 447.

27) 헤겔은 도덕적 감정과 종교적 감정을 그 예로 든다. 영혼의 단계에서도 종교적 감정이 발생할 수 있다. 그러나 이 단계의 종교적 감정은 그저 단순한 확신이나 맹목적 추종에 가까운 것이라고 할 수 있다. 반면 정신에 등장하는 감정은 자신과 타인과 세계를 모두 고려하여 절대자에 대한 올바른 인식과 믿음을 수반한다. Ibid., § 447 참조.

장한다.[28] 이론과 실천이 통일된다는 것은 무엇을 의미하는가? 이는 실천과 감정의 연관성으로 설명할 때 잘 드러난다. 헤겔에게 '실천적 정신은 실천적 감정'[29]이다. 그 이유는 실천이란 기본적으로 주관적인 것이며 충동과 같은 감정에서 시작되기 때문이다. 여기서 헤겔은 감정을 단순히 수동적인 지각의 대상이 아니라 그 자체로 우리가 행위하게 만드는 추동력으로 파악하고 있음을 알 수 있다. 그리고 감정은 주관적인 것이기도 하다. 그런데 정신의 단계에서 감정의 주관적 내면성은 보편성을 획득하게 되며, 그 내용도 그 자체로 이성에 적합한 것이 된다.[30] 나아가

> 감정의 내용은 그 자신이 보편적인 한, 즉 사유하는 정신을 그것의 근원으로 하는 한 진실한 것이다.[31]

정신의 영역에서 행위 혹은 실천은 개별적이고, 우연적인 충동이 아니며 이성과 통일된다.[32] 바로 이 부분에서 헤겔은 정념(Leidenschaft)을 논한다. 그가 말하는 실천적 감정은 윤리적인 차원과 관련이 있으며, 바로 이러한 상태의 감정을 정념으로 이해한다. 그리고 그는 이 정념을 의지와 연관하여 설명한다. 이 때 헤겔에게 의지는 데카르트처럼 정념과 대비되는, 즉 육체가 아닌 순수한 정신적 능력이 아니다.[33]

> 의지는 내용 형식에 따르면 자연적인 것이며, 그 규정성과 직접 동일한 것으로서 충동이며 경향으로 나타난다.[34]

---

28) 헤겔에게 정신은 절대자가 세계 속에서는 계시된 것이다. 절대자를 통일적이면서 동시에 내재적 다양성을 지닌다. 왜냐하면 절대자는 자기 스스로를 파악하는 존재이기 때문이다. 이러한 절대자의 자기분화는 필연적으로 자신의 이중화이며, 그리고 이와 같이 이중화함으로써 절대자는 자신에 대하여 자기 자신의 타자로서 출현한다. 따라서 정신에 있어 이론과 실천은 동일한 것이 된다. 이에 관해서는 N. 하르트만/박만준, 『헤겔철학개념과 정신현상학(독일관념철학 2부)』, 천지, 1989, pp. 129-130 참조.

29) En III, § 471.

30) Ibid.

31) Ibid.

32) 『정신현상학』에서 정신의 단계는 대상의식과 자기의식이 통일되고, 타인, 사회적 관계까지를 포섭한다. 정신은 의식과 행위가 통일된 영역을 다루는 것이라고 할 수 있다. 그래서 그는 "보편적이고 자기 동일적인 불변의 실체로서 정신은 만인의 행위를 받쳐주는 확고부동한 토대이자 출발점"이라고 주장한다. PhG, s. 314 참조.

33) 데카르트의 경우 의지를 육체와 관련된 정념과 구별하여 순수하게 정신과 관계한다고 규정한다.

헤겔은 의지를 그 발생의 차원에서 그 무엇에 대한 충동과 같은 감정이라고 규정한다. 이러한 의미에서 의지는 정념이라고 할 수 있다. 물론 헤겔 철학에서도 이러한 상태의 의지는 완전한 의미의 의지는 아니다.[35] 완전한 의미의 의지는 데카르트가 규정하는 것처럼 스스로 사유하는 의지이다. 따라서 주관적 차원에서 직접적인 충동이나 경향의 형태로 드러나는 정념과 의지는 사유를 통해 그 한계가 극복되어야만 한다. 정념과 의지를 연결시키고, 사유로 정념의 한계를 극복해야 한다는 헤겔의 주장은, 정념이 풍부한 고차원적인 의지의 계기라는 것을 의미한다. 그래서 그에게 정념은 풍부한 규정성과 구체적인 내용을 가진 의지의 원형이라고 할 수 있다.

정념에 관한 논의에서 헤겔은 정념과 의지를 대립적으로 보는 관점에서 완전히 벗어나 있음이 드러난다. 물론 데카르트 또한 정념을 자연이라는 보편적 질서의 일부로 파악함으로써 헤겔과 다른 맥락에서 정념과 의지의 대립구도에서 벗어나 있다고 할 수 있다.[36] 그런데 의지와 정념을 대립시키고 의지의 선차성을 강조할 경우, 의지와 정념을 어떻게 구별할 것이냐는 문제가 발생한다. 의지가 육체와 대립되는 정신에서 온다고 전제하지 않는 한, 의지와 정념은 행위의 동력이라는 차원에서 구별되지 않을 것이다. 데카르트의 이론적 관점은 뒤에서 살펴볼 '고결함' 이라는 윤리적 지향태를 일관되게 설명하기 어려운 이론적 난점을 갖는다.

Ⅲ. 정념에 대한 규정과 그 실천철학적 함의

앞서 정념 규정에 있어 데카르트와 헤겔의 차이를 살펴보았다. 이제 양자의 정념관이 실천철학적인 차원에서 어떠한 의미를 함축하는지 본격적으로 검토해 보자.

데카르트에게 윤리학이 존재하느냐는 논쟁거리이지만, 정념의 과잉 상태와 이를 극복할 수 있는지 논할 때, 『정념론』을 중심으로 하는 데카르트의 입장은 단순히 '물리학자'[37]의 관점을 넘어 윤리적 논의를 함축하며, 그 자체가 윤리학적 기획

34) En III, § 473.

35) 정신이 자기 자신에게 내용을 부여하는 것으로서 의지는 자기 자신 곁에 있고, 자유일반이 된다. Ibid., § 473 Zusatz 참조.

36) 데카르트는 영혼은 하나이고, 그것의 능동의 차원에서 보자면 의지이고, 수동의 차원에서 보자면 정념이라고 주장한다. PA, art. 17 참조. 여기서 데카르트에게 의지와 정념은 이원적인 대립 구도에 놓인 것이 아니라, 상대적인 것이라고 해석할 수 있는 여지가 있음은 부정할 수 없다. 이러한 의미에서 헤겔은 그 상대성에 충실하다고 볼 수 있다.

이라고 할 수 있다.[38] 특히 데카르트가 정념의 과잉을 제어할 수 있는 방법으로 제시한 '습관(habitude)'과 최고의 실천적 지향태로서 제시한 '고결함(générosité)'은 정념과 관련된 그의 실천철학적 입장을 잘 보여준다. 물론 헤겔에게도 칸트적인 의미의 윤리학은 없다. 그러나 '습관'과 '인륜성'에 관한 그의 관심과 연구는 실천적인 차원에서 데카르트와 비교할 수 있는 쟁점을 형성한다.

1. 습관

데카르트는 정념의 가장 큰 문제를 '올바른 사고활동의 장애'[39]로 파악하고, 이를 극복하기 위해 습관을 강조한다. 이 때 그가 말하는 습관이란 뇌의 반응방식을 인위적으로 바꾸는 것을 의미한다.[40] 데카르트의 입장에서 보자면 정념을 비롯한 감각, 지각 등 모든 인식활동은 뇌에 의해 표상된다. 그리고 이러한 표상에 대한 특정한 뇌의 반응이 송과선을 통해 육체를 특정한 방식으로 움직이게 만든다. 그렇다면 그 뇌의 반응방식을 바꿀 경우 우리는 다른 방식으로 육체를 움직일 수 있다는 결론을 논리적으로 도출할 수 있다. 생리학적인 차원에서 그 자체로 자명하고 보편적인 의지에 부합하는 행위란 결국 뇌의 반응방식에 달려 있다고 할 것이다. 습관은 생리학적으로 올바른 사고 혹은 의지를 통해 송과선이 작동하는 방식을 바꾸는 것이다. 데카르트는 모든 인간에는 의지가 있으며, 이러한 생리학적 운동원리만 안다면 누구나 습관을 통해 정념을 충분히 제어할 수 있다는 입장을 취한다.

헤겔 또한 감정의 상태에서 나타날 수 있는 문제점을 언급한다. 헤겔은 자아 혹은 주관성의 계기로 등장한 감정을 '자기감정(Selbstgefühl)'이라고 지칭한다.[41] 그

37) 데카르트는 『정념론』의 서문에 해당하는 편지에서 물리학자의 태도로 정념을 다룰 것이라고 말한다. AT xi, p. 326.

38) 17세기에 정념은 일반적으로 의학이나 생리학의 대상이었고, 동시에 윤리학의 대상이었다. Stephen Gaukroger, *Descartes an Intellectual Biography*, Clarendon: Oxford Univ. Press, 2003, pp. 394-404 참조. 데카르트의 후기 저작들은 윤리학적인 논의와 무관하지 않다. 이에 관해서는 John Cottingham, "Cartesian Ethics: Reason and The Passions", in *Descartes*(ed. by Tom Sorell), Ashgate, 1999, pp. 194-196 참조.

39) 데카르트에 따르면 정념은 '사고활동(pensé)을 필요 이상으로 강화, 유지하거나 혹은 우리가 오래 구애받지 않아야 할 사고를 강화, 유지'하게 만드는 문제점을 갖는다. PA, art. 74 참조.

40) 데카르트는 마치 사냥개를 길들이는 것처럼 습관을 통해 인간의 정념이 육체에 반응하는 방식을 바꿀 수 있다고 본다. Ibid., art. 50 참조.

41) Ibid., § 403.

에게 자기감정 상태는 내가 느끼는 감정에 대한 자각상태를 의미한다.[42] 그런데 이러한 자기감정은 '신체성에서 벗어나지 못한 감정'[43]이다. 헤겔에 따르면 이러한 자기감정의 상태는 '정신착란(Wahnsinn)'이라고 말할 수 있는 '특수성만을 고집하는 병'에 걸리기 쉽다.[44] 여기서 헤겔은 데카르트와 다소 차이가 있지만 '습관(Gewohnheit)'의 중요성을 강조한다. 이 때 습관이란 인간이 감각의 자연성 혹은 육체성을 벗어날 수 있는 출발점을 의미한다.[45] 얼핏 보기에 습관에 관해 데카르트와 헤겔의 입장은 큰 차이가 없다. 그런데 데카르트가 사유와 의지를 강조하고, 이것에 따른 실천적 지침으로서 습관을 강조하는 데 반해 헤겔은 습관을 의식발전의 계기로 포섭하여 설명한다는 점에서 양자의 논의 맥락은 다르다. 헤겔에 따르면,

> 영혼이 스스로 추상적, 보편적 존재가 되는 것, 감정의 특수한 것을 영혼에 그저 있는 것에 불과한 규정으로 환원하는 것, 이것이 습관이다.[46]

습관은 육체를 관념으로 받아들이는 것이며, 이는 자신의 몸을 반성할 수 있는 계기이다.[47] 습관의 단계에서 감정은 자신의 몸에 직접적으로 종속된 상황을 벗어나, 신체성과 결부된 특수성의 규정들을 무감각, 무의식적인 것으로 지니게 된다. 헤겔이 감정과 관련하여 습관을 강조하는 이유는 습관이 올바른 행위의 수단이기 때문이 아니라, 그것이 감정이 의식이라는 더 발전된 활동으로 나아갈 수 있는 근거라는 점에 있다. 습관은 그저 주어진 것에 머무는 상태에서 무의식적으로 벗어나, 그것을 생활의 일부로 받아들이는 태도이다. 헤겔은 습관이 만들어 내는 무의

---

42) 자기감정은 반성과 의식에 앞선 단계로 개념의 형태를 만들어낼 수 없다. 이러한 자기감정은 자기의식의 단계, 실천적 감정, 그리고 의지의 단계를 거쳐 더 높은 자기감정의 형태인 인륜적 성향(Gesinnung)으로 나아가게 된다. Ludwig Siep, "Leiblichkeit, Selbstgefühl und Personalität in Hegels Philosophie des Geistes", in *Hegels Theorie des subjektiven Geistes*(Hrsg. von Lothar Eley), frommann- holzboog, 1990, s. 204 참조.

43) En III, § 408.

44) Ibid., § 410 참조.

45) 헤겔이 습관에서 인간이 직접적으로 주어진 내적 외적 감각, 즉 육체의 자연성에서 자유로워질 수 있는 체계적 출발점을 찾는다. Barbara Merker, "Über Gewohnheit", in *Hegels Theorie des subjektiven Geistes*(Hrsg. von Lothar Eley), frommann- holzboog, 1990, s. 27 참조.

46) En III, § 410.

47) 헤겔에 따르면 습관을 통해 '영혼은 몸에 대해 관념적, 주관적 실체성으로 존재하게 된다.' Ibid., § 409.

식적 요소를 감정이 보편성을 지향할 수 있는 기능으로 파악한다.

> 습관은 이러한 *다양한 감각, 표상, 욕망* 등등과 관계하는 것이 아니라, 영혼이 개별성을 띠면서 그 내용들과 보편적인 방식으로 관계하는 것이고, 따라서 내용에서 자유로운 것이다.[48]

습관이라는 계기를 통해 각각의 개인은 자신의 신체적 특수성이나 다양성, 즉 감정의 상태에서 벗어나게 된다. 헤겔이 습관을 '의식의 기초'라고 주장하는 이유가 바로 여기에 있다.[49] 데카르트에게 습관은 사고를 통해 스스로를 제어할 수 있는 기능의 연마라면, 헤겔에게 습관은 개인이 감정의 상태에서 벗어나 의식의 일반성을 획득할 수 있는 계기가 된다. 물론 윤리학적 지향성 혹은 추구해야 할 인간상과 관련하여 헤겔과 데카르트의 입장은 크게 다르지 않다고 할 수 있다. 양자의 습관에 대한 규정은 맥락이 다르지만, 윤리적 지침으로서 습관을 검토할 때, 헤겔의 입장은 데카르트의 주장이 가질 수 있는 이론적 난점을 피해갈 수 있는 장점이 있다.

만약 습관이 데카르트의 주장처럼 뇌의 반응방식을 바꾸는 것이라면, 우리는 어떠한 뇌의 반응방식이 올바른 것인지 미리 알아야만 이에 맞추어 올바른 습관을 키울 수가 있다. 달리 말해 그 기준을 모른다면 '올바른' 습관이란 요원한 것일 수밖에 없다. 정념을 올바로 제어할 수 있는 기준은 데카르트가 정념의 기능을 정의하며 전제했던 '자연' 혹은 '본성'이 무엇인가에 대한 해명에 달려 있다. 데카르트에게 올바른 습관이란 결국 자기보존이라는 자연의 원리에 부합하는 정념의 상태를 유지하는 것이기 때문이다. 그런데 그는 이에 대해 설명하지 않고, 자명한 것처럼 전제하는 문제점을 보인다.

여기서 던질 수 있는 질문은 이것이다. 만약 신의 섭리에 따르는 올바른 인식과 판단이 정념을 제어할 수 있는 확실한 길이라면 왜 습관이 중요한가? 정념이 그 자체로 자연의 질서를 실현하는 것이라며, 왜 습관을 통해 인위적으로 그 자연의 질서에 개입해야 하는지가 의문스럽다. 습관을 강조할 때 데카르트는 그 자신의 의도와 달리 우리가 정념에 쉽게 휘둘릴 수밖에 없다는 사실을 재확인시킨다.[50] 신의 섭리와 관련하여 데카르트 또한 이러한 문제점에 대해 고려한 것으로 보인다. 그

48) Ibid., § 410 Zusatz. 강조는 필자
49) Ibid., § 409.

러나 그는 종교적인 믿음을 연상시키는, 다소 식상해 보이는 답변을 한다.

> 신의 뜻을 완전히 알 수 없지만, 기만하지 않는 신을 믿고, 자신에게 주어진 한계 속에서 이성에 의해 신의 뜻이라고 생각되는 것을 따르라.[51]

행위의 지침으로 '신의 뜻'을 끌어들일 때도 올바른 습관의 기준으로서 신의 섭리에 관한 문제가 해결되었다고 보기 어려울 것이다. 왜냐하면 신의 뜻을 인간이 제대로 알 수 없다면, 올바른 습관의 확실한 기준으로서 그 신의 뜻은 현실적 의미를 잃게 된다. 이 경우 '신의 섭리라고 생각되는 것에 대해 최선을 다했다면 그 결과를 겸허히 받아들이라'는 그의 실천적 지침은 지극히 자의적인 판단과 해석의 지평에 놓일 위험이 있다.[52] 데카르트에게 신의 섭리는 불확실한 미래에 대한 긍정적 태도를 지니기 위한 요청처럼 보이며, 신의 섭리는 구체적인 삶의 태도를 제시하는 것과 무관해 보인다.

헤겔의 경우 감정의 문제에 있어 습관을 윤리적 차원의 행위 지침으로 다루지 않음으로써 데카르트적인 문제 상황에서 벗어난다. 그런데 다른 차원에서 보자면 헤겔은 데카르트적인 형이상학적 체계를 보완한다고 말할 수 있다. 헤겔은 설명해야만 할 신의 섭리를 전제하는 방식이 아니라, 그러한 신의 섭리가 어떻게 현실화되는지 설명할 수 있다는 입장을 취한다. 데카르트가 그 자체로 명석판명한 사고를 통해 습관을 형성할 수 있다는 입장이라면, 헤겔은 그러한 사고 능력이 다양한 계기와 발전과정을 통해 형성되는 것이라고 보며, 습관도 이러한 발전과정의 한 계기로 포섭한다. 헤겔은 습관을 의식적 행위의 결과물이 아니라, 무의식적으로 감정의 상태와 거리를 둘 수 있는 계기로 활용함으로써, 대상이나 육체에 매몰되지 않는 의식의 가능성을 검토한다.[53] 헤겔의 입장에서 보자면 정념 혹은 감정을 사고에 의해 관찰되고 제어되는 대상으로 간주할 경우, 정념과 사고의 관계는 이

---

50) 실지로 그는 『정념론』에서 정념이 쉽게 제어될 수 없다고 인정한다. 예를 들어 데카르트는 정념이 이성 혹은 의식보다 더 빠르게 작용할 수 있고, 인간의 삶에 직접적으로 영향을 끼칠 수 있다는 것을 인정한다. PA, art. 211 참조.

51) Ibid., art. 146 참조.

52) 데카르트는 신의 섭리와 관련하여 평소 안전한 길과 그렇지 않은 두 길을 예를 든다. 만약 평소 안전한 길로 갔을 때 강도를 당한다면 이 경우, 나름대로 합리적인 선택을 한 것이지만 결국 신의 섭리는 나를 해치는 결과를 낳는다. 이러한 신의 섭리는 나의 이성적 판단과 일치하지 않는다고 말할 수 있다. 그러나 데카르트는 이러한 경우를 불가피한 것으로 상정하고, 최선을 다했다는 것에 만족하라고 말한다. Ibid., art, 144.

원적 대립 구도에 머물며, 이는 구체적인 삶을 반영할 수 없다. 또한 올바른 사고와 행위의 기준으로서 제시된 신의 섭리 또한 순환논리에서 벗어나기 어렵다.

2. 고결함과 인륜성

습관에 이어 데카르트가 윤리적인 차원에서 강조한 고결함을 살펴보자. 그에 따르면 고결함이란 '모든 덕의 열쇠이며, 정념의 모든 혼란에 대한 보편적인 치유책'이다.[54] 또한 고결함은 인간 스스로 의지를 행할 수 있는 자유밖에 없다는 것을 그래서 그 자유를 어떻게 행사하느냐에 따라서만 칭찬받거나 비난받을 수 있다는 것을 아는 것이다.[55] 그래서 고결한 자는 부와 명예가 아닌 자유의지와 덕을 중시하고 이를 통해서만 타자를 평가한다. 데카르트는 이러한 고결함은 실천 혹은 행위로 나타나야 한다고 생각하는데, 이는 고결함은 자유를 제대로 사용할 수 있는 확고하고 지속적인 '결의(resolution)'라고 주장할 때 잘 드러난다. 이 때 결의란 '의지를 수행하고 자신이 최선이라고 판단한 것을 실행'하는 것이기 때문이다.[56]

습관과 연결시켜 보자면 고결함이란 올바른 의지와 판단 능력을 통해 생활 속에서 올바른 습관을 키우고, 이것을 덕으로 체화시켜 행위로 실천할 수 있는 사람들의 정념이다.[57] 데카르트의 설명방식에 따르자면, **고결함이란 정념의 일종이자 의지이자 덕인 셈이다.** 그런데 데카르트는 자신의 형이상학적 체계에서 상이한 범주들의 결합물처럼 보이는 고결함이 어떻게 형성될 수 있는지 구체적으로 설명하지 않는다. 의지와 정념이 그 기원을 달리 하는 실체라고 할 때, 어떻게 양자가 고결함 속에서 통합될 수 있는가? 이것이 해명되지 않는다면, 고결함에 관한 데카르트의 주장은 의지의 중요성을 강조하는 기존의 스토아주의적인 입장을 반복하는 수준에 머물 뿐이다. 더욱이 의지의 선차성에 대한 강조를 반복하는 것이라면, 그가 상정한 정념에 내재된 자연이라는 보편적 질서는 일종의 무의미한 가상적 전제로 전락할 위험에 놓이게 된다.

---

53) 물론 헤겔이 습관을 그저 감정의 단계에 국한시켜 사고한 것은 아니다. 본 논문의 주제와 관련하여 구체적으로 다루지 않았지만 습관은 정신의 단계에 이르러 인륜성의 실현을 위한 중요한 매체이다. 인륜성과 습관의 관계를 다룬 국내 논문으로는 원준호, 「헤겔의 습관에 관한 이해」, 『사회와 철학』3호, 2002 참조.

54) PA, art. 161 참조.

55) Ibid, art. 152 참조.

56) Ibid., art. 153 참조.

57) Ibid., art. 161 참조.

헤겔의 경우도 그가 지향하는 윤리적인 차원의 인간상은 데카르트가 강조하는 고결함의 내용에서 크게 벗어난다고 볼 수 없다. 헤겔이 지향하는 '인륜성(Sittlichkeit)'[58]과 고결함은 내용상 대동소이하기 때문이다. 헤겔의 입장에서 보자면 고결함은 정신(Geist)의 단계에 이르러 완성된다. 정신은 감정이 의지와 더 이상 충돌하지 않고, 그 의지가 보편적 사유의 결과물이 될 수 있는 상태를 의미하기 때문이다.[59] 그런데 헤겔 철학은 데카르트가 추구하는 고결함에 나타나는 이론적 문제점에서 벗어날 수 있는 체계라고 볼 수 있다. 데카르트의 경우 의지를 육체적인 것과 구별되는 그래서 정념에 영향을 받지 않는 정신적 능력으로 파악할 때 고결함이 정념이자 의지라는 그의 주장은 논리적으로 비정합적이다. 반면 앞서 헤겔의 정념 규정에서 언급한 것처럼 그는 의지와 정념을 서로 대립하는 것으로 상정하지 않는다. 달리 말해 헤겔의 철학은 데카르트적인 입장에서 보자면 형용 모순처럼 보이는 '이성적 정념'을 상정할 수 있다. 정념은 이미 이성적인 인지능력을 함축하며 그것을 실현하는 구체적인 계기이기 때문이다. 데카르트가 고결함을 논하면서 자신의 철학체계로는 설명하기 어려운 의지와 정념의 관계는 헤겔의 관점에서 보자면 무리가 없다. 헤겔의 정신 단계에서 개인은 자신을 보편적인 존재로서 인식하고, 이를 기반으로 하는 감정을 통해 실천하는 존재이기 때문이다.

데카르트가 강조하는 고결함이 결국 정념과 의지는 상충하는 관계가 아니라 상호전제하는 관계라고 할 때, 헤겔이 강조하는 인륜성은 양자의 상호전환 혹은 발전을 설명할 수 있는 윤리학적 지향태라고 할 수 있다.

Ⅳ. 정념의 철학적 이해

헤겔은 데카르트 철학이 '주관적 인식(subjektives Erkennen)과 현실성

58) 헤겔 철학의 실천철학적 지향점은 인륜성이다. 헤겔은 청년기부터 죽을 때까지 인류성의 실현을 최고의 가치로 파악하였다. 그가 추구하는 인륜성은 "특수성과 상대적 동일성이 완전히 사라지는 곳", 달리 말해 너와 내가 하나가 되는 상태를 의미한다. Hegel, *Jenaer Systementwürfe I* (1803-1804), in Hegel Gesammelte Werke Bd. 6 (hrsg. von Klaus Düsing und Heinz Kimmerle), Felix Meiner, 1975, s. 276.

59) 헤겔은 의지에 사유로서만 가질 수 있는 내용을 부여하는 것이 바로 자유라고 주장한다. 따라서 정념으로서 의지는 주관적이고 개별적 의지이며 우연성과 특수성을 드러낼 수밖에 없다. 따라서 이러한 헤겔의 입장은 사유를 통해 정념을 통제해야 한다는 데카르트의 입장을 취하지 않는다. En III, § 469 참조.

(Wirklichkeit)'을 대립시키고, 이를 신을 통해 매개시킨다는 한계를 가진다고 지적한다.[60] 그가 보기에 데카르트의 철학은 주관적 사유과 현실의 통일성을 설명하기 위해 양자를 매개하는 절대적인 존재의 전능함에 의존한다. 데카르트가 신의 섭리를 현실에서 요청하는 방식이라면, 헤겔은 그 섭리가 현실의 다양한 계기를 통해 실현될 수 있고 나아가 설명될 수 있다고 본다. 헤겔은 사유와 현실의 통일성을 설명할 수 있는 체계를 세우고자 노력했고, 이 체계는 상대적이지만 데카르트보다 더 정치하고 세련된 방식을 취한다는 것은 부정하기 어려울 것이다. 앞서 살펴보았듯이 데카르트의 형이상학적 체계는 정념과 정념의 제어라는 실천철학적인 물음에 대해 스토아적인 형식주의에서 벗어나기 힘들다. 왜냐하면 사유하는 이성적 존재로서 보편화된 개인은 정념을 지배할 수 있는 능력을 가진다고 전제되었을 뿐, 정념에 휘둘리는 구체적인 삶의 과정을 반영하지 못하는 한계를 지니기 때문이다. 상대적으로 헤겔은 데카르트를 해명하여 그 보편적 질서와 개인을 매개시킬 수 있는 철학적 체계를 보여준다.

데카르트의 입장이 타인과 맺는 관계와 그것이 미치는 영향을 크게 고려하지 않는 개인주의적 윤리관을 보여준다면, 헤겔은 타자를 개인의 자기형성의 중요한 계기로 받아들임으로써 타자와 공동체의 관계에 더 예민한 윤리관을 보여준다고 할 수 있다. 그럼에도 불구하고 양자의 철학 체계 중 어떤 것이 정념의 제어라는 윤리학적인 문제에서 실천적 우위를 점하는지 평가하기란 쉽지 않아 보인다. 자연 혹은 신의 섭리를 최상의 형이상학적 전제로 삼는 데카르트나 정신의 자기운동 속에서 보편적 원리를 설명하려는 헤겔이나 어떤 보편적 질서를 상정하고 이것이 현실적으로 실현될 수 있다는 믿음을 전제하고 있다. 데카르트 후대의 철학자인 헤겔은 기존의 철학체계가 담아내지 못했다고 생각한 현실의 제관계, 즉 갈등하고 대립하는 개인들의 구체적 삶을 일련의 발전과정으로서 설명할 수 있는 철학 체계를 구상한다. 그러나 헤겔이 감정과 관련된 분열의 갈등의 계기들이 더 상위의 단계로 이행하면서 지양될 수 있다고 생각할 때, 그 목적론적 구조는 데카르트가 전제하는 신의 섭리를 지상의 구체적인 삶의 과정으로 끌어내린 것이라고 볼 수 있다. 데카르트적인 입장에서 보자면 스토아주의가 그렇게 보듯이 사고의 빈곤과 의지의 박약이 인간이 정념에 휘둘리는 이유이다. 반면 헤겔은 이성적 사유나 의지를 중시하는 입장에서 벗어나 정념과 사유의 통일성을 주장하나, 통일성 속에 소위

---

60) Hegel, *Vorlesungen über die Geschichte der Philsophie III*, in G.W.F Hegel Werke in zwanzig Bänden 20, Suhrkamp, 1986, ss. 144-145 참조.

삶의 장애로 우려되었던 정념의 영역은 지양될 수밖에 없는 과정상의 계기일 뿐이다. 결국 양자 모두에게 정념에 휘둘리는 개인들은 열등한 존재들이거나 이성적 능력을 최대한 발휘하지 못한 존재들이라고 할 수 있다. 물론 철학이, 윤리학을 포함하여, 한 개인에게 구체적인 행위 지침을 위한 것이라고는 할 수 없다. 그럼에도 불구하고 양자의 정념에 관한 논의에서 나타나는 차이는 철학과 한 개인의 삶 사이의 괴리와 이것에서 파생되는 긴장감을 집약적으로 드러낸다.

이러한 긴장에 주목할 경우, 데카르트와 헤겔의 입장 차이를 새롭게 해석할 수 있는 일종의 사고 전환을 고려해 볼 수 있다. 데카르트는 외적인 것에 의존하지 않고 보편자로서 스스로를 자각하려는 근대적 인간의 고유한 욕망을 보여준다. 그럼에도 불구하고 그는 자신이 전제한 완전한 형이상학적 질서와 무관하게 주어진 삶을 살아야 한다는 개인의 상황을 적극적으로 자신의 철학 속에 받아들인다. 데카르트는 모든 개인이 항상 선택하고 행위할 수밖에 없다는 현실의 상황을 어쩔 수 없는 것으로 인정한다. 이러한 의미에서 데카르트의 형이상학적 체계에서 드러나는 일종의 빈틈은 오히려 철학적 체계의 완결성으로 해소할 수 없는 개인의 삶과 타자를 환기시키는 역할을 한다고 볼 수 있다. 왜냐하면 그의 형이상학적 체계는 보편적이고 합리적인 질서를 통해 구체적인 개인의 삶을 완전히 설명할 수 없다는 사실을 의도하지 않게 인정하는 효과를 가져오기 때문이다. 그는 한 편지에서 '보편적인 의심이 커다란 우유부단이나 도덕적 혼란을 만들 수 있다'[61]고 말한다. 이러한 효과는 한 개인은 언제나 구체적인 결단과 선택의 상황에 놓일 수밖에 없다고 지적하면서 '잠정적 도덕률'을 제시할 때도 찾을 수 있다.[62] 그는 세계를 설명할 수 있는 완전한 이론 체계가 존재하지 않더라도, 자신의 삶을 살아야만 하는 한 개인의 실존적 상황을 자신의 철학 속에서 적극적으로 고민하고 있는 것이다. 헤겔은 타자와 맺는 관계 속에서 개인의 삶을 설명함으로써 데카르트의 주관주의적 관점을 극복하지만, 그는 데카르트처럼 철학과 현실의 행위 사이에 놓인 괴리와 이를 통해 한 개인이 겪는 갈등 상황을 봉쇄하는 것처럼 보인다.

61) 데카르트가 1638년 사월 또는 오월에 Reneri에게 보냈던 편지, AT II, p.35, CSMK, p.97 참조.

62) 데카르트는 방법서설에서 한 개인 '도덕적 잠정률'을 제시한 이유는 한 개인이 언제나 구체적인 결단 혹은 선택의 상황에서 놓이게 되기 때문이다. Descartes, Discours de la Methode, AT VI, pp. 22-31, CSM I pp. 122-126. '잠정적 도덕율'은 일종의 격언과 같은 것으로 일종의 실천적 지침이다. 윤리학적인 차원에서 '잠정적 도덕률' 자체에 제기될 수 있는 문제는 소병일, 「생리학적 욕망과 기하학적 이성 간의 갈등」, 『범한철학』(55호), 범한철학회, 2009, 494쪽 참조.

현대 과학의 발전, 특히 심리학이나 뇌과학을 통해 감정을 이해하고 분석하려는 시도는 그 실천적 방향에 있어 데카르트적인 기획이 여전히 지속되고 있다는 것을 의미한다. 문제는 정념에 대한 자연과학적 연구의 발전과 현실에서 정념으로 고통받는 개인들의 삶은 여전히 교차점을 찾지 못하고, 스토아적인 금욕의 필요성을 형식적인 차원에서 강조하는 수준을 넘어서지 못하고 있다는 점이다. 지금도 정념의 원리를 일반화시키는 노력이 계속되고 있으나, 동시에 우리는 그 원리로 포섭될 수 없는 정념의 다양성과 개별성을 끊임없이 목격하고 설명해야만 하는 과정에 놓여 있다.

데카르트가 그의 이론적 체계의 완전성과 분리시켜 고려할 수밖에 없었던 그것, 즉 개인들의 구체적인 삶에 대한 어쩔 수 없는 자각은 정념의 철학적 이해에 있어 출발점으로 유효해 보인다. 물론 이러한 자각의 순간이 중요한 이유는 그 자각은 기존의 상식과 질서의 옹호하거나 관찰자의 입장에서 대중을 계몽시켜야 한다는 의미에서가 아니라, 한 개인의 삶을 끊임없이 환기시키기 때문이다.

참고 문헌

1. 1차 문헌

Descartes, Les Passions de l'âme, in *Oeuves de Descartes XI*(publiées par Ch. Adam & Paul Tannery), Paris: J. Vrin, 1974; The Passions of the Soul, in *The philosophical Writings of Descartes Vol. I* (trans. and ed. by John Cottingham, Robert Stoothoff, Dugald Murdoch), Cambridge;Cambridge Univ. Press, 1985.

_____ , Les Meditations, in *Oeuves de Descartes IX-1*(publiées par Ch. Adam & Paul Tannery), Paris: J. Vrin, 1973; Meditations on First Philosophy, in *The philosophical Writings of Descartes Vol. II*(trans. and ed. by John Cottingham, Robert Stoothoff, Dugald Murdoch), Cambridge;Cambridge Univ. Press, 1984.

_____ , Discours de la Methode, in *Oeuves de Descartes VI*(publiées par Ch. Adam & Paul Tannery), Paris: J. Vrin, 1973; Discourse on the Method, in *The philosophical Writings of Descartes Vol. I* (trans. and ed. by John Cottingham, Robert Stoothoff, Dugald Murdoch), Cambridge;Cambridge Univ. Press, 1985.

_____ , Correspondance, in *Oeuves de Descartes II, III*(publiées par Ch. Adam & Paul Tannery), Paris: J. Vrin, 1975; *The philosophical Writings of Descartes Vol. III*(trans. and ed. by John Cottingham, Robert Stoothoff, Dugald Murdoch, Anthony Kenny), Cambridge; Cambridge Univ. Press, 1991.

Hegel, *Enzyklopädie der Philosophischen Wissenschaften III*, in G.W.F. Hegel Werke in Zwanzig Bänden 10, Surhkamp, 1986.

_____ , *Jenaer Systementwürfe I* (1803-1804), in Hegel Gesammelte Werke Bd. 6 (hrsg. von Klaus Düsing und Heinz Kimmerle), Felix Meiner, 1975.

_____ , *Vorlesungen über die Geschichte der Philsophie III*, in G.W.F Hegel

Werke in zwanzig Bänden 20, Suhrkamp, 1986.
_____ , Phänomenologie des Geistes, Hamburg : Meiner, 1952.

2. 2차 문헌

소병일, 「기하학적 이성과 생리학적 욕망의 갈등」, 『범한철학』(55호), 범한철학회, 2009.

_____ , 「헤겔 철학에서 감성의 운동 구조」, 『헤겔연구』(18호), 한국헤겔철학회, 2005.

원준호, 「헤겔의 습관에 관한 이해」, 『사회와 철학』(3호), 2002.

N. 하르트만/박만준, 『헤겔철학개념과 정신현상학(독일관념철학 2부)』, 천지, 1989.

Ariew, Roger and Gabbey, Alan, "The scholastic Background", in *The Cambridge History of Seventeenth-Century Philosophy*(ed. by Daniel Garber, Michael Ayers), Cambridge Univ. Press, 1998.

Cottingham, John, A Descartes Dictionary, Blackwell Publishers, 1993.

_____ , "Cartesian Ethics: Reason and The Passions", in *Descartes*(ed. by Tom Sorell), Ashgate, 1999.

Gaukroger, Stephen, *Descartes an Intellectual Biography*, Clarendon:Oxford Univ. Press, 2003.

Long, A. A., "The logical basis of Stoic ethics", in *Stoic Studies*, Berkeley and Los Angeles: Univ. of California Press, 1996.

Merker, Barbara "Über Gewohnheit", in *Hegels Theorie des subjektiven Geistes*(Hrsg. von Lothar Eley), frommann-holzboog, 1990.

Rorty, Amelie Oksenberg, "Cartesian Passions and the Union of Mind and Body", in *Essays on Descartes' Meditations*(ed. by Amelie Oksenberg Rorty), Berkeley: Univ. of California Press, 1986.

Siep, Ludwig "Leiblichkeit, Selbstgefühl und Personalität in Hegels Philosophie des Geistes", in *Hegels Theorie des subjektiven Geistes*(Hrsg. von Lothar Eley), frommann-holzboog, 1990.

The Metaphysics of Passion and Its Ethical Significance

–focused on the theory of passion of Descartes and Hegel

So, Byoung Il

This article is to compare Descartes's view of passion with Hegel's. They were same philosophical attitude in respect with accentuating reason, universal order or system. But they did not agree with Stoics who suggested to control passion with reason. And each of Descartes and Hegel has philosophical plan and method of their own. Also From this their opinion to ethics is easily supposed to be different. This article will examine the ethical meaning of 'habit' and 'generosity' that is made by the difference of their philosophical methods.

Descartes's method is to request the providence of god. But Hegel asserts that the providence is realized with moments of the world and can be explained. Descartes's metaphysic remains at Stoic formalism concerned to passion and its control, yet Hegel overcomes Descartes's Metaphysic and mediates between the providence of god and an individual. In respect with ethics Hegel considers the relations in which individuals must be parted. In Descartes's philosophy the problems of passion arise from the lack of thought and will. But Hegel considers passion as to be unified with reason and the problems of passion is the moments in the process of sublation to an universal individual.

The difference between Descartes and Hegel in the study of passion evokes the tension between philosophy and personal life. Hegel seems to complete Descartes's metaphysics. However Descartes makes us attent to passion as considering the concrete life of a person because he recognize the limit of science and the need of behavior to live one's life in that limit. although he does not intent. Descartes's reflection on passion is more suggestive than Hegel's at present. Because no universal philosophical system can be declared to solve the problem of passion until now. Descartes give us notice what is the starting point to study passion.

keywords: Descartes, Hegel, passion, habit, generosity, providence of god, ethics, metaphysics

헤겔인가 아니면 셸링인가?[1)]

– 셸링의 헤겔 철학 비판에 대한 고찰

이 광 모

요약문

셸링 철학이 이성을 넘어서는 현실을 설명하는 것을 목표로 한다면, 헤겔 철학은 현실에 대한 이성적 해명을 목표로 한다. 이러한 차이는 셸링의 후기철학에서 분명하게 드러나게 된다. 소위 ‘긍정철학’(positive Philosophie)이라고 불리는 셸링의 후기철학은 이성의 한계에 대한 철학적 성찰로부터 시작되는데, 이러한 시작은 헤겔 철학에 대한 비판과 맥을 같이 한다. 따라서 헤겔에 대한 셸링의 비판을 고찰하는 것은 두 철학 간의 차이를 살펴보는 것과 같은 것이 된다.

본 논문은 셸링이 헤겔 철학을 어떻게 이해하고 있는지,(II) 그리고 헤겔 철학을 어떻게 비판하며 그 비판의 의미는 무엇인지,(III) 더 나아가 그 비판은 타당한 것인지, 타당하지 않다면 어떤 점들이 그러한지를(IV) 살펴보고 결론적으로 헤겔과 셸링의 철학적 차이는 무엇인지(V)를 고찰한다.

● 주요어 : 헤겔, 셸링, 독일관념론, 긍정철학, 헤겔철학 비판

I. 들어가는 말

일반적으로 헤겔 철학은 '정신의 형이상학'으로 알려진다. 이 형이상학에서 정신은 자연과 인간의 진리이며 역사의 주체가 된다. 이때 자연이란 외적 현실 속에서 무의식적으로 자신을 표현하는 정신이며, 인간이란 의식적인 자기인식을 통해 스스로를 완성시키는 정신이다. 이러한 정신은 순수 논리적 이념으로부터 출발하여 자연으로 외화되고 다시 그 외화로부터 의식으로 복귀하는 체계를 이루게 되는데, 이 체계 전체는 자연과 인간을 통해 스스로를 정립하는 신에 대한 서술과 동일한 것이 된다.[2] 또한 이러한 체계는 독일관념론 내에서 볼 때, 근본적으로는 셸링이 자연철학에서 서술하고자 한 것과 동일한 것으로 알려진다. 단지 차이가 있다면 셸링 체계의 첫 번째 부분이 자연이었다면, 헤겔에게서는 순수 이념이며, 셸링이 직관에 호소하여 원리를 전개시켰다면 헤겔은 변증법적 방법으로 체계를 구성하였다는 것 정도이다.

헤겔 철학에 대한 이러한 이해는 사실 헤겔과 셸링 철학에 다가서는데 있어 전혀 도움이 되지 않는 것은 물론이고 오히려 방해가 된다. 왜냐하면 그들은 젊은 날 예나에서 공통으로 자연과 정신을 통합하는 체계를 구상하였다는 것 이외에는 철학적 정향(Orientierung)과 과제에 있어서 전혀 다른 모습을 보여주기 때문이다. 근본적으로 셸링의 철학이 *이성적 해명을 넘어서는 현실*로 정향되어 있다면, 헤겔의 철학은 *현실에 대한 이성적 해명*을 목표로 한다. 특히 이러한 차이는 1806년 출간된 셸링의 저서 『인간 자유의 본질』에서 나타나기 시작하여 그의 후기철학으로 분류될 수 있는 1827년 뮌헨대학 강의안에서는 명시적으로 드러나게 된다. 소위 '긍정철학'(positive Philosophie)이라고 불리는 셸링의 후기철학은 이성의 한계에 대한 철학적 성찰로부터 시작되는데, 이러한 시작은 헤겔 철학에 대한 비판과 맥을 같이 한다. 따라서 헤겔에 대한 셸링의 비판을 고찰하는 것은 두 철학 간의 차이를 살펴보는 것과 같은 것이 된다.

셸링의 헤겔 철학에 대한 비판은 기본적으로 체계의 기초가 되는 '논리학'을 겨냥해서 전개된다. 이때 비판의 핵심은 분명하다. 즉 '논리학'은 그 자체뿐만 아니라 체계를 근거 지울 수 있는 내적 필연성을 갖지 못하며, 현실적 세계를 설명할 수

---

1) 본 논문은 2010 숙명여자대학교 교내 연구지원에 의해 수행되었음(연구과제 번호 1-1003-0084).

2) 찰스 테일러, 『헤겔철학과 현대의 위기』, 박찬국 역, 서광사 2006. S. 72.

있는 토대일 수도 없다는 것이다. 이러한 비판은 곧 이성을 원리로 하는 철학은 현실적 실존의 세계를 설명할 수 없다는 것을 의미한다. 왜냐하면 '논리학'이란 이성으로서의 순수 사유의 자기구성에 관한 서술이기 때문이다. 따라서 후기의 셸링은 현실을 설명하려는 철학의 원리를 이성의 외부에서 찾게 되며, 그런 한에서 그의 후기 철학은 이성철학의 한계를 극복하려는 시도로 이해된다. 이런 관점에서 독일관념론사를 재정리한 것이 1955년 출간된 발터 슐츠의 저서 *Die Vollendung des Idealismus in der Spätphilosophie Schellings*이다.

발터 슐츠에 따르면 이성의 자기 근거 지움을 과제로 하는 독일관념론의 궁극적 기획은 이성의 한계를 벗어나 실존자를 원리로 하는 후기 셸링에 이르러 완성된다. 이와 같은 주장은 곧 후기 셸링의 헤겔에 대한 비판은 성공적이며, 그의 철학은 헤겔 철학을 넘어선다는 것을 암암리에 함축한다. 이런 상황에서 헤겔 철학은 지양된 과거의 철학이 아니라 현대에 있어서도 여전히 의미가 있는 철학임을 주장하려는 연구자들이 나타나게 된다. 클라우스 하르트만의 영향 아래서 헤겔을 연구한 앨런 화이트(Allan White)나 클라우스 브링크만(Klaus Brinkmann)이 그들인데, 이들은 자신의 저서와[3] 논문에서[4] 공통으로 선험적 존재론(transzendentale Ontologie)으로 이해된 '논리학'은 셸링의 비판에서 살아남을 수 있을 뿐만 아니라 탈 형이상학적 시대에 여전히 유의미한 철학일 수 있음을 주장한다.[5] 특히 그들에 따르면 헤겔에 대한 셸링의 비판은 셸링의 후기관점이 전제될 때만 의미가 있는데, 문제는 이 후기 관점에서 이해되는 헤겔 철학이 왜곡된 것이라는 점이다.[6]

그렇다면 여기서 다음과 같은 물음이 제기된다. 즉 후기 셸링의 관점에서 주어

---

3) Allan White, *Absolute Knowledge: Hegel and the Problem of Metaphysics*, Ohio University Press. 1983.

4) Klaus Brinkmann, "Schellings Hegel-Kritik" in *Die ontologische Option*, hrsg. von Klaus Brinkmann, Berlin, 1976.

5) '논리학'에 대한 범주론적 혹은 선험적 존재론적 해석에 대해서는 다음 논문들 참조. Klaus Hartmann, "Hegel: A Non-metaphysical View" in *Hegel A Collection of Critical Essays*, edt by Alasdair MacIntyre, London 1976. Klaus Brinkmann, "Hegels's Critique of Kant and Pre-Kantian Metaphysics", in *Hegel Reconsidered Beyond Metaphysics and the Autoritarian State*, edt. by H. Tristram Engelhardt, JR. and Terry Pinkard, Kluwer Academic, 1994. Terry Pinkard, "Hegel's Idealism and Hegel's Logic" in *Zeitschrift für philosophische Forschung* 1979, April Band 33 Hefte 2. S. 210-226. The Logic of Hegel's Logic in *Hegel* edt. by Michael Inwood, Oxford 1985, S. 85-110.

6) Andrew Bowie에 따르면 셸링의 헤겔 비판에 대한 논의는 첫째, 셸링이 헤겔을 올바로 이해했는가, 둘째, 실제로 헤겔 혹은 셸링 가운데 누가 옳은가라는 문제로 집중된다. 이 가운데 앨런 화이트나 클라우스 브링크만은 첫 번째 것을 주 논의로 삼는다.

지는 헤겔 철학에 대한 왜곡이란 도대체 무엇이며 그것이 왜 왜곡인가? 만일 그것이 왜곡이 아니라면 헤겔 철학에 대한 셸링의 비판은 어떤 의미를 지니는가? 이러한 비판 속에서 나타나는 헤겔과 셸링 철학의 차이는 무엇인가? 본고가 의도하는 것은 바로 이러한 물음들에 대한 대답이다. 이러한 물음에 답하기 위해 우리는 먼저 셸링이 헤겔 철학을 어떻게 이해하고 있는지,(II) 그리고 헤겔 철학을 어떻게 비판하며 그 비판의 의미는 무엇인지,(III) 더 나아가 그 비판은 타당한 것인지, 타당하지 않다면 어떤 점들이 그러한지를(IV) 살펴보고 결론적으로 헤겔과 셸링의 철학적 차이는 무엇인지(V) 고찰하고자 한다.

II. '부정철학'과 '기독교 신론'으로서의 헤겔 철학

셸링의 헤겔 비판을 이해하기 위해서는 먼저 그가 헤겔 철학을 어떻게 파악하고 있는지를 살펴보아야 한다. 셸링의 헤겔 철학에 대한 이해는 *Zur Geschichte der neueren Philosophie*에 단적으로 나타난다.[7] 이 강의 속에서 셸링은 헤겔 철학을 실존적 존재자를 규정하지 못하고 단지 사유 속에서 세계를 구성하는 '부정철학'(negative Philosophie)으로 규정한다. 특히 그는 "철학은 순수 사유로 되돌아가서" "순수 개념을 유일한 직접적 대상으로 삼아야한다"는 헤겔의 말에 주목하면서, 헤겔의 '논리학'은 "이성에 대해 외적이며 독립적인 것"에 대한 인식이 아니라, 사물의 본질로서 단지 "가능적인 것"에 관한 인식만을 제공하는 '부정철학'(negative Philosophie)의 논리적 본성을 가장 잘 드러내주는 학문이라고 말한다.[8]

물론 여기서 헤겔 철학을 부정철학으로 간주하는 것 자체가 모든 철학을 '긍정철학'(positive Philosophie)과 '부정철학'으로 구분하는 셸링의 후기 입장이라는 것은 분명하다. 그러나 그렇다고 해서 이것이 헤겔에 대한 셸링 비판의 핵심은 아니다. 왜냐하면 그의 관점에서 볼 때 동일성철학을 포함한 자신의 전기 철학 또한 부정철학에 속하기 때문이다. 셸링이 비판하고자 하는 것은, 헤겔이 자신의 철학이 부정철학임에도 불구하고 그것을 인식하지 못할 뿐만 아니라 더 나아가 현실적인 세계를 설명하고 있다고 생각하면서 자신의 철학에 대해 전적으로 객관적인 의미

7) F. W. J. Schelling, *Zur Geschichte der neueren Philosophie*, Münchener Vorlesung, 1974, Darmstadt. 차후 GnP로 표기.
8) GnP. S. 112.

를 부여한다는 데 있다. 그에 따르면 헤겔은 "개념이 모든 것이며 개념 외부에는 아무 것도 존재하지 않는다."고 말함으로써 개념을 고찰하는 자신의 철학을 사태자체(Sache selbst)를 이루는 철학이라고 주장하며, 더 나아가 그러한 개념의 운동은 무한히 인식하는 힘으로서 학문의 방법이라고 말한다. 하지만 '인식'이란 근본적으로 '긍정적인 것' 즉 '존재자' 혹은 '현실적인 것'을 대상으로 한다. 따라서 단지 개념을 고찰하는 사유는 결코 현실에 대한 인식이라고 할 수 없다. 결국 문제는 헤겔이 자신의 학문을 그 한계까지 밀고 나갔더라면 결국 자신의 철학이 현실적인 것에 대한 인식일 수 없다는 것을 깨달았을 텐데, 그러지 못했다는 점이다.[9]

셸링이 볼 때 또한 문제가 되는 것은 이러한 부정철학으로서의 헤겔 철학이 기독교 신에 관한 이론으로 이해될 수 있다는 점이다. 이것이 문제인 이유는 그 체계 내에서 다루어지는 신은 결코 현존하는 신일 수 없기 때문이다. 다시 말해 헤겔의 체계에 있어서 신이란 개념이다. 체계적 관점에서 보더라도 '논리학' 내부에서 이 신은 단순히 개념으로 머무른다.[10] 하지만 신은 자신을 계시해야 한다. 따라서 개념으로서의 신은 스스로를 자연으로 외화한다. 하지만 이렇게 스스로를 자연으로 외화한 신은 다시 그 외화로부터 자기 자신으로 귀환하여 절대 정신에 이르게 된다. 이렇게 본다면, 결국 신과 신적인 사물들에 대한 완전한 인식이라고 주장하는 헤겔의 체계란 삼위일체의 기독교 교리가 된다. 즉 순수 사유 속에서 운행하는 논리적 개념이란 창조 이전의 성부이신 신이며, 그의 본질적 필연성 속에서 자신을 자연으로 외화하는(entäußert) 개념은 성자이신 신이고, 이러한 외화 속에서 자신의 논리적 존재의 부정을 다시 지양하고 인간 정신 속에서 예술, 종교, 철학으로 복귀하는 개념은 성령이신 신이다.[11] 여기서 문제는 이러한 삼위일체론으로 이해되는 헤겔의 체계는 결코 신에 대한 완전한 인식이라고는 볼 수 없다는 점이다. 왜냐하면 신 자체는 궁극적으로 개념 이상인데, 헤겔의 체계에서 비록 개념이 그 순수 논리적 상태를 벗어나 자연으로 외화한 후, 다시 이 외화를 지양하여 자기의식적 정신으로 복귀한다고 할지라도 그것은 여전히 개념으로서의 신일뿐이기 때문이다.

이와 같은 논의 속에서 셸링이 지적하는 헤겔 철학의 문제점을 정리하면 다음과 같다. 첫째, 헤겔 철학은 부정철학으로서의 객관적이며 실재적인 의미를 지니지 못한다. 이때 '실재적'(real)이라는 말은 '우리의 의지나 사유와는 독립적'이라는

9) GnP. S. 111.
10) GnP. S. 112.
11) GnP. S. 112-113.

의미이므로,[12] 그 철학이 실재성을 지니지 못한다는 것은 곧 세계를 단순히 사유 속에서 구성하는 철학이라는 것을 의미한다. 둘째, 헤겔의 체계는 성부, 성자, 성령으로 이해되는 기독교 신에 대한 서술이고자 하지만 궁극적으로는 실패한 신지학(Theosophy)이다. 왜냐하면 그 체계 내에서는 결코 세계창조를 통해 자신을 계시하는 '현실적 신'의 모습은 드러나지 않기 때문이다. 이러한 두 가지 이해에는 공통적으로 헤겔 철학이란 결코 실존하는 현실에 대한 해명이 아니라 단지 개념 속에 머무르는 철학이라는 평가가 놓이게 된다. 그렇다면 셸링은 어떤 이유에서 헤겔철학을 이렇게 평가할까? 그 평가의 근거인 헤겔에 대한 그의 비판을 살펴보자.

III. '논리학'의 시원(Anfang)에 대한 비판

셸링의 헤겔 체계에 대한 비판은 '논리학'의 원리(Prinzip)인 시원(Anfang)에 관한 것으로부터 시작된다. 그에 따르면 시원의 문제는 신의 자기인식 과정인 체계에서 신이 자기인식에 도달하기 위한 운동의 출발점에 관한 문제가 된다. 우선 셸링은 "헤겔은 운동 속으로 들어가기 위해서 개념과 함께 그 어떤 출발점(Anfang)으로 되돌아가야 한다. 그런데 이 출발점이란 운동 자체를 통해 형성된 것일 수는 없으며 적어도 그것으로부터는 먼 것이어야 한다." 고 말한다.[13] 이처럼 '논리학'의 시원이 운동의 결과가 아니라 그 출발이어야 한다면, 그 시원은 무엇이어야 할까? 헤겔은 이 물음에 답하기 위해 철학을 하기 위해서 우리는 순수 개념으로 돌아가야 한다고 말한다. 이때 순수 개념이란 순수하다는 의미에서 "단순히 논리적인 것" 이며 어떤 규정도 포함하고 있지 않다는 의미에서 "부정적인 것" (bloßLogisches oder Negatives)이다.[14] 헤겔은 이것을 '순수 존재'라고 부르는데, 이 순수 존재는 어떤 주관적인 규정도 갖고 있지 않는, 따라서 가장 객관적인 것이다. 하지만 만일 순수 존재가 헤겔이 말하듯이 완전히 무규정적인(unbestimmtes) 것이라고 한다면 과연 그것으로부터 운동이 시작될 수 있을까?

물론 헤겔은 순수 존재로부터 다음 개념으로의 이행을 위해, 즉 순수 존재에 운동을 부여하기 위해 그것을 어떤 주관적인 것으로 생각할 수는 없다. 왜냐하면 그

12) GnP. S. 70.
13) GnP. S. 113.
14) GnP. S. 113.

는 순수 존재를 주관적인 것의 부정으로서 가장 객관적인 것이라고 말하기 때문이다. 그렇다면 순수 존재로부터 다음 개념으로의 이행은 불가능해 보인다. 그럼에도 불구하고 헤겔은 순수 존재로부터 그 내적 필연성에 의해 다음 개념이 도출될 수 있다고 말한다. 이에 대해 셸링은, 만일 순수 존재가 운동 속에 놓이게 된다면, 그것은 순수 존재가 개념이기 때문이 아니라 철학하는 주체의 개념 즉 '사상'(Gedanke)이기 때문이라고 말한다. 다시 말해 셸링이 볼 때 순수 존재로부터 다음 개념으로의 이행은 순수 존재에 내재하는 필연성에 의해서가 아니라 추상적이고 공허한 상태에 머물러 있을 수 없음을 느끼는 사유하는 주체에 의해 이루어진다는 것이다.[15] 특히 여기서 사유하는 주체가 순수 존재에 대하여 불완전하다고 느낄 수 있는 이유는 이 주체가 이미 구체적이며 내용이 충만한 존재에 익숙해져 있기 때문이다. 즉 사유하는 주체는 저 공허한 존재에 만족할 수 없기 때문에 그 부족함을 채우기 위해 활동하기 시작한다는 것이다. 이것은 결국 순수 존재 이전에 내용이 풍부한 어떤 존재가 있다는 것이며 사유하는 주체가 바로 그와 같은 존재라는 것이다.[16]

이처럼 존재로부터 다음 개념으로의 이행이 철학하는 주체의 기억을 통해 이루어지는 것이라면 그 이행의 필연성은 존재 자체에 내재적이지 않다는 것은 당연하다. 따라서 셸링은 다음과 같이 말한다. "그러므로 스스로 가능한 최소한의 내용으로 되돌아갔다가 거기서부터 다시 스스로를 충족시키려고 즉 하나의 내용으로 그리고 세계와 자기의식의 전체성으로 나아가기를 시도하는 것은 단지 사상이다."[17]

셸링은 '순수 존재란 무이다'(das reine Sein ist das Nichts)라는 명제를 분석함으로써 존재로부터 다음 개념으로의 이행이 어떻게 철학하는 주체에 의해 수행되는지를 보여준다. 그에 따르면, 헤겔은 "순수 존재란 무규정적(unbestimmtes)이며 그 속에서는 아무 것도 사유되지 않는다. 따라서 순수 존재는 무이다"라고 말한다. 하지만 존재가 완전히 무규정적이라고 한다면 그것은 개념이라고도 할 수 없으며 오히려 비사유(Ungedanken)라고 해야 하며, 그 경우 존재에 대한 사유뿐만 아니라 이행 자체도 불가능해진다. 하지만 헤겔은 그와 같은 설명과 더불어 '생성'으로 나아가고자 한다. 따라서 순수 존재는 비사유로 생각될 수 없다.[18] 그렇다면 존재가 무라는 것을 어떻게 이해해야 하는가? 셸링은 이 물음을 다음과 같이 설명한다.

15) GnP. S. 115.
16) GnP. S. 115.
17) GnP. S. 115.
18) GnP. S. 117.

즉, "내가 순수 존재를 정립한 이후에 그 속에서 무엇인가를 찾는다. 하지만 아무 것도 발견하지 못한다. 바로 이것이 '순수 존재는 무이다'라는 헤겔 주장의 의미이다. 즉 순수 존재가 그 자신을 무로 인식하는 것이 아니라 내가 순수 존재를 무로 인식한다. 하지만 이것은 순환논증의 오류이다. 왜냐하면 나는 이미 내가 정립한 순수 존재에서 아무 것도 발견하지 못하도록 그렇게 하였기 때문이다."[19] 이러한 설명에 따르면 순수 존재가 무라는 것은 곧 '내가 순수 존재를 정립한 후, 그 속에서 무엇인가를 찾으려고 하지만 아무 것도 찾을 수 없다'는 의미 외에 다른 것이 아니다. 이렇게 순수 존재와 무의 관계는 철학하는 주체의 사상이며 이 주체가 그 존재를 무로 이해한다는 것을 말한다.[20]

물론 여기서 아직 설명되어야 할 부분이 남는다. 그것은 다름 아닌 헤겔이 존재와 무의 관계를 명제 형식으로 표현했다는 점이다. 그렇다면 이 명제 형식이 어떤 의미를 지니는지 해명되어야 한다. 이에 대해 셸링은 '존재는 무이다'라는 명제는 동어반복이거나 아니면 하나의 판단으로 이해되어야 하는데, 문제는 그것이 어떤 형태로 이해되든 상관없이 헤겔이 요구하는 이행의 필연성은 그 명제로부터 도출되지 않는다고 말한다. 먼저 그 명제가 동어반복이라면 그것으로부터 다음 개념인 '생성'(das Werden)은 도출되지 않는다. 반면 그 명제가 판단의 의미를 지닌다면, 그때 주어인 존재와 술어인 무의 관계는 잠재적인 근거에 대한 잠재적인 근거 지워진 것의 관계가 된다. 이 경우에는 존재와 무가 구별되므로 그것으로부터 생성으로 나아갈 수 있는 가능성이 주어지는 것처럼 보인다. 즉 존재가 자신으로부터 무를 배제할 때, 무는 배제된 것으로서의 어떤 것인 생성이 될 수가 있다. 이 경우 존재와 무는 근본적으로 같은 것이 아니며 존재가 주어의 자리를 벗어남과 동시에 무도 존재로부터 배제되게 된다. 사실 헤겔은 "사태는 *아직* 그 시원 속에 있지 않다."고 말할 때[21] 이것을 말하는 듯이 보인다. 왜냐하면 여기서 '아직'(noch)이라는 말은 무가 완전한 무가 아니라 아직 실재적 존재가 아니라는 것을 의미하며 그와 더불어 존재는 그 가능태, 즉 포텐츠 속에 있는 것이라는 것을 말하기 때문이다. 결국 존재가 무라는 것은 그 존재가 아직 현실적 존재가 아니며 그런 한에서 '가능태로서의 존재'(das Sein in potentia)임을 말하는 것이 된다. 이렇게 된다면 존재로부터 생성으로 이행한다는 것은 가능적 존재로부터 현실적 존재로 이행한다는 것

19) Allan White, *Absolute Knowledge: Hegel and the Problem of Metaphysics*, 1983, Ohio University Press. S. 32.

20) GnP. S. 117.

21) GnP. S. 118.

이며, 이러한 이행은 이미 동일성철학에서 충분히 보여준 것들이다.

그렇다면 이러한 비판을 통해 셸링이 말하고자 하는 것은 무엇인가? 먼저 그의 비판의 핵심은 다음과 같다. '논리학'의 시원인 존재는 순수 논리적 개념이 아니라 철학하는 주체의 경험적 개념이며 그와 더불어 하나의 개념에서 다른 개념으로의 이행은 논리적 차원이 아니라 경험적 현실 속에서 사유하는 주체에 의해 이루어진다는 것이다. 이와 같은 비판을 통해 셸링이 말하고자 하는 것은, 개념의 운동은 순수 논리적 차원이 아니라 감각적 경험에 근거해서 이루어진다는 것이다. 그럼에도 불구하고 헤겔은 '논리학'의 시원으로서의 존재를 가장 객관적이며 직접적인 것이라고 생각하면서 현실적 실존이 개념의 근거라는 사실을 간과한다. 특히 시원의 존재가 객관적이지도, 직접적이지도 않다는 것은 헤겔이 철학을 하기 위해서 우리는 순수 사유 속으로 되돌아가야 한다고 말할 때 분명해진다. 왜냐하면 사유 속에서 파악된 존재는 추상된 존재이며 그런 한에서 객관적이라고 할 수 없으며, 또한 *사유 속으로 되돌아가는 한* 그 존재는 매개된 것이기 때문에 직접적인 것이라고도 할 수 없기 때문이다.

또한 셸링이 볼 때, 시원으로서의 존재가 사유 속에서 파악되는 한, 그 존재는 본질이든가 아니면 대상의 개념이다.[22] 하지만 그것이 본질이라면 시원을 존재라고 부르는 것 자체가 잘못된 것이다. 왜냐하면 존재란 사유에 있어 직접적인 것인 반면 본질은 사유에 의해 매개된 것이기 때문이다.[23] 물론 이와 같은 셸링의 비판에 대해 헤겔은 사유의 직접성은 곧 사유 자신의 매개로 드러나기 때문에 "존재의 진리는 본질이다"라고 말할 수 있다.[24] 하지만 셸링 비판의 출발점은 존재와 본질은 근본적으로 서로 다른 것이며, 사유에 의해 파악된 본질을 사유 밖의 존재와 동일시하는 것은 오류라는 것이다. 특히 본질로서의 존재가 시원이 될 수 없는 이유는 "사유가 있기 때문에 존재가 있는 것이 아니라, 존재가 있기 때문에 사유가 가능해지기 때문이다."[25] 따라서 반성으로 파악된 본질이 이차적인 것이라면, 시원이어야 할 존재는 사유 밖에 놓이는 어떤 것이어야 한다.[26] 이렇게 본다면 헤겔이 생각

---

22) GnP. S. 116.

23) 헤겔은 존재는 본질이라고 생각하는 반면, 셸링은 존재와 사유에 의해 파악된 존재, 즉 본질은 다르다고 생각한다. 왜냐하면 헤겔에게는 존재와 사유의 직접적 동일성이 전제되는 반면 셸링에게는 둘의 비동일성이 전제되기 때문이다. Andrew Bowie, *Schelling and modern european Philosophy*, New York 1993, S. 159-167 참조.

24) Hegel, *Wissenschaft der Logik Die Lehre vom Wesen(1813)* hrsg. von Hans Jürgen Gawoll, Hamburg 1992, 차후 Logik II, S. 3.

25) Andrew Bowie, 같은 책 S. 167.

하는 존재의 진리가 본질이라는 것 자체가 바로 비판의 대상이 된다.

다른 한편, 존재가 대상의 개념인 한, 그 존재는 직접적인 것 일 수 없다. 왜냐하면 이 경우 개념은 그 이전에 대상을 전제하기 때문이다. 물론 이러한 비판에 대해 헤겔은 그러한 개념으로서의 존재란 '정신현상학'의 결과로서 절대지이며 그런 한에서 의식의 대립으로부터 벗어난 사태 자체라고 말할 수 있다.[27] 하지만 셸링이 볼 때, 그것이 절대지라면 그것으로부터의 이행은 불가능할 텐데, 이행한다는 것 자체가 풍부한 대상 세계에 대한 철학하는 주체의 경험을 반영하는 것이다. 따라서 대상 개념으로서의 존재는 절대적일 수가 없다. 결국 이와 같은 비판을 통해 셸링은, 사유 속에서 존재를 말하는 헤겔의 철학이란 현실을 단순히 사유 속에서 구성하는 '부정철학'이며, 단순히 논리적인 것으로서의 개념의 운동을 통해 현실적 세계를 말하고자 하는 헤겔의 철학은 철학사의 '에피소드'라고 말한다.[28]

IV. '논리학'의 방법에 대한 비판

'논리학'의 시원인 순수 존재가 결코 체계의 원리가 될 수 없음을 지적하고 난 후, 셸링은 '논리학'의 방법에 대한 문제로 눈을 돌린다. 헤겔 체계에 있어 감각적 실재 세계를 서술하는 것은 '자연철학'과 '정신철학'이지만 이러한 철학의 근거는 여전히 논리적 이념 속에 놓이게 된다. 이것은 역으로 논리적 이념은 스스로 실재 세계의 근거가 될 수 있음을 입증해야 함을 의미한다. '논리학'의 내용인 논리적 이념의 실현(Verwirklichung)이란 바로 이와 같은 이념의 현실성(Wirklichkeit)에 대한 증명이 된다. 다시 말해 논리적 이념은 순수 개념으로부터 시작해서 자기를 파악하는(begriffen) 개념(Begriff)에 이르게 되는데, '변증법적'이라고 불리는 이러한 과정이란 이념이 자신에게 현실성을 부여하는 과정이 된다.

셸링이 '논리학'의 방법에 대해 비판할 때 주목하는 것은 이념의 자기실현으로서의 변증법적 과정이다. 먼저 비판의 출발점을 마련하기 위해 셸링은 다음과 같

---

26) '반성'과 '존재'의 구분에 대해서는 Manfred Frank, *Der unendliche Mangel an Sein*, Frankfurt am Main, 1975, S. 135-154 참조.

27) Hegel, *Wissenschaft der Logik Die Lehre vom Sein(1832)* hrsg. von Hans Jürgen Gawoll, Hamburg 1990, 차후 Logik I, S. 33.

28) GnP. S. 113. 헤겔 철학에 대한 이러한 평가는 후에 셸링의 강의를 수강한 포이에르바하, 엥겔스, 아놀드 루게에 영향을 미치게 된다.

이 말한다. "헤겔은 전체적으로 그리고 그 핵심에 있어서 〔자연철학과〕 동일한 체계를 서술하고자 한다."[29] 여기서 문제가 되는 것은 자연철학에서 사용된 방법이 '논리학'에 그대로 적용된다는 점이다. 다시 말해 "거기〔자연철학〕에서 절대적 주체가 그 존재의 매 단계를 뛰어 넘어 주관성 즉 정신성 혹은 내면성의 보다 높은 포텐츠로 자신을 정립하고 결국에는 순수한, 더 이상 객관화될 수 없는 따라서 자신 속에 머무르게 되는 단계에 이르기까지 정립하듯이, 여기〔논리학〕에서는 서로 다른 계기나 규정들을 관통하는 개념이 모든 것을 자신 속으로 받아들임으로써 자기 자신을 개념적으로 파악하는 개념이 된다."[30] 그렇다면 자연철학의 방법이 '논리학'에 적용되는 것이 왜 문제가 되는 것일까?

이것이 문제가 되는 이유는 '자연철학'에서는 변증법적 과정의 원리가 설명되는 반면 '논리학'에서는 설명되지 않기 때문이다. 다시 말해 자연철학에서 고찰하는 것은 포텐츠로서 사유하는 주체의 개념 즉 사상(Gedanke)이다.[31] 그렇기 때문에 대상에 대한 주체의 직관 속에서 그 개념의 불완전성이 파악될 경우 다음 단계로 이행할 수 있게 된다. 하지만 '논리학'에서 개념은 순수 개념으로서 추상적인 영역에서 전개된다. 이러한 영역에 있는 순수 개념이 운동한다는 것은 단지 은유일 뿐이다.[32] 셸링은 다음과 같이 말한다. "헤겔이 존재라고 부르는 공허한 개념은 그것이 공허하기 때문에 스스로를 충족시켜야할 필요를 전혀 갖지 않는다. 개념이 스스로를 충족시키는 것이 아니라 사상이 즉 자아 혹은 철학하는 자가 공허한 것으로부터 충족된 것으로 나아가려는 욕구를 지닌다."[33] 다시 말해 개념이 순수 사유라면, 그것은 순수 사유이기 때문에 극복할 것이 전혀 없으며, 극복할 것이 있다면 그것은 더 이상 순수 사유가 아니라는 것이다.

결국 셸링이 볼 때, '논리학'에서 전개되는 순수 사유로서의 개념의 산출이란 어떤 투쟁도 존재하지 않는 단조로우며 최면에 걸린 듯한 전개 이외에 다른 것이 아

---

29) GnP. S. 115. 헤겔과 셸링의 자연철학에 대한 이념과 방법의 차이에 대해서는 졸고, 「자연, 자립적 주체인가 아니면 이념의 외화인가?」 in *헤겔연구* 16집, 2004, 12, S. 157-184 참조,

30) GnP. S. 120.

31) GnP. S. 116. 헤겔과 셸링에게 '사상'(Gedanke)에 대한 이해는 서로 다르다. 헤겔에게 사상이란 사물의 개념으로서 순수 논리적인 것인 반면 셸링은 사유하는 주체의 경험적 개념으로 정의된다.

32) Terry Pinkard에 따르면 운동이란 '추론의 과정'에 대한 은유적 표현이다. "Hegel's Idealism and Hegel's Logic" in *Zeitschrift für philosophische Forschung* 1979, April Band 33 Hefte 2. S. 210-226.

33) GnP. S. 120.

니다. 왜냐하면 존재에 대한 서술이 전개되려면 첫걸음부터 경험적 직관이 전제되어야 하는데, 헤겔은 이러한 직관을 거부하기 때문이다.[34] 경험적 직관이 개념의 자기규정의 근거라는 점에서 시원에 대한 것과 동일한 이러한 비판을 통해 셸링이 말하고자 하는 것은, 순수 논리적인 영역에서의 개념의 자기규정이란 가상이며, 그런 한에서 변증법적 과정을 통한 이념의 현실성(Wirklichkeit)에 대한 증명은 실패할 뿐만 아니라 결국 헤겔이 밝히고자 하는 현실의 이성성은 해명되지 않는다는 점이다.

V. '논리학'으로부터 자연철학으로의 이행에 대한 비판

'논리학'의 시원과 방법에 대하여 비판한 셸링은 이제 마지막으로 '논리학'으로부터 자연철학으로의 이행 문제를 고찰한다. 헤겔에 따르면 이념은 '논리학'의 끝에서 완전히 실현된다. 이때 이념이 실현된다(verwirklichen)는 것은 이념이 자신에게 현실성(Wirklichkeit)을 부여한다는 것인데, 문제는 이렇게 실현된 이념이 논리적인 것의 한계를 느끼게 된다는 점이다. 다시 말해 '논리학' 끝에서 더 이상 앞으로 나아갈 수 없게 된 이념은 논리적인 것을 떠나 비논리적인 것(das Unlogische) 즉 논리적인 것에 대립되는 세계로 이행하게 된다. 이때 논리적인 것에 대립되는 세계란 바로 자연이다. 셸링이 볼 때, 이러한 자연은 더 이상 선천적(apriori)이지 않다. 왜냐하면 선천적이라는 것은 단지 논리적인 것의 영역에만 속하기 때문이다. 그런데 이념이 자연을 자신 외부에서 갖는다면, 즉 자연은 논리적인 것이 끝나는 곳에서 시작된다면, 다음과 같은 문제가 제기된다. 즉 왜 '논리학'의 끝에서 완결된 이념은 자신을 자신의 외부에 있는 자연으로 외화하는가?

셸링이 볼 때, 이 물음에 대한 답은 이념 내재적으로 찾아질 수 없다. 왜냐하면 스스로를 완성한 이념은 더 이상 어떤 것으로 향해 운동할 필요가 없기 때문이다. 그렇다면 이유는 분명하다. 그것은 자연이 거기에 있기 때문이다. 자연이 거기에 있으며, 현실성을 과제로 하는 이념이 자연으로 나아간다는 것은 곧 이념은 그 현실성을 자연으로부터 얻는다는 것을 의미한다. 이것은 역으로 이념이 논리적인 영역 속에서는 완전한 현실성을 가질 수 없다는 것을 의미한다. 그렇기 때문에 셸링은 헤겔에게 있어 자연이란 "개념의 단말마"라고 말한다.[35] 그리고 그는 헤겔이 자

---

34) GnP. S. 121.

연을 이념의 자기 자신으로부터의 "몰락"(Abfall)이라고 설명할 때, 헤겔도 이러한 상황을 어렴풋이 알고 있었다고 말한다.

다른 한편 이념의 자연으로의 외화는 신학적으로 이해될 수 있다. 즉 '논리학' 끝에서 이념은 무한한 자유 속에서 자신을 "달리 있음의 형식"인 "자연으로 방면(entlassen)"하기로 결정하는 것은 신의 "자유로운 세계창조"로 해석될 수 있다.[36] 하지만 셸링이 볼 때 이러한 설명을 통해 얻어지는 것은 아무 것도 없으며 오히려 상황은 이전보다 악화된다. 왜냐하면 자신을 세계로 외화(Entäußerung)하기로 자유롭게 결정한 신은 바로 그 자유로운 외화 속에서 자신의 자유를 상실하게 되기 때문이다. 즉 "신은 그 외화와 더불어 자연 속에서 고통을 받게 되고, 더 이상 벗어날 수 없는 과정으로 휘말려 들어가게 된다. 결국 신은 세계로부터 자유로운 것이 아니라 세계의 짐을 떠안게 된다."[37] 뿐만 아니라 자신을 자연으로 방면함으로써 자유를 보존하려는 신적 이념에 대한 생각은 체계 자체 내에서 볼 때도 하나의 망상에 불과한 것이 된다. 왜냐하면 이념은 그 외화의 끝에서 다시 그 영원한 이념의 형식으로 복귀하게 되며 그 과정 속에서 자연과 정신의 실재성은 다시 지양되어버리기 때문이다.[38] 이렇게 본다면 이념이 자신을 자연으로 방면하는 것은 결코 자연에 대한 현실적인 발생(Geschehen)과는 무관한 것이 된다.

이러한 비판을 통해 셸링이 말하고자 하는 것은 분명하다. 그것은 첫째, 현실적인 사유의 근거는 그 사유 자체에 있지 않다는 것이다. 왜냐하면 모든 것을 자체 내에서 실현한 이념이 그 끝에서 논리적인 것의 영역을 벗어난다는 것은 곧 현실적인 사유가 자신의 근거에 도달하기 위해서는 자기 자신을 포기해야 한다는 것을 의미하기 때문이다. 이것은 간단히 Andrew Bowie의 예를 통해 설명될 수 있다. 즉 우리가 거울을 볼 때 비추어진 상을 보고 그 상이 자신임을 인식하기 위해서는 거울을 보기 전에 이미 자신을 알고 있어야 한다. 하지만 거울을 통해서만 자신을 인식할 수 있는 상황에서 이것은 불가능하다. 마찬가지로 반성과 더불어 시작되는 사유가 자신을 파악하기(beriffen) 위해서는 이미 반성 이전에 자신을 파악하고 있어야 한다. 하지만 반성과 더불어서 시작되는 사유에게 있어서 이것은 불가능하다. 따라서 만일 사유가 반성 속에서 자기를 파악할 수 있다면, 그것은 사유의 근거가 반성 밖에 놓여 있다는 것을 의미한다.[39]

35) GnP. S. 131.
36) GnP. S. 137-138.
37) GnP. S. 137.
38) GnP. S. 138.

이러한 비판은 철학의 근본원리가 무엇인가라는 문제와도 직결된다. 왜냐하면 이것은 곧 철학의 원리가 헤겔이 말하듯이 반성이어야 하는지[40] 아니면 '사유 이전의 존재'(Unvordenkliches Sein)이어야 하는지에 대한 문제가 되기 때문이다.[41] 철학이 현실에 대한 설명이려고 하는 한, 셸링의 비판에 따를 때, 철학의 원리는 순수 사유일 수 없다. 그러나 헤겔은 "철학은 순수 사유로 되돌아가서" "순수 개념을 유일한 직접적 대상으로 삼아야한다"고 말한다. 헤겔에게 있어 철학이 순수 사유 속으로 되돌아간다는 것은 곧 경험적 표상으로부터 반성을 통해 순수 논리적 규정들을 드러낸다는 것을 의미하는데, 이러한 반성 속에서 애초에 주어진 사유의 직접성은 매개된 것으로 나타난다. 물론 헤겔은 이때 매개된 것은 사실 첫 번째 직접적인 것과 다른 것이 아니며, 그런 한 매개 속에서 직접성은 회복된다고 말한다.[42] 다시 말해 첫 번째 것에 대한 부정 속에서 부정은 다시 자신을 부정하게 되며 그와 더불어 사유의 직접성은 회복된다는 것이다. 그리고 이러한 '부정의 부정'으로서의 사유를 '논리학'에서 서술한다.

그 서술에 따를 때, 순수 사유란 시원으로서의 존재이며, 그것이 시원인 한 직접적인 것이다. 하지만 이러한 존재는 곧 반성인 본질로 파악된다. 하지만 반성은 그것이 반성인 한에서 사유로서의 자기를 실현하는 것이며 동시에 사유로서의 자기를 직접적으로 현시(Exposition)하는 것이다. 이렇게 실현된 사유 혹은 반성 속에서 자신을 파악한(begriffen) 사유가 곧 개념(Begriff)이다. 이 개념은 더 이상 단순한 매개도 아니며 직접성도 아니라 매개된 직접성으로서 존재와 본질을 자신의 계기로 포함한다. 하지만 셸링이 볼 때, 사유는 반성 속에서 결코 자기를 파악할 수 없다. 이것에 대한 증거는 바로 이념이 그 끝에서 이념이기를 스스로 그친다는 것이다. 셸링이 볼 때, 여기서 결정적인 것은 '부정의 부정' 속에서 사유는 자신의 존재를 결코 파악할 수 없다는 것이다. 즉 반성과 존재는 다르다는 것이다. 왜냐하면 사유의 근거는 사유 밖에 놓이게 되기 때문이다. 그에 따르면 사유의 근거가 이처럼 사유 밖에 놓인다는 것을 헤겔도 어렴풋이 알고 있었다. 왜냐하면 이념의 자연

39) Andrew Bowie, *Schelling and modern european Philosophy*, New York 1993, S. 166. Manfred Frank, *Der unendliche Mangel an Sein*, Frankfurt am Main, 1975, S. 75-84 참조.

40) Hegel, *Enzyklopädie der philosophischen Wissenschaften(1830)*, hrsg. von Friedhelm Nicolin und Otto Pöggeler, Hamburg 1991, § 7. 차후 Enzyfh 표기.

41) *Philosophie der Offenbarung(1841/42)*, hrsg. von Manfred Frank, Frankfurt am Main, 1977, S. 160-161 참조.

42) Enzy. § 12, Anm.

으로의 이행을 그는 이념의 몰락(Abfall)이라고 부르기 때문이다. 하지만 그 몰락의 의미가 무엇인지를 다시 생각해 보았더라면 그는 사유 이전의 존재자가 사유의 근거가 된다는 것과 부정철학의 한계를 알 수 있었겠지만 그러한 시도는 헤겔에게서 보이지 않는다는 것이다.

셸링이 비판하고자 하는 것의 두 번째 의미는 사유는 자신으로부터 결코 실존을 정립할 수 없다는 것이다. 이것은 전통적으로 신의 존재에 관한 존재론적 논증과 일치하는 문제이다. 왜냐하면 존재론적 논증 속에서 우리가 무한자로서의 신을 생각한다는 것은 곧 그 신은 존재와 활동에 있어서 필연적인데, 이때 그 존재와 활동이 필연적이라는 것은 곧 그 존재와 활동이 신 자신으로부터 나오는 것임(causa sui)을 의미하기 때문이다.[43] 이것은 완전한 개념으로서의 신이 자신의 존재를 필연적으로 자신 속에 포함해야 하듯이 그렇게 완전한 이념으로서의 신은 필연적으로 자신으로부터 실존으로서의 세계를 정립한다는 것이다. 셸링이 이념으로부터 자연으로의 외화의 내재적 필연성을 거부한다는 것은 바로 이러한 존재론적 논증에 대한 거부와 동일한 것이다. 셸링이 볼 때 부정철학에서의 신이란 단지 개념으로서의 신이다.[44] 이러한 신으로부터는 어떤 종류의 논리적 필연성에 의해서도 현실적 세계가 산출될 수 없다. 그가 볼 때 존재론적 논증을 하는 사람들이 범하는 오류는 사유 속의 '실존의 형식'과 사유 밖의 '실존의 사실'을 구분하지 못한다는 점이다.[45] 이것은 논리적 이념이 내적 필연성에 의해 자연으로 외화한다고 할 때, 그렇게 정립된 자연이 결코 현실적 자연이 아니라는 것을 파악하지 못하는 것과 마찬가지인 것이다.[46]

결국 이와 같은 비판을 통해 셸링이 강조하고자 하는 것은 존재는 사유인 이성에 의해 규정되는 것이 아니라는 점이다. 이성은 무엇인가가 실존한다면 그것이 어떠해야 하는지는 설명할 수 있다. 하지만 그것을 넘어 실제로 거기에 무엇이 존재하는지에 대해서 이성은 결코 말할 수 없다. 이것은 역으로 모든 것이 논리적인 개념에 의해 설명된다고 해서 곧 그것이 실존하는 것은 아니라는 것이다. 그럼에도 불구하고 헤겔은 개념 속에서 설명하는 것을 현실에 대한 객관적인 설명이라고 주장한다는 것이다.

---

43) Dieter Henrich, *Der ontologische Gottesbeweis*, Tübingen, 1960, S. 4.

44) *Einleitung in die Philosophie der Offenbarung*, hrsg. von Manfred Schröter München 1858, S. 157–158 참조.

45) Andrew Bowie, *Schelling and modern european Philosophy*, New York 1993, S. 150.

46) GnP. S. 132–133.

VI. 셸링의 헤겔 비판에 대한 평가

셸링의 헤겔 비판의 핵심은 순수 논리적 이념을 고찰하는 '논리학'은 현실적 사유규정의 체계가 될 수 없다는 것이다. 역으로 말하면 '논리학'이 현실적 사유규정의 체계이고자 하는 한, 그 근거는 순수 사유의 영역에서 주어지는 것이 아니라 경험적 실존으로부터 주어진다는 것이다. 이러한 비판에 암묵적으로 전제되는 것은 '현실적 사유는 그 자신 속에서 스스로를 근거지울 수 없다'는 후기 셸링의 생각이다. 다시 말해 사유가 자신 속으로 되돌아가서 파악한 규정들은 단지 가능적 존재에 대한 규정일 뿐 결코 현실적 존재에 대한 규정일 수는 없다는 것이다. 이런 비판에 따를 때, 근본학이고자 하는 철학이 현실을 설명하고자 한다면, 그 원리를 사유 속에서가 아니라 사유 밖에서 찾아야 한다. 사실 후기의 셸링은 세계를 개념적으로 설명하려는 헤겔의 기획과는 정반대로 철학이란 감각적 경험에 부합하는 것으로서의 현실 세계에 대한 설명이어야 하며, 그런 한에서 철학은 '경험주의'이어야 한다고 말한다.[47] 이러한 맥락에서 셸링은 '논리적인 것'과 '경험적인 것'(das Empirische)은 구분되어야 하며 이성은 그 자체로 결코 경험적인 것에 대해서는 언급할 수 없다고 말한다. 뿐만 아니라 논리적인 것은 단지 가능적인 것(Potenz)일 뿐이며, 그런 한에서 그것은 현실성에 대해 부정적인 것일 뿐이기 때문에 삶의 구체적인 현실을 설명하려는 철학은 이 경험적인 것으로부터 출발해야 한다는 것이다.

본질(quod)과 실존(quid)이라는 스콜라적 구분에 근거하는 이러한 견해에 따르면, 모든 사물들은 이성이 접근할 수 있는 본질의 측면과 경험(die empirische Erfahrung)에 의해서만 접근 가능한 사실적 실존(Existenz)이라는 측면을 지닌다.[48] 이성은 그 본질을 개념 속에서 파악하는 반면, '현실적인 것의 현실성' 즉 '존재자가 있다는 것'(ob Seiendes ist bzw. daß es ist)은 전혀 인식할 수 없다. 그렇기 때문에 이성은 존재자 자체인 바에 대해서 존재하지 않을 수밖에 없다고 하는 단지 부정적인 개념만을 갖는다. 이런 이유로 이성이 원리가 되는 이성학문은 단지 '부정철학'일 뿐이다.[49] 부정철학은 이성학문으로서 모든 사유규정들을 존재규정들 즉

---

47) *Einleitung in die Philosophie der Offenbarung*, hrsg. von Manfred Schröter München 1858, S. 65, S. 114–115 참조. 셸링이 말하는 경험주의란 철학적 경험주의 혹은 형이상학적 경험주의로서 일반적인 경험주의와 구분된다. 후자가 모든 인식을 감각경험으로 환원하고 초감각적인 것을 부정한다면, 전자는 초감각적인 경험을 인정하고 그것을 원리로 한다.

48) 같은 책, S. 57–58.

49) 같은 책, S. 70.

범주로서 생각한다. 하지만 이성에게는 '존재하는 것'(was ist)이 아니라 '존재할 수 있는 것'(was sein kann)만이 접근 가능한 것이기 때문에 존재규정들은 단지 가능성(Potenz)으로서 즉 '존재할 수 있는 어떤 것'(etwas, was nur sein kann)에 대한 규정들일 뿐이다. 다시 말해 이성학문은 세계가 실존한다면 그 세계는 그러해야 한다는 것을 말할 수 있을 뿐이지 결코 세계가 실존하는지에 대해서는 말할 수 없다. 따라서 이성학문은 단지 세계의 본질만을 규정할 뿐이며 결코 현실적 실존(wirkliche Existenz)을 규정하는 것은 아니라고 할 수 있다.

이러한 후기 셸링의 철학적 입장에서 본다면 사실 세계를 개념 속에서 파악하고 그렇게 파악된 세계가 현실적인 것이라고 주장하는 헤겔은 문제가 있어 보인다. 특히 그의 체계가 형이상학적 신학으로 이해될 때, 문제는 보다 심각해 보인다. 왜냐하면 형이상학적 신학의 핵심은 무한자로서의 신의 자유로운 세계창조인데, 이것은 셸링이 비판하고자 하는 것 즉 논리적인 것으로부터 현실적인 것으로의 이행 불가능성을 직접적으로 위반하는 것이기 때문이다. 하지만 역으로 대부분의 헤겔 연구자들은 바로 이점에서 셸링의 비판은 문제가 있다고 말한다. 왜냐하면 그들에 따르면, 셸링 비판의 출발점은 헤겔 철학을 형이상학적 신학으로 해석하면서 주어지는데, 사실 헤겔의 논리학은 결코 형이상학적 신학으로 이해될 수 없기 때문이라는 것이다.[50] 그렇다면 헤겔 논리학은 어떻게 이해되어야 하며, 그렇게 이해된 관점에서 볼 때 셸링의 비판은 타당한 것인가? 이러한 물음에 답하기 위해서 '논리학'의 의미가 무엇인지 생각해 볼 필요가 있다.

헤겔은 '논리학' 서문에서 자신이 '논리학'에서 수행하고자 하는 것이 무엇인지를 분명히 밝힌다. 그에 따르면 '논리학'은 우리의 일상적 언어 사용 속에 이미 녹아 있지만 철학적 반성을 통해 비로소 드러나게 되는 범주들을 분석하고 체계적으로 구성하는 것을 목표로 한다.[51] 이러한 구성은 일상적인 경험 속에 이미 있는 것들을 다시 서술하기 때문에 재구성적(rekonstruktiv)이라고 할 수 있다.[52] 헤겔이 '논리학'의 목표로 이러한 범주의 재구성에 두는 이유는 분명하다. 그것은 그에게

---

50) Klaus Brinkmann, *Die ontologische Option*, Berlin 1976, S. 208. 물론 이러한 생각에 대해 Andrew Bowie는 다른 견해를 보인다. 보위에 따르면 셸링의 헤겔비판은 근본적으로 신학적 관점에서 논의되는 것이 아니라 반성과 존재의 관계에 관한 것이며 반성의 한계를 지적하고자 하는 것이다. *Schelling and modern european Philosophy*, New York 1993,S. 141 참조.

51) Logik I, S. 9–14.

52) Logik I, S. 19. Terry Pinkard, "The Logic of Hegel's Logic", in *Hegel*, etd. by Michael Inwood, Oxford 1985, S. 85–109 참조.

철학이란 "진리에 대한 학문적 인식"이며,[53] 이러한 진리란 개념 속에서 파악되는 것이기 때문이다.[54] 그렇기 때문에 철학은 일차적인 경험의 표상을 범주로 환원하고 그 환원된 것들을 체계적으로 재구성해야 하는데, 이러한 재구성 속에서 범주들 사이의 관계는 논리적으로 배열된다. 특히 중요한 것은, 이때 헤겔이 범주의 재구성을 통해 서술하고자 하는 것은 대상으로서의 사물이 아니라 사물의 개념 즉 사태(Sache)라는 점이다.[55] 왜냐하면 철학이 궁극적으로 추구하는 것이 진리라고 할 때, 그 진리란 사상(Gedanken) 속에서 파악되는 사물의 본질(Wesenheiten der Dinge)이기 때문이다.[56]

하지만 우리는 여기서 다음과 같은 의문을 제기할 수 있다. 즉 세계에 대한 합리적인 설명이 중요하지만 그렇다고 해서, 실존하는 것은 합리적으로 설명 가능한 것(혹은 합리적으로 설명 가능한 것은 실존하는 것)이라고 말할 수 있는가? 실존과 이성은 구분되는 것이 아닌가? 이와 같은 의문에 대해 왜 헤겔이 실존하는 것은 이성적인 것이라고 말하는지는 분명하다. 헤겔이 볼 때, 셸링의 말대로 만일 실존과 사유가 대립되는 것이라면 그리고 그것을 우리가 이해한다면, 그것은 바로 우리가 *실존을 사유와의 관계에 있어서 타자로서 파악하기(begriffen)* 때문이다. 즉 실존이 개념적으로 이해되기 때문이다. 이처럼 사유와 그 타자인 실존 간에 상호의존성이 주어진다면, 그것은 실존이 사유와 동일한 것이며 동시에 구분되는 것임을 의미한다. 이런 이유로 헤겔은 '실존'이란 "자기 내로의 반성과 타자로의 반성의 직접적인 통일"이라고 말한다.[57] 다시 말해 실존이란 사유가 그 타자와 맺는 반성의 방법 이외에 다른 것이 아니다. 따라서 헤겔은 실존도 하나의 범주이며 그런 한에서 사유규정인 범주들은 현실 세계에 대한 규정이며, 이러한 범주들에 의해 파악되지 않는 것은 단지 '스쳐지나가는 우연적인 것'일 뿐 결코 진리가 될 수 없다고 말한다.[58] 우리가 헤겔의 이러한 생각을 받아들인다면 현실적 사유의 자기 근거 지움에 대한 견해도 셸링과는 달라진다. 왜냐하면 이러한 관점에서는 사유와 존재가 동일

53) Enzy. S. 3.

54) 헤겔에게 진리란 사유와 대상간의 일치인데,(Logik I, S. 27) 이러한 일치는 사물의 본성인 사상 속에서만 주어지게 된다. 왜냐하면 사상이란 사유규정이면서 사물의 참된 모습이기 때문이다.(Enzy. § 24)

55) Logik I, S. 18-19.

56) Enzy. § 19, 21, 24 참조.

57) Enzy. § 123.

58) Hegel, *Phänomenologie des Geistes*, ,hrsg. von Hans Friedrich Wessels und Henrich Clairmont,Hamburg 1988, S. 78.

한 것이므로 사유가 반성을 통해 자기근거에 도달하는 것은 곧 존재가 자신의 진리를 드러내는 것과 동일한 것이 될 것이기 때문이다. 따라서 헤겔은 다음과 같이 말한다. "존재로부터 시작해서 존재를 지양하고 매개된 것으로서의 본질에 이르게 되는 이러한 과정은 존재에 대해서는 외적이며 그 고유한 본성과는 아무 상관없어 보이는 인식의 활동으로 현상한다."[59] 그렇다면 이제 이러한 관점 속에서 헤겔에 대한 셸링 비판의 타당성을 검토해 보자.

먼저 시원의 무전제성에 대한 셸링의 비판을 다시 한 번 돌이켜 보자. 셸링에 의하면 '논리학'에서 고찰되는 개념이란 추상을 통해 획득된 '추상물'이다. 따라서 개념은 결코 무전제적이지 않으며 그것으로부터 추상되는 경험적 사물을 전제한다. 그럼에도 불구하고 헤겔은 "순수 사유에 대한 고찰"이라는 명분아래 이 개념들을 그것으로부터 추상되는 사물에 선행시키면서 마치 현실성을 설명하고 있는 듯이 말한다. 우선은 타당해 보이는 이러한 비판이 갖고 있는 문제는 바로 범주에 대한 이해이다. 왜냐하면 '논리학'에서 고찰되는 개념이란 추상적 보편자이긴 하지만 셸링이 말하는 것처럼 그렇게 경험으로부터 추상을 통해 도출한 보편자가 아니라 일상적 언어 사용에 대한 반성을 통해 얻어진 것이다.

헤겔에 의하면 사유형식들인 개념은 우리의 일상적인 언어 속에 이미 녹아있다. 다시 말해 우리는 일상 속에서 범주로서의 사유규정들을 생각 없이 사용하고 있으며 그렇기 때문에 우리의 일상적 활동은 논리적일 수가 있다.[60] 하지만 철학함과 더불어 우리는 일상적 경험을 반성하기 시작한다. 이 반성 속에서 사유형식들은 드러나게 된다. 따라서 일상적인 사용에 대해 반성을 통해 드러나게 되는 개념들이란 경험의 추상물들이 아니라 사유의 선험적 규정들(transzendentale Bestimmungen)이라고 해야 한다. 왜냐하면 그러한 규정들은 우리의 경험을 논리적이게끔 하는 조건들이기 때문이다. 단지 이러한 개념들이 경험에 대한 반성을 통해 주어지기 때문에 경험으로부터 추상한 것이라고 생각하기 쉽다. 물론 이러한 사유규정들은 사유 주체와 함께 작동한다. 그렇기 때문에 셸링은 그것을 사유하는 주체의 경험적 산물인 사상이라고 부른다. 하지만 사유가 범주적으로 이루어진다고 해서 그 범주가 사유의 산물인 것은 아니다. 오히려 범주란 사유가 가능하기 위한 순수 논리적 조건들이다. 물론 사유가 사유하면서 자신의 조건들인 범주를 주제화할 수 있는가라는 것은 문제가 될 수 있다. 하지만 이 문제에 대한 헤겔의 입장

59) Hegel, Logik II S. 3.
60) Hegel, Logik I, S. 14, 4–5 그리고 19, 33.

을 분명하다. 즉 그는 철학적 반성 혹은 경험적 반성에 대한 이차적 반성 속에서 사유의 조건들이 객관화될 수 있다고 믿을 뿐만 아니라, 그것을 '본질론' 반성 장에서 반성규정들이 어떻게 논리적 범주들로서 반성 활동의 조건으로 드러나게 되는지를 보여준다.

다음으로 이념의 자연으로의 외화 문제를 살펴보자. 셸링이 볼 때 부정철학으로서의 헤겔 철학의 한계가 분명하게 드러나는 곳이 여기이다. 왜냐하면 이념이 자연으로 외화한다는 것은 곧 이념이 실재성을 갖고 있지 않다는 것에 대한 증거이기 때문이다. 특히 헤겔의 체계가 형이상학적 신론일 경우 그 문제점은 보다 심각해진다. 왜냐하면 이 경우 외화의 문제는 개념으로부터의 실존정립이 문제가 되기 때문이다. 하지만 만일 '논리학'이 범주들에 관한 '합리적 재구성에 관한 이론'이라면 어떻게 될까?[61] 이 경우 외화의 문제는 더 이상 실존정립의 문제가 될 수는 없다. 그것은 오히려 논리적 범주의 체계가 구체적 대상영역에의 적용되는 것으로 이해되어야 한다.[62] 문제는 이때 왜 이러한 적용이 필요한가이다. 사유규정들이 경험의 선험적 조건인 한에서 이것에 대한 대답은 분명하다. 즉 범주들로서의 사유규정들이 일상의 경험에 대한 반성으로부터 주어지는 것이라면 그 범주들은 이미 일상의 경험에 적용되고 있다는 것을 전제한다. 따라서 이념의 자연으로의 이행이란 반성을 통해 드러난 순수 사유규정들이 반성적 고찰의 전제인 구체적 대상에 대해 적용되고 있다는 것에 대한 재확인 외에 다른 것이 아니다.[63]

물론 이러한 재확인은 철학적 반성 이전에 주어지는 진리 차이의 경험적 세계를 전제한다. 그렇다고 해서 이 경험적 세계가 순수 논리적 개념들의 근거인 것은 아니다. 왜냐하면 이 세계가 무엇인지는 경험으로부터 주어지는 것이 아니라 논리적 영역으로부터 주어지기 때문이다. 그렇기 때문에 헤겔은 사물의 본질을 설명해야 하는 철학은 경험적 세계로부터 순수 사유 속으로 되돌아가야 한다고 말하는 것이다. 이렇게 본다면 사유 속에서 범주들의 체계를 구성하려는 '논리학'의 과제는 셸링이 이해하는 것처럼 대상적 존재자에 대한 구성이 아니라 그 존재자를 의미 있게 드러내기 위해 전제되어야 할 이성적 사유에 대한 구성이 되며 그와 더불어 셸링의 비판은 그 대상을 잃게 된다.

---

61) Klaus Hartmann, "Hegel: A Non-metaphysical View" in *Hegel A Collection of Critical Essays*, edt by Alasdair MacIntyre, London 1976.

62) 이광모,『헤겔철학과 학문의 본질』 용의 숲, 2006, S. 229-233 참조.

63) 같은 책, S. 231. '논리학'과 '자연철학'의 관계는 칸트에게 범주체계와 자연형이상학에 대한 관계와 같다.

VII. 헤겔인가 아니면 셸링인가?

이제까지의 논의 속에서 암묵적으로 드러났듯이 헤겔과 후기 셸링에게 있어 철학의 목표와 과제는 다르다. 헤겔에게 있어 철학의 목표는 현실을 이성적으로 파악하는 것이다. 왜냐하면 이성은 그에게 있어 진리이기 때문이다. 이때 이성이 진리인 이유는 분명하다. 그가 볼 때, 진리란 기본적으로 사유와 대상 간의 일치이다.[64] 그런데 대상의 본질은 사상(Gedanke) 속에서 파악되는 것이므로 결국 진리란 자기의식적 이성과 존재하는 이성의 통일 이외에 다른 것이 아니게 된다. 이런 연유로 그는 단적으로 철학의 과제란 "존재하는 것을 개념적으로 파악하는 일"이라고 말한다.[65]

반면 후기 셸링의 철학을 이끈 것은 "도대체 왜 어떤 것이 있는가? 왜 무가 아닌가?" (warum ist überhaupt etwas? warum ist nicht nichts?)라는 물음이다. 그 스스로 "이 물음에 답하기 전에는 다른 모든 것은 바닥없는 무의 심연으로 가라앉게 될 수밖에 없다"고 말하듯이 그의 철학의 목적은 존재자의 근원을 밝히는 것이다.[66] 그에게 있어 진리란 사유와 존재의 일치가 아니라 사유를 포함한 존재자의 근거이다. 이러한 근거는 그것이 근거인 이상 사유의 한계 내에서는 탐구될 수 없다. 그렇기 때문에 셸링에게 진정한 철학이란 사유(이성)의 한계를 벗어날 때에만 가능하며, 그러한 근거에 대한 앎이란 더 이상 지가 아니라 지혜이다. 이 지혜에 대하여 그는 다음과 같이 말한다. "지혜(Weisheit)란 지(Wissen) 이상이다. 그것은 작동하는 지이며, 행위와 삶 속에서의 지 혹은 그런 한에서 동시에 실천적인 지이다."[67]

이처럼 현실 세계에 대한 이성적인 설명을 목표로 하는 철학과 이성의 배후에서 존재자와 실존적 삶의 근거를 해명하기를 목표로 하는 철학은 이성을 기준으로 서로 엇갈리는 방향으로 전개된다. 한 쪽이 이성의 자기반성이라는 모던적 기획의 완성이라면 다른 쪽은 이성의 타자로서 비이성적인 것으로 향하는 포스트모던의 출발을 이루게 된다. 그 어느 쪽이 더 논리적 우월성을 갖는지는 경합의 문제가 아니라 선택의 문제일 뿐이다. 하지만 그러한 선택은 우리에게 형이상학의 붕괴 이

---

64) Logik I, S. 27.

65) Hegel, *Grundlinie der Philosophie des Rechts*, hrsg von Johannes Hoffmeister, Hamburg 1955, S. 16.

66) Schelling, *Philosophie der Offenbarung*, hrsg. von Manfred Schröter, München 1983, S. 8.

67) Schelling, *Über die Natur der Philosophie als Wissenschaft*, S. 245.

후 우리가 가야할 철학적 도상에 있어서 전혀 다른 이정표를 제공해 준다.[68] 한 쪽이 반성적 사유의 한계가 무엇인지를 가르쳐 줄 수 있다면, 다른 한 쪽은 초월적 사유의 어려움이 무엇인지를 지시해줄 것이다.

68) Andrew Bowie, *Schelling and modern european Philosophy*, New York 1993, S. 148.

참고 문헌

Hegel, G. W. F., *Wissenschaft der Logik Die Lehre vom Sein(1832)* hrsg. von Hans Jürgen Gawoll, Hamburg 1990.

____, *Enzyklopädie der philosophischen Wissenschaften(1830)*, hrsg. von Friedhelm Nicolin und Otto Pöggeler, Hamburg 1991.

____, *Grundlinie der Philosophie des Rechts*, hrsg von Johannes Hoffmeister, Hamburg 1955.

____, *Phänomenologie des Geistes*, ,hrsg. von Hans Friedrich Wessels und Henrich Clairmont,Hamburg 1988.

____, *Wissenschaft der Logik Die Lehre vom Wesen(1813)* hrsg. von Hans Jürgen Gawoll, Hamburg 1992.

Schelling, F. W. J., Zur *Geschichte der neueren Philosophie*, Münchener Vorlesung, 1974, Darmstadt.

____, *Einleitung in die Philosophie der Offenbarung*, hrsg. von Manfred Schröter München 1858.

____, *Philosophie der Offenbarung(1841/42)*, hrsg. von Manfred Frank, Frankfurt am Main, 1977.

____, *Über die Natur der Philosophie als Wissenschaft.*

Bowie, Andrew, *Schelling and modern european Philosophy*, New York 1993.

Brinkmann, Klaus, "Schellings Hegel-Kritik" in *Die ontologische Option*, hrsg. von Klaus Brinkmann, Berlin, 1976.

____, "Hegel's Critique of Kant and Pre-Kantian Metaphysics", in *Hegel Reconsidered Beyond Metaphysics and the Autoritarian State*, edt. by H. Tristram Engelhardt, JR. and Terry Pinkard, Kluwer Academic, 1994.

Frank, Manfred, *Der unendliche Mangel an Sein*, Frankfurt am Main, 1975.
Hartmann, Klaus, "Hegel: A Non-metaphysical View", in *Hegel A Collection of Critical Essays*, edt by Alasdair MacIntyre, London 1976.
Henrich, Dieter, *Der ontologische Gottesbeweis*, Tübingen, 1960.
Pinkard, Terry, "Hegel's Idealism and Hegel's Logic", in *Zeitschrift für philosophische Forschung* 1979, April Band 33 Hefte 2.
____, "The Logic of Hegel's Logic", in *Hegel* edt. by Michael Inwood, Oxford 1985.
White, Allan, *Absolute Knowledge: Hegel and the Problem of Metaphysics*, Ohio University Press. 1983.
이광모,『헤겔철학과 학문의 본질』 용의 숲, 2006.
____,「자연, 자립적 주체인가 아니면 이념의 외화인가?」 in *헤겔연구* 16집, 2004, 12.
찰스 테일러,『헤겔철학과 현대의 위기』, 박찬국 역, 서광사 2006.

Hegel or Schelling?

– A study on the criticism of Schelling against Hegel's philosophy

Lee, Kwang-Mo

While Hegel's philosophy is oriented toward the rational explanation of reality, Schelling's philosophy tries to explicate the reality behind rationality. This difference comes to be clear from the lectures in Munich 1827. The later Philosophy of Schelling, so called 'positiv Philosophy', starts with the philosophical introspection of the limits of reason. This goes along with the criticism against Hegel's philosophy. Therefore, the consideration of his criticism against Hegel's philosophy is the same as the elucidation of the difference between two philosophies.

This study considers how Schelling criticize Hegel's philosophy and what the meaning of that criticism is(III), and further, whether the criticism valid is and if not, what the problem is(IV), and to conclude, what the fundamental difference between Hegel's and Schelling's philosophy is.

keywords: Hegel, Schelling, german Idealism, positiv philosophy, criticism against Hegel's philosophy

헤겔철학에서 반성과 형이상학[1)]

조 종 화

요약문

일반적으로 형이상학이란 '제일철학'으로서 '존재자를 존재자로서 고찰하고 존재자의 제일 원리들과 원인들을 탐구하는 학문'이다. 그런데 '실체론'을 근간으로 하는 전통 형이상학에 반해 헤겔은 '전통 형이상학의 존재론을 그것의 요구에 따라서 근거 짓고 통합하는 존재론의 개념'을 새롭게 구축하려고 한다. 이를 위해 헤겔은 참된 것을 '실체'로서만이 아니라 동시에 '주체'로서 파악할 것을 요구한다. 여기에는 전통 형이상학의 근저에 놓여있는 '실체의 역동화', 말하자면 '존재론의 역동화'라는 헤겔 자신의 고유한 의식이 전제되어있다. 그래서 헤겔은 '존재와 무 또는 실체와 부정성의 근원적인 통일'을 주장한다. 이에 근거해서 존재하는 모든 것은 '자기관계하는 부정성과 자기관계하는 타자성이라는 근본형식의 계승자들이며 함축들'로, 이와 함께 '대립적인 것들의 부정적인 통일'로서 이해된다. 이 부정적인 통일이 헤겔의 전체 철학체계의 원리로서 간주되는 '동일성과 비동일성의 동일성'이라는 사상이다.

이 사상을 헤겔은 '반성의 본성'을 통해서 보다 더 구체화하고 체계화한다. 반성의 본성이란 '자기 내로의 반성과 타자에로의 반성의 내재적이고 총체적인 반성'을 의미하며, 이를 통해서 반성은 존재하는 모든 것들의 '유기체적인 체계' 또는 '구체적인 총체성'을 형성한다. 이와 함께 헤겔의 주체개념은 '반성의 본성'이 가지는 중층적이고 역동적인 통일구조를 통해서 파악되고 이해된다. 이러한 주체는 헤겔철학에서 자유이념을 자신의 핵심내용으로 갖는데, 여기에서 자유개념은 '타자존재에서 자기존재'로 이해된다. 이러한 자기존재는 다양한 타자관계에서 동시에 자기 자신에 머무르고 자신에 고유한 현존재를 가지는 존재, 말하자면 '주체적이고 자유로운 존재'를 의미한다. 이와 같은 사상들을 통해서 헤겔은 주체개념을 새롭게 정의하고 자신의 주체형이상학의 핵심내용인 '실체-주체-총체성'을 해명한다. 이러한 의미에서 헤겔의 주체개념은 실체나 객체에 대립되어 있는 '일면적인 주체성'과는 구별되는 '포괄적인 주체성'으로 이해된다.

● 주요어 : 반성, 실체, 주체, 자유, 필연성

1. 머리말

오늘날 우리들은 고도로 발달된 과학기술의 토대 위에 건립된 급변하는 사회에 살고 있다. 과학기술의 발달은 한편으론 우리들의 삶을 보다 풍요롭게 한다는 긍정적인 측면을 가진다고 하더라도, 또한 부정적인 측면을, 말하자면 부분적으로는 물질만능주의 및 개인주의적인 성향을, 부분적으로는 주체성 또는 자기정체성의 상실과 획일화를 강화시키는 경향을 가져왔다. 다른 한편으로 과학기술의 발달과 더불어 발전된 다양한 대중매체들은 우리들에게 수많은 다양한 정보를 제공한다고 하더라도, 반면에 정보과잉, 이와 함께 혼돈되고 잘못된 인식을 유포했다는 것 또한 주지의 사실이다. 이와 더불어 학문은 그것의 근원적인 의미에서 진리를 추구하기 보다는 오히려 유용성과 편리함을 자신의 준거로서 갖는 경향을 강하게 보인다. 그 결과 형이상학이란 학문의 적실성이 또한 끊임없이 의문시되어 왔다. 현재 우리 사회에서 유행처럼 퍼져있는 소위 말해 포스트모던적인 현상, 말하자면

1) 이 논문은 2008년 정부(교육과학기술부)의 재원으로 한국학술진흥재단의 지원을 받아 수행된 연구임.〔KRF-2008-354-A00245〕

형이상학 비판 및 해체 또는 탈 형이상학에 대한 다양한 주장들이 바로 그것의 일례일 것이다.

20세기 중엽 하이데거는 현대 문명화된 사회에서의 고도로 발달된 기술에 전통 형이상학적인 사유가 근저에 놓여있다고 말하며 형이상학에 대한 새로운 관심을 불러일으켰다. 그런데 그는 전통 형이상학적인 사유를 '표상적 사유'로 정의한다. 그에 따르자면 이 사유는 존재하는 모든 것을 표상의 대상으로 만드는 대상적 사유이며, 이 대상적 사유의 극단에 현대의 '기술'이 놓여있다. 그러나 하이데거는 이와 같은 전통 형이상학의 표상적 사유를 비판하는데, 왜냐하면 이 사유가 '존재의 망각', '차이의 망각'을 야기했기 때문이다. 이 때문에 하이데거는 표상적 사유를 근간으로 하는 '형이상학의 종말과 극복'에 대해서 이야기 한다. 이것은 존재자를 존재자로 가능하게 해주는 가장 근본적이고 보편적인 규정인 '존재성(Seiendheit)' 또는 '존재'에 대해서 묻는 형이상학이 그것의 '표상적 사유방식'에 근거해서 역으로 '존재의 망각', '차이의 망각'을 야기했다는 것을 의미한다. 이것은 형이상학의 표상적 사유가 존재자의 존재성 또는 존재를 대상화시켰기 때문이다. 이와 함께 대상화된 존재는 존재 자체를 그대로 보여주는 것이 아니라, 오히려 '존재의 왜곡'을 낳았다. 그래서 하이데거는 '형이상학의 역사는 존재망각의 역사이다'라고 주장한다. 그리고 이 표상적 사유의 대상화가 '기술'을 발전시켰는데, 이 기술을 통해서 형이상학의 표상적 사유는 세계를 지배할 수 있었다. 이 때문에 하이데거는 형이상학의 표상적 사유를 통해서 망각된 '존재'와 '존재와 존재자 사이에 놓여있는 존재론적 차이'를 근원적으로 다시 사유할 것을 요구하고 또한 표상적 사유에 의한 세계지배라는 신화를 재음미할 것을 요구한다.[2)]

이 보다 앞서 19세기 초반에 헤겔은 자신의 저서 『논리학의 학』[3)]의 서문에서 자신의 시대를 '신성한 것이 하나도 없는, 단지 과학적인 지식과 기술로서만 장식되어 있는 사원', '민족에 고유한 정신 또는 형이상학이 없는 교양 있는 민족'이라는

---

2) M. Heidergger, "Überwindung der Metaphysik" (하이데거 전집 7권), "Die Onto-Theo-Logische Verfassung der Metaphzsik" (11권) 그리고 "Das Ende der Philosophie und die Aufgabe des Denkens" (14권) 참조.

3) 헤겔의 *Wissenschaft der Logik*은 1812/13년에 제 1부, 말하자면 '존재론'과 '본질론'을 포함하는 '객관논리학'이, 1816년에는 제 2부, 즉 '개념론'으로서의 '주관논리학'이 간행되었다. 그리고 1832년에는 그것의 제 1부 '존재론'의 제 2판이 출간되었다. 이하에서 헤겔 저작의 인용과 관련해서, 특별한 언급이 없는 한에서, 모든 인용은 헤겔 선집 G. W. F. Hegel Werke in zwanzig Bänden hrsg. v. E. Moldenhauer u. K. M. Michel, Theorie Werkausgabe Suhrkamp Verlag Frankfurt am Main 1969ff. 을 기본적으로 사용하고, 헤겔 선집의 권수(Hegel Bd.)와 쪽수를 표기함.

비유적인 말을 통해서 비판적으로 진단하고, '형이상학의 몰락'에 대해 이야기 한다. '학문과 건전한 인간오성이 서로 손을 잡고 형이상학을 몰락시켰다.'(I, 14)[4] 그러면 이 몰락한 형이상학은 무엇이며, 헤겔이 말하는 "고유한 형이상학"(I, 16)이란 무엇인가? 일반적으로 말해 형이상학이란 아리스토텔레스에 따르자면 '제일철학'으로서 '존재자를 존재자로서 고찰하고 그리고 이 존재자에 그 자체로서 속하는 것을 고찰하는 학문'이며 '존재자의 제일 원리들과 최고의 원인들을 탐구하는 학문'이다.[5] 그런데 헤겔은 '경험인식'에 근거한 칸트나 '신앙'에 근거한 야코비 또는 '표상적 사유 비판'에 근거한 하이데거처럼 이전의 형이상학의 전체 방식과 그것의 방법을 철저히 파기하지는 않는다. 오히려 그는 '전통 형이상학의 존재론을 그것의 요구에 따라서 근거 짓고 통합하는 존재론의 개념'[6]을 새롭게 구축하려고 한다.

헤겔에게 있어 몰락한 형이상학은 '실체론'을 근간으로 하는 전통 형이상학, 소위 말해 '실체형이상학'이라 할 수 있으며, 고유한 형이상학이란 "순수한 사변적인 철학"으로서 "논리적인 학문"을 의미한다.(I, 16) 그리고 헤겔은 『베를린의 백과전서』(1827/1831)에서 "*논리학*이 〔....〕 *형이상학*, 즉 *사물들의 본질성*들을 표현하는 것들로 간주되는 그런 사상들에서 파악된 사물들에 관한 학문과 일치한다"[7]고 주장한다. 일반적으로 논리학은 순수한 사유형식들을 추구하고 이 순수한 사유형식들의 체계로 이해된다. 그리고 형이상학은 이 사유형식들을 통해서 세계에 존재하는 다양한 사물들의 본질성들을 파악하고 여기에서 모든 존재하는 것들을 포함하는 통일근거를 추구한다. 이와 같이 이해된 '사유'의 학문으로서의 논리학과 '존재'의 학문으로서의 형이상학의 일치테제를 헤겔은 자신의 사변적인 논리학에서 논증하고 구체화한다. 이러한 의미에서 헤겔의 논리학은 전통 형이상학에로의 단순한 복귀가 아니라 오히려 "전통 형이상학에 대한 참된 비판"(I, 62)을 의미한다.

형이상학과 관련해서 헤겔철학에 대한 이와 같은 일반적인 인식의 전제 하에 이하에서는 서양 철학사적으로 중요한 위치를 점하는 몇몇 중심개념들, 말하자면 반

---

4) 이와 같은 방식으로 이하의 본문에 표기된 것은 모두 G. W. F. Hegel, *Wissenschaft der Logik* I (5권)과 II (6권)의 쪽수를 나타냄.

5) Aristoteles, *Metaphysik*, 1003a; 1025b; 1026a 참조.

6) R.-P. Horstmann, *Ontologie und Relationen*: Hegel, Bradley, Russell und die Kontroverse über interne und externe Beziehungen, Athenäum Verlag GmbH, 1984, 47쪽 참조.

7) G. W. F. Hegel, *Enzyklopädie der philosophischen Wissenschaften* I, § 24, 81쪽.(이하에서 이 저서는 Enzy. I 로 약칭함.)

성, 형이상학 그리고 이 개념들과 밀접한 관련이 있는 실체, 주체, 자유, 필연성 개념들이 고찰될 것이다. 특히 이 개념들이 우리들에게 던지는 특정한 철학적인 물음들에 헤겔철학은 어떻게 대응하는지, 이에 대한 대답이 추구될 것이다. 이를 위해 우선적으로 실체형이상학이라고 불리는 전통 형이상학이 어떠한 자기모순에 직면하게 되는지 그리고 헤겔은 이에 대해 어떻게 대응하는지, 특히 어떠한 의미에서 사유규정들의 필연적이고 역동적인 체계를 구축하는지 그리고 왜 실체는 주체로서 이해되어야 하는지가 고찰될 것이다. 그런데 헤겔은 다양한 방식에서 다양한 개념들을 가지고서 전통 형이상학과 대면한다. 그 중에서도 반성개념은 헤겔철학에 있어 존재론적이고 방법론적인 핵심개념들 중에 한 개념일 것이다. 이 때문에 헤겔의 반성개념, 말하자면 헤겔이 말하는 '반성의 본성'이란 무엇이며 어떠한 구조적인 특징을 가지는지, 그리고 이를 통해서 헤겔철학에서 원리적인 의미를 지니는 '동일성과 비동일성의 동일성' 또는 '대립된 것들의 부정적인 통일'이 어떻게 근거 지워지는지가 고찰될 것이다. 그리고 주체개념은 헤겔에 따르자면 '자유이념'을 자신의 핵심내용으로 갖는다. 그래서 헤겔이 자유개념을 어떻게 이해하며, 자유와 필연성의 관계를 어떻게 파악하고 있는지가, 특히 칸트와 헤겔 철학을 중심으로 논의를 제한하면서 고찰될 것이다. 이와 같은 고찰을 통해서 마지막으로 실체의 진리로서 파악된 주체가 헤겔의 주체형이상학에서 실체와 주체의 부정적인 통일로서 '실체-주체-총체성'으로 이해될 때, 이 실체-주체-총체성이란 무엇을 의미하며 그리고 이를 통해서 헤겔이 어떻게 새로운 주체(성)개념을 근거 짓는지가 헤겔의 사변적인 논리학에서 객관논리학의 주관논리학에로의 이행과 관련해서 고찰될 것이다.

2. 전통 형이상학에 대한 헤겔의 응답

전통 형이상학에는 일반적으로 말하자면 '실체'와 '속성', 특히 '운동' 그리고 이 양자의 '관계'에 대한 물음들이 근저에 놓여있다. 실체에는 일반적으로 헤겔이 '이성대상들'이라고 부르는 것들, 그리고 라이프니츠-볼프 형이상학의 구분에 따르자면 일반형이상학으로서 '존재론'과 특수형이상학으로서 '합리적인 심리학', '우주론' 그리고 '합리적인 신학'의 대상들, 말하자면 존재, 영혼 또는 정신, 세계 그리고 신이 속한다. 그리고 전통 형이상학은 이러한 실체들이 무엇이며 스스로 운동 하는지 또는 그렇지 않은지, 이것들이 속성들과 어떠한 관계에 있는지 등등을 묻는다. 여기에서 전통 형이상학은 일반적으로 '근본적인 사유법칙들'이라고 불리는 동일률과 모순율 그리고 배중률을 근간으로 해서 사유한다. 그 결과 전통 형이상학적인 사유는 실체를 단지 "죽은 존재"(II, 75), "무과정적인 존재(*ens*)" 또는 "추상의 죽은 것(*caput mortuum* der Abstraktion)"[8)]으로 간주하는데, 왜냐하면 여기에서 실체는 단지 자기 자신과만 동일한 것으로 존재하고(동일률), 이에 반해 자신과 모순적인 것은 존재하지 않으며(모순율), 여기에서 어떠한 제 3의 가능성도 있을 수 없다(배중률)고 생각되기 때문이다. 그래서 실체는 어떠한 내용도 갖지 않는 무규정적인 것으로 존재하는 것이며, 이에 반해 운동 또는 변화하는 것은 존재하지 않거나 단지 가상 또는 현상적인 것으로서 간주된다. 왜냐하면 운동은 현존하는 모순 자체이기 때문이다.

이와 함께 전통 형이상학적인 사유에서는 일반적으로 말해 존재와 무 또는 부정(성), 존재와 운동, 실체와 속성, 무한과 유한 사이에는 어떠한 '내재적인 관계'도 존재하지 않으며, 오히려 이것들은 서로에 대해 단지 '외적인 관계'에 있거나 또는 이것들 사이에는 절대적으로 극복될 수 없는 '대립' 또는 '모순'이 근저에 놓여있는 것으로 간주된다. 여기에 전통 형이상학적인 사유의 자기모순이 단초적으로, 그러나 근본적으로 제시되어 있다. 왜냐하면 전통 형이상학적인 사유가 참된 것으로서의 실체를 그것 자체로서 파악하고 인식할 수 있다는 야심찬 기획을 추구함에도 불구하고, 이 사유는 실체를 단지 '전제'하던지 아니면 이 사유에서 전제된 실체는 단지 '외적으로만' 규정되고 파악될 수 있기 때문이다. 그러나 이것은 이 사유가 실체 자체를 '내재적으로' 파악하고 인식할 수 없다는 것을 의미한다. 전통 형이상학적인 사유가 "진리"와 "진리의 인식"을 자신의 목표로 가질 때, 이 사유는 오히려 "절대적으로 즉자대자적인 진리에 부적합하고", 그래서 "진리는 사유 속에서 드러날 수 없다". 이 때문에 헤겔은 전통 형이상학을 "*이전의 형이상학*"이라 부르고, 이것을 비판적으로 "이성대상들에 대한 *단순한 오성적인 관점*"이라 말한다.[9)] 그러므로 전통 형이상학적인 사유는 '자유로운 객관적인 사유'가 아니며, 오히려 '단순한 오성적인 사유'를 넘어서지 못했다.

그러면 오성 또는 오성적인 사유란 무엇인가? 헤겔은 오성을 "단지 *유한한* 규정들을 산출하고 이 규정들에서 운동하는 사유"라고 말하며, 이 "사유규정들의 *유한성*"을 "이중적인 방식"에서 파악한다. "하나는 이 사유규정들이 *단지 주관적이며*

8) Enzy. I, § 34 Zusatz, 101쪽; § 112, 231쪽.
9) 같은 책, § 25, 91쪽; § 27, 93쪽.

객체와의 영속적인 대립을 가진다는 것이며, 다른 하나는 사유규정들이 제한된 내용을 가진 규정들 일반으로서 서로에 대해서뿐만 아니라 더 나아가 절대적인 것과의 대립에 고착되어 있다는 것이다."[10] 헤겔은 사유규정들을 예를 들면 칸트처럼 '단지 주관적인 것'으로서 파악하지 않으며, 오히려 야코비처럼 '제한된 내용'을 가진 유한한 규정들로서 간주한다. 그리고 그는 전통 형이상학에서처럼 사유규정들을 "*사물들의 근본규정들*"[11]로 간주한다. 그래서 헤겔에게는 사물들의 근본규정들로 간주되는 유한한 사유규정들의 필연적이고 역동적인 체계를 구축하는 것이 과제로 남겨진다. 이 사유규정들의 역동적인 체계구축을 통해서 헤겔은 객체 또는 절대적인 것, 헤겔의 용어를 사용한다면 '참된 현실성' 또는 '구체적인 보편성'을 파악하고 서술하려고 한다. 이 때문에 그는 "참된 것"은 "전체"이어야만 하고, "체계"로서만 "현실적"이라고 말하며, 그러나 참된 것은 단지 "자신의 전개를 통해서 스스로를 완성해 가는 본질"이고, 이 때문에 "실체"는 본질적으로 "주체"로서 파악되어야만 한다고 주장한다.[12]

그러면 헤겔은 사물들의 근본규정들로서 간주되는 유한한 사유규정들을 어떻게 상호 매개시키고 그것들의 필연적이고 역동적인 체계를 구축하는가? 이와 함께 헤겔은 사유와 객체 또는 절대적인 것 사이의 절대적인 대립을 어떻게 해소하는가? 헤겔은 이미 「피히테와 쉘링의 철학체계의 차이」(1801)에서 상호 무관하게 자립적인 사유구정들로서 제시되는 오성의 유한한 사유규정들이 어떻게 '완전한 전개(die Vervollständigung)'라는 변증법적인 방법을 통해서 상호 관계 맺어지는지를 제시하였다. 세계에 있는 다양한 존재자들은 다양한 관계들을 통해서 상호 관계하며 존재한다. 오성은, 그것이 자신의 사유규정들을 세계에 있는 다양한 존재자들에 적용할 때, 우선적으로 이 존재자들 각각을 예를 들면 "대립된 것, 제한된 것"으로, 그러나 동시에 "제한하는 것"으로 파악한다. 그리고 "오성은 이 제한들을 그것들의 조건들로서의 대립적인 제한들의 정립운동을 통해서 완전히 전개시킨다. 이 대립적인 제한들은 동일한 전개를 필요로 하고, 이와 같은 오성의 과제는 무한히 진행된다."[13] 제한된 존재자들 각각은 자신과 대립된 제한을 자신의 '존재조건'으로 갖는다. 그리고 오성은 이러한 대립적인 제한들의 정립운동에 있어서 '무한진

---

10) 같은 책, § 25, 91쪽.

11) 같은 책, § 28, 94쪽.

12) G. W. F. Hegel, *Phänomenologie des Geistes*, 24쪽과 28쪽.(이하에서 이 저서는 PdG 으로 약칭함.)

13) Hegel Bd. 2, 26쪽.

행'에 떨어진다. 그러나 이 무한진행은 제한(하는 것)과 제한된 것 사이에서 여전히 해소되지 않은 '모순'의 한 방식이다. 이와 같이 대립적인 제한들의 정립운동이라는 완전한 전개에서 오성은 "이율배반"[14]을 인식하게 된다. 반대로 오성에게 이 회피할 수 없는 이율배반을 인식하게 만드는 저 완전한 전개는 오성의 자기 자신에 대한 반성과정 이외의 다른 어떠한 것도 아니다. 그러나 오성이 자기 자신을 반성할 때, 오성적인 "반성의 최상의 법칙"은 "자기 파괴의 법칙", 즉 "자신의 무화"이며, 이와 함께 오성뿐만 아니라 오성규정들의 타당성 또한 지양된다. 이것이 "모순의 법칙"이다.[15] 그러므로 "오성규정들의 유한성과 그것들의 대립의 근거는 〔....〕 오성규정들의 완전한 전개이며 상호관계이다."[16] 그리고 이 완전한 전개라는 변증법적인 방법을 통해서 제시되는 이율배반의 해소, 즉 이 "모순의 매개"가 "철학적인 반성"을 의미한다.[17]

헤겔이 비록 '모순의 매개'로서 '철학적인 반성'이라는 사상을 차이-논문(1801)에서 그것의 완전한 방법론적인 의미에서 천착하지 못하고 단지 요청했다고 하더라도, 철학적인 반성은 '유한한 사유규정들의 모순'에 근거해서 이 '사유규정들의 역동적이고 필연적인 체계'를 형성하고, 이를 통해서 '참된 현실성' 또는 '구체적인 보편성'을 파악할 수 있는 것으로 간주된다. 여기에서 오성적인 반성은 유한한 사유규정들의 완전한 전개와 자신의 무화를 통해서 "모든 유한자를 자체 *내에* 포함하는 통일로서 무한자의 인식"[18]을 가능하게 만든다. 그리고 헤겔은 오성과 이성 또는 오성적인 반성과 철학적인 반성의 관계를 다음과 같이 말한다. 철학적인 반성은 "절대적인 자유의 행위"이며, "주어진 것(소여성)의 영역을 넘어서며, 경험적인 의식〔오성적인 반성〕에서 지성이 무의식적으로 산출하고 이 때문에 주어진 것으로서 드러나는 것을 의식적으로 산출한다." 이와 함께 "필연적인 표상들의 다양"은 철학적인 반성에서 "자유를 통해서 산출된", 다양한 표상들의 필연적이고 역동적인 "체계"로서 파악된다.[19] 비록 오성적인 반성이 객관적인 세계를 '무의식적으로 산출'하고, 이 때문에 '자유로운 행위'로서 파악될 수 없다고 하더라도, 그

14) 같은 책, 43쪽.

15) 같은 책, 28쪽.

16) K. Düsing, *Das Problem der Subjektivität in Hegels Logik*: Systematische und entwicklungsgeschichtliche Untersuchungen zum Prinzip des Idealismus und zur Dialektik, Bonn: Bouvier, 1984², Hegel-Studien. Beiheft 15, 96쪽.

17) Hegel Bd. 2, 25쪽.

18) K. Düsing, *Das Problem der Subjektivität in Hegels Logik*, 94쪽.

19) Hegel Bd. 2, 66쪽.

것은 사유규정들의 '완전한 전개'라는 변증법적인 방법을 통해서 '무한자의 인식'을 가능하게 만든다. 그러나 "필연성의 총체성에로 나아가는 것"은 철학적인 반성으로서의 "이성의 몫"이고 "이성에 고유한 작용"이다.[20] 이 때문에 오성적인 반성과 철학적인 반성은 단지 "대립된 것"으로서가 아니라, 오히려 "자기 자신을 정립하는 것의 동일성(die Identität des Sich-selbst-Setzens)"의 양 계기로 간주된다. 그리고 이 동일성이 "주체와 객체의 동일성"이며 '자신의 전개를 통해서 스스로를 완성해 가는 본질'의 "자유로운 활동성"이다.[21]

이 사상을 헤겔은 『정신현상학』(1807)의 서문에서 자신의 주체형이상학의 체계프로그램으로서 다음과 같이 발전시켜 말한다. "나의 통찰에 따르자면 단지 체계자체의 서술을 통해서 정당화되어져야만 하는 참된 것은 무엇보다도 단지 *실체*로서만이 아니라 동시에 주체로서 파악되고 표현되어야 한다는 것이 중요한 문제이다."[22] 참된 것은 주체와 대립된 실체도, 실체와 대립된 주체도 아니며, 오히려 우선적으로 말해 '양자의 부정적인 통일'로서 '실체-주체-총체성'이다. 이 헤겔의 체계프로그램에는 전통 형이상학의 근저에 놓여있는 '실체의 역동화', 말하자면 "존재론의 역동화"[23]라는 헤겔 자신의 고유한 의식이 전제되어있다. 이 의식을 통해서 헤겔은 전통 형이상학의 근본개념들, 말하자면 실체, 속성, 운동, 관계 개념들의 내적이고 역동적인 체계연관을 추구한다. 다시 말해 헤겔은 전통 형이상학의 존재론을 그것의 요구에 따라서 근거 짓고 통합하는 존재론의 개념을 새롭게 산출하려고 한다. 이 존재론을 헨리히는 '자연적인 존재론'에 반해 '구성적인 존재론' 또는 '역동적인 일원론'이라 부른다. 그래서 헤겔은 실체는 "그것이 단지 자기 자신을 정립하는 것의 운동(die Bewegung des Sichselbstsetzens) 또는 자신과 다르게 생성되는 것의 자기 자신과의 매개(die Vermittlung des Sichanderswerdens mit sich selbst)인 한에서만 참으로 *주체*인 것 또는 〔....〕 참으로 현실적인 것인 존재"라고 말한다. 이 존재가 주체로서 "생동적인 실체"이며 본질적으로 "순수하고 *단순한 부정성*"이다.[24]

헤겔철학에서 세계에 존재하는 다양한 존재자들의 필연적이고 역동적인 체계

---

20) 같은 책, 26쪽.
21) 같은 책, 66쪽.
22) PdG, 22-3쪽.
23) R.-P. Horstmann, *Die Grenzen der Vernunft*: Eine Untersuchung zu Zielen und Motiven des Deutschen Idealismus, Verlag Anton Hain GmbH, Frankfurt a. M. 1991, 180쪽.
24) PdG, 23쪽.

에 대한 변증법적인 기술은 헨리히에 따르자면 "이성과 현실성의 새로운 통일을 구성"[25]하기 위해서 자립적인 개별자들과 그것들의 매개연관들 사이의 '전제된 차이'로부터 출발하는 것이 아니라, 오히려 자립적인 개별자들과 그것들의 매개연관들의 '총체적인 관계'를 추구한다. 헨리히는 전자를 자연적인 존재론, 그리고 후자를 구성적인 존재론 또는 역동적인 일원론이라 부른다. 이 역동적인 일원론은 한편으로 '자립적인 개별자들'과 다른 한편으론 이 개별자들이 그것들의 자립성 또는 자기관계에도 불구하고 근본적으로 의존해야만 하는 그런 '그것들의 존재조건들' 사이의 '총체적인 관계'를 고찰하고 서술해야만 한다.[26] 그리고 이것은 헤겔 철학에서 특히 '자기관계하는 부정성' 또는 '자기관계하는 타자성'이라는 존재론적이고 방법론적인 개념형식에 근거해서 이루어진다. "헤겔체계가 거기에서 전개되는 모든 개념들은 자기관계하는 부정과 자기관계하는 타자성이라는 근본형식의 계승자들이며 함축들이다."[27] 자립적인 개별자들과 그것들의 존재조건들 사이의 총체적인 관계는 헤겔철학에서 상이한 방식들, 말하자면 자립성과 의존성, 직접성과 매개, 동일성과 비동일성, 자기관계와 타자관계, 자기 내로의 반성과 타자에로의 반성 등등, 이것들의 관계를 통해서 상이한 방식들에서 주제화되며, 이 관계의 진리는 헤겔철학에서 잘 알려져 있는 '상관자들과 상관관계의 상관관계', '동일성과 비동일성의 동일성' 또는 '자기관계와 타자관계의 부정적인 통일' 등등, 일반적으로 말해 '대립된 것들의 부정적인 통일'이라고 불린다. 헤겔은 지금 논의와 관련해서 이 부정적인 통일을 자신의 본질로서 가지는 것을 '생동적인 실체' 또는 '주체'라고 부른다.

그러나 전통 형이상학에서 참된 것으로서 실체는 단순히 '전제'되어 있고, 말하자면 실체는 '견고하게 주어져 있는 주어들'이며, 이 주어들에 외적으로 술어화 또는 언표화를 통해서 다양한 술어들 또는 범주들이 '부가'되고, 이 술어부가를 통해서 전제된 실체가 파악되고 인식될 수 있다고 생각된다. 여기에서 헤겔에 따라 비판적으로 말한다면 전통 형이상학에서는 우선적으로 실체에 부가된 것, 말하자면

---

25) D. Henrich, *Selbstverhältnisse*: Gedanken und Auslegungen zu den Grundlagen der klassischen deutschen Philosophie, Philipp Reclam jun. Stuttgart, 1982, 94쪽.

26) 같은 책, 188쪽 이하 참조.

27) 같은 책, 201쪽. 이에 근거해서 헨리히는 다음과 같이 서술한다. "이로부터 헤겔 변증법의 가장 단순한 그러나 가장 근본적인 테제들이 주어진다. 말하자면 긍정적인 관계는 자체 내에서 부정적이다. 모든 것은, 그것이 자기 자신과 동일하지 않을 때, 자기 자신이다. 모든 직접적인 것은 본질적으로 매개되어 있다. 각각의 것은, 그것이 또한 *자기 자신의 타자*인 한에서만, 일자이다."(같은 책, 199쪽)

사유규정들은 '무반성적으로' 그 자체로 실체를 파악하는데 있어서 적합한 것으로 간주되고, 이 사유규정들의 체계구성에 있어서는 '원리가 결여'되어 있으며, 이 때문에 사유규정들은 단지 '우연적인 방식으로 열거'되거나 이 '단어들이 가지는 표상이나 확신' 또는 '어원학'에 근거해서 제시될 뿐이다. 또한 저 술어부가형식, 말하자면 '판단형식이 실체인식에 있어 적합한 형식인지 또는 그렇지 않은지에 대한 반성 없이' 그 자체로 적합한 형식으로 간주된다. 그래서 형이상학적인 사유는 저 전제된 실체를 어떠한 '객관적인 척도'도 없이 실체에 대한 '우리들의 외적인 표상들'에 근거해서 판단하고 인식한다.[28)]

그러나 헤겔은 이와 같은 무반성적이고 무비판적인 방식을 거부하고, 오히려 『정신현상학』의 주체형이상학의 체계프로그램을 자신의 『논리학의 학』에서 다음과 같이 발전시켜 말한다. 존재 또는 실체는 그것 자체로 (절대적인) 부정성을 자신의 근본적인 구성원리로 갖는다. 그래서 존재 자체에 부정성이 내재적으로 파악되고, 부정성은 존재의 근본규정으로 간주된다. 이것을 헤겔은 자신의 사변적인 논리학의 시원에서 '존재와 무 또는 부정성의 근원적인 통일'로서 제시한다. "*순수한 존재와 순수한 무는 동일한 것이다.*" 그리고 존재는 무로, 반대로 무는 존재에로 "이행하는 것이 아니라, 오히려 이행했다".(I, 83) 여기에서 완료형의 표현은 존재와 무의 근원적인 통일을 의미한다. 그리고 이 근원적인 통일이 헤겔의 사변적인 논리학에서 "이하의 모든 것의 지평"(I, 86)을 형성한다. 또한 존재 자체에 부정성이 내재화함으로서 '모순'개념은 존재의 본질규정으로서 간주되고, 이 모순을 통해서 존재는 역동화되며 스스로를 전개한다. "»모든 사물들은 그 자체로 모순적이고«", 이것이 무엇보다도 모든 "사물들의 진리와 본질"을 표현한다.(II, 74) 헤겔의 모순개념은 '자기관계하는 부정성'을 자신의 본질로 가지며, 존재 자체의 객관적인 운동구조를 서술한다.[29)] 이와 함께 전통 형이상학의 근저에 놓여있는 실체와 주체의 대립은 해소된다. 차이-논문에서 오성의 완전한 전개는 오성 규정들의 자기 자신과의 필연적인 투쟁을 야기하고, 모순으로 전개된다. 그리고 이 모순의 매개를 통해서 철학적인 반성은 사물들의 근본규정들로 간주되는 유한한 사유규정들의 필연적이고 역동적인 체계를 형성한다. 그리고 이 체계를 통해서 실체는 본질적으로 주체로서 파악되며, 주체는 실체의 진리로서 이해된다. 그래서 주체는

---

28) Enzy. I, § 28-33, 94-100쪽 참조. 또한 이에 대해서는 이광모, 「라이프니츠-볼프학파 형이상학에 대한 헤겔의 비판」, 『헤겔연구』 10, 한국헤겔학회, 2001 참조.

29) 자기관계하는 부정성과 모순 그리고 존재의 상호관계에 대해서는 조종화, 「헤겔 모순개념의 객관성과 구조」, 『헤겔연구』 23, 한국헤겔학회, 도서출판 용의 숲, 2008 참조.

"비운동적으로 속성들을 담지하는 고정된 주체"가 아니라, 오히려 "자기 운동하면서 자신의 규정들을 자기 내에로 다시 취하는 개념"이다.[30)]

3. 반성의 본성

헤겔은 다양한 방식에서 다양한 개념들을 가지고서 전통 형이상학과 대면한다. 이 개념들 중에서도 반성개념은 헤겔철학에 있어 존재론적이고 방법론적인 핵심개념들 중에 한 개념이다. 그러면 헤겔은 반성개념을 어떻게 파악하고 이해하는가? 헤겔 초기철학에서 반성은 일반적으로 '유한하고 분리적인 오성적인 사유'와 동일한 의미로 사용된다. 그래서 헤겔은 이미 「기독교 정신과 그것의 운명」(1798-1800)에서 "유한자와 무한자의 연관"은 "신성한 비밀"이라고 말한다. 왜냐하면 이 연관은 반성에게는 인식될 수 없는 "생명 자체"로서만 드러나기 때문이다.[31)] 그러나 헤겔은 곧바로 「1800년의 체계단편」에서 참된 것으로서의 "생명"을 대립된 것들의 "결합과 비결합의 결합"으로 파악하고, 이것을 "반성의 산물"이라고 말한다.[32)] 또한 헤겔은 차이-논문(1801)에서도 한편으로 "유한자와 무한자, 규정된 것과 비규정된 것의 종합"을 "반성"은 성취할 수 없다[33)]고 말하면서도, 다른 한편으론 '철학적인 반성'의 문제를 제시한다.

이와 같이 헤겔 초기 철학체계의 발전과정에서 반성개념은 이중적으로,[34)] 말하자면 한편으로 참된 것과 절대적으로 대립된 것으로, 다른 한편으로는 참된 것을 그것 자체의 내재적인 구조파악을 통해서 인식할 수 있는 것으로 제시된다. 그러나 철학적인 반성의 주제화와 더불어 "유한한 반성의 방법적인 니힐리즘"[35)]은 그 자체로 철학적인 반성의 한 계기로서 간주된다. 철학적인 반성은 '자신의 전개를 통해서 스스로를 완성해 가는 본질'의 '자유로운 활동성'이다. 그리고 이 철학적인

30) PdG, 57쪽.
31) Hegel Bd. 1, 378쪽.
32) 같은 책, 422쪽.
33) Hegel Bd. 2, 98쪽.
34) 보다 자세한 설명은 강순전, 「헤겔 철학에서 반성의 전개와 변증법의 형성」, 『철학연구』 44집, 철학연구회, 1999 참조.
35) H.-J. Gawoll, "Der logische Ort des Wahren: Jacobi und Hegels Wissenschaft vom Sein" in *Hegels Seinslogik*: Interpretationen und Perspektiven, hrsg. v. A. Arndt u. Chr. Iber, Akademie Verlag GmbH, Berlin, 2000, 99쪽.

반성에 근거해서 헤겔은 동일성과 모순의 관계를 새롭게 규명한다. 왜냐하면 그가 추구하는 참된 것 또는 절대적인 것은 동일률과 모순율을 자신의 원리로서 가지는 유한하고 분리적인 반성에 의해서는 단지 '모순적인 것'으로서만 의식될 수 있기 때문이다. 여기에서 헤겔이 철학적인 반성에 근거해서 파악한 것은 잘 알려져 있듯이 그 자신의 전체 철학체계의 원리로서 간주되는 것, 말하자면 "동일성과 비동일성의 동일성"[36]이라는 사상이다.

그래서 헤겔은 『논리학의 학』에서 이 '동일성과 비동일성의 동일성'이라는 사상이 "절대적인 것의 최초의, 가장 순수한, 다시 말해 가장 추상적인 정의"이고, "이 추상적인 개념이 절대적인 것에 대한 최초의 정의인 것처럼, 모든 진척된 규정들과 전개들은 이 절대적인 것의 보다 더 규정되고 풍부한 정의들일 것이다"라고 말한다.(I, 74) 이 사상에 힘입어서 참된 것 또는 절대적인 것은 헤겔에게 있어서는 더 이상 '추상적인 동일성'으로서가 아니라, 오히려 '대립적인 것들의 부정적인 통일'로서 '구체적인 동일성'으로서 파악된다. 이 때문에 "대립적으로 정립하는 것과 일자로 있음(Entgegensetzen und Einssein)은 동시에 절대적인 것 내에 있다."[37] 다시 말해 대립적으로 정립하는 것과 일자로 있음은 절대적인 것의 두 계기이며, 절대적인 것은 이 계기들의 부정적인 통일로서 파악된다. 이와 같은 대립적인 계기들의 부정적인 통일은 헤겔에게 있어 "자기 자체 내에서 스스로를 구별하는 로고스"이며 "모든 동일화와 자기동일화의 원리"로서 간주된다.[38]

그래서 이버는 "동일성과 비동일성의 동일성으로서 반성이 〔헤겔 논리학에서 제시된〕 모든 서술된 범주들에 내재하는 지평을 형성하며, 이 지평이 모든 범주들을 전체로서 그리고 계기로서 규정한다"고 명확히 말한다. 대립된 계기들의 부정적인 통일로서 반성은 "범주들을 내재적으로 구조화하는 그리고 차이화하는 원리"이다. 이 반성개념에 "자기관계하는 절대적인 부정성이라는 사상의 논리적인 구조"가 근저에 놓여있으며, 이 자기관계하는 절대적인 부정성이 반성에 있어서 "규정성을 정립하고 그리고 규정성을 지양하는 원리"로서 모든 "반성규정들의 〔체계적인〕 연관에 내적이고 논리적인 구조"를 형성한다.[39] 이러한 의미에서 헤겔

36) Hegel Bd. 2, 96쪽.
37) 같은 책, 96쪽.
38) L. Fleischhacker, Fleischhacker, Louk, "Hegels Entwicklung der logischen Grundprinzipien in der 'Wissenschaft der Logik'" in *Hegels Transformation der Metaphysik*, hrsg. v. D. Pätzold u. A. Vanderjagd, Jürgen Dinter Verlag für Philosophie Köln, 1991, 89쪽.

은 자신의 사변적인 논리학 이전에 이미 『예나의 체계기획들 II』(1084/5)에서 상호 모순적인 규정들의 방법적인 통일 또는 부정적인 통일을 위해 '반성'개념을 사용했으며, 이 반성의 규정들, 말하자면 동일성, 구별, 모순 그리고 근거를 사변적인 인식의 '근본원리들'로서 파악하고 이 '근본원리들의 체계'를 서술하였다.[40] 이것을 보다 구체화시킨 『논리학의 학』은 '사유규정들 일반의 체계'로서 "모든 감각적인 구체성들로부터 해방된 단순한 본질성들의 세계"(I, 55), 다시 말해 "*지성적인 우주*, 상호 병존하는 이념들의 영원한 왕국"[41]이다.

이와 같이 '결합과 비결합의 결합' 또는 '동일성과 비동일성의 동일성', 말하자면 대립된 것들의 부정적인 통일이라는 사상을 존재론적이고 방법론적으로 근거 짓는 '철학적인 반성'을 헤겔은 자신의 사변적인 논리학의 '본질론'에서 '반성의 본성'으로 구체화하고 체계화한다. 그러나 헤겔은 이 반성의 본성이라는 사상을 명확히 주제화하지는 않은 것 같다. 왜냐하면 그는 자신의 『논리학의 학』의 '본질론' 이외의 다른 부분들[42]과 다른 저서들에서 반성개념을 일반적으로 다시 유한하고 분리적인 사유와 동일시하였으며, 그리고 이 사변적인 논리학에 상응하는 『베를린의 백과전서』의 '본질론'에서조차도 반성개념과 관련된 부분은 또한 모두 삭제되었고 그리고 반성규정들에 관한 장들은 이해할 수 없을 정도로 축약되어 서술되었기 때문이다. 그럼에도 불구하고 헤겔 초기 철학에서 우선적으로 '철학적인 반성'으로 주제화된, 그리고 헤겔의 사변적인 논리학에서 제시된 '반성의 본성'이란 무엇을 의미하며 어떠한 논리적인 구조를 자체 내에 가지는가는 고찰될 필요가 있다.

헤겔은 자신의 저서 『논리학의 학』 전체에서 '반성의 본성'이라는 말을 단지 세 번 사용한다. 이것은 다음과 같다. "구별은 전체이며 자신의 고유한 계기이고, 마찬가지로 동일성은 전체이며 자신의 계기이다. – 이것이 반성의 본질적인 본성으로서 그리고 모든 *활동성과 자기운동의 규정된 근원적인 근거*로서 고찰되어야만

39) Chr. Iber, *Metaphysik absoluter Relationalität*: Eine Studie zu den beiden ersten Kapiteln von Hegels Wesenslogik, Walter de Gruyter, Berlin u. New York, 1990, 309–310쪽.

40) G. W. F. Hegel, *Jenaer Systementwürfe* II: Logik, Metaphysik, Naturphilosophie, neu hrsg. v. R.-P. Horstmann, Felix Meiner Verlag, Hamburg, 1982, 135쪽 이하 참조.

41) M. Theunissen, *Sein und Schein*: Diekritische Funktion der Hegelschen Logik, Suhrkamp Verlag, Frankfurt a. M. 1980, 80쪽.

42) 이것은 예를 들면 '개념론'의 판단론과 추리론에서 '반성의 판단'과 '반성의 추론'이 가지는 위치가를 비교해 보면 쉽게 알 수 있다.

한다." "그것을 통해서 이 구별〔무실한 *직접적인 것*으로서의 현상과 *자기 내로 반성된 것*으로서의 법칙〕이 있는 그런 현상의 반성은 또한 현상 자체와 현상의 반성〔법칙〕의 본질적인 동일성이며, 이것이 전적으로 반성의 본성이다; 현상의 반성은 정립된 존재에서 자신과 동일한 것이다." 그리고 "*절대적인 모나드*의 개념에는 〔....〕 또한 자기관계하는 부정성으로서 자신으로부터 스스로를 밀쳐내고, 이를 통해서 정립적이며 창조적으로 되는 반성의 본성이 발견될 수 있다."(II, 47; 153; 199-200)

여기에서 헤겔이 말하는 반성의 본성은 종합적으로 다음과 같이 이해될 수 있다. 첫째로 반성은 '자기관계하는 부정성'을 자신의 본질로서 가진다. 둘째로 반성은 자기관계하는 부정성으로서 우선적으로 '자신으로부터 스스로를 밀쳐내고', 자신의 타자로 된다. 이와 함께 반성은 '정립적'이며 '창조적'이다. 이러한 반성을 우리는 '타자에로의 반성'이라 부를 수 있다. 셋째로 반성은 자기관계하는 부정성으로서 또한 '직접적인 것'과 '자기 내로 반성된 것', 말하자면 대립적인 것들의 '본질적인 동일성'을 산출하고, 자신에로 복귀한다. 그래서 반성은 '자기 내로의 반성'이다. 이 반성의 대립된 운동들, 말하자면 한편으로 스스로를 구별하는 운동과 다른 한편으로 본질적인 동일성을 다시 산출하는 운동은 오직 '하나의 반성'에서, 말하자면 양자의 통일에서만 '반성의 본질적인 본성'을 완전히 드러낼 수 있다. 그리고 이 반성의 대립된 운동들은 여기에서 하나의 반성의 두 계기를 형성한다. 단지 이러한 의미에서만 반성은 "밖으로의 가현운동(Schein nach außen)" 또는 "타자에로의 반성"과 "안으로의 가현운동(Schein nach innen)" 또는 "자기 내로의 반성"의 원환적인 통일로서 이해될 수 있으며, 이 통일적인 반성을 헤겔은 "총체적인 반성"이라 부른다.(II, 278) 이 총체적인 반성을 자신의 본성으로 가지는 반성은 그래서 "자기 내로의 반성과 타자에로의 반성의 내재적인 반성"[43]이라는 구조적인 특징을 가지며, 이 내재적인 반성이 헤겔 사변철학의 근본주제를 형성하고 또한 이 철학의 전체 역동적이고 중층적인 총체성을 제시한다.[44]

이러한 의미에서 헤겔은 이 반성의 본성을 자신의 『철학사강의』 서문에서 다음

---

43) W. Flach, *Negation und Andersheit*, Ernst Reinhardt Verlag München u, Basel, 1959, 73쪽.

44) 예를 들면 우리들은 이 '반성의 본성'을 또한 『예나의 체계기획들 II』에서 "인식의 실현"과 비교할 수 있다. 인식의 실현은 두 가지 생성운동으로 이루어진다. "첫 번째 생성운동에서", 말하자면 논리학에서, "인식은 자신과 타자로 되며", 그리고 "두 번째 생성운동에서", 말하자면 형이상학에서, "인식은 그 자체에 대한 자기 자신의 타자로 된다".(같은 책, 143쪽) 논리학에서 인식은 자신을 자신의 타자로 제시하고 그리고 형이상학에서 인식은 자신을 자기 자신의 타자에서 자기 자신을 아는 자기관계로서 제시한다.

과 같이 특징짓는다. '이념의 자기운동'에 있어서 이념의 "밖으로의" 전개는 동시에 "안으로 들어옴"이고, 그래서 이념은 "포괄자"이며 "불변자"로 머문다. 말하자면 이념은 그것의 자기운동에서 스스로를 정립하고, 이 '정립된 존재에서 자기 자신과 동일한 것'이다. 여기에서 이념이 정립된 존재를 자체 내에 포함한다는 의미에서 그것은 '포괄자'이며, 그것이 스스로를 정립하고 변화되는 것이 아니라, 오히려 정립된 존재에서 동시에 자기 자신과 동일한 것으로 머문다는 점에서 이념은 '불변자'이다. 이러한 원환운동에서 이념은 스스로를 정립하고 동시에 정립된 존재에서 자기 자신과 동일한 것으로 머물고, 이런 한에서 자기 자신에게로 복귀한다. 이 정립운동과 복귀운동 또는 타자에로의 반성과 자기 내로의 반성은 이념에 있어서 하나의 전개과정을 형성하며, 이 이념의 전개과정은 지속적으로 진행된다. 물론 이 지속적인 진행과정에서 이념은 정립된 존재에서 동시에 자기 자신과 동일한 것으로 머무는 포괄자이자 불변자이다. 이 진행과정을 통해서 이념의 자기운동은 "전개들의 계열"을 형성한다. 그러나 이 계열은 "추상적인 무한자에로의 직선운동"으로서가 아니라, 오히려 "원환운동, 자기 내로의 복귀운동"으로서 고찰되어져야만 한다.[45)]

여기에서 이념은 전체적으로 "자체 내 완결된 원환"이며, 이 원환은 이념의 지속적인 진행과정에서 "원환들의 원환"을 형성한다. 왜냐하면 이념의 자기운동에서 이념의 전개과정들 각각은 그것 자체로 반성의 본성에 의해서 고무된 것으로서 또한 "자기 내로의 반성"이고, 이 자기 내로의 반성은, "이것이 시원으로 복귀할 때, 동시에 새로운 부분의 시원"을 형성하기 때문이다.(II, 571-2) 이념의 전개과정들 각각은 동시에 자기 내로의 반성으로 파악되고, 이와 함께 그것은 하나의 원환을 형성한다. 그러나 이 자기 내로의 반성은 또한 새로운 전개과정의 출발점을 형성하고, 이 전개과정은 또한 자기 내로의 반성이며, 새로운 하나의 원환을 형성한다. 그래서 이념의 자체 내 완결된 원환은 "자신의 분절로 다수의 원환들"을 가지며, 이념 자체는 "자기 내로 복귀하는 전개들로 구성된 하나의 커다란 결과"이다. 이러한 이념을 헤겔은 이 때문에 '추상적인 무한자'로서가 아니라 "구체적인 것"으로 파악한다. 이 이념의 구체적인 것에서 저 전개들 각각은 이념의 자기운동에서 각각의 단계 또는 계기로 파악되고, 전체로서의 이념은 "단계들과 계기들의 왕국을 자기 내에 포함하는 유기체적인 체계, 총체성"으로 파악된다.[46)]

---

45) Hegel Bd. 18, 46쪽.
46) 같은 책, 46쪽.

이와 같이 이념의 자기운동을 '유기체적인 체계' 또는 '구체적인 총체성'으로 파악하게 만드는 것은 다름 아닌 반성의 본성이다. 이 반성의 본성은 '자기관계하는 부정성'을 자신의 본질로서 가지며, 자기 내 대립된 반성운동들, 즉 타자에로의 반성과 자기 내로의 반성의 역동적이고 중층적인 통일구조를 자체 내에 가진다. 이러한 의미에서 반성은 '총체적인 반성'으로서 '자기 내로의 반성과 타자에로의 반성의 내재적인 반성'이며 '모든 활동성과 자기운동의 규정된 근원적인 근거', 말하자면 "모든 활동성, 생동적이고 정신적인 자기운동의 가장 내적인 원천이고, 모든 참된 것이 자체 내에서 가지는 그리고 그것을 통해서 이것이 참된 것인 그런 변증법적인 영혼"(II, 563)이다. 이와 같은 반성의 본성을 자신의 본질로서 가지는 것은 자신으로부터 자기 자신을 구별하는 것이며 동시에 이 자기구별운동에서 자기관계하는 것으로서 이해될 수 있다. 그래서 이와 같은 것은 구별과 동일성 또는 타자관계와 자기관계의 역동적이고 중층적인 통일구조를 자체 내에 갖는다. 그리고 이 역동적인 통일구조가 반성의 본성을 자신의 본질로서 가지는 것의 '자기규정운동' 또는 '자기운동'을 규정한다. 그래서 반성의 변증법은 헤겔철학에 있어 "그것에 따라서 운동이 진행되는 그런 구조이며 그리고 이 운동 자체, 다시 말해 현실성 자체의 본성으로서 자기운동하는 구조"이다.[47] 반성의 본성은 존재를 그것의 진리에서 그리고 존재자들의 총체성으로서의 현실성을 그것의 객관적인 자기운동구조 속에서 파악하고 서술한다. 헤겔에게 있어 "반성" 또는 "반성성"이 "현실성을 매개연관으로 사유하게 하는 것" 그리고 "존재하는 것을 매개연관으로 사유하게 하는 것"을 가능하게 만든다.[48] 이러한 의미에서 반성은 단지 주관적인 사유의 작용으로서가 아니라, 근본적으로 존재 자체와 현실성의 자기운동을 표현하고 서술하는 논리적이고 객관적인 운동방식으로 이해되어져야만 한다.

이러한 논리적이고 객관적인 반성운동에서 '동일성'과 '구별' 각각은 그 자체로 '전체'이며 '자신의 고유한 계기'이다. 반성의 규정들 각각은 "*규정된 측면*"이고 동시에 그 자체로서 "이 규정된 측면의 〔....〕 그것의 부정과의 *관계*"(II, 35)로서 파악되는 이중적인 관계범주라는 것은 잘 알려진 사실이다. 말하자면 동일성과 구별 각각은 관계에 놓여있는 양 규정들(동일성과 구별) 중의 한 규정이고 동시에 이 규정들의 관계로서, 예를 들면 동일성은 구별과의 관계를, 그리고 구별은 동일성과

47) P. Reisinger, "Reflexion und Ichbegriff" in *Hegel-Studien 6*, 1971, 264쪽.

48) J. Behrens u. W. Kant, "Identität und Reflexivität" in *Hegel-Jahrbuch 1979*(Köln 1980), 183쪽.

의 관계를 자체 내에 포함하는 것으로서 정의된다. 그래서 동일성과 구별 각각은 "*상관자*" 이고, 이 상관자는 동시에 "그것 자체에서 그것의 상관자와의 *상관관계*"를 표현한다.[49] "상관자 각각은 상관관계의 전체이고 동시에 이 상관관계의 계기이며, 이 때문에 다른 상관자를 자신의 자기관계의 계기로서 함축한다. 비록 이것이 자신의 타자의 자립성에 또한 다시 의존한다고 하더라도 그렇다. 이와 함께 반성규정은 자신의 상관자에서 자신을 전제하는 그런 상관자의 과정적이고 원환적인 관계를 표현한다."[50] 이것은 "범주들의 자기적용"[51]의 결과이고, 이 자기적용에는 '자기관계하는 부정성'이라는 사상이 근저에 놓여있다. 이 자기관계하는 부정성의 사상을 통해서 반성규정들 각각은 "자기 자신과 자신의 타자의 〔부정적인〕 통일"(II, 48) 또는 '대립된 것들의 부정적인 통일'로서 파악된다. 이 방법론적인 근본규정을 통해서 헤겔철학에서 원리적인 의미를 가지는 '동일성과 비동일성의 동일성' 또는 '동일성과 구별의 통일'이 규명된다. "모든 규정, 모든 구체적인 것, 모든 개념은 본질적으로 구별된 그리고 구별할 수 있는 계기들의 통일이며, 이 계기들은 *규정된, 본질적인 구별*을 통해서 모순적인 계기들에로 이행한다."(II, 79) 그리고 모든 현실적인 것은 모순적인 계기들의 부정적인 통일, 말하자면 "서로 상이하고 분석적으로 서로 포함되지 않는 규정들의 통일을 구축하는 그런 관계"[52]를 표현한다. 그러므로 모든 현실적인 것은 '전체'이며 동시에 '자신에 고유한 계기'이고, 이 때문에 대립된 계기들의 통일로서 파악된다. 그리고 이것이 '반성의 본질적인 본성'을 형성한다.

지금까지의 고찰에 따르자면 실체는 헤겔철학에서 주체로서 파악되었다. 이 헤겔적인 주체는 실체처럼 '비운동적으로 속성들을 담지하는 고정된 주체'로 간주될 수 없다. 오히려 헤겔적인 주체는 '생동적인 실체'로서 '자신의 전개를 통해서 스스로를 완성해 가는 본질'이며 '자기 자신을 정립하는 것의 동일성', 말하자면 자기 자신을 정립하면서 이 정립된 존재에서 자신과 동일한 것으로서 머무는 것이다. 이 때문에 주체는 '자기 운동하면서 자신의 규정들을 자기 내에로 다시 취하는 개념'으로 이해되었다. 그리고 이러한 주체는 '반성의 본성'이 가지는 구조적인 특

---

49) Chr. Iber, *Metaphysik absoluter Relationalität*, 212쪽.

50) 같은 책, 214-5쪽.

51) W. Becker, "Das Problem der Selbstanwendung im Kategorienverständnis der dialektischen Logik" in *Hegel-Studien. Beiheft 18*, 1978, 76쪽.

52) M. Wolff, *Der Begriff des Widerspruchs*: Eine Studie zur Dialektik Kants und Hegels, Verlag Anton Hain Meisenheim GmbH, 1981, 164쪽.

징, 말하자면 자기 내로의 반성과 타자에로의 반성의 부정적인 통일구조를 자체 내에 갖는다. 그래서 주체가 가지는 "자기관계의 형식"은 헤겔에 있어서는 "반성의 과정"으로 이해되는데, 이 반성의 과정에서는 "자기동일화와 자기구별이 과정적인 측면들로서 구별되고", 반대로 "과정 자체는 '구별된 것을 동일하게 정립하고, 그것을 무차별화하며, 그리고 동일한 것을 차별화하고, 그것을 정신화하면서 구별하는' 그런 규정을 통해서 표현된다."[53] 그런데 헤겔의 주체개념은 '자유이념'을 자신의 핵심내용으로 갖는다. 그래서 이하에서는 헤겔이 자유개념을 어떻게 이해하며, 자유와 필연성의 관계를 어떻게 파악하고 있는지가, 특히 우선적으로 칸트의 제 3의 이율배반과 비교하면서 고찰될 것이다.

4. 자유와 필연성 : 칸트와 헤겔을 중심으로

칸트는 자유와 필연성의 관계를 자신의 저서 『순수이성비판』의 '선험적 변증론'에서 '순수이성의 이율배반'과 관련해서 주제화한다. 이 제 3 이율배반은 다음과 같다. "정립: 자연의 법칙들에 따르는 인과성은 세계의 모든 현상들이 그것으로부터 도출될 수 있는 유일한 인과성이 아니다. 세계의 모든 현상들을 설명하기 위해서 자유를 통한 인과성이 필연적으로 상정되어야 한다. 반정립: 어떠한 자유도 없다. 세계에서 모든 것은 단적으로 자연의 법칙들에 따라서 발생한다."[54] 이 이율배반은 이성의 두 번째 무제약자인 '하나의 계열에서 항들의 가언적인 종합의 무제약자'로서 '세계이념'과 관련되어 있다.[55] 말하자면 이 이율배반은 '모든 현상들의 총괄로서 세계'에는 '필연성'이라는 의미에서 '자연의 법칙들에 따르는 인과성'만 인정되어야 하는지, 아니면 이것 이외에 또한 '자유를 통한 인과성'이 상정되어야 하는지가 그것이다.

여기에서 문제는 다음과 같다. 한편으로 '자연의 법칙들에 따르는 인과성'에 따르자면 세계에서 어떤 하나의 현상은 그 자체로 다른 어떤 것을 자신의 원인으로 갖고, 자신은 이 원인의 결과로 된다. 이 원인은 그 자체로 하나의 현상으로서 또한

53) R. Wiehl, "Selbstbeziehung und Selbstanwendung dialektischer Kategorien" in *Hegel-Studien. Beiheft 18*, 1978, 106쪽 주석 26. 작은따옴표 안에 있는 것은 빌이 Enzy. II, § 326, 288쪽에서 인용한 것임.

54) I. Kant, *Kritik der reinen Vernunft*, Verlag von Felix Meiner in Hamburg, 1956, B 471 쪽 이하 참조.

다른 원인의 결과가 되고 등등. 이러한 인과계열은 무한히 진행된다. 그러나 이 무한진행은 '현상에서 제약들의 계열의 절대적인 통일'을 위해 어떤 한 지점에서 중단되어야만 하는데, 이 최초의 또는 최후의 원인은 '자연의 법칙들에 따르는 인과성'에 모순된다. 왜냐하면 이 최초의 또는 최후의 것이 원인을 갖는다면, 이 원인은 자연의 법칙들에 따르는 제약들의 인과계열의 '외부에서' 자신의 원인을 갔던지 아니면 '자기원인'이어야만 하고, 그러나 이와 같은 원인을 상정한다는 것은 동시에 '자유를 통한 인과성'을 인정해야만 하는 것을 의미하기 때문이다. 다른 한편으로 '자유를 통한 인과성'은 제약들의 인과계열을 시작하는 최초의 또는 최후의 원인을 정립하는 '절대적인 자발성'으로서의 '자유'를 요구하는데, 그러나 이것을 우리는 결코 인식할 수 없으며, 만약 우리가 이러한 자기원인으로서 자유가 있다고 상정한다면, 그것은 칸트에 따르자면 '순수이성의 월권'이다.

이 제 3 이율배반에 대한 칸트의 해소방식은 다음과 같다. "자유에 있어서는 자연필연성에서와는 완전히 다른 방식의 조건들의 계열과의 관계가 가능하기 때문에, 자연필연성의 법칙이 자유를 촉발하지 않고, 그래서 양자는 서로 독립적으로 그리고 서로 방해함이 없이 발생할 수 있다."[56] 자유와 필연성은 서로 '완전히 다른 방식의 조건들의 계열', 말하자면 '이종적인 계열'과 관계하기 때문에, 칸트는

55) 칸트의 '선험적인 변증론'에서 '무제약적인 종합의 능력'으로서 이성은 '선험적인 이념'을 자신의 대상으로 가지며, 여기에서 선험적인 이념은 '모든 조건들 또는 제약들 일반의 무제약적인 종합적 통일'을 의미한다. 이 선험적인 이념을 칸트는 일반 논리학의 '이성추론의 상이한 종류들', 말하자면 '정언추론', '가언추론' 그리고 '선언추론'으로부터 이끌어낸다. 말하자면 이 이성추론의 형식들에서 칸트는 '하나의 주체에서 정언적인 종합의 무제약자', '하나의 계열에서 항들의 가언적인 종합의 무제약자' 그리고 '하나의 체계에서 부분들의 선언적인 종합의 무제약자'를, 그리고 이에 상응해서 '사유하는 주체의 절대적인 통일', '현상에서 제약들의 계열의 절대적인 통일' 그리고 '사고 일반에서 모든 대상들의 제약의 절대적인 통일'을 추론해낸다. 이것들 각각은 '사유하는 주체', '모든 현상들의 총괄로서 세계' 그리고 '사유될 수 있는 모든 것의 가능성의 최상조건을 포함하는 것, 즉 모든 본질들의 본질'을 의미한다. 칸트의 비판철학에 따르자면 이 선험적인 이념들은 존재하는 것이 아니라 단지 보편적인 이해를 위한 '이성의 요청'이며, 그러나 만약 이 이념들이 존재하는 것으로 간주된다면, 순수이성은 각각에 상응해서 '오류추리', '이율배반' 그리고 '이성의 이념상'에 빠진다고 칸트는 주장한다. 그리고 이율배반은 '수학적인 이율배반'과 '역학적인 이율배반'이 있으며, 전자는 '동종적인 계열'에 관계하고, 후자는 '이종적인 계열'에 관계한다. 이 관계방식 때문에 양자의 이율배반의 해소방식도 또한 상이하다. 칸트의 관점을 일반적으로 말한다면 전자의 이율배반의 해소는 정립과 반정립 모두를 부정하는데 반해, 후자의 이율배반의 해소는 정립과 반정립 모두를 인정한다. 그리고 자유와 필연성 사이에서의 이율배반은 역학적인 이율배반에 속한다.

56) I. Kant, *Kritik der reinen Vernunft*, B 585쪽.

이 이율배반의 해소에서 양자 모두를 인정하는 방식을 취한다. 이 칸트의 이율배반의 해소에는 잘 알려져 있듯이 물 자체와 현상 또는 예지계와 현상계의 이원론적인 구별이라는 칸트철학의 근본적인 전제가 근저에 놓여있다. 이 이원론적인 구별을 통해서 칸트는 자유와 필연성 사이의 이율배반을 해소하려고 하며, 이를 통해서 자유의 가능성을 자신의 실천철학의 전제로서 추구한다.

이와 같은 칸트의 이율배반의 해소방식에 헤겔은 『논리학의 학』의 '본질론'의 최후의 범주, 말하자면 실체들의 변증법적인 운동으로서 '상호작용'이라는 범주에서 실체로서의 '본질의 완전한 현현'을 대립시킨다. 왜냐하면 칸트의 이원론적인 추구는 정립과 반정립의 이율배반적인 주장들에 단지 "동등한 권리와 동등한 필연성"[57]을 부여하고, 양자를 "상호작용에로 매개" 시키는 것을 저해하기 때문이다. 그러나 만약 칸트가 이러한 방식을 취했더라면, 그는 "필연성의 관점을 단지 배재" 하는 것이 아니라 오히려 이 관점을 "*개념*의 보다 복합적이고 중층적인 구조에로 지양하는 자유의 보다 구체적인 개념" 에 도달했을 것이다.[58] "필연성은, 그것이 사라짐을 통해서가 아니라, 오히려 그것의 *내적인* 동일성이 *현현됨*을 통해서만 자유로 된다." (II, 249) 다시 말해 현현된 필연성이 자유이다. 그래서 자유란 자기원인으로서 제반 타자관계에서, 예를 들면 제반 결과들과의 관계에서 자기 자신을 실현한 자기관계 또는 자기동일성을 의미한다. 그러나 칸트의 이원론적인 구별은 헤겔의 사변적인 논리학의 관점에서는 승인될 수 없는데, 왜냐하면 칸트적인 구별에는 단지 "사태 자체에 외적인 매개단계, 말하자면 다양한 직접성과의 관계에서 본질의 외적인 매개단계"[59]만이, 다시 말해 현상과 물 자체 또는 본질 사이에서 단지 외적인 관계만이 문제시되기 때문이다. 이 때문에 칸트적인 이율배반의 해소는 헤겔에 따르자면 결코 자유와 필연성 사이에서 발생하는 모순의 지양을 의미하지 않으며, 오히려 단적으로 여전히 해소되지 않은 모순을 의미할 뿐이다.

헤겔에게 있어서는 자유와 필연성 사이의 모순의 해소는 칸트에서와는 다르게 한편으로 현상의 다양성과 본질의 동일성 사이에서의 "완전한 매개", 말하자면 본질이 현상의 다양성에서 완전히 현현됨을 통해서, 다른 한편으론 이 "양 측면의 수직적인 관계에서의 무한퇴행의 지양" 과 또한 동시에 "저 양 측면들의 수평적인 관

57) Enzy. I, § 48 Zusatz, 128쪽.

58) G. M. Wölfle, *Die Wesenslogik in Hegels "Wissenschaft der Logik"*: Versuch einer Rekonstruktion und Kritik unter besonderer Berücksichtigung der philosophischen Tradition, frommann-holzboog, Stuttgart-Bad Cannstatt, 1994, 428쪽.

59) 같은 책, 497쪽.

계에서의 무한퇴행적인 교체의 지양"을, 이와 함께 "악무한성의 진무한성에로의 지양"을 통해서 성취된다.[60] 본질과 현상의 관계는 헤겔철학에게서는 결코 일면적이지 않으며, 매우 중층적이고 역동적이다. 본질이 단지 현상과 '대립'되어 있다면, 그러한 대립된 본질은 그 자체로 하나의 현상에 불과하다. 만약 본질과 현상의 관계가 이러하다면, 본질과 현상은 한편으로 '수평적인 관계'에 있으며, 이 관계에서 무한진행 또는 무한퇴행이 발생한다. 예를 들면 어떤 것이 다른 어떤 현상의 본질이고 그리고 만약 이 본질이 이 현상과 단지 대립되어 있다면, 그것은 그 자체로 하나의 현상일 것이다. 이 때문에 이 본질은 또한 다른 어떤 본질의 현상으로 되며 등등. 이 과정은 무한히 발생할 수 있다. 그러나 본질은 동시에 현상의 '본질' 또는 '근거'이기 때문에, 본질과 현상의 관계는 본질을 축으로 한 '수직적인 관계'에 있다. 물론 이 관계에서도 수평적인 관계에서와 마찬가지로 무한진행이, 예를 들면 어떤 한 현상의 본질이 있고, 이 본질의 본질이 있으며 또한 이 본질의 본질의 본질 등등, 이러한 무한과정이 발생할 수 있다. 만약 이 문제들이 해소된다면, 본질은 그것의 참된 의미에서 '본질과 현상의 부정적인 통일'로서의 본질로, 구조적인 측면에서 본다면 '본질과 현상의 수평적인 관계와 수직적인 관계의 중층적인 통일'구조로 이해되고 파악되어야만 할 것이다.[61] 이러한 중층적인 통일구조가 헤겔 논리학에 있어서 본질과 현상의 '완전한 매개'이며, 이러한 통일구조를 가진 본질이 '진무한' 또는 참된 '근거'를 의미한다.

이 헤겔의 사상은 칸트의 제 3 이율배반과 관련된 이원론적인 구별을, 말하자면 원인과 결과 각각에 부여되는 '자립성'을 양자의 상호작용에로 '매개'시킨다. 이 매개를 통해서 원인과 결과 각각이 갖고 있는 자립성은 우선적으로 지양되고, 그것들 각각은 서로에 대해서 단지 '타자'로서만 '관계'한다. 이 관계에서 그것들 각각은 더 나아가 서로에 대해서 타자이기에 '타자의 타자'로 되고, 그래서 그것의 참된 의미에서 '자기 자신의 타자'로 파악된다.[62] 이 '자기관계하는 타자성'에 근거해서 헤겔은 칸트의 이원론적인 구별을 "거기에서 원인과 결과 각각이 *자기 자*

60) 같은 책, 497쪽.

61) 이에 대해서는 M. Theunissen, *Sein und Schein*, 특히 249쪽 이하와 347쪽 이하 그리고 G. M. Wölfle, *Die Wesenslogik in Hegels "Wissenschaft der Logik"*, 특히 125쪽 이하와 162쪽 이하 참조.

62) 헤겔철학에서 '타자의 유형'과 '자기 자신의 타자' 또는 '자기관계하는 타자성'의 사상에 대해서는 조종화,「플라톤의 관여의 변증법과 헤겔의 모순의 변증법 – 상이성 또는 타자성 개념을 중심으로 –」,『헤겔연구』24, 한국헤겔학회, 도서출판 용의 숲, 2008 참조.

신을 *타자*로서 정립하는 그런 *상호작용*의 통일, 다시 말해 *자기정립*의 통일" 에로 가져간다. 이와 함께 "거기에서 칸트적인 서술이 진행되는 원인과 결과의 계열의 유한성과 무한성의 전환" 은 "인과성의 규정 *그 자체에* 부가되는 사변적이고 변증법적인 형식화" 에로 복귀된다.[63] "원인은 단지 결과를 *가지는* 것만이 아니라, 또한 원인은 이 결과에서 *원인으로서* 자기 자신과의 관계에 있다. 이를 통해서 인과성은 그의 *절대적인 개념*에로 복귀하고 동시에 *개념* 자체로 된다." (II, 238) 원인이 단지 결과만을 '가진다' 면, 이 관계에서는 원인과 결과 사이에 여전히 외면성이 남아 있고, 이 때문에 무한진행이나 단순한 상호작용이 발생할 수 있다. 그래서 원인과 결과 사이에는 어떠한 통일적인 근거도 성취될 수 없을 것이다. 그러나 원인이 결과에서 '원인으로서 자기 자신과 관계한다' 는 것은, 위에서 제시한 본질개념과 유비해서 이해한다면, 원인은 단지 결과에 대립된 원인만이 아니라 동시에 '원인과 결과의 부정적인 통일' 로서의 원인이라는 것을 의미한다. 또한 원인과 결과 사이에서 수평적인 관계와 수직적인 관계가 있고, 이를 통해서 양자 사이에서 무한진행과 단순한 상호작용이 발생한다면, 원인과 결과의 부정적인 통일로서의 원인은 그 자체로 '원인과 결과의 통일적인 근거' 이며, 저 무한진행과 상호작용을 자신의 '계기들' 로서, 말하자면 자신의 '과정적인 특징' 을 제시하는 것으로서 자체 내에 포함한다는 것을 의미한다. 그래서 참된 원인은 '과정' 이며 동시에 이 '과정의 근거' 로서 이해되어야 한다. 이러한 원인은 헤겔의 논리학에서 자기원인으로서 '개념' 또는 '주체' 로 이해되며, 이 개념의 관계방식으로서 "자유" 가 "인과성의 *근거*" 로 파악된다. 이 사상은 칸트의 서술에서는 "은폐되어 있는데, 왜냐하면 칸트는 '자연의 법칙들에 따르는 인과성' 을 〔....〕 '자유를 통한 인과성' 에 *대립시키고*, 후자를 헤겔과 같이 전자의 근거로서 이해하지 못했기 때문이다"[64].

이와 같이 '인과성의 근거' 로서 파악한 자유를 헤겔은 부정성 또는 "무의 최고의 형식 자체"[65]라고 부른다. 다시 말해 헤겔은 자유개념을 다른 개념들과 마찬가지로 '자기관계하는 부정성' 이라는 사상에 근거해서 이해한다. 예를 들면 헤겔은 자유를 다음과 같이 이해한다. 자유는 "자연적인 현존재로부터의 추상에 있는 순전히 부정적인 자유" 가 아니라, 오히려 "타자존재에서 자기 자신과의 동일성이며, 부분적으로는 다른 자기(Selbst)에서 자신의 자기에 대한 직관에서, 부분적으로는

63) G. M. Wölfle, *Die Wesenslogik in Hegels "Wissenschaft der Logik"*, 498쪽.
64) 같은 책, 492쪽.
65) Enzy. I, § 87 Anm., 187쪽.

현존재로부터의 자유에서가 아니라, 오히려 현존재 일반에서 자기 자신과의 동일성, 그래서 그 자체로 현존재를 가지는 자유"[66]이다. 이에 따르자면 자유는 이중적인 타자존재와의 관계에서 자기동일성을 의미한다. 말하자면 자유는 한편으로 각각의 사람이 다른 사람 속에서 자기 자신을 보고, 이 타자관계에서 자기동일성을 획득하는 것을, 다른 한편으론 현존재, 예를 들면 자연, 사회제도, 역사, 문화 등등의 제반 물리적인 조건들로부터 자유롭게 됨으로서가 아니라, 오히려 이 현존재 일반과의 관계에서 자기동일성을 획득하는 것을 의미한다. 그래서 헤겔에게 있어 자유는 '추상적인 자유'가 아니라, 이 이중적인 타자존재와의 관계에 있는 그리고 이 관계에서 그 자체로 현존재를 가지는, 말하자면 실현되어 있는 '구체적인 자유'이다. 이 때문에 헤겔의 자유개념은 '타자존재에서 자기 자신과의 동일성'을 의미한다. 이와 같이 헤겔의 자유개념은 '타자존재에서 자기존재(Selbstsein im Anderssein)'로 이해되며, 이러한 자기존재는 다른 자기와의 관계에서 그리고 동시에 현존재 일반과의 관계에서 동시에 그 자체로 자기 자신에 머무르고 자신에 고유한 현존재를 가지는 존재, 말하자면 '주체적이고 자유로운 존재'를 의미한다. 이 때문에 자유는 본질적으로 '주체(성)의 내재적인 본질'을 표현한다.

5. 헤겔의 주체형이상학

헤겔철학에서 자유와 필연성의 관계를 좀 더 고찰해 본다면, 헤겔은 자신의 사변적인 논리학에서 '객관논리학'이 '주관논리학'으로 이행할 때, 그는 이 이행을 "필연성의 자유에로의 변용"[67], 말하자면 '필연성'으로부터 '자유'에로의 변증법적인 전개과정을 통해서 서술하고, 이 변증법적인 전개과정에는 '실체'로부터 '주체' 또는 '개념'에로의 논리적이고 객관적인 고양이 근저에 놓여있다고 말한다. 헤겔 논리학에 따르자면 실체의 관점은 참된 것으로서 존재 자체의 객관적이고 논리적인 진행과정에 있어서 비록 "*필연적인 관점*"이라고 하더라도 "*최고의 관점은 아니다*".(II, 249) 오히려 최고의 관점은 개념의 관점이고, 이 개념의 관점이 "*주체성* 또는 *자유의 왕국*"(II, 240)을 형성한다. 그리고 이 이행과정에서 개념은 우선적으로 실체를 "자신의 직접적인 전제"로서, 그리고 실체의 변증법적인 운동을 자신의

66) Hegel Bd. 4, § 35, 120-1쪽.
67) Enzy. I, § 158 Zusatz., 303쪽.

"직접적인 *발생*"으로 가지며, 반대로 이 발생을 통해서 "*개념* 자신의 *생성*"이 서술된다.(II, 246) 이것은 무엇을 의미하는가?

전통 형이상학의 근저에 놓여있는 실체성 관계의 '숙고자'는 헤겔에 따르자면 '자기 자신을 규정하면서, 그러나 동시에 이 규정운동에서 자기 자신과 동일하게 머무르는 *필연성*이다.(II, 218) 다시 말해 필연성은 실체의 규정된 관계방식을 표현하며, 여기에서 필연성은 실체 또는 존재의 규정운동에서 "존재의 자기 자신과의 통일"(II, 239)을 의미한다. 이에 따르자면 만약 어떤 것이 '필연적인 것'이라고 한다면, 이것은, 비록 이 필연적인 것이 자신의 규정운동에서 '다르게 변화된다'고 하더라도, 이 변화에서 '다르게 변화되지 않는', 말하자면 '자기 자신과 동일한 것으로 머문다'는 것을 의미한다. 만약 그렇지 않다면 그것은 필연적인 것이 아니라 '우연적인 것'일 것이다. 왜냐하면 어떤 것이 자기 자신과 동일하게 머물지 못하고, 다양한 변화가능성을 자체 내에 포함하고 이에 따라 항시 변화된다는 것은 그것이 우연적인 것이라는 것을 의미하기 때문이다. 이에 반해 필연적인 것은 다양한 변화에도 불구하고 이 변화에서 항시 자기 자신과 동일하게 머무는 것을 말한다. 그러므로 필연성은 '존재의 자기 자신과의 통일'로서 '변화에서 변화되지 않음'을 의미한다. 이런 한에서 실체는 그것의 참된 의미에서 다양한 변화가능성과 타자존재와의 관계를 자체 내에 포함한다고 하더라도 항시 자기 자신과 동일한 것으로 머무는 것을 말한다. 다시 말해 실체는 '타자관계에서 순수한 자기동일성' 또는 '타자존재에서 자기존재'이다. 여기에서 자기존재는 그 자체로 "*과정*과 하나"(II, 267)이며, 그래서 과정이며 동시에 이 과정의 근거로서 파악되어야 한다. 이런 한에서 실체는 주체 또는 개념으로 이해될 수 있다.[68]

그러나 실체성의 관계로서 필연성의 관계는 그 자체 우선적으로 단지 "내적인 필연성"(II, 251)을 의미할 뿐이다. 왜냐하면 이 관계에서 실체는 다양한 변화가능성과 타자존재와의 관계에서, 예를 들면 자신의 속성들과의 관계에서 현현해야만 하지만, 그러나 여전히 현현하지 못한 존재이기 때문이다. 그래서 헤겔은 이러한 실체를 단지 '즉자적으로만' 자기 자신과 동일한 존재라고 부른다. 이 때문에 속성들은 실체의 즉자적인 동일성에 반해 다양한 변화가능성과 타자관계를 자체 내에 가지는 우연적인 것으로서만 제시된다. 그래서 실체는 단지 '비운동적으로 속성

68) 이와 같이 헤겔의 주체(성)개념이 '과정'이며 동시에 이 '과정의 근거'로서 파악된다는 점에서 헤겔의 주체(성)개념은 '형식논리적-분석적으로' 객관화 가능한 어떠한 논리적인 구조로도 파악될 수 없으며 또한 '선험논리적으로' 인식의 원리로서 전제된 선험적인 자아의 정립 불가능한 자기관계, 말하자면 단지 규제적인 원리로서의 선험적 통각과도 동일화될 수 없다.

들을 담지하는 고정된 주체'로서만 파악되고, 실체와 속성의 관계에는 여전히 '외면성'이 남아있다. 이것이 전통 형이상학의 실체론적 관점의 근저에 놓여있다.[69] 이에 반해 헤겔은 실체의 진리로서 개념을 '실체와 속성들의 앙상블'[70], 헤겔의 용어를 사용한다면 대립된 계기들의 부정적인 통일로서 파악한다. 개념의 활동성은 "자기 자신을, 대자적으로 존재하기 위해서, 자기 자신에 반한 것으로서 제시하고 그리고 이 타자에서 단지 자기 자신에 머무르는 활동성"[71]이고, 이 때문에 개념은 '자기 운동하면서 자신의 규정들을 자기 내에로 다시 취하는 개념'이다. 그러면 실체의 진리로서 개념이 어떻게 가능한가? 다시 말해 실체는 어떻게 주체 또는 개념에로 이행하는가?

헤겔은 실체를 동시에 주체로 파악한 것을 요구한다. 이것을 위해 그는 실체와 부정성의 근원적인 통일을 주장한다. 이와 함께 실체는 그것 자체에 부정성이 근원적으로 내재된 것으로 파악된다. 이 부정성을 헤겔은 그것의 참된 의미에서 자기관계하는 부정성이라 부른다. 실체가 자신의 '즉자적인 동일성'에 내재하는 '자기관계하는 부정성'을 전개시킨다면, 그것은 이 부정성에 근거해서 스스로를 부정하고, 스스로를 정립할 것이다. 이 정립운동을 통해서 실체가 스스로에게 "자신의 즉자존재와 *동등한* 자신의 *현존재*"(II, 16)를 부여하고, 이 현존재, 말하자면 정립된 존재에서 자기 자신에 머무른다면, 실체는 '즉자존재와 정립된 존재의 부정적인 통일'로서 규정될 수 있다. 다시 말해 실체가 자신의 부정성에 근거해서 스스로를 현현한다면, 이 부정적인 통일은 더 이상 '실체'로서가 아니라 '개념'으로 파악된다. 실체들 각각은 자기 자신과 단지 즉자적으로만 동일한 것으로서 다른 실체들뿐만 아니라 또한 속성들과도 어떠한 내재적인 관계를 가지지 못했다. 그래서 그것들 각각은 단지 내적으로만 필연적인 것이었다. 그러나 그것들이 자신들 자체에 내재하는 자기관계하는 부정성을 통해서 전개될 때, 그것들은 다른 실체들뿐만 아니라 또한 속성들과의 관계에서 자기 자신과 동일한 것, 말하자면 '타자관계에서 자기관계하는 것들'로서 파악된다. 그래서 실체의 즉자적인 동일성은 "*현현된*

---

69) 이와 유사한 의미에서 김준수는 "헤겔에 있어서의 자유와 필연성 간의 이율배반은 근대의 기계론적 자연관으로부터 발생하는 칸트의 제 3 이율배반보다는 라이프니츠가 '인간의 정신에 있어서의 두 가지 미로'라고 표현한 형이상학적 실체의 이율배반에 훨씬 더 가깝다"라고 말한다.(김준수, 「필연성에의 통찰: 헤겔 『논리학』「교호작용」절에 나타난 자유개념」,『헤겔연구』8, 한국헤겔학회, 1998, 322쪽)

70) R.-P. Horstmann, *Ontologie und Relationen*, 53쪽.

71) Enzy. I, § 18, 63쪽.

또는 *정립된 동일성*' 또는 "개념의 동일성"(II, 251)으로 파악되고, 이와 함께 실체의 내적인 필연성은 '현현된 필연성'으로 된다. 이런 한에서 실체는 개념으로, 필연성은 자유에로 이행한다. "*실체의 완성*"은 더 이상 "실체 자체"가 아니라, "개념" 또는 "주체"이다.(II, 249) 물론 여기에는 위에서 언급된 자기관계하는 부정성을 자신의 본질로 갖는 반성의 본성이 근저에 놓여있다. 반성은 본질적으로 '자기내로의 반성과 타자에로의 반성의 내재적인 반성'이고, 그것의 규정들 각각은 그 자체로 '전체'이며 동시에 '자신의 고유한 계기'이다. 이러한 반성의 본성을 자체 내에 가지는 것은 '정립된 존재에서 자기 자신과 동일한 것' 또는 '타자존재에서 자기존재'로서 파악된다.

개념은 정립된 존재에서 자기 자신과 동일하게 현현된 실체로서 '실체의 진리'이고, 자유는 개념의 관계방식으로서 '필연성의 진리'이다. 개념은 "자신의 규정들에서 정립된 통일이고, 이 규정들은 *전체 자체로서* 그리고 동시에 규정들로서 *정립되어 있는* 것들이다"(II, 218). 그래서 개념은 자신의 규정들에서 "순전히 자기 자신에 있고, 이와 함께 자유로운 것이다. 왜냐하면 자유는 자신의 타자에서 자기 자신에 있으며 자기 자신에 의존하며 자기 자신을 규정하는 것이기 때문이다"[72]. 우리는 위에서 '반성의 본성'에 대해 말하면서 모든 규정, 모든 구체적인 것, 모든 개념은 대립된 계기들의 부정적인 통일이며, 이 때문에 그 자체로 전체이며 동시에 자신의 계기라는 점, 그리고 이것이 모든 활동성과 자기운동의 규정된 근원적인 근거로서 반성의 본질적인 본성을 제시한다는 것을 고찰하였다. 마찬가지고 개념의 규정들은 대립된 계기들의 부정적인 통일로서 그 자체 전체이며 동시에 정립되어 있는 것들, 즉 자신의 계기들이다. 이 때문에 개념의 규정들은 개념 자체와 동일한 논리적인 구조를 갖는다. 그래서 개념 자체는 단지 자신의 규정들의 통일만이 아니라 동시에 이 규정들에서 정립된, 말하자면 실현된 통일이다. 그래서 엄격히 말한다면 개념은 '개념규정들이 가지는 대립된 계기들의 부정적인 통일들의 부정적인 통일'이라는 중층적이고 역동적인 특징을 자체 내에 갖는다. 그러므로 자유를 자신의 고유한 존재방식으로 가지는 개념은 '타자존재에서 자기존재'이며, 그것의 구별은 "*완전히 투명하게 된 구별*"(II, 240)이다. 왜냐하면 이 구별들 각각은 그 자체로 '전체'이며 동시에 '자신의 고유한 계기'이고, 개념과 동일한 논리적인 구조를 자체 내에 갖기 때문이다. 그리고 이것들은 '자유를 통해서 산출된 체계'를 형성하며, 이와 함께 개념은 '주체성 또는 자유의 왕국'을 건설한다.

---

72) 같은 책, § 24 Zusatz 2, 84쪽.

이상에서 고찰한 전통 형이상학의 실체론에 반한 헤겔의 주체형이상학의 논의를 요약하자면 주체는 '실체의 진리'로서 파악되고 '반성의 본성'이 가지는 구조적인 특징을 자체 내에 가며 그리고 '자유이념'을 자신의 핵심내용으로 가진다. 그리고 주체의 본질적인 특징을 표현하는 자유는 '타자존재에서 자기존재'로서 이해되었다. 그러나 주체가 실체의 진리로서 파악될 때, 그렇다고 실체가 사라지는 것은 아니며, 오히려 실체는 주체의 한 계기, 말하자면 동일성, 자기관계, 자기 내로의 반성 등으로서 파악되고, 다른 계기는 이에 상응해서 비동일성, 타자관계, 타자에로의 반성 등으로 파악된다. 그래서 헤겔의 주체개념은 오히려 실체와 주체, 동일성과 비동일성, 자기관계와 타자관계 또는 자기 내로의 반성과 타자에로의 반성 등등, 이것들의 부정적인 통일로, 일반적으로 말해 '대립된 것들의 부정적인 통일'로서 파악되어야 한다. 여기에서 부정적인 통일은 단지 "대립된 것들의 통일"로서만이 아니라 또한 동시에 "대립된 것들의 통일과 차이의 통일"[73]로서 파악되어야 한다. 이 부정적인 통일이 그 자체로 '과정'이며 동시에 이 '과정의 근거'로서 제시된다. 그리고 이 부정적인 통일의 사상이 헤겔의 '실체-주체-총체성'이라는 테제의 중심내용을 형성하고, 이 총체성이 헤겔에게 고유한 주체(성)개념을 정의한다. 이러한 의미에서 헤겔의 주체개념은 실체나 객체에 대립되어 있는 "일면적인 주체성"과는 구별되는 "포괄적인 주체성"으로 이해되어야 한다.[74] 그리고 이 포괄적인 주체성은 위에서 언급된 대립된 것들의 부정적인 통일로서 파악된다. 호르스트만에 따르자면 헤겔의 주체개념은 대립된 것들을 포괄하는 '고도로 전개된 전체성의 본질적인 특징을 기술하는 기능'[75]을 가진다. 여기에서 전통 형이상학에서 전제되어 있었던 실체는 부정성의 내재화를 통해서 자신의 추상적인 동일성을 부정하고 스스로 정립된 존재로 되며, 주체는 자신에 고유한 부정성을 통해서 스스로를 부정하고 스스로에게 존재 또는 자기동일성을 부여한다. 그러나 이 양 방향의 운동은 하나의 운동으로 이해된다. 따라서 헤겔의 포괄적인 주체성은 그 자체 과정이면서 동시에 이 과정의 근거이고, 이 때문에 '자기운동'하는 것으로 이해된다.

---

73) D. Henrich, "Hegels Logik der Reflexion" in *Hegel im Kontext*, hrsg. v. D. Henrich, Suhrkamp Verlag, Frankfurt a. M., 1967, 98쪽.

74) Enzy. I, § 215 Anm., 373쪽.

75) R.-P. Horstmann, *Die Grenzen der Vernunft*, 256-7쪽 참조.

참고 문헌

강순전, 「헤겔 철학에서 반성의 전개와 변증법의 형성」, 『철학연구』 44집, 철학연구회, 1999.

김준수, 「필연성에의 통찰: 헤겔『논리학』「교호작용」절에 나타난 자유개념」, 『헤겔연구』 8, 한국헤겔학회, 1998.

이광모, 「라이프니츠-볼프학파 형이상학에 대한 헤겔의 비판」, 『헤겔연구』 10, 한국헤겔학회, 2001.

조종화, 「헤겔 모순개념의 객관성과 구조」, 『헤겔연구』 23, 한국헤겔학회, 도서출판 용의 숲, 2008.

_____, 「플라톤의 관여의 변증법과 헤겔의 모순의 변증법 - 상이성 또는 타자성 개념을 중심으로 -」, 『헤겔연구』 24, 한국헤겔학회, 도서출판 용의 숲, 2008.

Aristoteles, *Metaphysik* in *Aristoteles Philosophische Schriften in sechs Bänden*, übersetzt v. H. Bonitz, bearbeitet v. H. Seidl, Lizenzausgabe 1995 für die Wissenschaftliche Buchgesellschaft Darmstadt.

Becker, Werner, "Das Problem der Selbstanwendung im Kategorienverständnis der dialektischen Logik" in *Hegel-Studien*. Beiheft 18, 1978.

Düsing, Klaus, *Das Problem der Subjektivität in Hegels Logik: Systematische und entwicklungsgeschichtliche Untersuchungen zum Prinzip des Idealismus und zur Dialektik*, Bonn: Bouvier, 1984², Hegel-Studien. Beiheft 15.

Flach, Werner, *Negation und Andersheit*, Ernst Reinhardt Verlag München u. Basel, 1959.

Fleischhacker, Louk, "Hegels Entwicklung der logischen Grundprinzipien in der 'Wissenschaft der Logik'" in *Hegels Transformation der Metaphysik*, hrsg. v. D. Pätzold u. A. Vanderjagd, Jürgen Dinter Verlag für Philosophie Köln, 1991.

G. W. F. Hegel Werke in zwanzig Bänden hrsg. v. E. Moldenhauer u. K. M.

Michel, Theorie Werkausgabe Suhrkamp Verlag Frankfurt am Main 1969ff.

Heidegger, Martin, *Martin Heidegger Gesamtausgabe.*

Henrich, Dieter, "Hegels Logik der Reflexion" in *Hegel im Kontext*, hrsg. v. D. Henrich, Suhrkamp Verlag, Frankfurt a. M., 1967.

____, *Selbstverhältnisse: Gedanken und Auslegungen zu den Grundlagen der klassischen deutschen Philosophie*, Philipp Reclam jun. Stuttgart, 1982.

Horstmann, Rolf-Peter, *Ontologie und Relationen: Hegel, Bradley, Russell und die Kontroverse über interne und externe Beziehungen*, Athenäum Verlag GmbH, 1984.

____, *Die Grenzen der Vernunft: Eine Untersuchung zu Zielen und Motiven des Deutschen Idealismus*, Verlag Anton Hain GmbH, Frankfurt a. M. 1991.

Iber, Christian, *Metaphysik absoluter Relationalität: Eine Studie zu den beiden ersten Kapiteln von Hegels Wesenslogik*, Walter de Gruyter, Berlin u. New York, 1990.

J. Behrens u. W. Kant, "Identität und Reflexivität" in *Hegel-Jahrbuch* 1979(Köln 1980).

Kant, Immanuel, *Kritik der reinen Vernunft*, Verlag von Felix Meiner in Hamburg, 1956.

Reisinger, Peter, "Reflexion und Ichbegriff" in *Hegel-Studien* 6, 1971.

Theunissen, Michael, *Sein und Schein: Diekritische Funktion der Hegelschen Logik*, Suhrkamp Verlag, Frankfurt a. M. 1980.

Wiehl, Reiner, "Selbstbeziehung und Selbstanwendung dialektischer Kategorien" in *Hegel-Studien.* Beiheft 18, 1978.

Wolff, Michael, *Der Begriff des Widerspruchs: Eine Studie zur Dialektik Kants und Hegels*, Verlag Anton Hain Meisenheim GmbH, 1981.

Wölfle, Gerhart Martin, *Die Wesenslogik in Hegels "Wissenschaft der Logik": Versuch einer Rekonstruktion und Kritik unter besonderer Berücksichtigung der philosophischen Tradition*, frommann-holzboog, Stuttgart-Bad Cannstatt, 1994.

Reflexion und Metaphysik in Hegels Philosophie

Cho, Chonghwa

Abstract

Im allgemeinen ist die Metaphysik als die erste Philosophie eine Wissenschaft, welche das Seiende als Seiendes und dessen erste Prinzipien und Ursachen untersucht. Gegen die traditionelle Metaphysik, worin eine Substanzlehre zugrundeliegt, wollte Hegel jedoch eine die Ontologie der traditionellen Metaphysik deren Anspruch nach fundierende und integrierende Konzeption von Ontologie erstellen. So nimmt er in Anspruch, daß das Wahre nicht nur als Substanz, sondern auch als Subjekt erfaßt werden soll. Hier ist Hegels eigentliches Bewußtsein vorausgesetzt, daß die Substanz, die der traditionellen Metaphysik zugrundeliegt, dynamisiert werden, anders gesagt, die traditionelle Ontologie dynamisiert werden soll. Daher behauptet Hegel eine ursprüngliche Einheit von Sein und Nichts bzw. Substanz und Negativität. Auf Grund davon wird alles, was in Wahrheit wirklich ist, als Nachfolger und Komplikationen der Grundform von selbstbezüglicher Negativität und von selbstbezüglicher Andersheit verstanden und damit wird alles als die negative Einheit von den Entgegengesetzten begriffen. Diese negative Einheit ist ein Gedanke der Identität von Identität und Nichtidentität, welcher im ganzen philosophischen Systeme Hegels als gründliches Prinzip gilt.

Diesen Gedanken wollte Hegel durch die Natur der Reflexion fortentwickeln und systematisieren. Was die Natur der Reflexion bei ihm ist, bedeutet die totale und immanente Reflexion der Reflexion in sich und Reflexion in anderes. Dadurch macht die Reflexion ein organisches System, eine konkrete Totalität aus, welche einen Reichtum von allen Seinden in sich enthält. Damit wird Hegels Subjektsbegriff durch die komplexe und dynamische Einheitsstruktur von Natur der Reflexion erfaßt und verstanden. Und dieses Subjekt hat bei Hegel die Freiheitsidee als gründlichen Inhalt in sich. Hier wird der Freiheitsbegriff bei ihm als Selbstsein im Anderssein begriffen. Und dieses Selbstsein bedeutet eines Sein, welches im verschiedenen Andersheitsverhältnisse jeoch bei sich selbst bleibt und sein eigenes Dasein in sich hat. Deswegen nennt das Selbstsein ein subjektives und freies Sein. Durch diese Gedanken wollte Hegel den Begriff des Subjekts neu definieren und seine Subjektmetaphysik begründen. In dieser Metaphysik wird das Subjekt als Substanz-Subjekt-Totalität begriffen. In diesem Sinne wird Hegels Subjektsbegriff nicht als einseitige Subjektivität, welche der Substanz und dem Objekte entgegengesetzt ist, sondern als übergreifende Subjektivität verstanden.

Schlagwörter: Reflexion, Substanz, Subjekt, Freiheit, Notwendigkeit.

헤겔의 '예술의 과거성' 명제의 해석과 비판을 위한 예비적 고찰

권 대 중

요약문

헤겔의 예술의 '종언' 내지 '과거성' 명제는 역설적이면서도 인과관계를 이루는 두 명제로 이루어져 있는데, 그것은 '예술은 절대정신의 한 형태로서 진리를 매개한다.'와 '(그럼에도/그러므로) 예술은 우리에게는 과거지사이다.'라는 명제이다. 따라서 두 명제의 이러한 관계를 해명하거나 비판하기 위해서 요구되는 것은 예술의 형식인 '직관'과 내용인 '진리'에 대한 논증이다. 이것이 선행되어야 비로소 우리는 헤겔 미학에 대한 또 다른 접근 방식인 1) 사회철학적 · 역사철학적 방법, 2) 종교철학적 방법 등을 정초할 수 있다. 왜냐하면 1)의 방법은 2)를 통해, 그리고 2)의 방법은 결국 이 '내용과 형식의 관계'에 의해 근거지어지기 때문이다. 그런데 직관을 대상으로 하는 정신철학과 진리를 대상으로 하는 논리학 사이에도 정초상의 우선성이 존재하는 바, 결국 모든 논의의 출발은 논리학에서 개진되는 헤겔의 진리관이다. 이러한 순서에 따를 때, 진리로서의 절대 이념은 그 본질상 순수 사유에 다름 아니며, 이러한 진리에 적합한 실재철학적 대응물은 사유를 매개체로 하는 철학뿐이다. 그러므로 예술은 절대정신의 영역에 속하면서도 과거지사일 수밖에 없다는 것이 바로 헤겔의 주장이다.

● 주요어 : 예술(의 종언), 정신, 진리, 직관, 사유

I. 들어가는 말

"자신의 『논리학』을 완성한 뒤 그 서문에 '그것은 다만 사고의 실험일 뿐이었다.'라고 〔솔직하게〕 적었더라면, 헤겔은 지금까지의 사상가들 중 가장 위대한 이가 되었을 것이다. 〔그러나〕 그는 이제 그저 우스갯감에 지나지 않는다."[1)]

"다른 어떤 곳에서도 불가능한 것이 독일에서는 가능했는데, 그것은 바로 몰정신적이고, 무지하며, 말도 안 되는 소리를 유포하고, 전례 없이 공허한 말장난을 통해 사고를 근본부터 그리고 영원히 혼동시키는 사이비 철학자를 —즉 우리의 값비싼 헤겔을— 마치 위대한 정신이자 심오한 사상가라도 되는 양 떠들어대는 일이었다.[2)]

키에르케고르와 쇼펜하우어의 다분히 악의에 찬 이러한 비난은 물론 헤겔의 체계 전반을 겨냥한 것이다. 새벽에만 날아오른다는 헤겔의 미네르바 부엉이에 대한 청년헤겔학파의 비판과 더불어, 논리적인 것의 절대적 타당성에 대한 확신으로 무장된 헤겔의 체계 전반이 야기할 수 있는 또 하나의 적대 버전이 바로 넓은 의미에서의 주정적 반지성주의이다.

체계 전체에 대한 이러한 방식의 반감은 따라서 동일한 정신에 의해 기술되는 세부분과들에 대해서도 마찬가지로 작용하거니와, 헤겔이 베를린 시기에 인기리에 행했던 여러 차례의 미학강의도 결코 예외일 수 없다. 예컨대 그의 예술체계론, 즉 장르 이론과 같은 각론부에 대해서 "주지주의적 오류가 성취한 최고의 승리"[3)] 라는 비난이 가해졌던 것은 물론, 무엇보다도 그의 예술철학적 궁극적 결론이라고

1) S. A. Kierkegaard, *Tagebuch*, 1842/44.
2) A. Schopenhauer, *Über die vielfache Wurzel des Satzes vom zureichenden Grunde*, 2. Auflage. 1847.
3) B. Croce(1904), 35.

일컬어지는 이른바 '예술의 종언'(das Ende der Kunst) 명제야말로 그의 미학강의가 누렸던 인기에 그대로 대칭되는 반감의 대상이었다. 왜냐하면 헨리히가 지적하듯이 당시의 독일인들은 자국의 예술적 성취에 대한 최고의 낙관주의에 취해 있었는데, 헤겔의 이 명제는 그것에 찬물을 끼얹는 도발이었기 때문이다:

> "그 시대의 사람들은 그리스의 시에 견줄 만한 시를 기대했으며, 또 그러한 희망은 당대의 시작품들이 이미 이르렀던 높은 수준에 근거한 것이기도 했다. 당대의 유명한 시인들뿐만 아니라 그들과 궤를 같이 한 화가와 작곡가들은 거의 예외 없이 〔그들 시대의〕 예술이 그것이 처한 상황과 역사과정에 대한 인간의 통찰을 작품으로 나타낼 수 있을 것이며, 또 이를 호메로스나 소포클레스에 비견될 수 있을 만큼 잘 해낼 것이라고 믿었다."[4)]

그렇기 때문에 베를린 시기 미학강의의 수강생들 가운데는 오페라에서 새로운 예술 양식의 발전 가능성을 인정한 헤겔의 입장을 실질적인 작품 생산의 장에서 현실화하고자 한 바그너 같은 인물도 있었지만, 예술을 포함한 미적 영역 일반에 대한 최고의 찬양을 기대하고 헤겔의 강의를 들었던, 또한 바로 그렇기 때문에 모종의 배신감을 느꼈던 적지 않은 사람들은 다음과 같은 멘델스존-바르톨디(F. Mendelssohn-Bartholdy)의 입장에 더 지지를 보냈을 것이다.

> "괴테와 토르발트젠이 아직 살아 있는데, 게다가 베토벤이 죽은 지도 기껏 몇 년이 지났을 뿐인데, 헤겔은 독일의 예술이 쥐처럼 초라한 꼴로 영영 죽어 버렸다고 하다니, 기가 막히는군. 〔…〕 하지만 잠깐만이라도 따져보면 그 추리는 극히 천박한 것으로 여겨진다."[5)]

헤겔의 미학적 결론에 대해서 흔히 제기될 수 있는 의혹들 가운데 하나는, 그것이 미적 체험이 부족하거나 미적 영역에 문외한인 주지주의적 강단 철학자가 예술에게 가하는, 따라서 미적 무지 상태에서 비롯되는 경멸일 것이라는 추측이다. 그러나 ―다른 장르에 비해 상대적으로 취약한 음악미학을 제외하고는[6)]― 미학을 강의하기 위한 헤겔의 "문화적 준비상태"는 이미 충분한 정도를 넘어선 것이어

4) D. Henrich(1983), 295.
5) *Berichte*. Nr. 669, S. 430. 또한 Nr. 675, S. 432도 참조.
6) 물론 이것도 어디까지나 '상대적' 취약성일 뿐이다. 실제로 헤겔은 베를린 시기에 주말마다 자택에서 손님들을 초청하여 음악회를 열 정도로 음악에 대해서도 애정과 관심을 지녔었다.

서,[7] 그의 명제가 개인적 취향이나 선호도에 따른 사적인 것이라는 주장은 비판의 근거 자격을 처음부터 상실한다. 그렇기에 헤겔이 제출한 문제의 명제는 "본질적인 어떤 것을 적중하는" "충격적인 냉철함"을 갖고 있다고 평가될 수 있는 것이며,[8] 지금까지도 헤겔 미학 연구자들의 주목을 끄는 가장 핵심적인 논쟁거리로 남아 있는 것이다.

헤겔의 미학을 제대로 논구하고자 하는 이는 그가 근본적인 예술철학은 물론 예술사론, 예술장르론, 예술사조론 등, 어떤 각론적 주제로 접근하더라도 결국에는 이 악명 높은 명제와 대결해야 하는 과제를 안을 수밖에 없다. 그 때문에 헤겔 미학에 대한 근본적인 거부도 바로 이 명제에 대한 거부를 의미하기도 한다.[9] 왜냐하면 그 거대한 규모와 다양하고 풍부한 세부 내용에도 불구하고 헤겔의 미학은 모든 부분에서 결국 이 명제의 입증으로 정향되어 있다고 보는 것이 옳기 때문이다. 즉 그의 『미학강의』의 제1부("예술미의 이념 혹은 이념상")에서 헤겔은 예술은 철학적 반성과 개념적 사유의 시대에서는 더 이상 인간 정신의 최고의 관심, 곧 절대자의 인식을 수행할 수 없다고 판정하며, 제2부("예술미의 특수한 형식들로의 이념상의 전개")와 제3부("개별 예술들의 체계")에서는 그리스의 신상들로 대표되는 고전적 예술형식에서 일단 그것의 최고의 성과를 달성했던 예술은 낭만적 예술형식의 단계 이후에는 결국 지양되는 데 이른다고 주장한다.

II. '과거성'으로서의 '종언'

1. 헤겔 명제의 전사(前史)

물론 헤겔이 (넓은 의미에서의) 예술의 종언 명제를 정식화한 유일한 내지 최초의 사상가인 것은 아니다. 이미 그의 선구자—사실 그 자신은 존재조차 모르고 있

---

7) H. Paolucci(1979), XXI 참조.

8) H.-G. Gadamer(1985), 16 ff.

9) 게트만-지페르트 역시 오늘날 헤겔 미학의 설득력을 떨어뜨리는 것이 바로 이 명제라고 쓴다. A. Gethmann-Siefert(1995), 230 참조. 이 점과 관련하여 예쉬케는 다음과 같이 쓴다: "헤겔의 이론들 가운데서 예술의 종언 명제만큼 강한 반발을 불러일으키는 것은 그리 많지 않는 바, 종종 이 명제는 형이상학적인 오만과 현실왜곡의 발로인 것처럼 보인다."(W. Jaeschke〔1982〕, 173.)

었던[10]—인 비코(G. Vico) 역시 상세한 진술들을 통해 거의 동일한 명제를 제출한 바 있다: 그가 보기에 예술(정확히는 시문학)은 단지 인간의 정신이 아직 명료한 반성 속에서 작동하지 않던, 역사의 최초의 유아적인 단계에서만 —즉 이른바 '신들의 시대'와 '영웅들의 시대'에서만— 민족들의 최고의 스승으로서의 역할을 담당할 수 있었거니와, 가령 호메로스가 위대한 시인일 수 있었던 것은 그가 어떤 개념적인 반성이나 합리적인 시학이 아니라, 오로지 전(前)이성적인 파토스에만 의거했다는 이유에서 그러하다.[11]

우리에게는 비교적 잘 알려지지 않은 요흐만(C. G. Jochmann) 역시 비슷한 노선을 취하고 있다. 그에 의하면 "인간들의 모든 초기 단계의 믿음과 지식이 갖는 시적인 속성(dichterische Beschaffenheit)들은 바로 우리가 지금도 어린 아이들이나 유아기에 살고 있는 종족들에서 엿볼 수 있는 바의, 그들의 초기적인 상상력의 촉발과 지배에서 연유한다.[12] 하지만 비코와 요흐만의 차이는, 요흐만에게서는 그가 논한 예술(시문학)의 종언이 궁극적인 것이며 인간적 본성이 철저하게 성숙된 이성성에 정향되어 있는 반면에, 비코에게서는 문화사의 진행이란 순환적인 것이어서, 이미 달성된 성숙한 이성성 역시도 그것의 종언을 맞으며 그 이후에 새로이 어떤 유아적인 상태가 도래한다는 데에 있다. 이러한 관점에서 보자면 헤겔은 비코보다는 요흐만에 근접한 노선을 취한다. 왜냐하면 헤겔에 의하면 서양의 정신세계는 기독교의 출현 이후 언제나 여전히 낭만적 시대에 있기 때문이다.[13] 필자가 보기에 다음의 문장에서 호프슈타터는 헤겔뿐 아니라 비코 또한 염두에 두고 있는 것으로 여겨진다: "몰락하거나 야만으로 돌아가거나, 혹은 보다 더 젊고 활기찬 문명에 의해 정복되지 않는다면, 우리의 문명은 계속 낭만적이게 될 것이다."[14]

예술의 최고의 가능성이 인간사 초기의 유아적인 단계에 귀속된다는 생각은 그뿐 아니라 마르크스 같은 인물에게서도 보이지만,[15] 주지하듯이 최고의 예술적 가능성을 어떤 저급하고 비합리적인 정신적 단계로 국한시키는 경향의 고전 격은 바

---

10) V. Hösle(1990), 252 참조.

11) 참조: G. Vico, *Prinzipien einer neuen Wissenschaft über die gemeinsame Natur der Völker*(V. Hösle와 Ch. Jermann에 의한 독일어 번역), Hamburg 1990. 특히 제3권 "진정한 호메로스의 발견"(444 ff.) 및 Hösle의 해제문 "Vico und die Idee der Kulturwissenschaft. Genese, Themen und Wirkungsgeschichte der *Scienza nuova*"를 보라.

12) C. G. Jochmann, "Die Rückkehr der Poesie," S. 252, in: *Über die Sprache, Heidelberg* 1828. 요흐만의 전기에 대해서는 B. W. Kraft(1972), 1 ff.; J. Schwiebe(1988), 7 ff.를 보라.

13) A. Hofstadter(1983), 272 참조.

14) 같은 곳.

로 플라톤이다. 즉 플라톤 내지 그가 기술하는 소크라테스는 시인의 창조는 오성이 아니라, 쇠막대가 자석에 의해 움직여지는 바와 같은 식의 열광을 통해 가능하다고 한다.[16] 이러한 전사에도 불구하고 '예술의 종언'이라는 단어는 누구보다도 헤겔을 떠올리게 하는데, 그것은 그의 명제가 그 내용의 면에서 타의 추종을 불허할 만큼 풍부할 뿐 아니라, 그 명제를 뒷받침하는 논증의 면에서도 누구보다도 가능한 반론에 대한 면역성을 갖추고 있기 때문이다.

2. 헤겔의 역설적 명제

예술의 종언을 천명하는 헤겔의 결정적인 명제는 여러 방식으로 기술되고 있는데, 그 가운데 가장 대표적인 것은 다음과 같다:

> "그것의 최고의 규정의 측면에서 볼 때 우리에게 예술은 과거지사이다." (13.25)

> "우리에게서 예술은 더 이상 진리가 실존하는 최고의 방식으로 간주되지 않는다.…물론 사람들은 예술이 갈수록 더 고양되고 완전하게 되기를 희망할 수는 있다. 그러나 예술의 형식은 정신의 최고의 욕구이기를 중단해 버렸다." (13.141)

이 두 문장은 헤겔의 미학적 결론에 대해 제기될 수 있는 두 번째 의혹도 무의미한 것으로 만드는데, 그것은 이른바 '종언'이라는 단어를 '죽음'이나 '정체' 내지 '멈춤'의 동의어로 받아들이는 방식이다. 멘델스존-바르톨디는 실제로 타우베르트(W. Taubert)에게 보내는 서한에서 헤겔이 "이제 예술은 끝장이 났으며, … 멈추어 버렸을 수도 있다는 듯이" 주장한다고 쓴 바 있다.[17] 그러나 앞의 인용문에서 보이듯이 헤겔은 분명히 예술의 소멸도, 양식적 발전의 정체도 언명하지 않거니와, 오히려 지속적인 발전의 가능성을 열어 놓고 있다. 게다가 저 악명 높은 '종언'이라는 단어도 실제로는 헤겔 자신이 아닌 그의 제자들이 만들어낸 것이라는 사실 또한 이미 밝혀져 있다.[18] 그 때문에 흔히 예술의 '종언'이라고 일컬어지는 헤겔의

---

15) Einleitung zur Kritik der politischen Ökonomie, in: *MEW* 13.640 ff. 참조.

16) *Io*, 533e, 536v. 또한 *Phedrus* 245a도 참조: "뮤즈의 광기 없이 시의 문앞에 다가가는 자, 그의 숙련성이 그를 시인으로 만들기에 충분하다고 상상할 지도 모른다. 그러나 그는 모자라는 자로서 오성에 입각한 그의 기술은 광기에 도취한 자 앞에서는 완전히 무색해진다."

17) *Berichte*, Nr. 675, S. 432. 또한 A. Gethmann-Siefert(1992), 170 f.도 참조.

명제는 위의 인용문을 근거로 할 때는 예술의 '과거성'(Vergangenheitscharakter) 명제라고 고쳐 쓰는 것이 정당하다.[19] 이는 헤겔의 명제에 맞서 예술을 옹호하고자 하는 시도의 정당성 여부를 따지는 이론가들이 '현재성'(Gegenwärtigkwit) 또는 '현실성'(Aktualität)이라는 단어를 중심으로 논구하는 것만 보아도 알 수 있다.[20]

III. 역설의 구체적 내용

헤겔의 명제에 대한 이러한 두 유형의 오도된 의혹보다도 우리의 면밀한 고찰을 요구하는 중요한 문제는, 헤겔이 한편으로는 —예술에 대한 그의 개인적 호감이나 열광은 논외로 하더라도— 예술의 미래적 가능성을 열어둘 뿐 아니라 예술의 본질을 기존의 어떤 미학에서보다도 지고한 것으로 규정하면서도, 다른 한편으로는 그것에 '과거성'이라는 표식을 달고 있다는, 처음 보기에 매우 모순된 것으로 여겨지는 입장이다. 더욱이 그의 명제가 오늘날의 연구에서도 주된 연구 주제가 되고 있다는 것은 단지 과거 철학자의 기이한 미학적 선언에 대한 역사적 관심에서가 아니라 가다머의 말처럼 그 명제가 어떤 본질적인 핵심을 찌르고 있기 때문이라면, 우리가 일차적으로 주목해야 할 것은 일견 모순되어 보이는 헤겔의 진술들이 어째서 기실은 일관된 논증의 결과로 평가될 수 있는가 하는 것이다.

따라서 헤겔의 명제에 대한 설득력 있는 해석과 비판을 위해 요구되는 가장 일차적인 작업은 헤겔 명제의 '모순 아닌 모순'이 어떤 대립적 규정들 사이에서 성립하는지, 그리고 그 대립적 규정들 간의 관계가 구체적으로 어떤 종류의 것인지를 밝혀내는 일이다. 헤겔 명제를 우리 연구의 중요한 주제로 만드는 철학적 발화점은, 그의 예술 규정이 예술에 대한 매우 의미 있는 평가절상뿐 아니라 그것을 무색하게 만드는 도발적인 평가절하를 동시에 내포하고 있다는 점에 있다.

1. 정립 : 절대정신으로서의 예술

먼저 평가절상이라 함은 앞에서 언급한 예술의 지속적 발전 가능성에 대한 기대

18) 이 점은 특히 H. Weiße(1838), 1682에 잘 밝혀져 있다.
19) Gadamer, Gethmann-Siefert
20) H. Kuhn(1983) 및 D. Henrich(1983) 참조.

에서처럼 어떤 시간적 존립의 문제에 관한 것이 아닌데, 이를 이해하기 위해서는 앞에서 인용한 헤겔의 언명에서 특히 "그것〔=예술〕의 최고의 규정"과 "정신의 최고의 욕구"라는 단어에 주목해야 한다. 즉 예술을 철학적 성찰의 대상으로 만드는 '최고의 규정'은 예술이 우리 인간의 최고의 정신적 욕구를 충족시키려는 활동이라는 데에 있으며, 이 '최고의 욕구'는 다름 아닌 진리의 인식에 대한 욕구이다. 그렇기 때문에 예술에 대한 헤겔의 성찰에서 중요한 관건이 되는 것은 근대 미학 초기(특히 영국 취미론이나 칸트의 미학)에서처럼 '취미'(Geschmack), '쾌 · 불쾌의 감정'(Gefühl der Lust und Unlust)과 같은 개인적이고 사적인 기호 차원의 인간학적 문제도 아니며, 현실 세계로부터의 원천적인 도피를 통한 영혼의 안식 따위를 지향하는 실존적 차원의 문제(쇼펜하우어)도 아니다. 오히려 헤겔은 『시학』에서 비극을 역사보다도 심오하고 철학적이라고 규정한 아리스토텔레스를 떠올릴 정도로 예술에 대해 지고한 인간 보편의 지적 관심을 충족시키기를 요구하며, 바로 이 때문에 그는 체계적으로 예술을 주관정신도 객관정신도 아닌, 절대정신의 영역에 배속시킨다. 즉 종교나 철학과 마찬가지로 절대정신의 한 형태인 예술은 진리와 이렇게 적극적으로 연관되어 있음으로 인해 인간의 정신의 최고 영역, 따라서 헤겔 체계의 최종적이면서도 최고의 영역에 속하는 것이다.

2. 반정립 : 과거에 귀속되는 예술

그런데 다른 한편으로 예술의 과거성 내지 종언이라는 명제에서 표현되는 바의, 예술에 대한 —물론 예술을 아예 근원적으로 인식의 영역 밖으로 추방한 플라톤에게서보다는 그 정도가 덜하지만— 극단적인 평가절하는 예술, 종교, 철학이라는 절대정신의 세 영역이 동일하게 '최고의 진리'를 내용으로 하고 있음에도 그것들 사이에는 변경할 수 없는 범주적 차이가 존재하며, 그 차이에 의한 위계서열에서 예술은 범주의 진행 순서상으로는 맨 처음의 자리에, 따라서 등급상으로는 맨 아래의 자리에 놓인다는 것을 의미한다.

물론 이러한 기준에 따라서 볼 때 문제가 될 수 있는 예술적 사례들이 있다. 현대의 우리가 경험하고 있는, 여전히 진리연관을 생명으로 하고 있는 예술작품들뿐 아니라, 헤겔이 직접 체험했던 작품들 중에서도 결코 '종언'이나 '과거성'이라는 표식을 붙일 수 없는 성공적인 걸작들이 존재하기 때문이다. 그러나 헤겔은 이에 대해서도 그의 근본적인 주장을 굽히지 않는 바, 그에 따르면 방금 언급된, 최고의 가능성을 여전히 함축하고 있는 지적인 예술작품들은 그 본성상 더 이상 엄밀한 의미에서의 예술이라고 불리기에는 곤란한, 따라서 차라리 철학의 한 양태로 간주되어야 할 사례들이다. 그의 미학이 예술의 '철학'이라는 이름을 지니는 것도, 이미 기독교의 탄생 이후, 특히 근대에 이르러서는 예술의 생산과 수용 방식이 철학적 반성에 의하지 않고는 불가능하기 때문이다. 그 때문에 그가 엄밀한 의미에서 '예술'이라고 부를 뿐 아니라 또한 미적 완성도의 극치로서 찬양하는 대상은 그리스의 예술(그 중에서도 특히 조각)이며, 바로 이에 대해 헤겔은 최고의 평가절상과 평가절하를 동시에 가하는 것이다.

3. 헤겔 명제의 무모순성의 근거

최고의 평가절상과 평가절하의 이러한 동시성 내지 평가절상의 평가절하에로의 이러한 치환은 바로 예술의 본질규정을 이루는 두 양립할 수 없는 구성요소, 곧 예술의 내용과 형식 간의 불화에 의거한다. 예술의 내용과 형식은 다음의 이유들로 인해 상호 양립불가능하다: 헤겔에게 있어서 진리란 최고의 관념적인 것이다. 즉 진리는 개념과 그 실재성의 통일인 이념이다. 이 통일은 어디까지나 개념의 자기 자신과의 통일을, 다시 말해 개념의 완전한 반성적 정합성에 존재한다. 이러한 최고의 논리성 내지 일관성은 다름이 아니라 (신의) 순수 사유를 말하며, 이 순수 사유는 오로지 인간의 가장 순수하고 가장 내면적인 정신적 능력만을 그 실재철학적 대응물(das realphilosophische Pendant)로 가진다. 그러한 인간적 능력도 마찬가지로 '사유'라고 불린다. 헤겔에 의하면 절대정신의 영역에서 사유가 사유와 관계하는 단계는 바로 철학이다.[21] 철학에 대한 이러한 규정은 동어반복 내지 순환을 범하고 있다는 의혹을 피해갈 수 있다. 왜냐하면 거기서 이루어지는 사유의 자기연관은 완전한 반성적 구조를 보여주는 것이기 때문이다. 헤겔에 있어서 철학이 완전한 자기연관인 것은, 철학에서는 사유가 사유에 의해서 사유되기 때문이다(Das Denken wird vom Denken gedacht). 말하자면 진리는 순수 사유이며 철학은 이 순수 사유를 순수하게 사유하는 행위인 것이다. 인간의 철학함(Philosophieren)에서 이루어지는 사유의 사유(das Denken des Denkens)는 따라서 인간이 진리를

---

21) 따라서 여기서 "사유"라는 말은 세 가지 관점에서 이야기된다: 첫째는 (신의 관점에서 본) 논리적 차원에서의 사유, 둘째는 정신론적 관점에서의 사유, 그리고 마지막으로 철학적 사유가 그것들이다. 논의의 이러한 수준들 간의 차이를 보다 분명하게 하기 위해 필자는 이 세 가지 사유형식들을 각각 "사유$_1$", "사유$_2$", "사유$_3$"으로 지칭한 바 있다. 이에 대해서는 권대중(2002a)를 참조.

인식하는 것이면서, 또한 진리가 스스로를 인식하는 것이기도 하다. 이러한 진리관을 철저하게 이해하고 전제해야만 비로소 헤겔이 행하는 예술에 대한 일견 극단적으로 보이는 평가절하가 제대로 이해될 수 있다. 즉 비록 예술이 절대적 진리를 그것의 내용으로 가지기는 하지만, 그리고 그로 인해 그것의 체계적 위치는 '절대정신'이지만, 예술의 정신적인 구동력(das geistige Movens)은 진리의 또 다른 이름이라 할 수 있는 '순수 사유'에 적합한 순수 사유적 정신이 아니라는 것이 바로 문제인 것이다. 이는 예술은 자신이 완전히 담아낼(erschöpfen) 수 없는 내용에 종사하고 있다는 말이다. 왜냐하면 예술은 그것의 내용에 상응하지 못하는 형식에 토대를 두고 있기 때문이다. 헤겔에 따르면 그 불완전한 형식은 바로 직관(Anschauung)이다. 예술에서는 진리가 직관되며, 이 점이 예술의 가장 중요한 본질을 규정한다. 반면 동일한 진리가 종교에서는 **표상**되고 철학에서는 **사유**된다. 원칙적으로 예술이 직관에 토대를 두고 있는 한, 예술의 내용, 즉 진리는 예술이 포착해 내기에는 너무 크다는 것이다. 그에 반해 종교에서는, 그리고 궁극적으로는 철학에서는 예술에서보다 훨씬 더 적합한 정신능력이 작동된다.[22]

바로 이와 같은 근거에서 헤겔은 예술을 통해 진리를 직관적으로 인식할 수 있는 가능성을 단지 과거의 한 시대로 (또한 하나의 특정한 지역으로), 즉 고대의 그리스로 제한시킨다.[23] 그리스인들에게 있어서 예술적 직관은 인간의 지능이 진리를 파악하는 최고의, 그리고 거의 유일한 형식이었다. 그들에게 예술—무엇보다도 시문학—은 "인류의 가장 보편적이고 가장 널리 퍼져있는 스승"(die allgemeinste und ausgebreitetste Lehrerin des Menschengeschlechts, 15.239 f. 또한 1.234; 15.240; 18.90; 20.492도 참조)이었다. 뿐만 아니라 미학내적인 관점에서 보더라도 헤겔에 따르면 고대의 그리스는 단연 돋보이는 위상을 차지한다. 즉 그리스의 조형물들은 예술사에서 찾아볼 수 있는 가장 아름다운 예술로 여겨진다: "더 이상 아름다운 것은 있을 수도 없으며, 있게 되지도 않을 것이다."(14.128) 여기에서 우리는 이러한 최고의 찬사를 뒷받침하는 주목할 만한 근거를 보게 되는데, 그것은 그리스인들의 고전적인 예술형식에서 내용은 그것에 완전히 부합하는 형태를 지닌다는(참조. 14.13) 것이다. 이러한 이유로 헤겔은 고전적 예술형식을 "이념상의 개념에 걸맞는 표현, 미의 왕국의 완성"(das begriffsmäßige Darstellung des Ideals, die Vollendung

22) 종교가 자신의 내용인 절대자와 단지 표상적으로만(뒤에 보게 되듯이, 표상은 헤겔에 있어서는 반쪽 직관(Halbanschauung)으로 여겨진다) 관계하는 한에서, 헤겔의 종교철학 역시, 그의 미학 전반이 예술의 종언 명제로 정향되어 있듯 것과 마찬가지로, 처음부터 이미 종교의 종언에 관한 이론이 되고 있다. 참조. W. Jaeschke(1982), 173.

des Reichs der Schönheit)(14.127)이라고 부른다.

그러나 방금 인용한 정식화를 말 그대로 받아들이게 되면, 마치 그리스의 예술이 절대자 내지 진리의 모든 현실화 중에서 궁극적인 최고의 것이라는 식으로 곡해할 위험이 있다. 왜냐하면 이 정식화에서는 감각적인 것과 신적인 것의 완전한 조화가 그리스 예술에서 달성된다고 말해지고 있기 때문이다. 그러한 잘못된 이해를 피해가기 위해서는 헤겔이 덧붙이는 유보조항을 눈여겨보아야 하는데, 그것은 그리스인들에게 있어서 예술적으로 인식된 진리와 그 진리를 파악하는 정신적 능력이 또한 불완전하고 결함이 있는 것이기도 하다는 것이다. 왜냐하면 예술적 진리란 다만 감각적 직관성과 어울릴 수 있을 뿐, 정신 그 자체와는 완전하게 조화될 수 없는 바, 모름지기 정신의 본질적 규정들은 오로지 사유에서만 완전하게 실현될 수 있기 때문이다. 말하자면 그리스 예술에서 신은 정신으로서가 아니라, 단지 이상적인 인간신체로서 나타날 뿐이다. 그렇기 때문에 헤겔이 그리스의 예술적 이상에 대해 보내는 최고의 찬사는 모든 예술이 지니는 근본적인 결함에 관한 생각을 동시에 함축하고 있다. 즉 예술에 대한 명예수여는 단지 미학내적인 것일 뿐, 절대정신 철학의 모든 문맥에서 찾아볼 수 있는 것은 아니다. 인간의 정신이 진리를 오로지 예술만으로 인식하는 것을 그만두는 즉시, 그리고 기독교에 나아가 철학의 단계에 진입하는 즉시, 예술은 그것이 지녀왔던 절대적인 위상 내지 "보편적 의미"를 상실한다.[24] 순수한 사유로서의 진리의 편에서 보자면 물질적인 대상성에 구속된다는 것은 참을 수 없는 것이며, 그 때문에 인간의 정신은 스스로의 형식 자체가 그것의 내용과 절대적으로 동일한 것(ein und dasselbe)이 될 때까지 지속적으로 발전해 나아가야만 한다. 이미 말했듯이, 그러한 형식은 오로지 사유에서만 찾을 수 있거니와, 이것이 바로 근대성의 징표이다. 이에 따라 근대인들에게는 예술이란 어떤 부차적인 것이거나 심지어는 있어도 그만 없어도 그만인 것(Überflüssiges)이 되어 버린다. 왜냐하면 이제 예술은 더 이상 그것이 구가했던 과거의 황금기에서처럼 진리를 향한 최고이자 유일한 길이 아니기 때문이다. 근대인의 정신적 능력은 진리에 미적으로 도달하려 하기에는 너무나 성숙해 버린 것이

23) 쿤이 쓰듯이 "미가 물론 영외로 추방된(exkommuniziert) 것은 아니나, 예술에게는 취득하기를 소망했던 영주권 대신에 더 이상 명예롭지 못한, 단지 시한부의 체류권만 허용될 뿐이다." (H. Kuhn[1983], 259) 이와 같은 맥락에서 필자는 헤겔의 기본 전략이 예술의 최고의 가능성을 원천 부정하거나 무조건 현실화 가능한 것으로 설정하는 대신 '역사화'시키는 데 있다고 쓴 바 있다. 권대중(2002b), 87쪽 참조.

24) A. Gethmann-Siefert(1995), 231 참조.

다. 물론 예술 내적인 관점에서는 여전히 더 이상의 개화(開花)가 가능하다. 그러나 진리의 인식이 관건이 될 때는, "사상과 반성이 …… 아름다운 예술 너머로 날고 있다."(13.24)[25] 진리의 매개에 있어 예술이란 물론 반드시 통과해야 하는 필수적인 단계이기는 하지만, 궁극적인 종착역은 아닌 것이다.

Ⅳ. '예술의 종언' 명제에 접근하는 여러 층위의 방식들

따라서 헤겔의 예술의 종언 명제를 제대로 이해하고 정당하게 비판하기 위한 열쇠는 무엇보다도 절대정신의 내용과 형식 간의 복잡한 관계를 해명해 내는 데 있다. 물론 예술의 종언 명제에는 다른 여러 중요한 국면들이 함께 어우러져 있기 때문에, 방금 말한 내용–형식의 관계의 조명만으로 문제의 명제가 지닌 전 면목이 드러나는 것은 아니다. 그럼에도 불구하고 이 내용–형식 관계는 특별히 중요하게 다루어져야만 한다. 왜냐하면 그 명제에 있어서 여타의 측면들은 이 관계와 대등한 서열에 있는 것이 아니거니와, 그 명제에 함축된 모든 측면들 간에는 명시적이든 암시적이든 근거설정 상의 위계질서가 존재하기 때문이다. 그 중에서도 특히 이 내용–형식 관계는 단연 선차적인 근거라고 여겨져야 하는데, 이는 그것이 예술의 종언 명제를 뒷받침하는 모든 여타의 다양한 정당화 시도들을 원리적으로 기초짓기 때문이다. 헤겔 미학이 지니는 강점과 매력은 그것의 무진장한 내용적 풍부함에만 있는 것이 아니라, 무엇보다도 그가 그러한 풍부함을 철저한 정신철학적 엄격함으로써 **근거짓기** 때문이다. 이와 같은 사태연관은 다음과 같이 요약될 수 있다.

1. 사회철학적 해명

"예술철학의 영역에서 헤겔의 미학은 부르주아적 사유 및 부르주아적 · 진보적 전통의 정점을 의미한다."[26] 「미학사에 대한 기고들」에서 루카치가 헤겔 미학 부

25) 예술이 이처럼 별반 가치가 없는 것으로 되는 것과 관련하여 부브너는, 헤겔에 있어서 예술의 가능한 미래는 기껏해야 항구적인 비더마이어의 "순진무구한 유희"일 수 있을 뿐이라고 한다. R. Bubner(1971), 16 참조. 또한 같은 저자의(1973), 47 f.도 참조할 것.

26) G. Lukács, Hegels Ästhetik, in: *Probleme der Ästhetik. Beiträge zur Geschichte der Ästhetik*, Neuwied/Berlin 1969, 107.

분을 기술할 때 이 말을 글의 맨 앞에다 쓰고 있듯이, 한 때 헤겔의 미학 전체 및 예술의 종언 명제에 관한 여러 접근방식들 중에서 선호되는 것들 중 하나가 바로 사회철학적-역사철학적 접근방식이었다. 그리고 '사상 속에서 포착된 그 시대로서의 철학'이라는 헤겔의 유명한 말을 굳이 상기하지 않더라도, 예술의 현존 방식이 역사를 통해 규정되는 한, 그의 미학을 제대로 이해하는 데 있어서 객관정신철학이나 역사철학과의 연관은 필요조건임이 분명하다. 베를린 시기에 헤겔은 특히 신학이나 시문학 분야에서 인간의 감정에 의거한 신과의 조우 내지 감정 표출을 통한 미적 정점의 체험을 절대화했던 이들과 끊임없이 대결했으며, 이에 당대의 낭만적이고 퇴행적인 경향들에 대한 그의 날카로운 비판 역시 『미학강의』의 곳곳에서 발견된다. 과거의 "아름다운 세계"로 회귀하거나, 그것을 이른바 "새로운 신화학"(neue Mythologie)을 통해 새로이 창출해 내려는 시도를 헤겔은 시대착오적인 것으로 간주한다. 이는 장년 헤겔의 냉정하고도 성숙한 세계 및 역사에 대한 통찰이 그 자신의 청년기를 풍미했던 미적 절대주의(ästhetischer Absolutismus)와, 그리고 정감주의적인 정향에 근거하는 과거에의 향수와 대결하여 이루어진 승리를 보여주는 것이다. 예술이 인간의 전 삶을 수립했던 과거(고대 그리스)의 세계상태는 비록 가장 아름다운 세계상태였을 수는 있으나, 가장 이성적이고 선한 것은 아니다. 이로써 헤겔은 그러한 세계상태를 복원하려는 시도는 단지 실패할 수 밖에 없을 뿐 아니라, 더 나아가 실패하는 것이 옳다는 생각에 이른다. 즉 그러한 낭만주의적 시도의 실패는 부득이한 사실로서의 "Müssen"에 그치는 것이 아닌 당위로서의 "Sollen"의 문제인 것이다. 이러한 헤겔의 판단은, 그가 몸담았던 시대의 삶의 제관계에 있어서의 사회적 전개—즉 기독교 및 근대적인 국가체계—가 어떤 상실(Verlust)이 아니라, 오히려 획득(Gewinn)이자 긍정적 진보라는 그의 생각에 의거한다.[27] 그에 반해 초기 낭만주의자들은 근대에서는 일찍이 고대 그리스인들의 아름답고 신비적인 삶에서 달성된 바 있는, 신적인 것과 인간적인 것의 조화가 깨어졌다는 의미에서, 근대를 하나의 중대한 '상실'로 간주한다. 그러한 입장들에 대항해 근대를 '진보'로서 부각시키기 위해 헤겔은 정반대의 근거부여를 필요로 한다. 즉 신적인 것과 인간적인 것의 통일은 고대 그리스에서보다는 바로 그가 살던 당대에서 더 훌륭하게 이루어졌다는 것이다.

2. 종교철학적 해명

그 때문에 정초론적(begründungstheoretisch) 관점에서 보면 헤겔 미학에 대한 종교철학적 접근이 방금 언급한 사회철학적 및 역사철학적 취급방식보다 더 우위에 있는 것으로 보인다.[28] 그 경우 문제는, 도대체 어떠한 근거에서 신적인 것과 인간적인 것의 하나됨(Eins-Werden) 내지 '신비로운 일치'(unio mystica)가 시대의 흐름에 따라 점증하고 또 점점 더 분명해지지, 그 역은 아닌가 하는 것이다. 다른 여러 측면에 있어서도 종교철학적인 취급방식은 헤겔의 생각을 보다 이해하기 쉽게 해 준다. 특히 예술사의 전개논리는 이 방식의 조명을 통해 분명히 밝혀진다. 즉 예술의 시대 내지 형식들에 대한 헤겔의 익히 알려진 삼분법은 이념과 그것의

---

27) 참조. W. Oelmüller(1966), 79. 또한 같은 저자(1969), 250도 참조. 종종 우리는 현재에 대한 절망을 어떤 (짐짓 더 낫다고 여겨지는) 과거에로의 추억을 통해 보상받고자 하는 경향들을 목격한다. 그러나 필자가 보기에 그러한 경향에 있어서는 다음과 같은 점들에 주목해야만 한다: 첫째, 현재의 비참함은 과거에로의 그러한 후퇴적 행태를 통해서 보상받을 수는 없는 바, 오히려 그러한 행태는 종종 현실의 불행을 비호해 주는 데로 이른다. 둘째, 그러한 추억은 그 자체가 어떤 부당한 가상에 근거하는 경우가 드물지 않다. 즉 되돌아 가고픈 과거란 것이 기실은 그다지 사람들이 믿는 것처럼 아름답지는 않은 경우가 많은 것이다. 또 비록 과거의 어느 시대—여기에서는 무엇보다도 고대 그리스—에다 "아름다운"이라는 술어를 부여할 수 있다손 치더라도, 역사의 발전이 그것으로 목표에 이르는 것으로 봐서는 곤란하다. 과거의 그토록 "아름다운" 세계란 따지고 보면 어디까지나 다수 인간의 자유를 극단적으로 제한함으로써만 가능했으며, 또 자유를 누렸던 소수인들 조차도 어떤 보편주의적 법이해(universalistisches Rechtsverständnis)에 따라 행동하지는 않았던 것이다. 헤겔이 말하듯이, "우리가 예술을 거론하기 위해 요구하는 상태에서는, 도덕과 정의는 …… 개별적인 형태를 담지해야 하거니와, 인륜적인 것과 정의란 전적으로 개인들에 의존해 있으며, 오로지 그 개인들에서만 그리고 그 개인들을 통해서만 생동성과 현실성을 획득하는 것이다." (13.242 f.) 헤겔이 (그리고 오늘날에는 후쿠야마〔F. Fukuyama〕 같은 이가) 말하는 바, 역사의 전개는 오로지 최고도로 조직화된 법치국가에서 만인의 자유가 완전히 실현될 때만 그 종점에 이른다. 그러한 법치국가는 물론 사람들이 과거에로의 과장된 추억 속에서 생각할 수 있는 것처럼 멋들어진 것은 아닐 지 몰라도, 적어도 철폐되어서 마땅한 노예제에 의해 가동되는 아름다운 세계보다는 훨씬 나은 것이다. 역사발전의 방향이 이러한 진보의 선상에 존재하는 한에서, 헤겔은 과거에로의 모든 감상적인 경향들을 물리친다. 그러나 언제 또는 어디에서 역사가 그것의 목표에 도달하는가가 문제될 때는 헤겔의 생각에 다소간 문제가 있음이 지적되어야 한다. 그는 자신의 당대에서 이성이 최고조로 실현되었다고 믿는다. 그러나 이후에 자주 비판되고 있듯이, 그의 이러한 경향은 그로 하여금 미래에 대한 어떤 전망도 가질 수 없게 하는, 그 특유의 과거회고주의(Passatismus) 내지 이론지상주의(Theoretizismus)와 연결되어 있다. 그가 살던 시대 역시 수많은 문제들을 지니고 있었음에도 불구하고, 그의 철학적 눈의 사정권은 그의 시대까지 진행된 이성의 전개를 결코 넘어서지 않는다. 헤겔의 이러한 이론지상주의는 이 글의 주된 주제를 위해서도 진지하게 따져봐야만 하는 문제이다. 왜냐하면 그의 예술의 종언 명제를 벗어날 수 있는 진정한 출구가 바로 그것의 극복과 연결되기 때문이다.

28) 여기서 필자는 누구보다도 예쉬케의 헤겔 해석을 염두에 두고 있다. 심지어 그는 헤겔의 예술의 종언 명제는 오로지 종교철학적 문맥에서만 올바르게 이해될 수 있다고까지 주장한다. 참조. W. Jaeschke(1982), 184.

형상화 사이의 세 가지의 각기 다른 관계에 의거하는데, 이 세 관계방식들이 나누어지는 것은 바로 그의 종교철학적인 일련의 순서 매김을 따르고 있다. 다시 말해 '상징적'(symbolisch), '고전적'(klassisch) 및 '낭만적'(romantisch) 예술형식은 각각 동방의 '자연종교'(Naturreligion), 그리스의 '예술종교'(Kunstreligion) 및 '계시종교'(Offenbarungsreligion)로서의 기독교에 대응하는 것이다. 더 나아가 절대정신 철학 내부에서의 이행 및 지양의 연관 역시 종교철학적 관점을 통해서 보다 용이하게 이해될 수 있다. 즉 약간 확대해서 말하자면 절대정신의 세 영역은, 그것들이 절대자, 곧 **신**과 관계하는 한에서, **모두**가 **종교**의 상이한 형태들인 것이다. 이에 따라 예술로부터 종교를 거쳐 철학에 이르는 발전순서는 다름아닌 종교 자체의 점차적인 완성과정인 것이다. 이러한 의미에서 철학은 '그 최고의 완전성을 이룩한 종교'이다. 왜냐하면 오로지 철학만이 신을 있는 그대로 투명하게, 즉 "아무런 껍데기도 없이 즉자대자적으로 존재하는 바" 그대로(5.44) 매개할 수 있기 때문이다.

하지만 이러한 생각을 합당하게 이해하기 위해서는 무엇보다도 헤겔의 전형적인 **의인주의**(擬人主義, Anthropomorphismus)내지 **의신주의**(擬神主義, Theomorphismus)—바로 이것이 그의 객관적 관념론의 핵심이다!—를 염두에 두어야만 하는데,[29] 이에 따르면 **최고의 신적인 것과 최고의 인간적인 것은 하나이자 동일한 것이다.** 이 두 가지 최고의 영역은 오로지 최고의 정신적인 것, 내면적인 것, 주관적인 것, 요컨대 반성적인 것에서 존립한다. 이제 인간의 정신이 자신의 순수한 내면성을 통해 작동함으로써 자기확신에 이르면 이를수록, 그 정신은 신적인 것에 더 가까이 도달한다. 이에 우리는 상징적, 고전적 및 낭만적 예술형식의 순서에서뿐 아니라 예술-종교-철학의 순서에서도 신적인 것과 인간적인 것의 피상적이고 소원한 관계로부터 이 둘의 절대적인 동일화에 이르는 전진적인 과정—즉 점증적인 의인—의신화의 과정—을 볼 수 있다.

3. 정신철학과 진리이론에 근거한 해명

그러나 우리는 이러한 의인·의신주의의 사상을 거론함으로써 이제 종교철학

29) 일반적으로 'Anthropomorphismus'는 '신인동형주의'(神人同形主義)라고 번역된다. 그러나 신과 사람을 동일한 원리의 것으로 보는 데에는 적어도 두 가지의 방향성이 말해지지 않으면 안 된다. 즉, 사람을 신과 동일하게 그리느냐, 신을 사람과 동일하게 그리느냐에 따라 의신화와 의인화가 각각 구분된다. 그 때문에 필자는 의도적으로 이 두 개념을 구분해 사용하며, 이 중 'Anthropomorphismus'는 단지 '의인주의'만을 의미한다.

적인 수준 또한 다시금 넘어서야만 하는데, 이는 종교철학적 수준은 최종 정초된(letztbegründet) 것으로 간주될 수 없기 때문이다. 종교철학적 견지 및 의신·의인주의적인 해명이 설득력 있는 이론의 자격을 갖추기 위해서는, 이것들 역시 그 근거를 댈 수 있어야 하는 것이다. 다시 말해 신적인 것과 인간적-정신적인 것이 근원적으로 동일한 것으로서 **증명**될 때에야, 헤겔의 모든 종교철학적 언명들 및 우리의 주제인 예술의 종언 명제는 비로소 납득할 수 있는 것으로서 간주될 수 있는 것이다. 이 때문에 신인동형주의를 근저에 깔고 있는 문제의 주제에 관한 논의를 위해서는, 무엇보다도 '우리의 정신은 무엇인가,' 그리고 '도대체 신, 즉 절대이념은 무엇인가'가 제일 먼저 밝혀져야만 한다.

더욱이 이 두 물음은 『미학강의』의 최종 결론으로 제출된 예술의 종언 또는 과거성 명제의 핵심을 그대로 적중한다. 사뭇 역설적이고 모순된 것으로 보이는 헤겔의 이 명제를 좀 더 명확하게 정식화하자면 다음과 같은 이율배반적 구조로 되어 있음을 알 수 있다.

> 정립: 예술은 최고의 진리를 내용으로 한다;
> 반정립: (그럼에도 불구하고) 예술은 우리에게는 과거지사이다.

두 명제 사이의 이러한 불편한 역접관계는 그러나 엄밀하게 분석해 보면 다음과 같은 순접적 인과관계의 것이다.

> 전제: 예술은 최고의 진리를 내용으로 한다;
> 결론: 따라서 예술은 우리에게는 과거지사이다.

앞의 이율배반적 역접관계를 이러한 순접적 인과관계로 해석할 수 있기 위해서는 또 하나의 전제가 필요한데, 그것은 바로 헤겔이 말한 예술의 '형식'에 관한 것이며, 이 형식은 예술이라는 절대정신의 단계를 원리적으로 기초짓는 '직관'(Anschuung)이라는 주관정신의 단계이다. 이에 두 번째 정식화는 다음과 같이 보강될 수 있다.

> 대전제: 예술은 최고의 진리를 내용으로 한다;
> 소전제: 예술을 위한 근본적 정신형식은 직관이다;
> 결론: 따라서 예술은 우리에게는 과거지사이다.

즉 헤겔이 예술에 대한 그의 개인적 호감과 당대의 주류 풍조였던 낭만주의적 예술찬양론들에도 불구하고 예술의 과거성, 즉 종교에 의한 예술의 지양을, 그리고 나아가 철학에 의한 종교의 지양을 거론할 수밖에 없는 이러한 사정의 핵심에는 예술, 종고, 철학이 공유하는 '진리'라는 내용에 이 세 절대정신의 토대로서 각각 대응하는 직관, 표상, 사유라는 주관정신의 형식이 얼마나 적합한 것인가 하는 근원적인 물음 및 이에 대한 헤겔의 답변이 있는 것이다.

그런데 이를 통해 우리는 또 하나의 전제가 필요하다는 것을 알게 되는데, 그것은 예술, 종교, 철학이 공유하는 내용인 '진리'에 대한 규정이다. 그리고 헤겔에 따르면 진리는 '사물과 지성의 대응'(adaequatio rei et intellectus)이라고 일컬어지는 명제적 진리가 아니라, 그 자체 완전한 반성적 구조를 갖추고 있는 범주인 '이념'이다. 그리고 이러한 완전한 반성성에 근거할 때 '이념'은 '순수 사유'—'근원적 로고스'로 번역될 수 있는—라고도 불릴 수 있다. 그 때문에 순수 사유 내지 이념인 진리에 가장 적합한 정신의 형식 역시 순수한 사유일 수밖에 없다. 그 때문에 이 순수 사유에 이르지 못한, 미발전된 정신 형식인 직관에 토대를 두고 있는 예술은 그것의 내용인 진리를 매개하기에는 역부족이며, 또한 그 때문에 예술이 진리를 인식할 수 있는 가능성은, 인간 정신 일반이 아직 미발전된 저 먼 과거에 한정되는 것이다. 이러한 좀 더 보충된 내용을 정식화하자면 다음과 같이 될 것이다.

대전제: 예술은 진리를 내용으로 한다.
소전제 1: 진리는 순수 사유로서의 이념이다.
소전제 2: (그런데) 예술을 위한 근본적 정신형식은 직관이다.
결론: 따라서 예술은 우리에게는 과거지사이다.

이렇게 볼 때 예술에 '진리 매개'라는 평가절상과 '과거성'이라는 평가절하 사이의 관계가 역접적이면서도 논리적 인과성을 갖출 수 있음을 제대로 이해하기 위한 핵심적 단서는 바로 대전제와 결론을 매개하는 두 개의 소전제에 있음이 드러난다. 즉 '예술은 진리를 내용으로 함에도 우리에게는 과거지사이다.'라는 예술의 과거성 명제가 기실은 '예술은 진리를 내용으로 하므로 우리에게는 과거지사이다.'와 같은 상황을 기술한다고 할 때, 가장 중요한 관건은 내용으로서의 진리와 형식으로서의 직관의 본질을 해명하는 데에 있는 것이다.

이로써 우리는 두 개의 새롭고도 더 깊은 주제영역으로 들어서게 된다. 그 중 첫번째 영역은 **정신론**(Psychologie) 내지 **이론정신철학**(Philosophie des theoretischen

Geistes)이다. 이 분야가 절대정신철학을 위한 중요한 전제인 것은, 후자의 발전논리가 근원적으로는 전자에서 진술되는 바의, 직관–표상–사유라는, 인간 지능에 대한 삼분적 순서매김을 그대로 대응하여 따르기 때문이다. 따라서 예술의 종언이라는 명제뿐 아니라 예술–종교–철학의 이행과정 내지 지양 과정이 정당한가의 여부는 바로 정신론의 발전논리가 과연 설득력을 지니는가의 여부에 달려있는 것이다.

두 번째의 보다 근원적인 논의 영역은 **진리**(Wahrheit)라는 주제 영역이다. 왜냐하면 방금 언급한 정신론적인 토대 또한 그것만으로는 헤겔의 예술의 종언 명제가 아직 궁극적으로 근거지어지지 않기 때문이다. 앞에서 말했듯이 정신론적인 수준에서의 논의는 단지 그 명제의 형식적 측면만을 해명할 수 있을 뿐이다. 그러나 **내용**이 관건이 된다면, 우리는 헤겔의 신 개념, 그리고 그럼으로써 진리 개념에 대한 보다 심오한 논의를 필요로 하게 된다.

하지만 이 두 가지 주제영역을 다루는 것은 각기 독자적이고 서로 무관한 두 영역의 임의적인 조합인 것처럼 혼동되어서는 안 된다. 왜냐하면 이 두 영역 사이에서도 근거설정상 하나의 뒤바꿀 수 없는 위계질서가 존재하기 때문이다. 즉 인간 지능의 발전논리와, 예술적 직관이 신적 진리에 합당하지 않다는 판단은 이미 헤겔의 진리관 자체에 그 단초가 마련되어 있기 때문이다. 헤겔에게서 절대자, 곧 진리는 절대적 무모순성에 존립하는 바의, 최고의 논리적인 것, 곧 순수 사유에 다름 아니다.[30] 이로부터 결과하는 것은, 이 순수 사유는 오로지 정신의 순수한 사유행위를 통해서만 완전하게 인식될 수 있으며, 헤겔에게서 이 사유의 사유는 그의 전 체계의 종착점인 철학이라는 것이다. 미는 "이념의 감각적 현현"(das sinnliche Scheinen der Idee)이라는 헤겔의 익히 알려진 정의는 그런 한에서 이미 예술의 종언 명제를 함축하고 있는 것이다. 즉 이념은 곧 사유이며, 그 때문에 어떤 감각적인 것을 통해서는 완전히 드러날 수 없는 것이다.

V. 맺음말

지금까지 고찰했듯, 헤겔의 예술의 종언 명제는 단지 미학내적 맥락에서 해명될

30) 헤겔의 진리관의 구체적인 내용에 대해서는 특히 권대중(2005)를 참조할 것. 더 나아가 진리는 모든 주장의 최초의 출발을 이룬다. 왜냐하면 진리는 불가역한(unhintergehbar) 내지 궁극적으로 정초된 것이기 때문이다.

수 있는 문제가 아니다. 즉, 우리의 주제를 논하기 위한 체계적인 토대로서 기능하는 좀 더 기초적인 분과의 문제들이 먼저 해명되어야만 한다. 헤겔 자신도 강조하기를, 미학적 주제들은 오로지 "그것에 선행하는 것들의 **결과**〔필자에 의한 강조〕"로서 보아야 한다고 한다. (13.42) 그의 체계의 모든 개별 부분들과 마찬가지로 미학적인 주제 역시 어떤 "앞서 지나온 길"(Rückwärts)로부터 이끌어진 것이며(13.43), 그것을 "필연성에 따라 …… 선행하는 전제들로부터 도출해" 내자면 우리는 "철학대계에서 기술된 전체 체계의 전개 및 그 체계의 특수 분과들의 취급"(같은 곳)을 언제나 필요로 한다. 따라서 헤겔에 있어서는 —비록 그 스스로가 미학강의에서 저 선행분과들의 이해를 이미 기정사실화하고 직접 미학적인 주제영역으로 출발하는 것처럼 보일지라도— 논리학과 정신철학이라는 분과에 대한 심층적인 논의가 갖는 중요성은 미학의 올바른 이해를 위해서도 결코 소홀히 볼 수 없는 것이다.

여기에서 특히 어려운 점은, 헤겔이 『미학강의』에서 한편으로는 비록 저 선행분과들에 관해 깊이 언급하지 않으면서도, 다른 한편으로는 그것들에 관한 선이해를 그의 미학적인 논의들을 위해 필수불가결한 것으로 존중한다는 사실이다. 그 때문에 예술의 종언 명제를 이해하고, 나아가 그것이 정당한지 아닌지를 따져보는 작업에서 미학의 체계적인 토대를 구성하는 선행분과들과의 씨름은 결코 소홀히 해서 안 된다.

보론: 호트의 미학강의?—원텍스트와 관련된 문제들

미학에 관해서 헤겔은 통틀어 다섯 번 (즉 1818년 여름학기에 하이델베르크에서; 1820/21년 겨울학기, 1823년 여름학기, 1826년 여름학기 및 1828/29년 겨울학기 베를린에서) 강의를 하였다. 물론 그는 자신의 미학을 직접 한 편의 책으로 간행할 계획을 갖고 있었지만, 이 계획은 —아마도 그의 갑작스런 죽음으로 인해— 실행에 옮겨지지는 못했다. 그의 미학은 사후에야 비로소 출간되었는데, 그것은 헤겔의 제자인 호토(H. G. Hotho)가 다른 사람들과 함께 베를린 시대의 마지막 세 강의에 관한 헤겔의 수고와 수강자들의 필기노트들을 모아서 책으로 (먼저 1835년에 간행된 3권짜리 시리즈로, 그 다음에는 1842년에 간행된 제2판 수정본으로) 엮음으로써 이루어졌다. 헤겔의 미학에 관한 대부분의 연구들은 이 호토 판을 주텍스트로 채택하고 있다. 하지만 최근 들어서는 이 판본의 진품성이 가끔씩 의심을 받게 되어, 몇몇 연구들에서는 라손(G. Lasson)의 —미완성된— 편집[31] 또한 보충텍스트로 활용되곤 한다. 예컨대 게트만-지페르트는 베를린 시대의 미학강의들의 수강생들이 작성한 필기록들이 그 구조나 내용에 있어서 호토가 출간한 판본과 본질적으로 상이하며,[32] 그로 인해 "헤겔의 원래 생각이 …… 여러 본질적인 지점들에서 …… 신빙성 있게 전수되지" 못했다고 지적한다.[33] 또한 가다머는 호토의 판본에서 자연미에 관한 절이 "예술미에 관한 절들에 앞서 독립된 절로서 동일한 비중으로 다루어지고" 있다는 점을 특히 헤겔의 진의를 호도시키는 것으로 문제 삼는다.[34] 이러한 사태는 아마도 다음과 같이 해명될 수 있다고 보인다. 첫째, 호토는 헤겔 스스로가 작성한 원래 수고의 진품들뿐만 아니라 여러 수강생들의 필기록도 편집을 위한 원천으로 함께 활용했는데, 이 과정에서 그 필기록들에 남아 있는, 원래 강의와는 무관한, 수강생들 각자의 개인적 사견이나 선입견은 물론, 심지어는 곡해된 강의의 내용까지도 걸러지지 않은 채 편집본에 함께 수록되어 버렸을 가능성을 배제할 수 없다. 둘째, 설령 대부분의 필기록이 헤겔의 원래 강의에 충실하게 작성되었을 거라고 가정하는 경우에도, 호토와 같이 여러 연차에 걸쳐 다양한 방식으로 작성된 출처들을 한 본의 텍스트로 통합해 버렸을 때는, 헤겔 스스로의 미학적 견해가 어떻게 발전 내지 변모해 왔는가가 식별할 수 없게 사라져 버렸을 개연성이 매우 크다. 예를 들면 헤겔은 호토의 판본에 의하면 비록 한편으로는 ―보다 정확하게 말해서: 대부분의 경우에― 종교와 철학을 통한 예술의 해체를 분명하게 언급하면서도, 다른 한편으로는 마치 예술이 철학에 뒤이어서 올 수도 있다는 것처럼 말하고 있다(13.21). 셋째, 여러 해에 걸쳐 행해진 강의로 인해 각기 상충될 수 있는 주장들을 모순이 없는 것으로 조화시키기 위해 편집자가 원래의 텍스트들을 다소간 재정렬했었을 개연성 역시 매우 크다. 그럴 경우 호토 자신의 개인적인 견해가 크게 작용했으리라는 점은 쉽게 납득할 수 있다.[35] 다행히도 최근에는 헤겔의 베를린 미학강의의 필기록 1820/21년 판, 1823년 판, 1826년 판 등이 연이어 새로이 출판되고 있다.[36]

이 새로운 판본의 텍스트들이 우리의 논의에 도움을 주는 부분은 분명히 있다. 그럼에도 불구하고 필자가 보기에 호토의 판본은 다음과 같은 이유로 ―적어도 우

31) *Die Idee und das Ideal*, hrsg. von G. Lasson, Leipzig 1931.

32) A. Gethmann-Siefert(1995), 203 참조.

33) 같은 저자(2000), 320.

34) H.-G. Gadamer(1986), 213.

35) 방금 언급한 문헌학적 문제들에 관해서는 특히 게트만-지페르트의 수많은 지적들을 볼 것. (그 중에서도 특히 〔1984a〕, 14 ff.; 그리고 〔1986〕, VI ff.; 〔1995〕, 203 f.; 〔2000〕, 320 ff.도 참조.) 또한 Hegel, 15.575 ff.에 실린 편집자주도 참조하라.

리의 주제에 관한 한― 여전히 중요한 주텍스트원으로 활용될 수 있다. 첫째, 위에서 언급한 편집상의 여러 혼돈에도 불구하고 호토의 판본은 적어도 그 내용적인 풍부함에 있어서는 다른 모든 판본들의 추종을 불허한다. 둘째, 우리의 가장 주된 관심사는 어떤 문헌학적인 연구나 개인의 사고의 변천사에 대한 기록작성이 아니다. 다음과 같은 회슬레의 주장은 극히 타당한 것으로 보인다:

> "절대정신에 관한 헤겔의 이론이 지니는 거시구조와 체계적 영향력에 주된 관심을 두는 연구들의 경우에는 그의 친구 그룹이 발간한 텍스트들을 우선적으로 채택하는 것도 어느 정도 수긍할 수 있다. 다시 말해 그러한 경향의 연구들에 있어서 언제 헤겔이 어떤 것을 처음으로 말했는지 따위의 문제는 그다지 중요한 것이 아니다. 물론 헤겔의 언명들이 어떤 문맥에 위치하는가 하는 물음은 사실적인 측면에서 중요한 문제이기는 하지만, 그럼에도 그러한 문제는 헤겔이 말한 바의 것이 과연 유의미한 것인가 하는 물음에 비해서는 부차적인 것일 따름이다."[37]

우리의 문맥에서 우선적으로 말할 수 있는 것은, 호토의 판본의 진품성과 연관된 그 모든 의혹들에도 불구하고 헤겔 미학이 표방하는 가장 근본적인 확신들은 이 판본에서도 왜곡되지 않은 채 남아 있다는 점이다. 어떤 다른 판본에서 헤겔의 근본적인 명제를 결정적으로 번복할 수 있는 언명을 찾아보려 한다면, 그 시도는 헛된 것이다. 즉 모든 각기 상이한 판본에서도 변함없이 견지되는 것은, 예술의 종언 명제는 헤겔 미학의 최종적 추론이며 그의 베를린 미학강의의 핵심이라는 사실이다. 체계적인 의미에서는 가령 게트만-지페르트가 그녀의 수많은 글들에서 시도했던 바, 헤겔의 명제로부터 벗어나는 출구를 찾아 보려는 시도들도, 예술의 "최고의 규정"이 관건이 되는 한에서는 이 헤겔의 명제를 궁극적으로 뒤집어 놓지는 못한다. 그녀가 제안한, 예술의 종언 이후의 예술에 관한 대안적 견해들―예컨대 예술이 그 철학적 위상의 심대한 손상에도 불구하고 여전히 담당할 수 있는 '기

---

36) *Vorlesungen über Ästhetik*, hrsg. von H. Schneider, Frankfurt u. a. 1995; *Vorlesungen über die Philosophie der Kunst*, hrsg. von A. Gethmann-Siefert, Hamburg 1998; *Philosophie der Kunst oder Ästhetik: nach Hegel. Im Sommer 1826*, Mitschrift Friedrich Carl Herrmann & Victor von Kehler. Hrsg. von Annemarie Gethmann-Siefert, München 2004; *Philosophie der Kunst: Vorlesung von 1826*, hrsg. von A. Gethmann-Siefert / J.-I. Kwon / K. Berr, Frankfurt 2004.

37) V. Hösle(1988), 588.

능'에 대한 그녀의 테제—에도 불구하고, 예술이 과거에 지녔던 지고의 보편적 의미를 상실했다는 헤겔의 주장은 여전히 유효하며, 또한 그 주장에서는 그저 단순히 폐기처분해서는 안 되는 헤겔의 많은 고려들이 어우러져 있다.

참고 문헌

1. 1차 문헌

헤겔의 저작

G. W. F. Hegel, *Werke in zwanzig Bänden*, hrsg. von E. Moldenhauer und K. M. Michel, Frankfurt a. M. 1969–1971.

Bd. 1: *Frühe Schriften*.

Bd. 3: *Phänomenologie des Geistes*.

Bd. 5–6: *Wissenschaft der Logik*.

Bd. 13–15: *Vorlesungen über die Ästhetik* (ed. von H. G. Hotho, 21842).

Bd. 18–20: *Vorlesungen über die Geschichte der Philosophie* (ed. von K. L. Michelet, 11833–1836).

_____ , *Die Idee und das Ideal*, hrsg. von G. Lasson, Leipzig 1931.

_____ , *Vorlesungen über Ästhetik*, hrsg. von H. Schneider, Frankfurt u. a. 1995.

_____ , *Vorlesungen über die Philosophie der Kunst*, hrsg. von A. Gethmann-Siefert, Hamburg 1998.

_____ , *Philosophie der Kunst oder Ästhetik: nach Hegel. Im Sommer 1826*, Mitschrift Friedrich Carl Herrmann & Victor von Kehler. Hrsg. von Annemarie Gethmann-Siefert, München 2004.

_____ , *Philosophie der Kunst: Vorlesung von 1826*, hrsg. von A. Gethmann-Siefert / J.-I. Kwon / K. Berr, Frankfurt 2004.

_____ , *Hegel in Berichten seiner Zeitgenossen*, hrsg. von G. Nicolin, Hamburg 1970 (= Berichte).

기타 1차 문헌

_____ , B. Croce (1904).

_____ , C. G. Jochmann, "Die Rückkehr der Poesie," S. 252, in: *Über die Sprache*,

Heidelberg 1828.
_____, Kierkegaard, *Tagebuch*, 1842/44.
_____, G. Lukács, "Hegels Ästhetik", in: *Probleme der Ästhetik. Beiträge zur Geschichte der Ästhetik*, Neuwied/Berlin 1969.
_____, K. Marx, Einleitung zur Kritik der politischen Ökonomie, in: *MEW* 13.640 ff.
_____, A. Schopenhauer, *Über die vielfache Wurzel des Satzes vom zureichenden Grunde*, 2. Auflage. 1847.
_____, G. Vico, *Prinzipien einer neuen Wissenschaft über die gemeinsame Natur der Völker*, übers. von V. Hösle und Ch. Jermann, Hamburg 1990.
Platon, Io, in: Platonis opera, Bd. 3, rec. I. Burnet, Oxford 1900-1907
_____, Phaedrus, in: Platonis opera, Bd. 2, rec. I. Burnet, Oxford 1900-1907

2. 2차 문헌

권대중 (2002a): 「헤겔의 이론정신철학에 있어서의 '사유'」, 『헤겔연구』 제12호, 한국헤겔학회 2002, 310-339.
_____, (2002b): 「헤겔의 '예술의 종언' 명제가 지니는 다양한 논의지평들」, 『미학』 제33집, 한국미학회 2002, 75-143.
_____, (2004): 「헤겔의 '예술의 종언' 명제의 수정 가능성 모색」, 『미학』 제39집, 한국미학회 2004, 1-47.
_____, (2005): 「관념론적 정합론으로서의 헤겔의 진리관: 전통적 진리대응론과의 관계를 중심으로」, 『헤겔연구』 제17호, 한국헤겔학회 2005, 47-80.
R. Bubner (1971): »Einführung" (in: *Hegels Vorlesungen über die Ästhetik*), Stuttgart 1971.
_____, (1973): "Über einige Bedingungen gegenwürtiger Ästhetik", in: Neue Hefte für Philosophie 5 (1973).
H.-G. Gadamer (1983): *Stuttgarter Hegel-Tage 1970*, hrsg. von H.-G. Gadamer (= Hegel-Studien / Beiheft 11), Bonn 1983.
_____, (1985): "Ende der Kunst? Von Hegels Lehre vom Vergangenheitscharakter der Kunst bis zur Antikunst von heute", in: H. Friedrich u. A., *Ende der Kunst - Zukunft der Kunst*, München 1985, 16-33.
A. Gethmann-Siefert (1992): "Das 'moderne' Gesamtkunstwerk: Die Oper", in: dies. (hrsg.), *Phänomen versus System. Zum Verhältnis von*

philosophischer Systematik und Kunsturteil in Hegels Berliner Vorlesungen über Ästhetik oder Philosophie der Kunst (= Hegel–Studien / Beiheft 34), Bonn 1992, 165–230.

A. Gethmann–Siefert (1995): *Einführung in die Ästhetik*, München 1995.

D. Henrich (1983): "Zur Aktualität von Hegels Ästhetik", in: H.–G. Gadamer(1983), 295.

V. Hösle (1990) "Vico und die Idee der Kulturwissenschaft. Genese Themen und Wirkungsgeschichte der Scienza nuova", in: G. Vico, *Prinzipien einer neuen Wissenschaft über die gemeinsame Natur der Völker*, übers. von V. Hösle und Ch. Jermann, Hamburg 1990.

A. Hofstadter (1983): "Die Kunst: Tod und Verklärung. Überlegungen zu Hegels Lehre von der Romantik", in: H.–G. Gadamer (1983), 271–285.

W. Jaeschke (1982): "Kunst und Religion", in: *Die Flucht in den Begriff. Materialien zu Hegels Religionsphilosophie*, hrsg. von F. W. Graf und F. Wagner, Stuttgart 1982, 163–195.

B. W. Kraft (1972): *Carl Gustav Jochmann und sein Kreis. Zur deutschen Geistesgeschichte zwischen Aufklärung und Vormärz*, München 1972.

H. Kuhn (1983): "Die Gegenwärtigkeit der Kunst nach Hegels Vorlesungen über Ästhetik", in: H.–G. Gadamer (1983), 251–269.

W. Oelmüller (1966): "Hegels Satz vom Ende der Kunst und das Problem der Philosophie der Kunst nach Hegel", in: Philosophisches Jahrbuch 73 (1965 / 66), 75–94.

_____ , (1969): *Die unbefriedigte Aufklärung. Beiträge zu einer Theorie der Moderne von Lessing, Kant und Hegel*, Frankfurt a. M. 1969.

H. Paolucci (1979): "Introduction" to: *Hegel: On the Arts: Selections from G. W. F. Hegel: Aesthetics or the Philosophy of Fine Art*, Translated with an Introduction by H. Paolucci, New York 1979.

J. Schwiebe (1988): *Sprache und Öffentlichkeit. Carl Gustav Jochmann und die politische Sprachkritik der Spätaufklärung*, Berlin 1989.

A preliminary observation for accurate interpretation and critique of Hegel's doctrine of 'the end of art'

Kwon, Dae-Joong

Abstract

Hegel's doctrine of the 'end' of art consists of two basic propositions that function not only paradoxically but also causally: 1) As a form of the absolute spirit, art mediates the Truth; 2) However/Therefore art belongs to past affairs. Hence we need accurate argumentations on 'intuition' as the form and on 'the Truth' as the contents of art in order to clarify the relation between these two propositions. In terms of this methodology, we can justify other various ways of interpretation of Hegel's Aesthetic in the areas such as social philosophy, philosophy of religion etc. The most important matter is Hegel's truth theory especially in his *Science of Logic*, for the Truth as the absolute idea can also be called 'pure thought', and the only adequate psychological pendent of which is the faculty of pure thinking. And the ultimate realization of 'the pure thinking of the pure thought' is philosophy. From this point of view, Hegel declares that art not only belongs to the realm of absolute spirit, but to past affairs as well.

keywords: art (the end of art), spirit, mind, truth, intuition, thought

제2부

일반 논문

니체의 슈트라우스 비판과 그 대안

윤 병 태

요약문

이 글은 첫째, 니체의 슈트라우스 사상에 대한 비판과, 둘째, 쇼펜하우어의 생철학적 사상이 슈트라우스 속물사상을 대신해야 한다는 니체의 평가의 일부를 정리한 것이다. 니체는 「반시대적 고찰 I」에서 헤겔주의자인 슈트라우스의 역사적 낙천주의 사유를 당대 독일 속물교양의 전형으로 설정하고 「반시대적 고찰 III」에서는 창조적 교양의 새로운 정초의 범례로 반시대적 쇼펜하우어 사상을 제시한다. 여기서 반시대적이란 세속적 주류가 지배하는 '자기 시대를 부정한다'는 의미를 가지고 있다. 니체는 자신의 이 글들에서 텍스트에 대한 엄밀한 분석이나 논증과는 무관한 니체 자신의 느낌에 의한 이 두 사상가에 대한 이해와 평가를 시도한다. 그러나 이 시대 그의 저술들에 나타나는 그의 주관적 평가가 초기 니체 사상의 독창성을 선명하게 보여주기 때문에 이 시기를 이해하는 데 매우 중요하다.

● 주요어 : 교양, 교육, 낙천주의, 삶, 생, 속물, 속물교양, 속물문화, 실존, 종교.

1. 머리말

1879년 출간된 『인간적인, 너무나 인간적인』 제2권 서문에서 니체는 「반시대적 고찰 I」에 대해 '독일 숭배주의와 그 안일함, 그리고 슈트라우스의 언어의 타락에 대한 분노'의 동기에서 쓰여진 것이라고 회고한다.[1] 이 동기는 이미 본 대학 학창 시절에 싹튼 것으로, 한편으로는 슈트라우스의 기독교관에 대한 절대 신봉과, 다른 한편으로는 헤겔적 낙천주의에 대한 반발을 함축한다. 「반시대적 고찰 I」은 니체 자신이 그 분위기에서 성장하고 배운 소위 "독일적 교양과 독일적 속물근성"에 대한 부정적 반성이다.[2] 1879년경 니체는 그 이전 속물교양의 대안으로 제시한 쇼펜하우어와 바그너에 대한 칭송을 거두면서 그가 비판했던 속물교양의 전형인 슈트라우스의 사상 역시 자신의 사유 배경이었음을 암시한다.[3] 신교 목사이며 신학자인 슈트라우스는 27세에 『예수의 생애』를 출간하여 기독교와 성경의 합리적 부분만을 인정하고 반이성적 내용들은 배척할 것을 요구하여 교회와 문화계에 격렬한 논쟁을 일으킨다. 이때 니체를 감동시킨 것이 전통 기독교의 파괴라면 분노케 한 것은 기독교 대용으로 새로운 이성종교인 낙천주의, 즉 인류의 희망과 역사의 진보에 대한 확고한 믿음으로 무장한 새로운 종교의 확립과 그 전파이다.

「반시대적 고찰 I」은 보불전쟁의 승리로 들뜬 독일 사회 전반의 '위험한' 축제 여론에 대한 경고이다. 당시 문화계에는 승리로 인해 전쟁이 찬양되고 전쟁이 사회의 윤리와 철학, 문화와 예술에 미치는 긍정적 기능과 역할을 과장하고 환호하는데 온 힘을 기울이고 있었다. 분명 전쟁의 승리는 민족사적 축복임이 틀림없지만 도취에 들떠 자신들의 결함과 약점까지 영웅신화로 미화하는 오류를 범하는 데 대한 경고음이 필요하다고 니체는 생각한다. "승리가 독일 제국을 위한 독일 정신의 패배, 독일 정신의 뿌리째 뽑혀짐"을 초래할 수 있다는 우려가 이 글의 결정적 동기인 것이다.[4] 니체는 독일의 승리가 진정한 승리로 영원히 남으려면 자국 문화와 정신에 대한 철저한 반성으로, 비록 지금은 패전국으로 몰락했으나 독일을 압도하는 프랑스 문화와 예술을 진지하고도 겸허하게 수용해야 한다고 강조한다. 다

---

1) Nietzsche, *Menschliches, Allzumenschliches*, Zweiter Band, KGA., Bd., IV-III, Vorrede, 2, 4쪽.

2) 같은 곳. '독일적 교양과 독일적 속물근성' = deutsche Bildung und Bildungsphilisterei.

3) 같은 곳.

4) Nietzsche, *D. Strauss der Bekenner und Schriftsteller* 1, KAG. Bd. III-1, (=Strauss) 155쪽 이하.

만 현재 사회 분위기는 전승국 독일이 세계사의 주역으로 확립되고 그 지위가 끝까지 지속될 것이라는 낙천주의 종교가 지배하며 그 주역이 헤겔 철학으로 무장한 슈트라우스라는 것이다.

이 글은 니체의 슈트라우스 비판과 그 대안으로서 쇼펜하우어에 대한 평가 일부를 정리한 것이다. 니체는 「반시대적 고찰 I」에서 슈트라우스 사유를 당대 독일 속물교양의 전형으로 설정하고 「반시대적 고찰 III」에서는 창조적 교양의 새로운 정초의 범례로 쇼펜하우어 사상을 제시한다. 어느 경우든 텍스트에 대한 엄밀한 분석이나 논증과는 무관한 니체 자신의 감정에 의한 이 두 사상가에 대한 이해와 평가이다. 그럼에도 불구하고 이 주관적 평가가 니체 사상의 독창성을 선명하게 보여주기 때문에 그의 초기 사상의 전모를 밝히는 데 매우 중요하다.

2. 속물사상의 대표로서 슈트라우스

합리적 이성으로 기독교를 새로 해석하고 믿음을 재정립해야 한다는 요구는 르네상스 이래 근대철학의 화두였고 계몽주의 시대에 와서는 성서 속의 비합리적 또는 기적에 관한 얘기들이 신앙을 위해 지어낸 것이거나 기독교 문학의 서술로 이해하는 것이 학계의 일반적 해석이었다. 특히 프랑스의 디드로나 볼테르는 성서의 대부분이 거짓말이라고 함으로써 기독교 교리를 공개적으로 재논의할 것을 선언하고 칸트를 위시한 독일 관념론 철학은 이성의 한계 내에서 기독교를 재정립해야 한다고 여기고 있었다. 이 점에서 종교에 대한 합리적 해석을 요구하는 슈트라우스의 주장이 새로울 것도 없다. 그러나 당시 독일의 상황은 정치적 왕권이 종교계의 권위와 하나로 결합되어 양쪽이 서로 자기 권력을 보호하면서 민중을 탄압하였고, 이 둘의 분리에서 이득을 볼 것으로 여기는 민중과 부르주아들이 일차적으로 종교 비판에 가세하고 철학자들은 이성을 다시 내세워 어수선하게 흐트러진 사회를 통일하려 한다. 이 와중에 슈트라우스 역시 당시의 수많은 철학자들과 마찬가지로 이성에 의해 기독교와 예수를 재해석하여 사회운동에 기름을 끼얹은 역할을 하고 니체 역시 그로부터 깊은 영향을 받은 터였다. 니체가 여기서 그를 비판하는 점은 그의 종교관의 핵심이 아니라 논증에 대한 합리적 설명 방식과 그로부터 유도되는 헤겔적 낙천주의 세계관이다. 슈트라우스 역시 이성을 신으로 모시는 한 기독교 신의 부정의, 따라서 내세 구원이 아니라 현세 구원, 천상의 나라가 아니라 인간이성에 토대를 둔 "지상의 하늘"을 믿는 새로운 종교를 전도하기 때문이다.[5]

슈트라우스는 한 나라(특히 독일)를 부강하게 하는 것은 불합리하고 신비스러운 것에 대한 신앙이 아니라 그 나라와 거기에 속한 개인의 구체적 생활상과 민족적 성향 및 발전에 대한 역사와 이에 대한 진솔한 인식이라고 믿는다. 물론 여기에는 민족과 함께해 온 다양한 사건들과 문학적 · 예술적 업적에 대한 비굴하지 않은 합당하고 당당한 평가도 포함된다. 최근의 "위대한 민족 전쟁(보불전쟁: 필자)과 독일 국가 건설"은 시련에 의연히 대처할 수 있었던 독일 민족의 용기, 그리고 독일의 위대한 문학 · 예술 · 음악 작가와 작품들에서 가르침과 영감과 자극을 받고 실천적으로 행동하는 성실성 때문이다.[6] 그리고 이 용기와 성실성은 독일 민족을 행복한 삶과 행복한 미래로 인도할 것이다. 지금 독일인들이 불만스럽게 느낀다면 그것은 더 많은 지식을 알고자하는 열망이며 더 훌륭한 것을 성취하려는 욕망의 감정일 뿐이다.[7] 지상의 천국은 과거의 잘못은 반성하고 장점은 고양하는 역사와 문화를 가진 민족, 위대한 민족문학의 고전작품과 예술작품 속에서 창조적 영감을 얻고 엄밀한 자연 관찰을 통해 미래의 진보를 믿음으로 확립함으로써 얻어지는 것이다. 괴테, 실러, 레싱, 칸트, 헤겔의 가르침을 배우고 하이든, 베토벤에서 정열적 영감을 얻고 이 영감과 가르침으로 현재와 미래를 개척하여 불만 없는 평온의 세계를 만드는 것, 이것이 새로운 종교의 목표이다. 이것이 슈트라우스가 강조하는 가르침이다.

슈트라우스는 "우주"를 언제나 질서 정연하게 돌아가는 하나의 거대한 기계로 표상한다. 무수한 부품들과 톱니바퀴로 이루어진 이 기계는 움직임 요소요소에 자동으로 윤활유가 흘러내림으로 무리 없이 작동한다.[8] 물론 이 기계는 잘못된 운용으로 고장이 나지 않는 한 최선의 완전성을 향해 굴러간다. 잘못된 운용이란 쇼펜하우어와 같은 이들의 잘못된 세계관으로 자신뿐 아니라 구성원들을 병들게 하여 고장 나거나 비틀비틀 걷는 것을 정상이라고 생각하는 데서 생겨난다. 새로운 이성종교 신민의 믿음은 철저하게 역사와 현재의 진보를 믿고 그것에 방해되는 일체의 것들을 제거하는 것이다. 니체는 이런 사유를 헤겔병에 걸린 "뻔뻔스러운 속물 낙천주의"라고 매도한다.[9] 근거 없는 낙천주의는 "인류의 이름 없는 고통에 대한 통렬한 조롱"이라는 쇼펜하우어의 절규가 훨씬 더 진실되기 때문이다.[10]

---

5) 같은 곳, 174쪽.
6) 같은 곳.
7) 같은 곳, 175쪽 참조.
8) D. Strauss, *Der alte und neue Glaube*, Leipzig 1872, S.365.

슈트라우스의 합리적 과학주의는 종교적 입장 표현에 있어 비교적 완곡했던 독일 지성계에 커다란 자극을 주는 묘사법을 사용한다. 그는 "예수의 부활"을 "세계사적 사기"라거나 예수를 "우리 시대에는 정신병원을 피할 수 없는 몽상가"라고 말한다.[11] 이러한 표현들은 이미 오래 전부터 있어왔지만 눈부신 과학 발달로 생명기원 창조설을 부인하는 진화론이 빠르게 확산되자 공개적으로 다시 떠오른 것이다. 보불전쟁이 끝날 즈음 기독교를 대신하는 진화론과 사회주의가 사회윤리학에는 물론 학문 전체에 파급된다. 이웃 사랑이 아니라 만인에 대한 투쟁이, 예수가 아니라 혁명과 공리주의가, 종교적 신앙이 아니라 합리적 과학이 인간의 생과 사회해석과 윤리를 종합적으로 지배하게 된다. 인간의 모든 윤리적 행위는 자신이 속한 종의 이념에 따라 수행하는 생물학적 자기규정 이외에 아무것도 아니며 이것이야말로 인간이 다른 생명체가 아닌 인간 자신으로 사는 당위의 길이라는 것이다. 니체는 문화와 예술의 실질적 창조자로서 "천재"에게는 이 말이 맞지 않는다고 비판한다. 보편적 인간으로서가 아니라 구체적 개인으로서 특수자가 그 자신의 실존을 창조적으로 규정하고 전개하는 것은 천재이며, 이 천재야 말로 인간 일반의 범례이다.[12] 슈트라우스 역시 특정 목적, 즉 역사 발전론을 합리화하고 사회주의의 공격을 위해 보불전쟁의 영웅 비스마르크와 몰트케를 "위대한 인물", 숭고한 인물로 평가한다. 전쟁 영웅인 이들이 사회 혼란의 주범으로 사회주의자들을 지목하고

---

9) 니체, Strauss 187쪽. 니체가 말하는 "치료 불가능한 낙천주의(ein incurable Optimus)" 또는 "뻔뻔스러운 낙천주의"의 전형은 다음과 같은 라이프니츠의 신존재 증명이다. '신은 완전자이며 전능자이다. 이 완전자, 전능자가 창조한 우주와 세계는 완전하며 결함이 없다. 만일 그것이 불완전하거나 결함이 있다면 완전과 전능의 신개념에 어긋나며 모순되기 때문이다. 이에 대해 쇼펜하우어는 참으로 한심한 낙천주의로 비난하면서 다음과 같이 주장한다. '완전자, 전능자로서 신은 존재하지 않는다. 존재하는 것은 우연과 부조리와 악으로 차 있는 세계뿐이다. 이 세계와 우주는 있을 수 있는 최악의 상태를 지속한다. 세계는 존재하지 않는 편이 훨씬 좋았을 것이다.' 슈트라우스는 쇼펜하우어의 이런 주장을 잘못된 것이라고 다음과 같이 강조한다. '만일 존재하는 세계를 존재하지 않는 것이 더 좋다고 한다면 같은 방식으로 사유 역시 사유하지 않는 것이 더 좋다고 해야 한다. 따라서 세계가 나쁘다고 하는 것은 그런 주장을 하는 사유(생각)가 나쁜 것이지, 세계 자체가 나쁜 것을 의미하는 것은 아니다. 즉, 세계가 나쁘다고 생각하는 그런 사유가 나쁜 사유라면 반대로 세계는 좋은 것이다. 비록 세계에 말과 고통이 난무한다고 해도 그런 것은 고칠 수 있는 희망이 있기 때문에 없는 것보다는 나은 것이다. 따라서 진정한 철학은 진정한 낙천주의이어야 한다.' '뻔뻔스러운 속물 낙천주의' = ein schamloser Philister-Optimismus.

10) 니체, 위의 책, 188쪽. '인류의 이름 없는 고통에 대한 통열한 조롱' = ein bitterer Hohn über die namenlosen Leiden der Menschheit.

11) '세계사적 사기' = ein welthistorischer Humbug, '몽상가' = Schwärmer.

12) 니체, 같은 책 191쪽.

그들을 탄압함으로써 안정과 평화를 가져온 정치적 천재이기 때문이다. 그럼에도 슈트라우스는 인간을 철저하게 자연 존재의 하나로, 그리고 개인을 일반적 자연 인간의 하나로 보면서 동일 조건과 환경에 따라 동일한 유형의 진화를 겪어온 생명체로 설정하는 다윈에 동의한다. 즉, 그는 개개인들이 똑같은 하나의 유인 보편적 인간에 속할 뿐 아니라 동일한 욕망과 고뇌를 가지므로 그에 토대를 둔 합당한 도덕과 윤리학이 가능하다고 여긴다. 인간은 주어진 시대와 환경에서 살아남기 위한 적응의 결과로 진화를 계속하면서 발전한다. 인간에 관한 한 발전과 진화의 원동력은 세계와 우주의 영원한 법칙이면서 동시에 정신의 본성인 이성이다. 이성으로 보건대 존재하는 하나하나, 지각되는 모든 것이 우연하고 혼란스럽게 있는 것이 아니라 질서 정연하게 필연에 따라 존재하는 것이며 이 존재의 필연성의 법칙을 인식하는 것이 신과 종교의 내적 원리를 깨닫는 것이다. 니체는 이것이 비록 요즈음의 유행 사유이기는 하지만 모순에 착색된 천한 생각이라고 비판한다. 왜냐하면 이런 사유로는 필연적 보편자나 보편적 필연자에서 어떻게 온갖 비보편적인 것들, 비필연적인 것들이 생겨나며, 왜 그리고 어떻게 몰락과 고뇌와 악과 소멸이 동시적으로 유래하는지에 답할 수 없기 때문이다.[13] 보편적 필연자나 필연적 보편자와 같은 어떤 것이 있다고 해도 그것이 도덕적이거나 윤리적일 필요는 없으며, 우리 인간의 평가에 따르는 선악 구분을 하는 것 자체가 모순에 빠질 뿐이다. 따라서 슈트라우스가 주장하는 것은 이제 더 이상 쓸모없는 헤겔의 변신론을 재탕하는 것이다. 세계는 이성의 무대가 아니라 방황과 변화의 무대요, 질서의 형이상학적 기계의 톱니바퀴가 아니라 무질서의 현란한 막춤판 같은 것이다.

보수 기독교계의 강력한 반발과 저항에도 불구하고 슈트라우스의 저서들은 대학생과 교수들에 의해 탁월한 종교 안내서로 또 "강한 정신을 위한 하나의 규준서"로 받아들여지면서 전 지식계의 흐름을 주도하고 있었다.[14] 전쟁에서의 승리와 산업에서의 눈부신 발전 원동력은 성실과 정직과 근면을 가르친 철학과 그것을 효과적으로 가르치는 교육제도에 있다. 개인이 각자의 재능과 교육에 따라 직업을 택하고 주어진 위치에서 최선을 다했기 때문에 독일은 유럽의 맹주로 설 수 있었다. 실존이나 실존적 고뇌와 같은 것들은 개인의 사적(私的) 문제이지 사회와 국가의 문제는 아니다. 독일 교육제도가 독일은 물론 타 민족의 모범이 된다는 것은 그것을 수출하고 전파해야 함을 뜻한다.[15] 니체가 비판하는 『옛 신앙과 새로운 신앙』

13) 니체, 같은 곳, 192쪽 참조.
14) '강한 정신을 위한 하나의 규준서' = ein Canon für starke Geister.

은 슈트라우스의 최후 저서로 그가 죽던 해에 출간된다. 이 책은 단순한 기독교 비판서가 아니라 현대(당시)인이 진정 믿어야 할 것은 학문과 엄밀 과학에 의해 명백하게 밝혀진 사실들이지 신비로 묘사된 신화가 아니라고 강조한다. 따라서 현대 신앙의 대상은 과학적 학문이며 그것을 쌓아올린 이성이다. 이런 전제를 가지고 책의 후반부에서 세계를 파악하는 합당한 방식과 인간 삶에 질서를 부여하는 형식과 그 조건들에 대해 다루고 있다. 그는 세계에 대한 과학적 인식과 인간에 대한 사회적 인식의 방법론으로 헤겔의 이성변증법과 다윈의 진화론을 동원한다. 니체는 이 책이 논리적이지도 과학적이지도 않으면서 논리와 과학의 이름으로 포장한 일종의 "예술적(심미적)" 안목과 방법으로 종교와 사회, 인간과 우주의 문제를 다룬다고 비판한다.[16] 이 안목조차 순수하지 못해서 다양한 계층의 독자들을 의식한 듯 속되고도 대중적인 글쓰기에 기여할 뿐이라는 것이 니체의 평가이다.

저술가로서 슈트라우스에 대한 니체의 평가는 문장론과 의미론에 입각한 비판이다.[17] 슈트라우스의 언어 표현적 실험이 일반인은 물론 전문가들도 이해하기 힘들고 비유나 은유 역시 상식을 벗어나서 기이하다는 것이다. 니체는 당시 표현에 있어 통일된 규범도 없으면서 지나치게 현학적이고 이미 죽은 단어가 된 말들을 사용하는 고전 작가들을 흉내내는 슈트라우스의 서술 방식 자체에 무리가 있다고 비판한다.[18] 시대 상황은 가장 저속한 대중 저널리즘의 일상 독일어를 형성해내고 신문과 잡지는 이것을 더욱 대중화하고 대량생산해낸다. 높이 평가되는 저술들은 뜻도 의미도 애매하게 표현되거나 온갖 기형적이고 별난 방식으로 서술되지만 오히려 이런 룸펜 언어적 표현 방식이 글쓰기의 새로운 전범이 되어야 한다고 강조한다는 것이다. 새롭고 현대적이라는 구실 아래 "철도, 전신, 증기기관, 증권거래소"를 아무 데서나 비유나 은유로 끼워 넣고 "기계와 톱니바퀴들, 절구공이 망치와 윤활유" 등의 말들로 수사하고 비교한다.[19] 문장은 지나치게 길거나 추상개념들로 범벅하고, 또 그것을 '공장'과 '법원'과 같은 현 사회의 기계적 · 법적 언어들을 도용하고, 수학적 · 물리적 개념들을 무비판적으로 빌려다 쓰고 뒤섞어서 문장과 표현과 의미를 더욱 천박하게 하고 있다. 이런 속물적 표현의 영향 아래서 슈트

15) 같은 곳, 201쪽 참조.
16) 같은 곳, 209쪽 참조.
17) 이 비판은 니체의 대학생 시절로 거슬러 올라간다. 슈트라우스의 기독교 비판을 전적으로 수용하게 되지만 그의 헤겔적 낙천주의와 독일어 표현법을 속물주의로 평가한다. KGA. Bd., III-4, 27[57-59], 208쪽 이하 참조.
18) 같은 곳, 217쪽 참조.
19) 같은 곳, 220쪽.

라우스는 "언어의 오류, 혼란스러운 비유들, 불분명한 생략, 무식한 언행과 부조리하고 무리한 수식"으로 자기 책을 도배한다.[20)]

니체의 "반시대적"이라는 말의 의미는 다비트 슈트라우스 비판의 마지막 문장에 잘 나타난다. 슈트라우스 비판은 객관적 증명을 통한 학적 · 이론적인 것이 아니라 니체 자신인 "한 개인의 고백"이라는 것, 그러나 이 고백이 속물근성이 지배하는 세계 전체에 무력하게 거스르지만 "진리를 말하고 있다"는 것이다. 세계에 맞선다는 것과 또한 동시에 진리를 말하는 것, 이것이야말로 "반시대적" 이라는 의미의 본질이다.

3. 속물사유의 대안으로서 쇼펜하우어

니체의 『교육자로서 쇼펜하우어』는 시대를 지배하는 속물 인간과 문화를 도야해야 한다는 것과 쇼펜하우어 사상을 도야와 교육의 스승으로 삼아야 한다는 문제의식에서 쓰여진 것이다.[21)] 인간은 본시 게으르고 겁이 많아서 주어진 환경에 적응하면서 거기에 맞도록 스스로와 문화를 축조한다.[22)] 어느 민족이나 사회든 그에 속한 개인들은 전해지는 인습과 전통에 매여 이를 벗어나는 것을 두려워한다. 새로운 것과 미지의 것에 대한 호기심으로 과거로부터 내려오는 지금의 인습과 습관을 재검토하는 것은 예술가적 문화 창조자로서 천재이다. 몸과 마음의 "편안한" 상태를 유지하는 것은 일상들의 전형이며 그들은 편안함이 불편함으로 바뀌는 온갖 변화를 외면하는 "나태함(게으름)"과 변화를 두려워하는 "공포"를 본성화 한다.[23)] 바로 일상적 개인들의 이런 특성들을 가르치고 교육하는 것이 위대한 예술적 천재의 임무라는 것이다.

이 시대는 인간을 "공장에서 생산된 상품처럼" 획일적으로 만들고 개인 생활 전반을 대중화하여 고유의 실존을 되돌아볼 기회를 주지 않는다.[24)] 게으름과 공포는 개인으로 하여금 더욱더 무의미한 익명적 대중들 속으로 밀어 넣고 그들에 의해

20) 같은 곳, 221쪽.

21) 쇼펜하우어에 대한 객관적 평가가 아니라 니체 자신의 개인적 "경험에 따른" 서술임을 니체는 분명히 한다. Schopenhauer als Erzieher, 371쪽.

22) Schopenhauer als Erzieher, KGA., B., III-I, 333쪽.

23) '나태함(게으름)' = Faulheit, '공포' = Furcht.

24) Schopenhauer als Erzieher, 334쪽.

형성된 여론은 이런 개인들을 대량생산해낸다. 이 현대야말로 역사적으로 가장 비인간적이며 암담함에도 불구하고 사람들은 여기에 안주하고 그것을 합리화한다. 이 시대에 살면서 이 시대의 시민이 아니라 자기 자신의 시민으로 사는 개인, 대중 속에 있으면서 대중이 아니라 자기 고유의 실존으로 사는 개인, 편하게 사는 대신 고통스럽게 자신의 내면을 직시하려는 개인은 "네 스스로가 되어라, 네가 지금 행하고 생각하고 바라는 것은 모두 다 네가 아니니라"는 양심의 소리에 귀 기울인다.[25] 과거도 미래도 현재도 없는 사람이나, 있어도 그만 없어도 그만인 그런 사람은 생각이라야 여론에 따르는 것뿐이니 단지 "여론적으로 사념하는 가상 인간" 이외에 아무것도 아니라 하겠다.[26] 여론이란 시시각각으로 바뀌되 합당한 이유 때문이 아니라 유행하는 사유 흐름 때문이니 그 시대가 지나면 아무도 그 실체를 뒤돌아보지 않으려 그에 따른 인생 역시 마찬가지로 여우비 같은 운명을 따른다. 시대를 거스르는 반시대적 "젊은 영혼"은 부평초같은 일상인과 천박한 시대의 몰락을 예언하고 경고음을 울리면서 부활을 준비토록 교육해야 한다. 지금 이 시대의 소시민적 존재 방식에서 인간의 근원실존으로의 해방을 준비하고, 그날그날의 생계와 오직 그것을 위한 기계 같은 노동에 매달리지 말 것을 가르쳐야 한다. 대대로 살아온 땅과 고향에 묶여 주변 이웃들의 말에 동조하면서 살아온 습성적 현존은 그리 멀리 떨어지지 않은 다른 문화권에 가면 전혀 이질적이거나 이해되지도 않는다는 것을 깨우쳐주어야한다.[27] 동서양의 구분도, 바다와 바다, 대륙과 대륙, 나라와 나라의 구분도, 종교와 종교의 구분도 모두가 임의적으로 그려놓은 선일 뿐 존재 자체의 본성에 의한 것은 아니다. 마찬가지로 우리를 둘러싸고 있는 모든 사회문화적 속물 조건들 역시 본질적인 것이 아니라 임의적인 것이다. 니체에 의하면 이런 사실을 알려주고 인간의 실체 없는 실체를 일깨워주는 것이 진정한 "도야(Bildung)"와 "교육(Erziehen)"의 과제이며 이 과제를 충실이 수행하는 이가 바로 진짜 철학자 쇼펜하우어이다.[28]

대학을 포함한 독일의 거의 모든 교육기관은 진정한 인간 실존에 대한 교육은 물론 실생활에도 별 도움이 아니 되는 온갖 잡다한 "학문"에 매달리도록 학생들을 강요한다.[29] 가르치는 자들 역시 인간성에 대한 교육을 받은 것이 아니라 온갖 이

25) 같은 곳.
26) 같은 곳. '여론적으로 사념하는 가상인간' = offentlich meinede Scheinmenschen.
27) 같은 곳, 335쪽.
28) 같은 곳, 337. '도야' = Bildung, '교육' = Erziehen.
29) 같은 곳, 340쪽.

설들을 많이 습득하기만 한 터여서 동일한 방식을 답습하여 교육하는 이외에는 별다른 능력을 가지고 있지 않다. 그러니 "이 시대의 모든 창조적 도덕의 투명한 정수"를 꿰뚫어 보는 눈도 "인륜적 질문들에 대한 숙고"도 더 이상 존재할 수가 없다.[30] 사라져가는 기독교적 영원성의 운명과 새로 생겨난 생물학적으로 유한한 자연성 사이에서 어느 한 곳에 정착하지 못하고 방황하는 현대인의 불안과 무력함을 치료해야 할 절박한 시점이 도래했고, 치료해야 할 의사가 필요하게 된 것이다. 쇼펜하우어가 바로 그런 사람이다. 그가 결코 강제적으로 누구를 가르치려 하지도, 가상으로 꾸미지도 않은 것은 오로지 자기 자신에게 말하는 것이기 때문이다. 자신을 기만하지 않으면 남도 기만하지 않는다. 수사학적 기교도 논리적 재주도 학문적 현학도 부리지 않으면서 진솔하고 솔직하게 자신의 사유를 표현하는 방법이야말로 진정한 글쓰기의 모범이라 할 것이다.[31] 니체는 그의 글을 "위대한 유언"으로, 그리고 자신을 그의 "아들이며 상속자들" 중 하나로 여긴다.[32]

물론 니체가 쇼펜하우어를 참교육자의 전형으로 평가한 것이 반드시 그의 저술들에만 국한되는 것은 아니다. 타 전공자들과 달리 철학 전공자는 자기 분야의 전공 지식만을 쌓아 올린 것으로 만인의 스승이라는 이름을 얻을 수 없다. 진정한 스승은 학문은 물론 일체의 생활 태도, 가령 옷매무새나 행동거지, 말투와 대인 관계, 심지어는 식습관과 버릇조차도 다른 사람들의 모범이 되어야 하고 이런 모범적 스승상을 우리는 고대 그리스에서 심심찮게 볼 수 있다.[33] 칸트가 정부에 예속된 대학의 교수로서 "교수 철학"을 생산해낸 전형을 보였다면, 쇼펜하우어는 자의로 미련 없이 대학과의 인연을 끊음으로써 기성학자 계급과는 물론 국가와 사회의 예속에서 벗어나 자유로운 철학자의 본보기를 확립하고 보여준다.[34] 기존의 질서와 형식에 따르지 않는 자유로움과 독창성이야말로 천재적 스승상의 본보기라는 것이다. 이 자유로운 천재성은 평범하고 안이한 생활에서는 결코 얻어질 수 없으며 오직 고난과 저항과, 질시와 절망에 대한 과감한 투쟁과 극복의 결과이며 고독의 결과이다. 모든 세속적 안락과 제도와 평가로부터의 고독한 자유는 오로지 진리만을 추구하려는 강력한 의지로 전환되고, 그리고 이 의지는 "진리에 대한 절망"을 경

30) 같은 곳, 340쪽. '이 시대의 모든 창조적 도덕의 투명한 정수' = der sichtbare Inbegriff aller schöpferischen Moral in dieser Zeit.

31) 같은 곳, 344쪽. 글쓰기에서 쇼펜하우어가 "정직함과 명랑함(Ehrlichkeit und Heiterkeit)"을 규준으로 하는 점에서 몽테뉴와 유사하다고 니체는 평가한다.

32) 같은 곳, 346. '위대한 유언' = grosses Testament.

33) 같은 곳, 347쪽.

34) 같은 곳, 347쪽.

험하게 된다.[35] 그는 인간의 삶에 토대한 인식에 절대적인 것도 영원한 것도 없으며, 따라서 모든 것을 "깨어 부수고 으스러트리는 회의주의와 상대주의의 형태"만을 갖게 되고, 그리하여 진리에 대한 절망의 강도는 헤아릴 수 없을 만큼 크다는 것을 깨닫는다.[36] 그는 진리의 비극의 정점에 도달하는 길을 발견하고 그것을 우리에게 가르친 진정한 철학적 스승이라는 것이다. 진리가 절망이고 비극이라면, 그 위에서 파악된 삶 역시 절망이고 비극이다. 이 말은 결국 절망과 비극이 모든 삶의 밑그림이며 거기에서 네 삶의 의미를 배우라는 가르침이요, "너의 삶을 읽고 그로부터 보편적 삶의 상형문자를 이해하라"는 위대한 철학의 교훈이다.[37] 한 개인으로서 인간은 내면의 제약과 마찬가지로 그를 둘러싼 온갖 제약 조건들에 얽매여 있다. 이 한계를 개인 스스로 이해할 때 그 너머에 있는 영역과 세계에 대한 "동경과 멜랑콜리"를 느끼고 다른 시대에 다른 재능을 가진 천재적 개인으로 다시 태어나고 싶은 욕망을 가지게 된다.[38] "모든 문화의 진정한 뿌리"로서 동경과 멜랑콜리는 "새로운 신화"를 만들어내려는 욕망에 불을 붙인다.[39] 그럼에도 세상의 속물들은 이런 욕망을 꺾으려 하며 천재의 출현을 방해하고 문화의 개화에 재를 뿌린다. 쇼펜하우어는 세속의 이 냉혹한 현실에서 사유 투쟁을 통해 과감하게 자기의 개인적 동경과 멜랑콜리로 세상을 계도하고 천재성을 찬양한다. 니체는 여기서 인간의 "현존"을 직시하고 그 본질을 가리는 "시대의 위험들"에 맞서고 "현 시대의 무가치"를 폭로하여 그 인식 내용을 우리에게 가르친 쇼펜하우어야말로 "대중을 위한 입법자요 사물의 화폐이며 중력"임이 틀림없다고 단언한다.[40]

시대를 공정하게 서술하고 평가하는 것은 단지 역사학자의 의무라기보다는 철학자의 의무이다. 문제는 누구나 자기 시대의 아들이어서 그 시대의 많은 특징들에 의해 알게 모르게 물들어 있다는 것이다. 이는 누구나 자기 시대 평가에서 객관성을 확보하기 어렵다는 뜻이요, 이것을 극복하기 위해서는 역사 전체에 대한 공부를 다시 해야 한다는 뜻이다. 니체가 역사와 역사 연구를 직접적으로 강조한 것

35) '진리에 대한 절망' = Verzweiflung an der Wahrheit.
36) 같은 곳, 351. '깨어 부수고 으스러트리는 회의주의와 상대주의의 형태' = Form eines zernagended und zerbrökelnden Skeptizismus und Reelativismus.
37) 같은 곳, 353 쪽. '너의 삶을 읽고 그로부터 보편적 삶의 상형문자를 이해하라' = lies nur dein Leben und verstrhe daraus die Hieroglyphen des allgemeinen Lebens.
38) 같은 곳, 354쪽.
39) 같은 곳, 354쪽. '모든 문화의 진정한 뿌리' = die Wurzel aller wahren Cultur.
40) 같은 곳, 356쪽 이하. '현 시대의 무가치' = Unwerth der gegenwärtigen Zeit, '대중을 위한 입법자요 사물의 화폐이며 중력' = Gesetzgeber für Mass, Münze und Gewicht der Dinge.

은 아니지만 다음은 분명 그 탐구를 필요한 것으로 여긴다는 증거이다. "그러나 현재의 모든 것이 집요하게 쇄도하므로 철학자가 원치 않아도 현재의 모든 것들은 철학자들에게 영향을 주고 그들의 안목을 결정한다. 그래서 임의적이지는 않지만 총결산에서 현재적인 것을 너무 높게 평가하게 된다. 따라서 철학자는 자기 시대를 다른 시대와 구분하면서 제대로 평가해야 한다. 그리하여 철학자는 현재를 극복하고 그가 자신의 삶에 대해 그리는 그림에서 현재를 극복해야 한다. 즉, 그 그림을 알아차리지 못할 정도로 덧칠해야 한다."[41] 현재를 살고 있는 이가 현재를 객관적으로 인식하고 평가하려면 현재와는 다른 시대들, 즉 역사 전반에 대한 객관적 이해, 즉 그 시대들에서 무엇이 지금 현재 시대와는 다르며 어떻게 전개되고 변형되는지를 구분할 수 있어야 한다. 이 구분을 객관적으로 할 수 있는 최선의 무기는 역사에 대한 올바른 인식이다. 이 관점에서만 보면 니체는 반역사주의도 아니고 비역사주의자도 아니다.

4. 맺음말

오늘날 역사의 의미를 묻는 것은 실없는 일이거나 한가한 이들의 사유놀이쯤으로 여겨진다. 물음 자체가 오래된 만큼 그에 대해 가능한 모든 답들이 대부분 이미 나오기도 했지만 그보다는 새로 답을 시도한다 해도 그것이 실생활이나 학문에 별 도움이 되지 않을 것이 분명하다는 오늘날의 시대 의식 때문일 것이다. 역사학자들은 과거에 어떤 일이 어떻게 일어났으며 그 실체적 진실이 무엇인지를 문제 삼고 그 문제 해결의 방법론을 선택하여 역사적 사실 규명(의미 해석)을 하는 데에도 시간이 모자랄 판이다. 이에 비해 일반 생활인들은 오늘 해야 할 일들도 다 못하는 주제에 과거의 일들을 되새겨 기억해내거나 그 의미를 반추하는 어리석은 짓을 할 수도 없고 하지도 않는다. 결국 시대에 상관없이 이 낡은 물음을 되묻고 기존의 답들을 비판적으로 되씹으며 진지해하는 이들은 스스로를 철학자로 생각하는 시인 부류에 속한다. 그들은 전문 역사학을 전공한 만큼 부지런할 필요도 없고 그렇다고 일상생활에 매여 열심히 삶의 현장을 헤매지 않아도 되는 일종의 한량 계급이므로 그들이 아무리 바쁘게 또는 여유롭게 사색을 해도 다른 이들은 진심으로 믿지를 아니한다. 이 자유는 시인들의 특권이다. 역사나 역사학이 아니라 역사의 의

41) 같은 곳, 357쪽.

미의 해석이라는 이 주제는 학문에도 일상생활에도 절박하지는 않지만 진지할 수 있다. 이 진지한 사색이 오래되고 낡은 물음에 대한 새로운 답을 모색하는 시인(철학자)들의 존재 이유이며 현존 방식 중 하나를 결정한다.

많은 시인들이 민족과 문화와 역사에 대해 읊었지만 진지성이나 사실성이 아니라 주관적 감성에 기초한 그들의 싯구에 주목하는 이들은 별로 없다. 이런 전통을 깬 대표적인 이가 니체이다. 그가 비록 그리스 고전 문헌학을 전공했고 문헌학이 그 본성상 역사학과 같은 유에 속하지만 그 당시에도 지금도 니체를 전문적 문헌학자나 역사학자로 분류하지는 않는다. 오히려 그는 자기 시대의 문화와 학문과 제도를 심미적 관점에서 비판한 대표적 인물 중 하나로 평가된다. 역사성에 대한 그의 해석은 역사학에 도움을 주지 않을지 몰라도 역사 평가의 영역인 역사철학에서는 무시할 수 없는 문제의식을 제공한다.

니체의 역사관을 이해하기 위해서는 먼저 반시대성 개념을 고찰할 필요가 있다.[42] 이 개념을 심도 있게 다루기 시작한 곳은 『반시대적 고찰』이라는 제목 아래 쓰여진 첫 번째 글인 1873년의 '다비트 슈트라우스, 고백자와 저술가'이다. 그 내용은 보불전쟁 승리에 도취한 독일 문화계의 속물들의 대표로서 헤겔 학도인 슈트라우스의 사상과 그의 독일어 서술 문체에 대한 비판이다. 니체에 의하면 "속물"이란 현실적이고도 생산적인 문화 개발로 "현대성 그 자체"를 효과적으로 서술하고 교육하는 대신 잡다한 것을 뒤범벅으로 긁어모아 많이 아는 척, 잘난 척하는 부류들을 일컫는 말이다.[43] 속물들은 우리가 알고 있는 "뮤즈의 아들인 예술가나 진짜 문화인과는 반대"이지만 스스로는 진짜 예술적 문화인이라고 자부하면서 생활하는 사람들이라는 것이다.[44] 지금 독일 사회를 지배하는 주류는 보불전쟁의 승리가 독일적 교육이 일구어낸 "교양"의 축적과 그 진보의 결과라고 믿고 이 믿음을 언론과 예술 및 교육기관을 통해 전파시키고,[45] 일반 대중은 무비판적으로 마치 군사적 명령처럼 이것을 받아들이고 확산시킨다. 결국 그들은 문화의 부정을 문화로, 교양의 부정을 교양으로 이해하면서도 그 이해가 오해라는 것을 반성하지도 않고 진정한 가르침을 배우려하지도 않는다. 이 속물들은 도취와 카니발의 심미적 유행과 광기를 부정하면서 희망과 안락함과 쾌적함을 내세우고 그런 낙천적 사유

---

42) '반시대성' = Unzeitgemäßigkeit.
43) Nitzsche Bd. III-I, 159 쪽. '속물' = Philister, '현대성 그 자체' = das Moderne an sich.
44) GKA. Bd.III-I 161쪽. '뮤즈의 아들인 예술가나 진짜 문화인과는 반대' = Gegensatz des Musensohnes, des Künstlers, des äcten Kulturmenschen.
45) 같은 곳. '고양' = Bildung.

의 고전적 전형을 찾고 합리화하기 위해 "역사를 장악하면서 이 쾌적함에 방해되는 모든 학문, 특히 철학과 고전문헌학을 역사학으로 바꾸어"버리려고 했다.[46] 이 속물적 사유의 두목은 '모든 현실적인 것은 이성적이라'고 한 헤겔이며 그 본류는 헤겔을 따르는 맹신도들이다.[47] 현실의 문화적 요구는 역사의 화석이 아니고 역사의식에 의해 형성된 것도 아니다. 그것은 "천재와 전제"에 의해 창조된다.[48] 현실적인 모든 것은 결코 이성적인 것이 아니다. 다만 그렇게 주장하는 속물의 눈에 현실이 이성적으로 보일 뿐이다. 이 속물들은 가정과 생계와 직업과 같은, 오직 먹고 사는 일에 몰두하는 것만을 "삶의 진정함"으로 간주하고 동서고금의 거의 모든 문화에 내재하는 "재미"를 무시할 뿐만 아니라, 그 재미에 의해 자신들이 내세우는 삶의 진정한 덕목들이 농락당한다고 여겨지는 순간, 그런 예술적 문화에 저주를 퍼 붙는다. 속물들은 현실의 진짜 예술적 정황들을 "병들고 엉뚱한" 짓거리로 낙인찍는다.[49] 병들고 엉뚱할 뿐 아니라 쓸모없고 유해한 영혼을 묘사하고 찬미하는 횔덜린적 · 쇼펜하우어적 사유는 자신과 자신의 나라를 보존하고 지켜야 하는 외국과의 전쟁이나 위기에서 나약함과 절망 이외에는 아무것도 보여줄 수 없다. 이런 평가의 주역인 속물들은 인간과 예술의 진정성이 나약함과 절망으로 감싼 비극적 영혼들에 의해서 표현되고 드러나는 것을 모른다. 그들의 건강함에 대한 찬미, 이성에 대한 찬미는 전쟁과 투쟁에서의 승리, 사회적 지배 세력의 권력에 대한 찬미 이외에 아무것도 아니라는 것이다. 니체는 이와 같은 반예술적 경향의 대표적 속물인 슈트라우스를 반시대적 시각으로 비판하면서 그 대안으로 쇼펜하우어의 생철학적 실존개념과 그 도야를 반시대적 고찰의 세 번째 글에서 제시한다.

---

46) 같은 곳.
47) 같은 곳.
48) 같은 곳. '천재와 전제' = Genius und Tyrannis.
49) 같은 곳, 167. 니체는 이런 속물의 대표로 D. 슈트라우스를 들면서 슈트라우스가 쇼펜하우어 사상을 "건강하지 않고 쓸모없는 철학의 전형"으로 평가하는 데 대해 반박한다. '재미' = Spass, '병들고 엉뚱한' = krank und überspannt.

참고 문헌

니체 전집, 한국어 번역본, 21권, 1-8권, 책세상, 2000ff.

Nietzsche, F., Unzeitgemäße Betrachtungen, Erstes Stück, *D. Strauss der Bekenner und Schriftsteller*.

_____, Unzeitgemäße Betrachtungen, Zwtites Stück, *Vom Nutzen und Nachteil der Historie für das Leben*.

_____, Unzeitgemäße Betrachtungen, Dritttes Stück, *Schopenhauer als Erzieher*.

: in KGA. Bd. III-1, hrsg. v. G. C. Colli u. M. Montinari, Berlin/ N. Y. 1972.

_____, Nachgelassene Schriften 1870-1873, KGA., III-2.

_____, Nachgelassene Schriften 1872-1874, KGA., III-4.

_____, *Menschliches. Allzumenschliches*, 2Be., : in KGA., Bd., IV-III.

Srauss, D., *Das Leben Jesu für das deutsche Volk*, 2Bde, Leipzig 1864.

_____, *Der alte und neue Glaube*, Leipzig 1872.

Nietzsches Kritik an die Gedanken von David Strauss und sein Gegenvorschlag

Yoon, Byoeng Tae

Zusammenfassung

Diese Arbeit betrachtet Nietzsches Kritik an die Gedanken von Strauss und fasst des weiteren Nietzsches Gedanken, dass Strauss' Philisterei gegen Schoppenhauers lebensphilosophische Gedanken ausgetauscht werden sollten, zusammen. Nietzsche betrachtet in 〈Unzeitgemäße Betrachtungen I〉 Strauss' historischen Optimismus Gedanken als ein typisches Bild der damaligen deutsche Bildungsphilisterei und stellt in 〈Unzeitgemäße Betrachtungen III〉 als eine neue Kategorie der kreativen Bildung den unzeitgemäßen Gedanken Schoppenhauers vor. Die Bedeutung von Unzeitmäßigkeit im Kontext beinhaltet Negation seiner Zeit des damals philiterischen Trends. Nietzsche versucht in diesen Schriften weniger den Text zu analysieren sondern diese beiden Denker mit seinem subjektiven Gefühl zu verstehen und auszuwerten. Die subjektive Bewertung die aus Nietzsches Schriften in diesem Zeitraum zu entnehmen ist, zeigen sehr klar seine einzigartigen Gedanken und somit ist es sehr wichtig diesen Zeitraum zu verstehen.

Schlagwürter: Bildung, Bildungsphilisterei, Erziehung, Existenz, Leben, Optimismus, Philister.

역사적인 제논으로부터 플라톤의 『파르메니데스』편에 나타난 제논에로의 발전과 수용에 대한 연구*

양 태 범

요약문

본 논문은 역사적인 제논의 논의가 어떤 방식으로 플라톤의 『파르메니데스』편에서 나타난 제논의 논의로 발전, 수용되었는지를 해명하고자 한다. 대화편에서 플라톤이 자기가 제시한 제논의 논의가 "첫 번째 논의의 첫 번째 전제"라고 한다고 하더라도, 둘 사이의 역사적인 관계는 그렇게 단순하지 않다. 대화편에 제시된 제논의 논의는, 이데아론의 견지에서 "동종", "비동종"이란 용어를 사용한다는 점을 고려할 때, 오히려 플라톤이 자신의 방식으로 재구성한 제논의 논의라고 보인다. 그리고 역사적인 제논의 논의의 구조도, 플라톤이 보고하듯이, 있는 것은 모두 하나라는 파르메니데스의 테제를 옹호하기 위하여 여럿을 전제하고 그것의 부조리를 밝힌 것이라기보다는, 이미 기원전 4세기에 에우데모스가 지적하였듯이, 파르메니데스적인 의미에서 하나를 지양한다는 점에서 플라톤의 제논의 논의에 대한 사실상의 해석과 일치한다.

그런데 역사적인 제논의 논의는 그 자체로 어떻게 이해되어야 할 것인지가 문제이며, 이런 까닭에 본 논문은 먼저 전승된 제논의 조각글들을 심플리키오스의 보고에 따라 재구성하였다. 재구성의 원리는 "여럿의 각각은 자기 자신과 동일하고 하나"라는 것이다. 여러 해석가들이 입을 모으듯이, 역사적인 제논의 논의는 피타고라스 다원주의에 반한다는 성격을 지니고 있다. 하지만 그것은 동시에 파르메니데스와의 연관 속에서 있는 것과 양에 의해 조건 지어져있다. 플라톤도 이 사실을 잘 알고 있었던 것 같으며, 그렇기 때문에 "있는 것들이 여럿이라면" 이라는 전제로부터 논의를 시작한다. 이 전제가 의미하는 바는, "있는 것들" 은 복수로서 셀 수 있는 것이며, 셀 수 있다는 것은 개별적인 어떤 것에 조건 지어져 있다는 것이다. 그로부터 이 어떤 것은 동종성의 이데아와 대립되어 바탕에 놓여있는 어떤 비동종적인 것이다.

그럼에도 여전히 플라톤의 제논의 논의가 어떤 방식으로 역사적인 제논의 논의와 관계되는지는 문제적이다. 플라톤이 말하는 대로, 만약 있는 것들이 여럿이면, 그것들은 동종이자 비동종이어야 한다고 한다면, 왜 비동종적인 것들이 동종이고 동종적인 것들이 비동종인 것이 불가능하다는 것인가? 이 문제는 플라톤이 제논의 논의를 반박술의 원조로 파악하는 데서 해결의 실마리를 찾을 수 있다. 『파이드로스』편에 따르면 반박술은 "모든 것을 모든 것과, 가능한 모든 것과 가능한 모든 것을 동일하게 하고, 다른 사람이 동일하게 하면서 (어떤 점에서) 숨길 때에는 그것을 밝히는" 기술이다. 역사적으로, "만약 어떤 것이 있다면, 필연으로 그것은 하나도 여럿도 생성되지 않은 것도 생성된 것도 아무 것도 아닐 것" 이라는 것을 논증하는 고르기아스의 내보이는 수사학은 제논의 논의로부터 기원한 것이다. 그렇기 때문에 플라톤이 파르메니데스의 "하나" 와 제논의 "여럿이 아니" 를 우리를 속이기 위해 동일한 것을 상이한 방식으로 말하는 것이라 단지 수사학적으로 파악한다면, 플라톤이 제논의 논의를 따라 비동종적인 것들은 동종이며 동종적인 것들은 비동종이라는 것은 불가능하다고 확신하면서 있는 것들은 여럿이 아니며 여럿은 있지 않다고 결론짓는 것도 이와 같은 수사학적인 견지에서이다. 그로부터 논의의 직접적인 결과는 귀류법을 통해 파르메니데스적인 의미에서 하나를 옹호하기 위한 것이 아니고, 오히려 있는 것들 여럿이 아니며 여럿은 있지 않다는 것은 도출해내는 것이었다. 이와 같은 부정적인 결론은 플라톤이 제논의 방법을 대화편의 후반부에 적용한다고 하더라도 마찬가지이다. 왜냐하면 여기서 제논의 방법은 어떤 것이 문제적일 때 그것을 가정하고 그로부터 결론을 도출해 내는 것이지 귀류법이 아니기 때문이다.

● 주요어 : 역사적인, 제논, 플라톤, 파르메니데스, 수용, 하나, 여럿, 있다, 있지 않다

I. 들어가기

본 논문은 역사적인 제논이 플라톤의 『파르메니데스』편 에 나타난 제논에로 어떻게 발전하였으며, 플라톤은 제논을 어떻게 수용하였는지를 밝히고자 한다. 플라톤의 『파르메니데스』편에 나오는 제논의 논의와 모습은 역사적인 제논의 논의와 모습과 단순히 일치한다고 말하기 어렵다. 그럼에도 그와 같은 제논의 논의와 모습이 역사적인 제논의 논의와 모습에서 비롯된 것이라고 한다면, 어떻게 역사적인 제논의 논의로부터 플라톤의 『파르메니데스』편 에 나타난 제논의 논의에로의 발전이 가능했으며, 플라톤은 제논의 논의를 어떻게 수용한 것인가의 문제가 제기된다.

Friedländer는 『파르메니데스』편 127e에 나타난 제논의 논의가 역사적인 제논 자신의 논의이며, 아마도 플라톤이 말하는 대로 제논의 논의 가운데 첫 번째 가정일 것이라고 추정한다.[1] 비록 그것이 플라톤이 말하는 대로 제논의 "첫 번째 논의의 첫 번째 가정"(ἡ πρώτη ὑπόθεσις τοῦ πρώτου λόγου, 127d7)은 아니라고 하더라도, 역사적인 제논의 논의일 것이라는 생각에서 Proklos와 더불어 Cornford와 Lee는 제논의 여러 논의 가운데 하나로 수용하였다.[2] 하지만 Diels는 그것을 제논 자신의 논의가 아니라 플라톤의 "증언"(testimonium)이라고 파악하였으며[3], Solmsen은 그것이 제논 자신의 논의일 것이라는 전제에 대해 정당하게 회의를 제기하였다[4]. Solmsen에 따르면 그것의 어디까지가 보고이고 어디까지가 해석인지 그렇게 확실하지 않다. 그런데 127e의 논의가 역사적인 제논의 논의가

---

* 이 논문은 2007년도 정부재원(교육인적자원부 학술연구조성사업비)으로 한국학술진흥재단의 지원을 받아 연구되었음(KRF-2007-327-A00215).

1) P. Friedländer, Platon. Bd. III, 192를 보라.

2) Proklos, Commentarius in Platonis Parmenidem, I.694, Cornford, 58, Lee, 20을 보라. Proklos는 제논의 논의가 모두 40개였다고 하며, 그들 논의의 첫 번째 논의 가운데 하나를 취해 그것의 첫 번째 전제가 무엇인지를 물었다고 생각한다. 그에 따르면 문제의 첫 번째 논의는 두 개의 가정적인 명제와 하나의 소전제 그리고 결론으로 구성되어 있는데, 그렇게 볼 때 "첫 번째 논의의 첫 번째 전제"는 그 논의 전체를 의미하는 것이 아니라, 단지 "만약 있는 것들이 여럿이라면, 동일한 것이 동종적이면서 비동종적이어야 한다."는 첫 번째 가정적 명제만을 의미한다. 그러나 Proklos의 이와 같은 해석은 스토아 철학의 논리학에 근거한 것이지(696을 보라) 역사적인 플라톤에 근거한 것이 아니다. 하지만 Proklos가 제논의 논의를 비록 전체가 아니라 부분만이라도 봤을 것이라는 전제하에서(Dillon, xliii을 보라) Cornford는 Proklos의 증언을 무시할 수 없었을 것이고, 그에 따라 문제의 제논의 논의를 역사적인 제논의 논의로 받아들였다. Lee 역시 이러한 문맥에 따라 자신의 책에서 그것을 "명백히 제논의 실제 말을 인용한 구절"(18)로 분류하였다.

아니라 제논의 논의에 대한 플라톤 자신의 해석이라고 한다면[5], 어떻게 그와 같은 해석이 제논의 논의를 전제로 해서 발생했는지의 문제가 발생한다. 그것은, 플라톤이 직접 제논의 저술을 읽었다는 전제하에서[6], 한편으로는 역사적인 제논의 논의에 기반을 둔 것이겠지만, 다른 한편으로는 플라톤 자신의 해석에 따르는 것이다. 만약 그것이 플라톤의 해석이라고 한다면, 플라톤이 말하는바 "첫 번째 논의의 첫 번째 가정"이란 플라톤이 역사적인 제논의 논의를 자기 방식대로 파악한 바 그 제논의 "첫 번째 논의의 첫 번째 가정"이란 말일 것이다. 하지만 그 둘 사이에는 아직도 해명되지 않은 역사적인 관계가 문제로 놓여 있다. 그로부터 본 논문은 일차적으로 둘 사이의 역사적인 관계의 문제를 서술할 것이며, 그 바탕 위에서 플라톤이 어떻게 제논의 논의를 수용했는지를 해명하고자 한다.

2. 역사적인 제논의 논의와 『파르메니데스』편의 제논의 논의의 역사적인 관계 문제

지금까지의 둘 사이의 관계 해명은, 주로 제논의 논의에 대한 플라톤의 해석에 근거해서 "만약 (있는 것들이) 여럿이라면"(εἰ πολλά ἐστι τὰ ὄντα, 127e1–2, εἰ πολλά ἐστι 29 B1.3)이라는 전제로부터 시작한다고 하는 제논의 논의를 "모든 것은 하나"(ἓν εἶναι τὸ πᾶν, 128a8–b1, πᾶν, ἕν, 28 B8.5–6)라고 하는 파르메니데스의 테제를 옹호하기 위하여 먼저 상대편의 다원론적인 전제로부터 시작하고 그 전제의 부조리함으로 보임으로써 파르메니데스의 일원론을 변호하는 논의로 파악한 다음, 플라톤 자신이 제시한 제논의 논의와 논의의 방식에서 일치한

---

3) Diels & Kranz, Die Fragmente der Vorsokratiker(약칭 VS), 29 A. Diels는 A로 증언을, B로 인용을, C로 의심스러운 것이나 거짓된 것을 나타낸다. 그러므로 위의 B 1, 2, 3, 4는 제논의 말이라고 검증된 조각글 4개를 가리킨다. 앞으로의 인용은, VS를 생략하고, 간략하게 29B1.3 식으로 할 것이다. B 앞의 숫자는 VS에서 해당 철학자를 나타내는데, 예컨대 28은 파르메니데스, 29는 제논이다. 그것도 문맥에 따라 분명하면 생략할 것이다. B 다음의 숫자는 조각글의 순서표시이며, 점 다음의 숫자는 행수표시이다.

4) Solmsen, 370 아래를 보라.

5) Solmsen 이외도 McKirahan Jr.도 207e의 논의가 플라톤의 해석이란 입장이다. 이유는 제논의 저작은 논의의 목적을 불분명하게 나뒀는데, 소크라테스가 낭송을 듣고는 그 목적을 유출했으므로, 플라톤의 주장은 해석이라는 것이다. 135를 보라.

6) 필자는 127b 아래에 근거해서 플라톤이 제논의 저술을 직접 읽었다는 입장이다. 이에 대한 보다 상세한 논의는, Yang, (2005)209–10, (2008)31–2를 보라.

다는 것을 보이는 것이었다. 일찍이 Simplikios가 이와 같은 해석방식을 택했고, 이와 같은 해석방식은 Calogero, Cornford, Lee, Fränkel, Furley, Owen, Allen 등에서 보이듯[7], 지금까지 지속적인 전통이 되었다. 그러나 이러한 전통은 플라톤 자신의 해석에 근거하는 전통이지, 어떻게 역사적인 제논의 논의로부터 『파르메니데스』편의 제논의 논의가 형성되었는지 말해주지 않는다. 비록 플라톤 자신이 그와 같은 해석의 전통을 형성할 수 있는 단초를 마련해 주었다고 하더라도, 플라톤은 자신의 제논의 논의와 역사적인 제논의 논의의 관계를 단지 앞서 서술한 방식으로만 규정하는 것이 아니라, 오히려 보다 깊은 곳에서 규정하는 듯이 보인다.

무엇보다도 먼저 플라톤은 "있는 것들"(τὰ ὄντα, 127e2)은 "여럿이 아니"(οὐ πολλά ἐστι, 127e10)라는 제논의 논의의 결론으로부터 "여럿은 있지 않다"(οὐκ ἔστι πολλά, 127e12–128a1)는 결론을 도출함으로써 논의의 목적이 단지 "모든 것은 하나"라는 파르메니데스의 테제를 옹호하는 데 있는 것이 아니라, "여럿"이라는 술어는 "있는" 것이 "아니"기 때문에 "있지 않다"고 하면서 처음부터 "있지 않는" 것의 문제를 부각시킨다. 그리고 바로 이 문제 때문에 플라톤은 『파르메니데스』편에서 논의를 파르메니데스의 논의로부터 시작하는 것이 아니라, 제논의 논의로부터 시작하는 것 같다. 왜냐하면 비록 이 문제가 파르메니데스로부터 기인하는 문제라고 하더라도, 역사적으로 이 문제를 전면에 부각시켜 초점을 맞춘 것은 "있는" 것이 "여럿"이라고 전제하고 귀류법으로 그것을 부정하는 제논의 논의이기 때문이다.[8]

게다가 역사적인 제논의 논의는 플라톤이 말하는 대로 "모든 것은 하나"라는 파르메니데스의 테제를 옹호한다기보다는 오히려 "있는" 것을 옹호하는데, 플라톤 또한 자신의 제논의 논의에서 "있는 것들"로부터 출발한다. 역사적인 제논의 논의가 "하나"를 옹호한다기보다는 사실상 "있는" 것을 옹호함에도 불구하고, 플라톤이 제논의 논의가 "모든 것은 하나"라는 파르메니데스의 테제를 옹호하는 것으로 규정하는 것은 신기하면서도 흥미로운 일이다. 단지 이 경우뿐만이 아니라 다른 경우에도 플라톤은 파르메니데스의 철학을 하나에 의해 특징지어지는 철학으로

---

7) Calogero, 98 아래, Cornford, Lee, 6, Fränkel, 121 아래, Furley, 353, Owen, 144 아래, Allen, 69를 보라.

8) Barnes는 이점을 분명히 의식하고 있었다. 이점에 대해, McKirahan Jr.는 고르기아스에 의해 언명된 "어떠한 것도 있지 않다"를 제3의 가능한 견해로 인정하지만, "논리적으로 건전하지만 설득력이 없다"(136)고 한다. 이후의 논의에서 밝혀질 것이지만, 그 견해는 논리적으로도 건전하지만, 역사적으로도 설득력 있는 견해이다.

파악한다.[9] 그런데 엘레아학파의 역사에서 파르메니데스의 "있는" 것이 "하나"에 의해 특징지어지는 것은 제논을 거쳐 멜리소스에 이르면서이다. 이것은 무엇보다도 "있는" 것에 대해 "여럿"은 있지 않다고 논의하는 제논의 논의에 의해[10], "여럿"이 아니라고 한다면, 그렇다면 논리적으로 "하나"가 있어야 한다는 데에서 비롯된 듯이 보인다. 이러한 문맥에서 플라톤 또한 제논의 논의를 "모든 것은 하나"라는 테제를 옹호하는 논의로 규정한 듯하다. 그러나 플라톤은 그것을 넘어 역사적인 제논의 논의가 파르메니데스의 "있는" 것에 대한 논의였듯이 "있는 것들"에 대해 자신의 제논의 논의를 진행시킨다.

플라톤이 여기서 "있는 것들"(τὰ ὄντα)이라는 복수표현을 쓰는 데 주목할 만하다. 이와 같은 복수표현에 의해 플라톤은 수로 셀 수 있는, 아리스토텔레스가 의미하는 바와 같은, 개별적인 존재자들을 의미한다. 그리고 그와 같은 복수표현의 "있는 것들"은, 비록 엘레아학파가 복수표현보다는 "있다"(ἔστιν) 내지는 "있는"(ἐόν, ὄν)과 같은 단수표현을 선호한다고 하더라도, 엘레아학파의 "있는 것"(τὸ ἐόν, τὸ ὄν)에 적합한 것이다. 왜냐하면 파르메니데스, 제논, 멜리소스에서 보이듯이 엘레아학파의 "있는 것"은 아직 "자연"(φύσις)에 관한 것으로 물질을 전제로 하고 있기 때문이다. 플라톤이 『파이돈』편 일식의 비유에서 "있는 것들"(τὰ ὄντα, 99d)이란 복수표현을 쓴 것도 "자연에 대해"(περὶ φύσεως, 96a) "생성과 소멸의 원인"(περὶ γενέσεως καὶ φθορᾶς τὴν αἰτίαν, 95e)을 탐구하면서 그것이 "무엇 때문에 있는지"(διὰ τί ἔστι, 96a)를 묻는 물음과 관계해서였다. 그와 같은 문맥의 연장선상에서 이전에 『파이돈』편에서 도외시되었던 자연의 물질적인 조건을 이제 다시 이데아론의 가능조건으로 받아들이는 『파르메니데스』편에서 "있는 것들"이란 복수표현을 쓰는 이유도 마찬가지로 "있는" 것이 어떤 "것", 즉 물질적인 사물에 조건지어있다고 생각하기 때문이다. 이 대화편에서 논의가 "여럿"을 전제하는 제논의 논의로부터 시작하는 이유도 바로 그와 같은 조건을 명시적으로 주제화하기 위해서이다.

그런데 플라톤은 특이하게도 파르메니데스와 제논이 "동일한 것"(ταὐτόν, 128a6)에 대해 서술하면서도 마치 "어떤 다른 것"(ἕτερόν τι, a7-8)을 말하듯이 제논이 우리를 "속이려고"(ἐξαπατᾶν, a7) 시도한다고 하면서 "하나"(ἕν, a8)이며 "여럿이 아니"(οὐ πολλά, b2)가 단지 "각각이 그렇게 말하는"(οὕτως ἑκάτερ-

9) 예컨대, Platon, Sophistes 244b 아래를 보라.
10) 이점에 관해서는, Kahn, 83, 각주) 7을 보라.

ον λέγειν, b4) 말하는 방식의 차이인 것처럼 파악한다. 이와 같은 제논의 논의에 대한 수사학적인 파악은 일회적이고 우연적인 것이 아니라, 플라톤의 『파이드로스』편 261d와 이소크라테스의 『헬레나 찬사』3.3–4에서 보듯이, 이미 고정된 것이고 당시에 잘 알려진 것이었다. 이를 뒷받침하듯 Diogenes Laertios에 따르면 "아리스토텔레스는 그(=제논)가 변증법을 처음 발견했다고 말했다."(VII, 57)고 한다. Lee의 설명에 따르면 아리스토텔레스에게 "변증법"(διαλεκτική)이란 질문과 답변 형식의 논의의 일종으로 논리적인 증명보다는 방법과 범위에 있어서 논쟁술에 가까운 것이라고 할 수 있다.[11] 그런데 플라톤이 어떻게 해서 제논의 논의를 이와 같은 수사학적인 관점에서 고찰하게 되었는지의 문제는 역사적인 설명을 필요로 하는 문제이다.

제논의 논의가 "만약 하나라고 한다면, 많은 우스운 것이 도출될 것"(ὡς εἰ ἕν ἐστι, πολλὰ καὶ γελοῖα συμβαίνει, 128d1)이라고 파르메니데스를 "희화화하려고 한 사람들에 대해"(πρὸς τοὺς ἐπιχειροῦντας αὐτὸν κωμῳδεῖν, c7–d1), 이른바 "여럿을 말하는 사람들에 대해"(πρὸς τοὺς τὰ πολλὰ λέγοντας, d3), 만약 그들이 여럿을 전제하면 그로부터 더 우스운 것들을 겪을 것이라는 것을 보이면서, 그들에게 그 이상의 것을 되돌려주려는 "파르메니데스의 테제에 대한 어떤 도움이"(βοήθειά τις τῷ Παρμενίδου λόγῳ, c6–7)였다고 하는 플라톤의 증언에 따라 제기된 역사적인 제논의 논의의 상대자는 누구인가의 문제에 대해 한때 득세를 했었던 대답은, 그들은 "피타고라스학파의 다원주의자들"이라는 것이었다.[12] 이와 같은 대답은 역사적인 제논의 논의의 논쟁적 성격에서 도출된 것이며, 그렇기에 제논의 논의의 논쟁적 성격을 설명해 줄 수 있다. 하지만 그 이후의 학자들의 기본입장은 제논의 논의는 피타고라스학파의 다원주의자들에 국한될 이유가 없고, 오히려 상식적으로 생각될 수 있는 모든 여럿과 운동에 적용될 수 있다는 것이다. 이와 같은 입장은 플라톤도 공유하는 입장이다. 왜냐하면 그는 어떤 특정한 다원주의자들에 국한하여 말하기 이전에 "모든 말해진 것들에 반하여"(παρὰ πάντα τὰ λεγόμενα, 127e9–10) 제논의 논의가 "여럿이 아니"(οὐ πολλά)라는 것을 관철시키는 것 이외에 다른 것이 아니라고 말하기 때문이다. "모

11) Lee, 113 아래를 보라.

12) Cornford, 58 아래를 보라. 제논의 논의의 반박대상이 피타고라스학파의 "위치를 지닌 단위"(μονὰς θέσιν ἔχουσας)란 설명은 Milhaud와 Tannery에 의해 제시되었고, Cornford와 Lee는 이 입장을 받아들여 발전, 강화시켰다. Lee, 34를 보라. 이러한 입장에 대한 비판으로는, Heidel, 21을 보라. 그에 대한 재비판은, Kirk & Raven, 291을 보라.

든 말해진 것들"은, 그 복수표현에서 명백하듯, 그 자체로 "여럿"(πολλά)이다.

그런데 앞서 언급한 바와 같이, 플라톤이 『파르메니데스』편에서 파르메니데스의 논의로부터가 아니라 제논의 논의로부터 논의를 시작하는 이유는, 여러 "있는 것들"의 존재조건인 "여럿"을 명시적으로 주제화하기 위해서였다. 하지만 이와 같은 여럿을 설명하는 데 있어 플라톤은 "동종"(ὅμοιον), "비동종"(ἀνόμοιον)이란 개념을 사용한다. "만약 있는 것들이 여럿이라고 한다면, 그 자신은 동종이자 비동종이어야 하는데, 이것은 불가능하다."는 것이다. 이와 같은 논의가 역사적인 제논의 논의인지는 논란의 여지가 있다. 무엇보다도 보존된 조각글들과 비교할 때, 논의의 전체적인 논리적 구조 이외에는 문체, 용어의 사용, 논의의 초점과 방식에서 상당한 차이를 보인다. Cornford가 위의 논의를 역사적인 제논의 논의로 받아들인 근거는 플라톤의 『파이드로스』261d와 프로클로스의 『플라톤의 파르메니데스편 주해』IV, 22에 있었다. 그러나 이 둘은 모두 제논의 논의에 대한 플라톤 자신의 파악방식에 의존하는 것으로 위의 논의가 역사적인 제논의 논의라고 하는 데 대한 결정적인 증거가 될 수 없다. 위의 논의를 "명백히 제논의 실제 말을 인용한 구절"이라고 한 Lee도 "제논 자신의 말에 극히 가깝다"고 하더라도 그것을 "풀이"(paraphrasing)했을 가능성을 완전히 배제하지 않는다.[13] 제논이라고 한다면, 아마도 "있는 것들이 여럿이라고 한다면"(εἰ πολλά ἐστι τὰ ὄντα)이라고 말하는 대신에 단순히 그것들이, 주어인 그것들이 주어진 조각글에서 문맥상 언제나 "있는 것들"이라고 말할 수 없기 때문에, 그것들이 무엇이든 간에, "여럿이라면"(εἰ πολλά ἐστι)이라고 말했을 것이다. 그리고 "여럿"을 설명하는 방식도 공간과 시간의 분할을 통해서이지 "동종", "비동종"이란 개념을 사용해서가 아니다. "동종", "비동종"이란 개념은 오히려 플라톤이 자신의 이데아론에 근거해서 여러 "있는 것들"을 설명하는 데에서 발생한 듯하다. 여러 "있는 것들"은 그것들이 이데아에 참여하는 한에서 이데아와 "동종"일 것이며, 이데아와 다르다고 하는 점에서 "비동종"일 것이다.[14] 나아가 논의의 초점도 역사적인 제논의 경우에는 Fränkel이 규정하는 바와 같이 공간과 시간 차원에서 "연속들의 근본구조"(the fundamental structure of continua)와 그와 관련되어 있는 "비한정의 본성이나 그것의 한정과의

---

13) Lee, 29를 보라.

14) 이에 대해서는, Platon, Parmenides 128e6-129a2와 130b4를 보라. 혹자는 플라톤에게 "동종", "비동종"이란 용어에 대해 용어설명이 없다고 하는데 이는 사실이 아니다. 그리고 Millon은 플로클로스가 용어설명을 해준다고 하는데 이는 플라톤 자신의 설명이라기보다는 프로클로스 자신의 신플라톤주의적인 설명이다.

관계의 문제"(the cognate problem of the nature of the infinite and its relationship to the finite)에 맞춰져 있다고 한다면[15], 플라톤의 경우에는 오히려 이데아들과 개별적인 존재자들 사이의 관계 문제에 맞춰져 있다.

그러나 이와 같이 역사적인 제논의 논의와 『파르메니데스』편에서 제논의 논의의 성격이 판이하게 다르다고 한다면, 두 논의 사이의 관계는 도대체 무엇이며, 플라톤은 제논의 논의를 올바로 수용하였는가의 문제가 발생한다. 필자는 이어지는 두 장에서 이 문제를 3. 역사적인 제논의 논의에 대한 해명으로부터 시작하여, 4. 그것이 플라톤의 제논의 논의에서 어떻게 발전되고 수용되었는지를 설명할 것이다. 그로부터 비록 모든 점에서는 아니라고 하더라도 앞서 언급한 가장 중요한 점에서 플라톤이 제논의 논의를 올바로 수용했다는 것을 밝힐 것이다.

3. 역사적인 제논의 논의

역사적인 제논의 논의는, 지금까지 많은 경우에 플라톤의 영향 아래 해석되었다고 하더라도, 플라톤의 제논의 논의와의 관계를 명확히 밝히기 위해서는 먼저 그 자체로 해명되어야 한다. 그럴 경우에 가장 먼저 해명되어야 할 사항은 제논의 논의의 목적과 방법이 플라톤이 말하는 대로 "모든 것은 하나"라는 파르메니데스의 테제를 옹호하기 위하여 먼저 상대방의 테제인 "여럿"을 전제하고 귀류법으로 그것을 부정하는 데 있는가 하는 문제일 것이다. 문제는, 플라톤 자신의 증언은 제외하고, "명백히 제논의 실제 말을 인용한 구절"이라 인정된 현재 우리에게 보존된 제논의 논의 가운데 어떤 것도 플라톤이 말하는 대로 "만약 여럿이라면"(εἰ πολλά ἐστιν, 128d5-6)이라는 전제에서 논의를 시작하지 않고, 오히려, 그 주어가 무엇이든 간에, 그것이 "만약 있다면"(εἰ ἔστι, B1.3)이라는 전제로부터 시작하는가 하면, "만약 여럿이라면"(εἰ πολλά ἐστι(ν), B1.8, B2.19-20, B3.14,16)이라는 전제는 논의의 도중에 나타나며, 또한 논의의 방식도 "만약 여럿이라면"이라고 전제할 때, 어떠어떠한 부조리가 생긴다고만 논의할 뿐, 그로부터 필연적으로 "하나"가 "있다"든지 "있는 것"은 "하나"이며 "모든 것은 하나"라고 논의하는 것이 아니라는 데 있다. 물론 그렇다고 제논의 논의가 논리적으로 "하나"가 "있다"든지 "있는 것"은 "하나"이며 "모든 것은 하나"라는 결론을 함축하지 않는다는 것은 아

15) 102쪽을 보라. 후자의 통찰에 관한 한 Fränkel은 그것을 Brochard에게서 빌려왔다.

니다. 제논의 논의가 그와 같은 결론을 논리적으로 함축하고, 이미 플라톤이 그렇게 이해하였으며, 플라톤주의와 신플라톤주의의 영향 아래 그러한 해석이 강화되었다고 하더라도, 문제는 그것이 제논의 논의가 실제로 의도한 바인가 하는 것이다.

일찍이, Simplikios가 전하는 바에 따르면, Eudemos의 말들로부터 Alexandros가 제논에 대해 그와 같은 견해를 취했다고 하는 바, 제논은 "하나도 지양"(ἀναιροῦντος τὸ ἕν, Simp. 138.30)했다고 한다.[16] 그러므로 기원전 4세기만 하더라도 제논의 논의가 "여럿"을 지양하고 "하나"를 옹호했다는 것은 자명한 일이 아니었으며, 오히려 제논의 논의는 "여럿"뿐만이 아니라 "하나"도 지양하는 듯이 보였다고 할 수 있다. 그리고 그 여파로 여전히 기원후 3세기에 Alexandros나 4세기에 Themistios는 제논의 논의가 파르메니데스적인 의미에서 "하나"를 지양할 것이라고 말할 수 있었다.[17] 그런데 제논의 논의가 "만약 있다면"이라는 전제에서 출발한다고 한다면, 부조리의 결과로 그 논의가 궁극적으로 옹호하고자 하는 것은 "하나"가 "있다"라든지 "있는 것"은 "하나"이며 "모든 것은 하나"라기보다는 단순히 "있는" 것이라 할 수 있고, 오히려 이 "있는" 것이 파르메니데스에게서 그러하듯 "하나"를 함축한다고 할 수 있으며, 그리고 논의의 도중에 "만약 여럿이라면"이라고 전제하고 부조리를 도출한다고 한다면, 그와 같은 귀류법에 의해 직접적으로 논증되는 것은 "여럿이 아니"고 "하나"이겠지만, 그 "하나"가 원래 "있는" 것의 "하나"인 한에서 논의에서 궁극적으로 옹호되는 것은 "있는" 것이고, 그것이 "만약 여럿이라면"이라는 전제를 매개로 이루어지는 한에서 논증되는 것은 "하나"가 "있다"라거나 "있는 것"은 "하나"이며 "모든 것은 하나"라는 것이다. 그러므로 이와 같은 논증의 구조를 생각할 때, 제논의 논의는 단층구조라기보다는 중층구조를 지니고 있다고 할 것이다.

이것이, 제논이, Simplikios가 많은 시도 가운데 하나라고 말하는, 어떤 논의(B1)의 서두에서 "만약 있는 것이 양을 지니지 않을 것이라면, 있지 않을 것이다."(εἰ

---

16) Simplikios, in Physica(이후 생략), 138.29 아래를 보라. 99.7 참조. 여기서 Simplikios가 곧 보고하는 바, 그의 『자연학』에서 Eudemos의 말들이란 "이것은 있지 않고, 어떤 하나인 것은 있는가? 말하자면 이점에 관해 그(=제논)는 당황했다."(ἆρα οὖν τοῦτο μὲν οὐκ ἔστιν, ἔστι δέ τι ἕν; 138, 31–32)는 것이다.

17) Simplikios, 138.3 아래, 139.20 아래를 보시오. 거기에서 Alexandros는 "만약 있는 것이 양을 지니고 분할될 것이라고 한다면, 있는 것은 여럿이고 더 이상 하나이지 않을 것이다."라고 말하고, Themistios는 "만약 분할된다면, 또한 물체들의 무한한 분할에 의해 엄밀한 의미의 하나는 있지 않을 것이다."라고 말한다.

μὴ ἔχοι μέγεθος τὸ ὄν, οὐδ᾽ ἂν εἴη, B1.2-3)라고 전술하고, "그런데 만약 있다면, 각각은 어떤 양을 지니는 것이 필연이다."(εἰ δὲ ἔστιν, ἀνάγκη ἕκαστον μέγεθός τι ἔχειν, B1.3-5)라고 논의를 시작하는 이유이다. 이와 같은 시작은 단지 "양"(μέγεθος)이나 "수량"(πλῆθος) 또는 "여럿"(πολλά)에 대한 논의에서뿐만이 아니라, 또한 "장소"(τόπος)나 "운동"(κίνησις)에 대한 논의에서도 엿보인다. 가령, Aristoteles나 Simplikios가 장소에 대한 제논의 논의를 보고할 때, "만약 장소가 (어떤 점에서) 있다면"(εἰ ἔστι(ν) (τι) ὁ τόπος, Arist. Phy. 210b23, Simp. 562.1 ad210b23)이라고 시작하거나, 또는 Simplikios나 Philoponos가 운동에 대한 제논의 논의를 보고할 때, "만약 운동이 있다면"(εἰ ἔστι κίνησις, Simp. 947.5 ad233a21, 1013.4 ad239b10, 1289.5 ad263a5, Philop. 802.31 ad233a21)이라고 시작하는 데서, 제논의 논의가 노리는 것은 "장소"나 "운동"은 "있는" 것이 아닌데, 만약 "장소"나 "운동"이 "있다"고 한다면, 이런저런 부조리가 발생한다는 것이다. 그런데 제논의 논의가 "여럿"이나 "하나"와 관계하게 되는 것은, 그의 논의가 자연세계의 "양"이나 "운동"에 조건지어져있기 때문이다. 그리고 이것이 제논의 논의가 궁극에서는 "있는" 것을 지향하면서도 "여럿"이나 "운동"을 매개로 하는 중층구조를 지니는 이유이다.

"여럿"에 대한 제논의 논의에 관한 한, "명백히 제논의 실제 말을 인용한 구절"로 인정된 B1, 2, 3은 모두 Simplikios에 의해 전해지는데, Zeller가 올바로 지적하였듯이 그것들은 전체로 하나의 논의를 구성한다. Diels가 1, 2, 3이라고 했던 것을 Lee는 Simplikios가 보고해 준 순서에 따라 2, 1, 3으로 순서를 바꿔 자신의 책에 수록하였고, Fränkel은 바뀐 순서에 따라 논의를 재구성하여 논의를 진행하였으며 Furley 등이 이 순서를 따랐다. 하지만 필자가 보기에 Lee가 Simplikios에 따라 순서를 교정한 것은 정당하지만 Diels도 나름대로의 이유가 있었으며, Fränkel의 논의는 부분적으로는 정당한 듯이 보이지만 전체적으로는 문제가 있으며, Simplikios의 제논에 대한 논의가 혼란에 빠져있다는 Calogero와 Fränkel의 주장은[18] 근거가 없다고 생각한다.

먼저, 1, 2에 대해 Fränkel이 재구성한 논의를 소개하면 아래와 같다.

(a) 하나가 구성되는 개별 단위들은 어떠한 양도 지니지 않을 것이다.

18) Calogero, 160, Fränkel, 111, Furley, 356.

(b) 그리고 그들은, 결과적으로, 존재하는 않는 것일 것이다. (B2, Lee, no. 9)
(c) 그래서, 전제가 그들이 존재한다는 것이기 때문에, 그들은 양을 지닐 것이다. 이것은 그들의 양은 무한정이라는 결론으로 이끈다. (B1, Lee, no. 10 앞부분)
(d) 그래서, 만약 우리가 여럿의 테제를 받아들인다면, 단위들은 작아서 어떠한 양도 지니지 않을 것이고, 커서 무한정일 것이다. (B1, Lee, no. 10 뒷부분)

Diels가 (c), (d)와 (a), (b)의 순서를 바꾼 이유는, Simplikios가 말하는 대로 "만약 다른 있는 것에 더해진다고 한다면, 그것은 어떠한 것도 더 크게 만들지 않을 것이다. 왜냐하면 어떠한 양도 있지 않는데 더해진다고 한다면, 양에 아무 것도 더할 수 없기 때문이다. 또한 그렇게 이미 더해진 것은 아무 것도 아닐 것이다. 그런데 만약 감해진다고 하더라도, 다른 것은 어떤 점에도 더 작아지지 않을 것이며, 또한 더해진다고 하더라도 증가되지 않을 것이라고 한다면, 더해진 것은 아무 것도 아니었으며 감해진 것도 아무 것도 아니었다는 것이 분명하다." (B2)고 할 때, 어떤 근거에서 이 논의가 성립하는지, Aristoteles나 Eudemos가 제시한 근거를 참조하지 않는다면, 알기 어렵기 때문이다. Simplikios에 따르면 이 논의에서 제논이 논의하는 것은 "여럿의 각각"(ἕκαστον τῶν πολλῶν, 139.16–17)은 "어떠한 양도 지니지 않는다."(οὐδὲν ἔχει μέγεθος, 139.18)는 것이고, 이를 "여럿의 각각은 자기 자신과 동일하며 하나라는 것으로부터"(ἐκ τοῦ ἕκαστον τῶν πολλῶν ἑαυτῷ ταὐτὸν εἶναι καὶ ἕν, 139.18–19) 도출한다고 하는데, 이 근거가 이해하기 그렇게 쉽지 않다. 왜 여럿의 각각이 자기 자신과 동일하고 하나이면, 그것은 어떠한 양도 지니지 않는가? 이런 이유에서 Diels는 그 근거를 1에서 발견하고, 2와 1의 순서를 바꾸었다. "그런데 만약 있다면, 필연으로 각각은 어떤 양을 지니고, 부피를 지녀야 하며, 그 중 어떤 것은 다른 어떤 것으로부터 떨어져 있어야 한다. 또한 앞에 있는 것에 대해서도 동일한 논리가 (성립한다). 왜냐하면 또한 저것도 양을 지닐 것이고 그 중 어떤 것이 앞에 있을 것이기 때문이다. 그러므로 이것은 단 한 번 말하나 또한 계속 말하나 동종의 것이다. 왜냐하면 그 중 그와 같은 어떠한 것도 끝이 아닐 것이고 또한 어떤 것이 다른 어떤 것에 대해서 그렇지 있지 않을 수 없을 것이기 때문이다. 이런 방식으로 만약 여럿이라고 한다면, 필연으로 그것들 자신은 작고 또한 커야 한다. 한편으로 작아서, 그 결과 양을 지니지 않을 것이고, 다른 한편으로 커서, 그 결과 무한정일 것이다." (B1) 여기에서 "여럿"의 "각각"이 "어떠한 양도 지니지 않는" 이유는, 단지 무한히 "작아서" 그 결과 "양을 지니지 않을 것" 이기 때문만이 아니라, 이미 그에 앞서 양의 분할이란 "동일한 논리"(ὁ αὐτὸς λόγος)를 "단 한 번"(ἅπαξ)만이 아니라 "계속"(ἀεί) 적용함으로써 양을 추상화시켰기 대문이다. 그렇기 때문에 단지 무한히 "작아서", 그 결과 "양을 지니지 않을 것"이란 논리뿐만이 아니라, 또한 무한히 "커서", 그 결과 "무한정일 것"이란 논리도 "여럿"의 "각각"이 "양을 지니지 않는다."의 논거가 되는 것이다. 이 경우에 "여럿"의 "각각"이 "어떠한 양을 지니지 않는" 근거는, "그 중"[19](αὐτοῦ)이라는 공간 속의 양이 "단 한 번"(ἅπαξ)뿐만이 아니라 "계속"(ἀεί)이라는 시간 속의 동일한 논리에 의하여 추상화된 양이라는 데 있다.

하지만 Diels의 논의 순서는 Simplikios가 보고하는 순서와 어긋나기 때문에, Lee나 Fränkel 등은 그 양을 마치 "점"(στιγμή)처럼 해석하는 Aristoteles(Met. 1001b20-21)나 Eudemos(Simp. 97.13)[20]에 힘입어 2의 "여럿의 각각은 자기 자신과 동일하며 하나"라고 하는, "양을 지니지 않는다."의 근거를 "기하학적 점의 성격"(a characteristic of the geometrical point, Lee, 29) 내지는 "하나가 구성되는 개별 단위들"(the single units of which the One is composed, Fränkel, 110)이라 이해한다. Furley가 말하듯이 제논이 말하는 것은, 위의 Diels에 대한 논의에서도 엿보이듯이, 반드시 기하학적인 "점"(point)일 필요는 없고, "여하튼 양이 없는 단위"(any unit without magnitude, 356)이다. 그럴 때에만 2의 논의가 성립하기 때문이다. 그렇지만 그 단위는 1에서 보이듯이 앞서 양을 전제하지 않는가? 1에서 Simplikios가 보고하듯이 "있는 것이 양을 지니지 않을 것이라면, 그것은 있지 않을 것"이라는 것을 앞서 2에서 보였다고 하면서, "그런데 만약 있다면, 필연으로 각각은 어떤 양을 지녀야 한다."고 하지 않았던가? 그렇다면 2의 논의도 "여하튼 양이 없는 단위"에서 논의를 하는 것이 아니라 그에 앞서 여하튼 양을 지니고 있는 것에서 논의를 시작하는 것이 아닌가? 그렇다면 2의 논의는 어떻게 성립하는 것인가? 전제는 어떻든 "여럿의 각각은 자기 자신과 동일하며 하나"라는 것이다. 그렇다면 논의의 핵심은, 그것이 "만약 다른 있는 것에 더해지면"이란 조건에 걸린다. "여럿의 각각이 자기 자신과 동일하며 하나"라고 할 때, 그 하나는, 자기 동일에 의해 규정되어

---

19) Vlastos는 Fränkel이 지적한 논리적인 평행구문에서 3번 반복되는 au)tou=의 소유격을 3번째 사용에 근거해서 분할(partitivus)의 소유격으로 확정지었지만, Fränkel과 마찬가지로 그것이 "각각'(ἕκαστον)을 받는 것으로 이해한다. 117 아래를 보라. 그러나 뒤에 자세히 논의될 근거에서 필자는 그것이 ἔστιν 동사의 주어를 받는다고 생각한다. 왜냐하면 "각각"이 자기 동일에 의해 규정될 때, 어떤 것과 다른 어떤 것을 포괄하는 것은 의미상 ἔστιν 동사의 주어인 "있는 것"(τὸ ὄν)이기 때문이다. 필자는 있는 것을 지시하면서 분할의 의미를 지닌다는 뜻을 살려 "그 중"이라고 옮겼다.

20) Aristoteles Met. B4.1001b20, Simplikios, 97.13을 보라.

있는 한, 양을 지니지 않든 양을 지니든, 다른 있는 것에 더해질 때, 그 또한 자기 동일에 의해 규정되어 있는 다른 있는 것을 양에서 증가시키지 못한다. 그런데 그렇게 이해된 하나는, 다른 것에 더해지거나 감해질 때, 양을 증가, 감소시키지 못한다는 점에서 어떠한 양도 지니지 않는 것이라 할 수 있다. 그러므로 2의 논의는 1의 논의와 마찬가지로 처음부터 양을 배제하는 것이 아니라, 오히려 전제하고 있다고 생각된다. 그리고 Simplikios가 보고하는 바대로, "만약 있는 것이 양을 지니지 않을 것이라면, 있지 않을 것이다."가 2의 결론이라고 한다면, 첫 번째 전제는 "왜냐하면"(γὰρ)으로 시작하는 "만약 다른 있는 것에 더해지면"이 아니라, 1의 논의처럼 "그런데 만약 있다면"일 것이다. 그런데 1의 논의에서도 "여럿"을 암시하는 말로 "그 중"을 쓰고, 그 바탕 위에서 나중에 "만약 여럿이라면"이라고 전제했는데, 그보다 앞선 2의 논의에서 "여럿의 각각"이란 말을 썼을 것이라고는 생각하기 어렵다. 그로부터 "여럿"을 "그 중"으로 바꾸고 2의 논의를 재구성하면 아래와 같다.

A. εἰ δὲ ἔστιν, ἀνάγκη αὐτοῦ ἕκαστον ἑαυτῷ ταὐτὸν εἶναι καὶ ἕν.

B. εἰ γὰρ ἄλλῳ ὄντι, φησί, προσγένοιτο, οὐδὲν ἂν μεῖζον ποιήσειεν. μεγέθους γὰρ μηδενὸς ὄντος, προσγενομένου δὲ οὐδὲν οἷόν τε εἰς μέγεθος ἐπιδοῦναι. καὶ οὕτως ἂν ἤδη τὸ προσγινόμενον οὐδὲν εἴη. εἰ δὲ ἀπογινομένου τὸ ἕτερον μηδὲν ἔλαττόν ἐστι, μηδὲ αὖ προσγινομένου αὐξήσεται, δῆλον ὅτι τὸ προσγενόμενον οὐδὲν ἦν οὐδὲ τὸ ἀπογενόμενον.

C. εἰ μὴ ἔχοι μέγεθος τὸ ὂν οὐδ' ἂν εἴη.[21]

이와 같은 형태의 논의는 논의의 중층구조에 적합하며, 또한 "운동"에 대한 제논의 논의의 서두라고 평가받는[22] B4와 핵심에서 일치한다. "운동하는 것은 그것

---

21) A. 그런데 만약 있다고 한다면, 필연으로 그 중 각각은 동일하며 하나다. B. 왜냐하면 만약 다른 있는 것에 더해진다고 한다면, 그것은 어떠한 것도 더 크게 만들지 않을 것이다. 왜냐하면 어떠한 양도 있지 않는데 더해진다고 한다면, 양에 아무 것도 더할 수 없기 때문이다. 또한 그렇게 이미 더해진 것은 아무 것도 아닐 것이다. 그런데 만약 감해진다고 하더라도, 다른 것은 어떤 점에도 더 작아지지 않을 것이며, 또한 더해진다고 하더라도 증가되지 않을 것이라고 한다면, 더해진 것은 아무 것도 아니었으며 감해진 것도 아무 것도 아니었다는 것이 분명하다. C. 만약 있는 것이 양을 지니지 않을 것이라면, 그것은 있지 않을 것이다.

22) Vlastos, 184 아래를 보라.

이 있는 장소에서도 운동하지 않고, 있지 않는 장소에서도 (운동하지 않는다)." (B4) 왜냐하면 4도 운동하는 "여럿"의 "각각"을 장소를 매개로 하여 "자기 동일"에 의해 규정하는 데 논의의 핵심이 있기 때문이다. 그런데 Simplikios가 전하는 말에 따르면, Eudemos는 제논이 "만약 누군가가 그에게 하나가 무엇인지를 보여주면, 있는 것들을 말할 수 있다."(132.32-33)고 말했다고 한다. 이 진술은 Simplikios에 의해 2의 논의의 요약 바로 앞에 위치되어 있는 바, 그리고 내용으로도 2의 논의에 관계하는 바, 아마도 2의 논의에 앞서 제논이 한 말인 듯하다. 그렇다고 한다면, "하나"가 2에서 양을 전제로 해서 "여럿"의 "각각"이 자기 동일에 의해 규정되어 "자신과 하나"인 것으로 이해되어지는 한에서, 제논은 이제 그에 따라 "있는 것들"을 말해야 한다. 그로부터 그 다음에 논의의 이어짐에서 "그런데 만약 있다면"이라고 시작하는 것은 지극히 자연스럽다. 그리고 이와 같은 전제로부터, "여럿의 각각이 자기 자신과 동일하고 하나라는 것으로부터" "양을 지니지 않는다."는 것을 논증하는 논의에서 결론이 "만약 있는 것이 양을 지니지 않을 것이라면, 그것은 있지 않을 것이다."라는 부조리로 끝나는 것은 제논의 논의의 성격에 걸맞으며, 또한 그의 논의의 성격을 잘 규정한다. 말하자면, 제논의 첫 번째 논의는 "있는" 것을 전제로 해서 "있는" 것을 부정하는 것으로 끝나며, 그것도 논의의 중간에 양을 전제하고 양을 부정하는 방식으로 이와 같은 결론을 도출한다.

2 다음에 오는 1은, 2에서 "양을 지니지 않는다."는 이유로 부정된 "있는" 것을 다시 그것이 "그런데 있다면"이라고 전제하고, 앞서 논의를 분석했던 바대로, 그것의 각각에 전제된 양을 무한 분할의 논리를 통해 부정하고 그로부터 여럿이 작으면 양을 지니지 않고 크면 무한하다는 방식으로 양을 지니지 않는다는 것을 논증하는데, 이 논증이 부조리에 의한 논증이라고 한다면, 이 논증이 궁극적으로 논증하고자 하는 것은 무엇인가? 앞서의 논의와 같이 양을 지니지 않는 것은 있지 않으니까, 그것이 부조리하다면 그것은 있다는 것을 논증하는 것인가? 또는 중간에 "만약 여럿이라면"이라는 전제로부터 논증의 결론이 부조리하다면, 그것은 여럿이 아니라 하나이며, 오직 하나가 있고, 있는 것은 하나이며 모든 것은 하나라는 것을 논증하는 것인가? 그런데 Simplikios가 "여럿이 있음을 말하는 사람에게는 반대되는 것들을 말하는 것이 발생한다."(τῷ πολλὰ εἶναι λέγοντι συμβαίνει τὰ ἐναντία λέγειν.)고 할 때, 그는 단지 "여럿이 있다."에 "반대되는 것들"로 무엇보다도 먼저 "여럿은 있지 않다."는 것을 말하고 있는 것은 아닌가?

그런데 Simplikios는 1의 논의를 "양에 따라 무한정한 것"(τὸ κατὰ μέγεθος ἄπειρον, 140.34)에 관한 논의라고 하고, "동일한 시도"(ἡ αὐτὴ ἐπιχείρησις,

141.1), 즉 동일한 논의에서 이어지는 3의 논의를 "수량에 따라 무한정한 것"(τὸ κατὰ πλῆθος ἄπειρον, 140.33-34)에 관한 논의라고 한다. 그로부터 2, 1, 3 전체의 논의는 하나의 유기적인 전체로서 파악되어야 한다. 먼저 2에서 "여럿의 각각은 자기 자신과 동일하고 하나"(139.19)라는 한정의 원리에 근거하여 논의를 전개시켰다고 한다면, 이제 1에서 "취해진 것 앞에 항상 어떤 것이 있다"(139.17)는 무한정의 원리에 근거하여 무한 분할을 통해 양에 따라 무한정한 것에 관한 논의를 전개시키고, 이어 3에서는 앞선 한정, 무한정의 두 원리에 근거하여 수량에 따라 무한정한 것에 관한 논의를 전개시킨다. 그로부터 논증하고자 하는 것은 "만약 여럿이라면, 동일한 것이 한정되어 있으며 또한 무한정"이라는 것이라는 것이다. "만약 여럿이라면, 필연으로 그것들이 그런 만큼 그만큼이어야 하고, 그들보다 더도 덜도 아니어야한다. 그런데 그것들이 만약 그런 만큼 그만큼이라고 한다면, 그것들은 한정되어 있을 것이다. 만약 (그렇게) 여럿이면, 있는 것들은 무한정이다. 왜냐하면 항상 있는 것들 사이에 다른 것들이 있고, 다시 저것들 사이에 다른 것들이 있기 때문이다. 그리고 이와 같은 방식으로 있는 것들은 무한정이다."(B3) 여기서는 앞서의 논의에 따라 한정되어있음도 무한정도 양을 지니지 않는 것으로 양적인 어떤 것이 "있다"는 전제하에서 부조리하다. 그렇기 때문에 "수량에 따라 무한정한 것"에 관한 이 논의는 Simplikios가 말하는바 "두 가지에 대해 연습하듯 시도"(ἐφ' ἑκάτερα γυμναστικῶς ἐπιχειροῦντα, 139.3-4)한다는 의미에서 대표적인 제논 식의 "이중논설적인"(ἀμφοτερόγλωσσος, 139.4) 논의이다. 그런데 논의가 매번 이런 식으로 다른 결론을 명시적으로 도출하지 않고 부조리로만 끝난다면, 제논의 논의가 궁극적으로 노리는 것은 무엇인가? 그것은 일차적으로 "여럿이라면"이라는 전제에 관계하는 한 "여럿이 아니"며, "여럿은 있지 않다"는 것이 아니겠는가? 그렇다고 하더라도 그 부조리에 의해 논의에서 궁극적으로 논증되는 것은 무엇인가? 이 문제는 제논의 논의의 전체 구조에서 해명되어야 할 문제이다.

그런데 Fränkel의 논의는 부분적으로 알려주는 바가 많지만, 전체적으로 볼 때, 어떤 문제를 안고 있다. 필자가 보기에 그 중 가장 큰 문제는, 그의 (a)에서 "여럿의 각각이 자기 자신과 동일하며 하나"인 것들을 처음부터 "나뉠 수 없는 단위들"(indivisible units)로 이해하고, 그로부터 "연장되지 않은"(unextended) 것으로 파악한다는 것이다.[23] 그러나 그렇다고 한다면, (b)에서 보이는 것처럼 "있는" 것의 조건인 "양"은 처음부터 배제되고, 논의는 여럿의 각각이 "단위"에 의해 "양을 지

23) Fränkel, 121을 보라. 그밖에, 110-111 참조.

니지 않는다."는 것을 선험적으로 논증한다. 비록 결과에 있어 같더라도, 제논의 실제 논의는 그런 것이 아니라, 그와 같이 자기 동일에 의해 규정된 것이 다른 "있는" 것에 더해질 때, 그 또한 자기 동일에 의해 규정되어 있는 다른 "있는" 것의 양을 증가시키지 못한다는 식의 논증이었음을 앞에서 밝혔다. 이러한 논의는 양을 처음부터 배제하는 것이 아니라, 오히려 전제한다고 할 수 있다. 그리고 그럴 때에만 제논의 논의는 보통 사람들이 여럿의 각각이라고 생각하는 것에 대한 반박논증이 될 수 있다. 그러나 Fränkel은 "단위"에 의해 여럿의 각각이 양을 지니지 않는다는 것을 논증했기 때문에 제논의 논의가 상식적인 의미에서의 여럿에 대한 논증이 아니라, 그와 같은 단위를 원리로 세상이 구성되었다고 생각하는 "학설"(doctrine)에 대한 논증이라고 생각한다.[24] 그가 특별히 염두에 두고 있는 학설은, 앞서 Milhaud, Tannery, Cornford, Lee 등이 그랬듯이, "피타고라스학파의"(Pythagorean) 학설이다. 이러한 입장에 근거하여 그는 제논이 "연장되지 않은" 것에서 "양을 지니지 않는다."는 것을 도출하고, "양을 지니지 않는다."는 것으로부터 "있지 않을 것"을 도출하는데, 이는 "명백한 오류"(palpable fallacies)라고 생각한다.[25] 그러나 이것은 제논에게는 오류가 아니라, "양"이 "있는" 것의 조건이었기에 "있는 것이 양을 지니지 않을 것이라면, 그것은 있을 수 없다"고 하는 필수조건에 따른 정당한 논증이다. 그로부터 이 논증에는 각각의 있는 것이 양을 지닌 채, "있다"고 하는 것이 사전에 논의의 전제로 되어있어야 한다. 그러나 (c), (d)에서 Fränkel은, 비록 "있다"는 것이 다시 전제되고 그것이 "양을 지닌다."는 것이 인정된다고 하더라도, 자신의 입장을 여전히 고수하면서 양을 "표면"(surface)으로 파악함과 동시에 무한을 단지 수학적인 차원에서만 고찰한다.[26] 제논처럼 양을 논리에 의해 공간과 시간 속에서 추상화시킬 때, Fränkel이 파악한 것처럼 양이 표면이 되는 것이 필연이라고 하더라도, 무한을 단지 수학적인 차원에서만 고찰하는 것은 제논의 논리를 올바르게 파악한 것이 아니다. Fränkel처럼 무한을 단지 수학적인 차원에서만 고찰하면, 양이 무한 분할되었을 때, 어떻게 작음이 양을 지니지 않게 되고, 또한 동일한 방식으로 무한 소급할 때, 큼이 무한하게 되어 양을 지닐 수 없는지를 설명할 수 없을 것이다. 그러나 제논처럼 양을 전제하면, 작음이 무한 분할하여 양을 지니지 않게 되는 것이나 큼이 동일한 방식으로 무한 소급하여 무한하

24) Fränkel, 121을 보라. 그밖에, 112-117 참조.
25) Fränkel, 122를 보라. 그밖에, 112-114 참조.
26) Fränkel, 121-123을 보라. 그밖에, 117-121 참조.

게 되어 양을 지니지 않게 되는 것은, 작음이 양의 결여로 넘어가거나 큼이 무한으로 넘어갈 때 비로소 발생한 것이 아니라, 이미 양을 논리에 의해 공간과 시간 속에서 추상화했을 때 발생한 것이다. 그러나 이 논의가 양에 관계된 논의라는 것은 Simplikios의 말에 의해 분명하다. "양이나 부피나 몸체가 속하지 않는 이것은 또한 있지 않을 것이다."(οὖ μήτε μέγεθος μήτε πάχος μήτε ὄγκος μηθείς ἔστιν, οὐδ᾽ ἂν εἴη τοῦτο. 139.10–11) 그는 위의 논의의 증명내용으로서 이 말을 제시하였다. 그러므로 Simplikios에 따르면 이 논의 또한 앞의 논의와 마찬가지로 "있는 것이 양을 지니지 않을 것이라면, 그것은 있지 않을 것" 이란 것을 논증하는 논의이다.

이와 같은 사정은 "양에 따라 무한정한 것" 에 관한 논의 다음에 이어지는 "수량에 따라 무한정한 것" 에 관한 논의에서도 마찬가지일 것이다. 그런데 Fränkel은 이 논의를 앞의 두 논의의 앞에서 독립적으로 논의하면서 제논의 운동에 대한 논의에 대한 Brochard의 통찰을 빌어 와서 무한정의 한정에 대한 관계를 규정하는 논의로 이해하고는 여기에서 "무한 분할될 수 있는 유한한 연속의 문제" 가 "가장 단순한 형태로" 제시된다고 생각한다.[27] 그리고는 "제논이 다수성에 대해 말할 때마다, 그는 분할가능성을 포함하며, 분할가능성으로 그는 단지 물리적인 분리만을 의미하는 것이 아니라, 또한 대상의 연속적인 몸체안의 부분들이나 영역들 사이의 정신적인 구분도 의미한다." (104)고 말한다. 말하자면, Fränkel은 이 논의가 "정신적인 구분" (mental distinction)에 의해 진행되며 "물리적인" (physical) 것을 전제한다는 것을 인정한다는 것이다. 당연히 이 논의 역시 앞서의 논의들과 마찬가지로 물리적인 양을 전제하며 추상화된 정신적인 구분에 의해 진행된다. 그러나 이 논의는 "무한 분할될 수 있는 유한한 연속의 문제" 가, 물론 외견상 그 자체로 볼 때는 그렇게 볼 수도 있겠지만, "가장 단순한 형태로" 제시된 것이 아니라, 앞선 논의들을 전제로 할 때, 매우 복잡한 형태로 제시된 것이라고 할 수 있다. 앞의 논의들을 전제로 하지 않을 때에는, 한정에 대한 논의가 왜 한정의 부정에 대한 논의이며, 무한정에 대한 논의가 어떤 방식으로 무한정의 부정에 대한 논의인지 알기 어렵다. 먼저, 처음의 "만약 여럿이라면" 이라는 전제는 앞의 논의에서 부정된 것이긴 하지만 그럼에도 다시 전제한다고 보면, 여기에는 "있는" 것의 "양" 이 같이 전제되어있다고 할 수 있고, 그로부터 "필연으로 그것들이 그런 만큼 그만큼이어야" 한다는 것은 양을 전제로 한 수적 규정이며, 또한 "그들보다 더도 덜도 아니" 라는 것에 의

27) Fränkel, 103–106을 보라. 그밖에, 102 참조.

해 보다 분명하게 규정되는 바, 자기 동일에 의해 규정된 양을 전제로 한 수적 규정이다. 그러나 이러한 자기 동일의 규정에 의해 양은, 이미 앞의 논의들에서 보았듯이, 더 이상 실제의 양이 아니라 추상적인 양이며 수적인 양이다. 그런데 제논이 전제하듯, "그런데 그것들이 만약 그런 만큼 그만큼이라고 한다면," 제논이 결론짓듯, "그것들은 한정되어 있을 것이다." 그러나 이와 같이 한정되어 있는 것들은 "있는" 것의 "양"을 전제로 한다고 하더라도 "있는" 것의 "양"으로부터 논리적으로 추상화되어 한정되어 있는 것들로서 이미 한정의 부정을 내포하고 있는 것이다. 그렇기 때문에 제논에게 있어서 그것들이 "만약 (그렇게) 여럿이라면," "있는 것들은 무한정"일 수 있는 것이다. 왜냐하면 그것들은 이미 추상화된 것들이기 때문이다. 그렇지만 제논은 "있는 것들"의 "무한정"의 근거를 다음과 같이 제시한다. "왜냐하면 항상 있는 것들 사이에 다른 것들이 있고, 다시 저것들 사이에 다른 것들이 있기 때문이다." 먼저 여기서도 "있는 것들"(τὰ ὄντα)이 당연한 듯이 전제되어 있다. 그렇기 때문에 2의 재구성에서도 "있는 것"(τὸ ὄν)을 보존하였다. 다만 여기서는 이미 여럿의 문제가 제기된 상태이기 때문에 복수로 "있는 것들"이고, 저기서는 아직 여럿의 문제가 명시적으로 제기되지 않았기 때문에 단수로 "있는 것"이다. 그런데 문제는 "있는 것들 사이에"(μεταξὺ τῶν ὄντων) "다른 것들"(ἕτερα)을 가지고 제논은 무엇을 의미하는가 하는 것이다. Fränkel에 따르면, "엘레아학파는 어디에서도 두 사물이 직접 접촉할 수 있다는 것을 부인하지 않는다."[28] 이런 이유에서 그는 "물리적인" 것을 전제하면서도 분할은 "정신적인 구분"이라고 하는 것이다. 그러나 그는 이 문제를 자신이 (c)에서 논의한 내용과 연결시키지 못하는 것 같다. 거기서 그는 "양"(μέγεθος)다음에 부언에 가까운 "부피"(πάχος)를 첨언하는 이유를 설명하기 위하여 "앞에 있다"(προέχει)는 동사를 "투사(投射)하다, 앞으로 뻗다"(project, stretch forward)란 뜻으로 이해하면서 "앞에 있는 것"(προέχον)을 "안면에 있는 것"(that which is in font), 즉 "안면 부분"(the front part) 또는 3차원적인 "양"(μέγεθος)의 "표면"(surface)이라 파악하였다.[29] 그와 같은 3차원적인 "표면"을 부각시키기 위하여 "양" 다음에 "부피"를 부언하였다는 것이다. 그렇다고 한다면, 지금의 논의에서 "있는 것들 사이에 다른 것들"도 그와 같은 표면들로 봐야할 것이다. 그런데 이와 같은 것들은 추상적인 논리에 의해 계속 구분될 수 있는 것들이다. 그리고 "이와 같은 방식으로"(οὕτως) "있는 것들"은 "무한정"이다. 그렇다고 한다면, 그렇게 수적으로 "무한정한" 양들

---

28) Fränkel, 104.

은 "양"(μέγεθος)에서 추상화된 "수량"(πλῆθος)이기 때문에 양을 지니지 못하고 있지 않는 것일 것이다. 그러므로 "양이나 부피나 몸체가 속하지 않는 이것은 또한 있지 않을 것이다."(οὐ μήτε μέγεθος μήτε πάχος μήτε ὄγκος μηθείς ἐστιν, οὐδ᾽ ἂν εἴη τοῦτο, 139.10–11)라는 Simplikios의 증언은 단지 2에만 적용되는 것이 아니라, 또한 3에도 적용되는 것이라 할 수 있다. "부피"(πάχος)란 용어의 사용이 그 점을 시사한다. 그렇다고 한다면, 동일한 논리가 운동에 대한 논의에도 적용된다고 할 것이다. 왜냐하면 Aristoteles가 보고하고 Simplikios가 주해하는, 이른바 "경기장"(Arist. Phy. 236b33–240a18)의 논의에서 제논은 또한 "몸체"(ὄγκος, 239b34)란 용어를 사용하기 때문이다.

실상, 제논의 운동에 대한 논의는, 아리스토텔레스의 보고가 그러한 인상을 주듯이, 여럿에 대한 논의와 독립된 논의가 아니라, 여럿에 대한 논의의 연장선상에 있는 것이다.[30] 그렇기 때문에 운동에 대한 논의에 사용된 원리는 여럿에 대한 논의에 사용된 원리와 기본적으로 동일한 것이다. 예컨대, B4에서 "운동하는 것은 그것이 있는 장소에도 운동하지 않고 그것이 있지 않는 장소에도 운동하지 않는다."고 할 때, 제논은 2에서 마찬가지로 자기 동일의 원리를 적용하고 있는 것이다. 또한 나머지 4가지 운동에 대한 논의에 대해서도 이미 Brochard가 통찰했고, Fränkel 등이 동의했듯이, 여럿에 대한 논의에 사용된 원리가 적용된다. 지면관계상 이에 대한 자세한 분석은 다음기회로 미루고, 여기서는 간단히 핵심만 언급하고자 한다. 어떻든, 제논이 운동에 대한 논의를 할 때는, 위의 예에서 보이듯이, 사실상의 운동을 전제로 한다. 그러나 그 운동이 어떻다고 할 때는, 공간과 시간의 차원에서 사유의 정지 내지는 운동에 의해 규정한다. 지금의 경우는 "날아가는 화살"(Arist. Phy. 239b5–9)의 경우처럼 자기 동일의 사유규정에 따라 운동하는 것은 현재 자기가 있는 장소에 움직이지 못하고 묶여있지만, 혹시나 "이중분할"(Arist.

---

29) 필자는 Fränkel의 이와 같은 해석(118)과 이에서 발전된 Vlastos의 해석(178)에 동의하기 어렵다. 다만 양을 3차원적인 공간에서 파악하고자 하는 시도로서 가치가 있다고 생각하여 소개하였다. 단순히 προέχειν 이나 ἀπέχειν 동사의 의미를 규정함으로써 양의 3차원적인 성격을 밝히려는 전략보다는 먼저 πάχος의 의미를 분명히 하고 순서에 따라 ἀπέχειν 동사와 προέχειν 동사의 의미를 밝혀나감으로써 양의 3차원적인 성격을 규명하고 논리를 구축하는 것이 올바른 전략이라고 생각한다. 말하자면, "두께"라 하든, "부피"라 하든, "깊이"라 하든, πάχος의 의미를 먼저 밝히고, "어떤 것이 다른 어떤 것으로부터 떨어져 있다"고 할 때, "떨어져 있다"고 옮긴 ἀπέχειν 동사의 의미를 밝힌 다음에, "앞에 있는 것에 대해서도"라고 할 때, "앞에 있는 것"이라 옮긴 προέχον의 동사 의미를 밝힘으로써 "양"(μέγεθος)의 3차원적인 공간규정을 명확히 하여야 할 것이다.

30) Calogero, 99–100, Fränkel, 104, Furley, 360을 보라.

Phy. 239b11-14)이나 "아킬레우스와 거북이"(Arist. Phy. 239b14-26), "경기장"의 경우처럼 움직인다고 하더라도 곧 그것을 규정하는 사유의 운동에 의해 운동은 절대적이든 상대적이든 부조리하게 된다. 제논에게 운동은 공간에서 시간적인 사유의 운동에 의해 규정되기 때문에, "이중분할"의 경우처럼 운동이 절대적이든, 또는 "아킬레우스와 거북이"의 경우처럼 운동이 상대적이든, 운동을 규정하는 사유가 무한 분할 가능한 공간에서 무한 퇴행하여 부조리에 빠지거나, "경기장"의 경우처럼 정지해 있는 것에 대한 상대적인 운동의 사유규정과 움직이는 것에 대한 상대적인 운동의 사유규정의 차이에 의해 부조리에 빠진다. 이와 같은 방식으로 제논에게 운동은 사유의 운동으로 처음부터 부조리한 것이고, 논의의 전제가 "운동이 있다면"이었던 만큼, 있지 않는 것이다.

그러므로 제논의 논의는, 그것이 여럿에 대한 것이었든, 운동에 대한 것이었든, 모두 부조리로 끝나고, 그것의 전제가 "있는 것"이 "여럿이라면"이거나 "운동이 있다면"이었던 만큼, 일차적인 결론은 언제나 그와 같은 것은 "있지 않을 것"이란 것이다. 그런데 제논의 논의가 이와 같이 언제나 "있지 않을 것"이라는 결론으로 귀결되는 이유는, 이미 여러 곳에서 밝힌바 있는[31], "아무 것도 알지 못하는"(εἰδότες οὐδέν, B6.11) 우리 "사멸하는"(βροτοί, 같은 곳) 인간 존재의 의견은 "있는" 것에는 "있지 않는" 것이란 파르메니데스의 논의를 좇아 제논이 여럿과 운동에 대한 논의를 진행시키기 때문이다. 파르메니데스는 "사멸하는 자들이 그것이 진리라고 확신하면서 정립한 것은 모두 이름일"(πάντ᾽ ὄνομ(α) ἔσται, ὅσσα βροτοὶ κατέθεντο πεποιθότες εἶναι ἀληθῆ, B8.38-39) 뿐이라고 하고 그 예로 "생성과 소멸, 있음과 아니, 장소의 이동과 빛나는 색의 변화"(γίγνεσθαί τε καὶ ὄλλυσθαι, εἶναί τε καὶ οὐχί, καὶ τόπον ἀλλάσσειν διά τε χρόα φανὸν ἀμείβειν, B8.40-41)를 든 다음, 그것을 "있다"(ἔστιν, B8.2)고 하는 그 길은 "생성 없이 있으면서 또한 소멸도 없다. 왜냐하면 모든 지체에 요동도 없이 또한 끝이 없기 때문이다. 또한 한 번도 있었지 않고 또한 있을 것이지도 않은데, 지금 동일한 곳에 전체가 하나, 연속으로 있기 때문이다."(ἀγένητον ἐὸν καὶ ἀνώλεθρόν ἐστιν, ἐστι γὰρ οὐλομελές τε καὶ ἀτρεμὲς ἠδ᾽ ἀτέλεστον. οὐδέ ποτ᾽ ἦν οὐδ᾽ ἔσται, ἐπεὶ νῦν ἔστιν ὁμοῦ πᾶν, ἕν, συνεχές, B8.3-6)라는 식으로 논증한다. 제논이 여럿과 운동에 대해 위와 같은 논의를 전개할 수 있었던 것은 이와 같은 파르메니데스의 전례를 따라서이다.

---

31) Yang, (2005)41 아래, (2008)16 아래, 양태범, (2007)161 아래,

원래 제논의 논의는, 이와 같은 파르메니데스와의 관계를 돌이켜 볼 때, 비록 그 논의들이 부조리로 끝나고, 그들의 일차적인 결론이 논의가 된 그와 같은 것들은 "있지 않을 것"이라고 하더라도, 여럿의 있지 않음으로부터는 하나가 있음을, 운동의 있지 않음으로부터는 정지가 있음을 결론으로 갖는 것이 마땅할 것이다. 그런데 Eudemos의 말에 따르면 이와 같은 제논의 논의는 파르메니데스적인 의미의 "하나"도 지양한다고 한다. 그리고 이에 대해 Calogero는 Simplikios가 혼란스러워했다고 한다.[32] 그리고 이러한 입장을 Fränkel이 좇는다.[33] 그러나 Simplikios의 본문을 보면, 막상 혼란스러워했던 사람은 Simplikios 자신이라기보다는 Eudemos이었던 것 같다. 왜냐하면 그가 "왜냐하면 이에 대해 그는 혼란스러워했다."(τοῦτο γὰρ ἠπορεῖτο, 138.31)고 Eudemos의 말을 전할 때, 주어 "그"는 제논이기 때문이다. 제논의 논의에 제논 자신이 혼란스러워하지 않았다고 한다면, 여기서 정작 혼란스러워했던 사람은 Eudemos이다. 이에 반해 Simplikios는 그에 대해 문제를 제기하고 나름의 해결책을 모색하는 사람이다.[34]

문제는, "각각은 자기 자신과 동일하며 하나"라는 원리에 따라 각각의 양과 부피, 수량을 부정하고 여럿의 있지 않음을 도출할 때, 논증에 사용된 동일한 원리가 동시에 파르메니데스적인 의미의 하나도 지양하는 듯이 보인다는 것이다. 이에 대해 Aristoteles는 모순율에 근거하여 "하나와 여럿"(ἓν καὶ πολλά)의 "동일"(ταὐτόν)을 부정하고(138.8-9), "있는 것은 가능태와 완성태에서 하나로 있다."(ἔστι δὲ τὸ ὂν καὶ ἓν δυνάμει καὶ ἐντελεχείᾳ, 138.9-10)는 자신의 원리에 근거하여 제논의 원리를 설명하며, 이와 같은 Aristoteles의 논리를 좇아 Xenokrates는 "나뉠 수 없는 선들"(ἀτόμους γραμμάς, 138.15)을, Eudemos는 "점은 아무 것도 정립하지 않는다."(τὴν στιγμὴν μηθὲν τιθέναι, 139.1)는 원리를 제논의 논증의 원리로 제시한다. 물론 제논의 논증의 원리는 그와 같은 "점"이나 "선"이나 또는 "위치를 지닌 단위"가 아니라, 공간에서 사유에 의해 자기 동일로 규정된 어떤 단위로서 "하나"이다. 그러나 그와 같은 "하나"나, 또는 아무 것도 정립하지 않는 "점"이나 나뉠 수 없는 "선", 내지는 위치를 지닌 "단위" 등등이 논증의 원리로 제시될 경우에는, 그와 같은 원리는 파르메니데스적인 의미의 하나

---

32) Calogero, 160 아래를 보라.

33) Fränkel, 111, 134, 미주) 42를 보라.

34) Furley, 356 아래를 보라. "(a)와 (b)의 결합은 고대의 주석가들을 혼란스럽게 했다. 방금 인용한 구절에서 '하나를 지양하면서가 아니라'라는 심플리키오스의 주석은 이에 대한 반영이다." 356.

를 지양한다. 여기서 "점" 이나 "선" 이나 "단위" 가 더 이상 나뉠 수 없는 이유는, 그것이, Aristoteles적인 시각으로 볼 때, 더 이상 가능태가 아니라, 오히려 무한 분할 가능한 공간에서 사유에 의해 자기 동일로 규정된 현실태이기 때문이다. 그런데 이에 대해 Alexandros는 "만약 있는 것이 양을 지니고 또 나뉠 것이라고 한다면, 있는 것은 여럿이고 더 이상 하나가 아닐 것" (εἰ μέγεθος ἔχοι τὸ ὂν καὶ διαιροῖτο, πολλὰ τὸ ὂν καὶ οὐχ ἓν ἔτι ἔσεσθαι, 138.4–5)이라고 제논이 말했고, 이를 통해 제논은 "하나는 있는 것들 가운데 어떠한 것도 아닌 것이다." (μηδὲν τῶν ὄντων ἔστι τὸ ἕν, 138.5–6)는 점을 보여준다고 한다. 먼저 Alexandros에 따르면, 있는 것이 여럿이 되고 더 이상 하나가 아니게 되는 것은 분할에 의해서이다. 그러나 제논에게 이 분할은 자기 동일에 의해 규정된 하나에 근거하는 것이다. 여기서 그 하나가 단순히 현실태인지 아니면 자체 내에 가능태를 내포하는지, 분할될 수 없는지 분할을 허용하는지의 문제는 제논에게 그렇게 중요한 것이 아니다. 그것은 현실태로는 분할될 수 없는 것이겠지만, 가능태로는 분할될 수 있는 것이다. 중요한 것은 그 다음에 오는 것이다. Alexandros에 따르면, 제논의 논의의 목적은 "하나는 있는 것들 가운데 어떠한 것도 아닌 것이다." 를 보여주는 것이다. 여기서 "하나" 는 파르메니데스적인 의미에서 "엄밀한" (ἀκριβῶς, 139.21) 하나이어야 한다. 왜냐하면 논증의 원리로 사용된 "하나" 는 여러 "있는 것들" 의 여럿을 가능하게 하는 원리로서 여러 "있는 것들" 에 속한다고 할 수 있기 때문이다. 그러나 제논의 논의의 결과로 여럿은 부조리하고 여럿은 있지 않을 것이란 결론이 도출된다고 한다면, 그 원리는 일차적으로는 여럿의 있지 않음을 도출하는 데 기여하겠지만, 동시에 파르메니데스적인 의미의 하나를 지양하는 데 기여한다. 그로부터 파르메니데스적인 의미에서 엄밀한 하나는 여러 "있는 것들 가운데 어떠한 것도 아닌 것" 이 된다. 물론 여기서 논증에 사용된 하나가 엄밀한 의미의 하나와 현실적으로 하나인 것으로 이해될 수 있는 가능성은 열려있다. 그러나 그 경우에는 Themistios가 말하듯이 하나는 "연속이며 또한 분할될 수 없는" (συνεχές τε καὶ ἀδιαίρετον, 139.20–21) 하나일 것이고, 그런 방식으로 "있는 것들" 에 속하는 것일 것이다. 그러나 "하나가 있는 것들 가운데 어떠한 것도 아닌 것" 이라고 한다면, 그런 하나가 아니라 논증에 사용된 하나에 의해 파르메니데스적인 의미에서 엄밀한 하나가 있는 것들 가운데 어떠한 것도 아닌 것이라는 것을 뜻한다. 그러므로 Alexandros에 따르면 제논의 논의의 목적은 여럿의 있지 않음과 동시에 파르메니데스적인 의미에서 엄밀한 하나는 있는 것들 가운데 어떠한 것도 아닌 것이라는 점을 논증하는 데 있는 듯하다.

Simplikios가 만약 혼란스러워했다고 한다면, Alexandros의 이러한 결론이었을 것이다. 그러나 그는 곧 그러한 결론이, "여럿이 있음"(πολλὰ εἶναι, 138.20)을 여러 가지 시도에서 지양하는, 제논 자신의 말인지를 묻고, 이 또한 파르메니데스가 원한 것이 아니라고 하는 점을 분명히 한 다음, 플라톤을 기억하면서 "모든 것은 하나"(ἓν εἶναι πάντα, 138.21)라고 하는 파르메니데스의 테제를 상기하고는, 파르메니데스가 원치 않았던 바, "이른바 있는 것들이 여럿으로 증시되기 위하여"(ἵνα γὰρ πολλὰ δειχθῇ τὰ ὄντα, 138.24–25) "있지 않는 것"(τὸ μὴ ὄν, 138.24)이 도입되는 것을 경계한다.[35] 그러므로 Simplikios가 제논의 논의의 직접적인 결론을 부정하는 것은 플라톤에 의존해서이며, 이를 강화하기 위해서 "여럿이 있음"을 부정하고, "있지 않는 것"을 도입하길 원하지 않았던 파르메니데스의 동기를 제시한다. 그로부터 Simplikios는 Alexandros가 전거로 삼는 Eudemos의 말을 제시한 다음에, 다시금 "여럿이 있음을 말하는 자에게는 반대되는 것들을 말하는 것이 발생한다."(τῷ πολλὰ εἶναι λέγοντι συμβαίνει τὰ ἐναντία λέγειν, 139.6–7)는 플라톤의 해석에 의존하여 1, 2의 논의는 "하나를 지양하면서가 아니라"(οὐχὶ τὸ ἓν ἀναιρῶν, 139.16), 먼저 "여럿의 각각은 자기 자신과 동일하며 하나라는 것으로부터 어떠한 양도 지니지 않는다."(οὐδὲν ἔχει μέγεθος ἐκ τοῦ ἕκαστον τῶν πολλῶν ἑαυτῷ ταὐτὸν εἶναι καὶ ἕν, 139.18–19)는 점을 논증한 다음에, "취해진 것 앞에 무한 분할로 인하여 항상 어떤 것이 있다는 점에 의해 여럿이며 무한정한 것들의 각각은 양을 지닌다."(μέγεθος ἔχει ἕκαστον τῶν πολλῶν καὶ ἀπείρων τῷ πρὸ τοῦ λαμβανομένου ἀεί τι εἶναι διὰ τὴν ἐπ' ἄπειρον τομήν, 139.16–18)는 점을 지양하는 것으로 해석한다. 이러한 해석은 옳지만, "하나를 지양하면서가 아니라"는 것은 논의의 직접적인 결론이 아니라, 플라톤과 파르메니데스에 의존한 해석이다. 그렇기 때문에 Calogero는 Simplikios가 Alexandros에게 정당하지 않다고 한다.[36] 그리고 그는 이와 같은 부당함이 Eudemos나 Alexandros의 결론에 대한 Simplikios의 혼란에서 유래한 것이라고 생각하는 것 같다. 그러나 Simplikios는 혼란을 했다기보다는 플라톤과 파르메니데스에 의존해 "있지 않는 것"을 부정하는 독자적인 해석으로 나아갔다고 보인다. 그런데 Calogero가 Alexandros의 해석이나, 그 해석이 다시

35) Simplikios, 138.18–25를 보라.
36) Calogero, 160을 보라.

나타난다고 하는, Philoponos의 해석에서 주목하는 것은, "여럿의 요소로서 부정된 하나와 여럿의 부정에 힘입어 긍정된 하나 사이의 형식적인 구분하지 않음" (das formale Nicht-Unterscheiden zwischen dem negierten ἕν als einem Element des Vielfältigen und dem kraft der Negierung desselben Vielfältigen bejahten ἕν)이다.[37] Calogero는 이와 같은 문제 상황이 파르메니데스의 한정과 멜리소스의 무한정 사이에서 제논이 한정과 무한정의 모순을 발전시킴으로써 생긴 것이라고 생각하고[38], 이것이 이후의 역사를 규정한다고 생각하며 고르기아스의 『있지 않는 것에 대하여』와 플라톤의 『파르메니데스』편을 그렇게 해석하였다. 그러나 필자가 보기에 고르기아스와 플라톤으로 이어지는 역사는 오히려 Alexandros의 부정적 결론이자 제논의 직접적 결론에 의해 특징지어지는 것 같다.[39] "하나는 있는 것들 가운데 어떠한 것도 아닌 것이다."

비록 제논의 논의가 Simplikios의 해석에서 보이는 바대로, 당시에 이미 플라톤과 파르메니데스에 의존해 해석되었다고 하더라도, Eudemos나 Alexandros에서 보이는 바대로 제논의 논의에서 직접적으로 도출되는 결론은 여럿은 있지 않고, 하나는 있는 것들 가운데 어떠한 것도 아닌 것이라는 것이다. 그렇다고 제논의 논의가 Simplikios가 해석한 것처럼 해석될 수 없다는 말이 아니라, Eudemos나 Alexandros에서 보이는 것처럼 해석의 역사에서 보다 의미 있는 영향은 제논의 논의의 직접적인 결론으로부터 비롯된다는 것이다. Calogero가 그것은 요소로서 부정된 하나와 부정에 의해 긍정된 하나 사이의 형식적인 비구별이라고 한다면, 필자는 그것을 여럿은 있지 않고, 하나는 있는 것들 가운데 어떠한 것도 아닌 것이라고 한다. 예컨대, 『있지 않는 것에 대하여』에서 "만약 어떤 것이 있다고 한다면, 하나도 여럿도, 생성되지 않는 것도 생성된 것도, 아무 것도 아닐 것" (MXG 979a19-20)이라고 하는 고르기아스의 논의를 보라! 그런데 제논의 논의에서 논증의 원리를 단지 Fränkel처럼 하나가 형성되는 개별 단위들이라고 하는 것은 제논의 논의에 전제로 되어있는 "있는" 것과 "양"을 처음부터 도외시하는 것이다. 하지만 제논의 논의가 사실상 그와 같은 원리에 의해 논증된다고 하는 것은 제논의 논의가 그와 같은 학설을 주장한 학파에 대한 반박의 성격을 지닌다는 것을 입증하며, 역사적으로 제논의 논의가 그와 같은 학파에 대한 반박이었다는 사실을 입

37) Calogero, 167.
38) Calogero, 167 아래를 보라.
39) de Melisso Xenophane Gorgia(약칭, MXG), 979a12 아래, 특별히, 979a19 아래, Platon, Parmenides 133a 아래를 보라.

증한다. 그러므로 제논의 논의는, 비록 더 많은 것을 전제하고 포함한다고 하더라도, 그럼에도 불구하고 역사적으로 여전히 피타고라스학파에 대한 반박에서 발생한 것이라고 할 수 있다. 그런데 플라톤의 제논의 논의에 대한 이해에는 플라톤이나 파르메니데스에 의존한 Simplikios의 해석과 같은 요소, 피타고라스학파에 대한 반박의 요소, 논쟁적인 성격의 요소도 있지만, 그 이외에도 "있는" 것과 "양"을 전제한다는 요소, 소피스트를 거치면서 논의의 직접적인 결론에 주목한다는 요소, 수사학적인 요소, 파르메니데스와 소크라테스를 통해 이해된 인간의 유한성에 대한 이해의 요소가 있으며, 그리고 무엇보다도 자신의 이데아론과 관계하여 제논의 논의를 독자적으로 이해하고 재구성했다는 요소가 있다.

4. 역사적인 제논의 논의로부터 『파르메니데스』편에 나타난 제논의 논의로의 전개와 수용

『파르메니데스』편 127e 아래에서 플라톤은 제논의 논의를 다음과 같이 재구성한다. "만약 있는 것들이 여럿이라면, 그것들 자신은 동종이자 비동종이어야 하는데, 그런데 이것은 불가능하다. 왜냐하면 비동종인 것들이 동종이고 동종인 것들이 비동종인 것은 있을 수 없기 때문인가?" "만약 비동종인 것들이 동종이고 동종인 것들이 비동종인 것이 불가능하다면, 그로부터 또한 (그것들이) 여럿이라는 것은 불가능할 것인가? 왜냐하면 만약 (그것들이) 여럿일 것이라면, (그것들은) 불가능한 것들을 겪을 것이기 때문이다." 그리고 제논과의 대화에서 부연해서 "너의 논의들이 원하는 이것은, 모든 말해진 것들에 반하여 (그것들은) 여럿이 아니다 라고 하는 것을 관철시키는 것 이외에 어떤 다른 것이 아닌가?" 라고 묻고는, "바로 이것에 대해 너는 논의들의 각각이 증거라고 생각하고, 그래서 너는 여럿은 있지 않다는 그만큼의 논의들을 저술한 만큼, 그만큼의 증거를 제시한다고 생각하는가?" 고 반문한다.

지속적인 물음형식에서 보이듯(127e4,7,10, 128a1), 여기서 소크라테스는 결코 단정적으로 말하지 않으며, 제논에게 조심스럽게 진의를 묻는 형식으로 제논과의 대화를 진행한다. 그러므로 플라톤은 대화의 형식에서도 여기에 제시된 제논의 논의가 역사적인 제논 자신의 논의라고 우리에게 확신을 시키면서 제시하는 것이 아니다. 오히려 소크라테스로 하여금 제논에게 제시된 논의가 제논의 의도에 맞는지를 몇 번 묻게 함으로써(127e4,10, 128a1), 자신이 제시한 그 논의가 재구성된 논의라는 것을 의도적으로 드러낸다. 그럼에도 불구하고 플라톤이 역사적인 제논의 논의를 직접 읽었다는 전제하에서 ἀδύνατον πολλὰ εἶναι(127e7)와 εἰ πολλά εἴη(127e7–8)를 "(그것들이) 여럿이라는 것은 불가능할 것", "만약 (그것들이) 여럿일 것이라면" 이라고 옮겼다. 이 둘은, πολλά가 다른 것에 걸려있지 않고 독립적으로 사용되었다고 한다면, "여럿이 있는 것은 불가능할 것", "만약 여럿이 있을 것이라면" 이라 옮겨야 할 것인데, 보존되어 있는 역사적인 제논의 논의에 사례가 없어서 위와 같이 옮겼다. 반면에 οὐκ πολλά ἐστι(127e10)와 οὐκ ἔστι πολλά(127e12–128e1)는 ei)mi/ 동사의 악센트의 차이에 의해 분명히 구분되기 때문에, 하나는 "(그것들은) 여럿이 아니다" 로 옮기고, 다른 하나는 "여럿은 있지 않다" 로 옮겼다. "있는 것들" 을 전제로 할 때, "(그것들은) 여럿이 아니다" 라는 결론은, 그로부터 "여럿은 있지 않다" 는 결론을 논리적으로 함축한다. 제시된 논의가 제논의 의도에 맞느냐는 소크라테스의 질문에 대해 제논의 대답은 물론 긍정적이다. 그렇다고 이 제논의 긍정 대답이 제시된 논의가 역사적인 제논의 논의라는 것을 보장해 주는 것은 결코 아니다. 그것은 단지 제시된 제논의 논의가 제논의 논의의 의도에 부합한다는 것만을 플라톤 자신의 확신에 의거해 보장해 줄 뿐이다. Proklos는 매 단계에서 소크라테스가 묻고 제논이 확언해 주는 과정을 "참된 철학자의 방식" (ἅτε φιλόσοφος ὤν, 695.19)이라 하고, 이 과정을 "변증법에 능숙한 자들을 따라" (κατὰ τοὺς δεινοὺς τῶν διαλεκτικῶν, 696.18–19) 소크라테스가 "스토아적인 현학" (τὴν Στωικὴν τερθρείαν, 696.22)을 구사하는 과정처럼 묘사하는데, 이는 플라톤이 묘사하는 대화상황과 별관계가 없다. 또한 Proklos의 설명에 따라서도 위의 논의는 제논 자신의 논의라고 볼 수 없고 역사적인 제논의 논의에 대한 플라톤 자신의 재구성이라고 봐야 한다. 왜냐하면 Proklos 자신도 위의 논의를 제논의 전체 논의에 대한 소크라테스의 "요약" (συναιρεῖ, 695.31)이라고 하지 제논 자신의 논의라고 말하지 않기 때문이다. 그러므로 비록 Proklos가 플라톤의 보고와는 다른 제논의 논의에 대한 독자적인 문헌을 소지하고 있었다고 하더라도, 위의 논의를 Proklos에 근거해서 제논 자신의 논의로 받아들이는 Cornford와 Lee의 생각은 근거가 없다.

그런데 위에 제시된 논의가 역사적인 제논의 논의들에 대한 플라톤 자신의 재구성이란 확증은, 앞에서도 언급하였지만, 무엇보다도 "동종" (ὅμοιον), "비동종" (ἀνόμοιον)이라는 용어의 사용에서 찾아진다. 왜냐하면 플라톤의 이데아론과 관계해서 여러 "있는 것들" 은 그것들이 이데아에 참여하는 한에서 "동종" 일 것이며, 이데아와 다르다고 하는 점에서 "비동종" 일 것이기 때문이다. 혹자는 플라톤의 이데아론과는 관련 없이 위의 논의를 제논 자신의 논의로 파악하여 "동종"을 논리적인 동일로, "비동종"을 논리적인 비동일로 이해하고, 여럿을 동일과 비동일의 논리로 설명한다. 있는 것들이 "여럿"이라면, "여럿"은 최소한 논리적으로 (자기 자신과) 동일하고 (서로서로) 비동일하여야 한다는 것이다. 또는 비슷한 말이지만 닮고 닮지 않아야 한다는 것이다. 그러나 플라톤이 "동종", "비동종"의 개념을 이데아론과 관계해서 생각한다는 것은 128e6–129a2, 129a4–b3, 129d6–e4, 130b1–5, 130e5–131a2, 132c12–133a6 등에서 명백하다. 그리고 "동종", "비동종"의 개념에 대한 설명에 있어서 플라톤의 설명은 논리주의자들의 "동일", "비동일" 또는 "닮음", "닮지 않음"의 개념과 다르다. 129d8을 보면, 플라톤은 "동종성"(ὁμοιότης)과 "비동종성"(ἀνομοιότης)의 "이데아"(εἴδη)를 인정한다. 그리고 128e6–129a2에서 "동종성"과 "비동종적인 것"(ὃ ἔστιν ἀνόμοιον)을 설명하길, "동종성"은 "그 자신 자기 자신에 따라 존재"(εἶναι αὐτό καθ᾽ αὑτὸ)하는 "어떤 동종성의 이데아"(εἶδός τι ὁμοιότητος)이고, "비동종적인 것"은 "그와 같은 (동종성의) 이데아에 대립된 어떤 다른 것"(τῷ τοιούτῳ ἄλλο τι ἐναντίον)이다. 그러므로 "비동종적인 것"이란 동종성의 이데아에 대립되어 그와 다른 어떤 것으로, 근저에 놓여있는 어떤 것, 말하자면 "기체"(基體, ὑποκείμενον)를 의미한다. 그럼에도 불구하고 그것이 이데아로 이해되기도 하는 이유는, 그것도 "있는"(τούτοιν δὲ δυοῖν ὄντοιν, 129a2) 것과 관계하여 어떤 점에서 "있다"(ἔστιν, 129a2)고 말할 수 있기 때문이다. 그리고 "동종적인 것들"(τὰ ὁμόια, 132e3)은, 132d5–e5의 논의에서 보듯, 동종성의 이데아에 참여하여 그것과 동종인 그런 동종적인 것들을 의미한다. 132d1–4와 130b4 아래의 논의에서 알 수 있듯, 그와 같이 동종적인 것들이 동종성의 이데아에 참여하여 동종인 것이 되는 데에는 동종성의 이데아에 참여하여 우리가 지니는 동종성을 매개로 한다. 그러므로 플라톤이 "동종"과 "비동종"의 개념을 설명하지 않고, Proklos가 설명되지 않은 두 개념을 설명해 준다는 Dillon의 견해는 잘못된 것이다. "하나로부터 떨어져서 여럿은 있음이 불가능하다"(ἀδύνατον εἶναι τὰ πολλὰ ἐρημωθέντα τοῦ ἑνός, 696.29)는 신플라톤주의적인 전제로부터 "동종적인 것들"은 "이 공통적인 것(말하자면, 하나)을 갖는 것들"(κοινὸν αὐτὸ ἔχοντα, 725.31)이고 "비동종적인 것들"은 "그것을 갖지 않는 것들"(μὴ ἔχοντα, 725.32)이란 Proklos의 설명은 혹 제논의 입장을 설명하는 데는 적절할지 모르겠지만 플라톤의 설명과는 다소 거리가 있다. 왜냐하면 플라톤은 비동종적인 것을 단지 부정적으로만 정의한 것이 아니라, "대립된 어떤 다른 것"이라고 적극적으로 규정하고 그것이 "있다"고 생각되는 한에서 그것의 이데아를 인정하였기 때문이다.

제논의 경우에 ὅμοιον란 단어의 사용은 B1.7-8 ὅμοιον δὴ τοῦτο ἅπαξ τε καὶ ἀεὶ λέγειν란 말에서 유일한데, 플라톤의 "동종" 개념과 연결시키는 데에는 어려움이 있다. 먼저 여기서 그 단어는 제논에게 전문용어로 사용된 것 같지 않고, 일상적인 의미에서 "이것을 단 한 번 말하나 계속 말하나" "동종의 것이다", 즉 "같은 성격의 것이다" 내지는 "마찬가지다", "동일하다", "매한가지다"란 뜻으로 사용된 듯이 보인다. 그럼에도 논리의 규칙성에 따라 어떤 특정의미를 부여하면, "이것", 즉 "저것(=앞에 있는 것)은 양을 지닐 것이고, 그(=있는 것) 중 어떤 것은 (다시 그 앞에 있는 것) 앞에 있을 것"이란, "동일한 논리"는 단 한 번 말하나 계속 말하나, "같은 성격의 것", 즉 "같은 논리일 것"이란 뜻이 된다. 그러나 제논에게 있어서 이 "동일한 논리"는 "여럿"을 가능하게 하고, 여럿이 양을 지니는 것을 부조리하게 만들어 "여럿이 있음"을 부정하게 만드는 논리였던 것이다. 이와 같은 의미의 "동종의 것"이 어떻게 플라톤의 "동종" 개념과 어떻게 연결될 수 있는지는 어려운 문제이다. 왜냐하면 모든 문맥을 배제한다고 하더라도, 플라톤이 위의 논의에서 처음부터 이런 의미의 "동종" 개념을 사용했을 것이라고 말하기 어렵기 때문이다. 게다가 플라톤이 자신의 이데아론을 염두에 두고 이 개념을 사용했다고 한다면, 동종성의 이데아에 참여하여 그와 동종이 된 동종적인 것들이 그와 같은 의미의 "동종" 개념을 갖게 되는지도 의문이다. 그러므로 일단은 제논의 동종개념과 플라톤의 동종개념은 상이한 것으로 별 연관관계가 없다고 하여야 할 것이다.

그렇다고 엘레아학파에서 ὅμοιον 개념이 특별한 철학적인 의미가 없었다는 말은 아니다. 파르메니데스는 "모든 것이 동종이기 때문에, 분할될 수 없다." (οὐδὲ διαιρετόν ἐστιν, ἐπεὶ πᾶν ὁμοῖον, B8.22)고 했고, 멜리소스도 "모든 것은 동종"(ὅμοιον πᾶν, B7.4)이라고 하면서, "만약 그것이 성질이 다른 것이 된다면, 필연으로 있는 것은 동종이어서는 안 된다."(εἰ γὰρ ἑτεροιοῦται, ἀναγκη τὸ ἐὸν μὴ ὁμοῖον εἶναι, B7.6-7)는 것을 논증한다. 그러므로 엘레아학파에서 "있는" "모든 것은 동종"이고, "동종"은 "분할될 수 없다."는 중요한 철학적인 의미를 지닌다. 파르메니데스에게는 "있는" "모든 것은 동종"이기 때문에 "분할될 수 없는" 것이었으며, 멜리소스에게는 "있는" "모든 것"은, 만약 그것이 분할되어, "성질이 다른 것이 된다면", 동종일 수 없게 되는데, 이는 부조리한 것임으로 "있는" "모든 것"은 "동종"이다. Cornford는 파르메니데스와 멜리소스의 "동종" 개념을 구분하여 전자의 것은 "모두가 같은"(all alike), "어떤 구별되는 부분들을 지니지 않는, 동종"(homogeneous, with no distinct parts)이라 하고, 후자의 것은 "시종 성격이 동일한 것"(the same in character at all times)이라 구분하였다. 그리면서 파르메니데스의 동종개념을 취하면, 위의 제논의 논의는 "만약 있는 것들이 여럿이라면, 그것들은 동종이자 이종이어야 한다."는 식으로 구성된다고 하면서, 각각은 하나이기에 "동종"(homogeneous)이고, 여럿은 서로 구별되기에 "이종"(heterogeneous)이라고 이해할 것을 제안하였다.[40] 그러나 이러한 이해는 위에 밝혔듯이 플라톤이 이해하는 동종, 비동종과 일치하지 않는다. 그렇다고 위에 분석한 제논의 "동종"개념과 일치하는 것도 아니다. 그러므로 "동종" 개념과 관련하여 파르메니데스와 제논의 관계를 올바로 규명하고자 한다면, 다른 길을 모색해 볼 필요가 있다. 만약 우리가 위에서 분석한 제논의 "동종"개념을 고수한다면, 제논에게 이미 파르메니데스의 "하나" 개념이 변화를 일으킨 것처럼, 마찬가지 방식으로 "동종"개념도 변화를 일으킨 것이 아닌가 생각해 볼 수 있다. 그렇다고 한다면, 원래 제논은 파르메니데스와 같은 "동종"개념을 생각하고 있었는데, 여럿을 전제함으로써 그와 같은 새로운 동종개념이 발생했다고 할 것이다. 그러나 우리는 현재 제논이 파르메니데스와 같은 "동종"개념을 지니고 있었는지를 판정할 전거를 갖고 있지 않다. 멜리소스의 경우에도 그러한 의미의 "동종"개념은 나타나지 않는다.

그런데 문제는, 비록 그렇다고 하더라도, 그와 같은 제논의 동종개념이 플라톤이 생각하는 동종개념과 어떤 관련을 맺을 수 있느냐는 것이다. 필자가 보기에는 양자 사이에는 구조적인 평행관계가 성립하는 것 같다. 플라톤의 이데아론이, 『파이돈』편에서 플라톤 스스로가 보고하듯, "있는 것들"(τὰ ὄντα, 99d)을 "로고스들 안에"(ἐν λόγοις, 99e, 100a) 비추어 보아 보인 형상들을 탐구하는 것 이외에 다른 것이 아니라고 한다면, 그러나 이제 『파르메니데스』편에 와서 플라톤이 『파이돈』편에서 도외시 하였던 형상들의 "필요조건"(ἄνευ οὗ οὐκ, 99b)을 "어떤 것"(τι)에 대한 "규정"(ἀφοριζόμενος, 133b2)이라고 하고는 그와 같은 조건에 따라 전반부에서 자신의 중기 이데아론을 비판하면서 133a5-6에서 "그러므로 동일성에 의해서는 여타의 것들이 이데아들에 참여하지 못하고, 도리어 그에 의해 (여타의 것들이 이데아들에) 참여하게 되는 어떤 다른 것을 모색하는 것이 필요하다."(Οὐκ ἄρα ὁμοιότητι τἆλλα τῶν μεταλαμβάνει, ἀλλά τι ἄλλο δεῖ ζητεῖν ᾧ μεταλαμβάνει.)고 한다면, 여기에는 단순히 우연의 일치 이상의 것이

---

40) Cornford, 68을 보라.

있다.

제논에게서 동종의 것이 더 이상 하나와 여럿을 묶어주는 역할을 하지 못하는 것과 마찬가지로 여기서도 더 이상 동종성이 이데아들과 여타의 것들을 묶어주는 역할을 하지 못한다. 그로부터 플라톤은 참여를 가능하게 해주는 "어떤 다른 것"을 모색하여야 한다고 하는데, 이 "어떤 다른 것"을 가지고 그는 바로 "비동종적인" "어떤 다른 것"을 의미하는데, 이 "어떤 다른 것"을 규정하여 "어떤 것"에 대한 "규정"이라고 하는 것이다. 구체적으로 그것은 존재와 구분되는 "인식"을 의미하는데, 이와 같은 인식에 의해 "그들(=존재들, 우시아들) 가운데 어떠한 것도 우리에게는 있지 않음"(μηδεμίαν αὐτῶν εἶναι ἐν ἡμῖν, 133c5)이라는 소크라테스적인 테제가 성립하는가 하면, 이와 같은 인식은 전반부의 말미에서 고르기아스의 세 명제와 비슷한 결론을 이끌어내는 인식이다. "또한 이들(=이데아들)은 있지 않으며, 또한 대체로 있을 것이라고 하더라도 그것들은 인간의 본성에 인식될 수 없다는 것이 다분히 필연적이며, 그리고 이것들을 말하는 자는 또한 어떤 것을 말하는 듯이 보여도, 또한, 방금 우리들이 말했듯이, 놀라울 만치 설득이 어렵다."(135a4–7.) "어떠한 것도 있지 않다. 또한 있다고 하더라도, 인식될 수 없다. 또한 있고 인식된다 하더라도, 다른 사람들에게 명료하게 될 수 없다."(MXG, 979a12–13.) 플라톤이 전반부의 말미에서 고르기아스와 유사한 결론에 이르는 것은 결코 우연이 아니다. 다만, 고르기아스가 파르메니데스를 겨냥하여 "있는" 것에 대하여 말한다면, 플라톤은 그 대신에 "이데아들"에 대해 말한다는 차이가 있다. 그리고 고르기아스에게는 "인간은 만물의 척도"(B1)라는 프로타고라스의 소피스트의 기본입장을 천명하는 명제가 전제로 되어있다고 한다면, 플라톤에게는 "자기 자신은 아무 것도 알지 못한다는 것을 안다."(Apol. 22c–d)고 한 소크라테스가 전제로 되어있다.(Parm. 130a8 아래를 보라.) 그러나 이 문제 상황은 우리 "사멸하는" 인간 존재는 "아무 것도 알지 못하며", 우리 "사멸하는" 인간 존재가 "진리라고 확신하면서 정립한 것은 모두 이름일" 뿐이라는 파르메니데스의 통찰로 거슬러 올라가며, 이러한 통찰에 근거해서 제논은 여럿과 운동은 있지 않다는 것을 논증하였다. 그리고 제논의 논증방식은 "만약 어떤 것이 있다고 한다면, 하나도 여럿도, 생성되지 않는 것도 생성된 것도, 아무 것도 있지 않을 것"이란 것에 대한 고르기아스의 논증으로 이어진다. 익명의 보고자에 따르면, 고르기아스는 "있음도 있지 않음도 있지 않다."(οὐκ ἔστιν οὔτε εἶναι οὔτε μὴ εἶναι, 979a24)를 논증할 때는 "자신의 고유한 증명"(ἡ ἴδιον αὐτοῦ ἀπόδειξις, 979a23–24)에서 한다고 하고, "하나도 여럿도 생성되지 않는 것도 생성된 것도 있지 않다"(οὐκ ἔστιν οὔτε ἓν οὔτε πολλά, οὔτε ἀγένητα οὔτε γενόμενα. 979a21-22)를 논증할 때는 "한편으로는 멜리소스처럼, 다른 한편으로는 제논처럼"(τὰ μὲν ὡς Μέλισσος, τὰ δὲ ὡς Ζήνων. 979a22-23) 논증한다고 한다. "한편으로 멜리소스처럼"이란 "생성하지 않는다고 한다면, 그 자신은 무한정"(εἰ μὲν ἀγένητον, ἄπειρον αὐτό. 979b21)이라는 것과 "하나는 몸체가 없을 것"(ἀσώματον ἂν εἴη [τὸ ἕν], 979b36)이라는 것이며, "다른 한편으로 제논처럼"이란 "어디에도 있지 않으면 또한 있지 않다."(μηδαμοῦ δὲ ὂν οὐδὲ εἶναι, 979b25)고 하는 것과 "양을 지니지 않는다고 한다면 빈 공간에 있지 않다"(οὐκ ἂν εἶναι ... ἐν κενῷ οὔτε ἔχον μέν γε μέγεθος. 979b36-37)고 하는 것이다. 그런데 고르기아스의 논증은, 어디에도 있지 않으면 또한 있지 않으며, 양을 지니지 않으면 빈 공간에 있지 않다는 제논의 논리에 따라 생성하지 않는 것이 무한정이며 하나는 몸체가 없다고 하는 멜리소스의 주장을 논박하는 것이다. 그러므로 고르기아스는, "한편으로 멜리소스처럼 다른 한편 제논처럼" 논증한다고 하더라도, 멜리소스의 입장에 서있다기보다는 제논의 입장에 서있는 것이다. 그런데 고르기아스가 "멜리소스, 제논 식의 논증"에서뿐만이 아니라, 또한 "자기의 고유한 증명"에서 그와 같은 논증을 수행할 수 있었던 근거는, 프로타고라스와 마찬가지로 "인간은 만물의 척도"라는 입장에 서있었기 때문이다. 이와 같은 입장에서 필연적으로 "있지 않는 것"의 문제가 발생하는 이유는, 프로타고라스가 "인간은 만물의 척도"라는 명제를 부연서술할 때 분명히 나타나듯이, 인간은 또한 "한편으로는 있는 것들에 대해서도 그것들이 있는 바대로, 다른 한편으로는 있지 않는 것들에 대해서도 그것들이 있지 않는 바대로"(B1) 척도이기 때문이다. 프로타고라스에게 "있는 것들"이란 파르메니데스를 위시로 하는 엘레아학파에서처럼 그 자체로 "있는 것들"이 아니라, 플라톤이 『테아이테토스』편에서 프로타고라스의 인식론을 설명할 때 말하듯이, 우리에게 "나타나는"(φαίνεται. 152a) 바대로 그렇게 있는 것들인 한에서 우리에게 나타나지 않는 것들은 최소한 우리에게 있어서는 "있지 않는 것들"이다. 그로부터 파르메니데스에게서처럼 그 자체로 "있는" 것은 최소한 우리에게 있어서는 "있지 않는 것"이 필연이 된다. 그리고 있는 것이 그와 같은 조건에서 있지 않는 것이라고 한다면, 그것은 또한 있다고 하더라도 우리에게 인식될 수 없는 것이며, 또한 있고 인식된다고 하더라도 다른 사람에게 명료하게 전달되거나 쉽게 설득될 수 있는 것이 아니다. 그런데 이와 같은 있지 않는 것의 문제를 제논이 파르메니데스에 근거하여 구체화하였고, 그것을 다시 고르기아스가 프로타고라스에 근거하여 구체화하였다고 한다면, 플라톤은 소크라테스에 근거하여 이 문제를 구체

화한다. 이와 같은 문제가 플라톤의 『파르메니데스』편에 나오는 제논의 논의에 대한 논의에서 어떤 방식으로 구체화되는지는 주어진 텍스트를 바탕으로 하나하나 검토되어야 할 사항이다.

먼저 이 문제의 역사를 플라톤 자신이 어떻게 재구성하는지는 대화편의 도입부에서 보여주는 바대로 이다. 첫 장면은 클라조메나이에서 온 케팔로스의 손을 플라톤의 두 형제 중 아데이만토스가 반기면서 잡는데, 여기서 케팔로스는 클라조메나이 출신 아낙사고라스를 대변하고, 아데이만토스는 플라톤을 대변한다. 손을 잡는 장면은 파르메니데스의 조각글 1에서 진리의 여신이 파르메니데스의 손을 잡는 장면을 각색한 것인데, 파르메니데스에서는 여신이 파르메니데스의 손을 잡았다고 한다면, 여기서는 아데이만토스가 케팔로스의 손을 잡는다. 상징하는 바는, 이제 진리의 구현체로 인식되는 아낙사고라스의 대변인을 플라톤의 대변인인 아데이만토스가 손을 잡는다는 것이다. 왜 아낙사고라스가 진리의 구현체로 인식되는가 하면, 아낙사고라스가 고대희랍철학의 역사에서 처음으로 "정신"(νοῦς)을 말한 사람이고, 『파이돈』편에서 보이는 바, 바로 이 정신이 플라톤에게 진리 자체이기 때문이다. 그런데 플라톤은 『파이돈』편에서 그 원인을 다른 사람으로부터 배우지도 못했고 스스로도 찾을 수 없었기 때문에 "차선의 항해"(ὁ δεύτερος πλοῦς. 99d)을 택하였다고 하면서 "있는 것들"을 소크라테스처럼 "로고스들 안에서" 비추어 보인 것들 탐구하는 이데아론으로 나아갔다고 한다. 이와 같은 이데아론의 견지에서 볼 때, 자연을 규정하는 진리 자체는 아낙사고라스의 세계정신이며 이와 같은 진리가 이제 케팔로스에 의해 대변되는 것이며, 이에 대해 인간의 유한성을 의미하는 소크라테스는 아데이만토스에 의해 대변되는 것이다. 그런데 그와 같은 아낙사고라스를 대변하여 케팔로스가 아테네에 온 이유는 한때 있었다고 하는 소크라테스와 저논과 파르메니데스 사이의 논의를 듣기 위해서이다. 그러면서 찾은 사람이 플라톤의 모계 쪽 형제라고 하는 안티폰인데, 같은 이름의 할아버지를 따라 현재 "마술"(馬術, ἱππική. 127c8)로 대부분의 시간을 보낸다고 하는 그는 소피스트 안티폰을 의미한다. 그는 "이와 같은 것들을 인식한다면, 너는 어떤 하나인 것은 가장 멀리 보는 자가 시각으로 보는 것들 가운데 어떠한 것도 아니고, 또한 가장 멀리 인식하는 자가 인식으로 인식하는 것들 가운데 어떠한 것도 아니라는 것을 알 것이다."(B1)라고 말한 자이다. 안티폰이 플라톤의 모계 쪽 형제라는 것은 사실이 아닌 듯하며[41], 그럼에도 플라톤이 그렇게 서술하는 이유는, 안티폰이 정신의

41) Schleiermacher, Einleitung, 1349를 보라.

다른 한 측면, 말하자면 소피스트적인 측면을 대변하기 때문이다. 그는 케팔로스가 이전에 방문했을 때는 어렸다고 하는데, 이는 당시에 그가 아직 정신적으로 성장하지 못했다는 것을 의미하며, 이제 케팔로스가 그를 찾는다는 것은 소크라테스와 제논, 파르메니데스의 논의 이후로 그가 정신적으로 발전하여 이제 케팔로스가 그의 말을 들어야 할 만큼 성장했다는 것을 의미한다. 그리고 여기서 "마술"(馬術)이란 진짜 "말"(馬) 타는 기술이 아니라, "말"(言)을 가지고 "말"(馬)을 타는 기술을 의미한다. 126c6-7에서 말들의 숙련을 나타내는 표현 αὐτοὺς(=λόγους) διεμελέτησεν이 의미하는 것이 바로 그것이다. 플라톤은 여기에서 소크라테스와 제논, 파르메니데스의 논의가 어떤 식으로 수사학과 결부되어 있음을 암시하고 있다. 아데이만토스와 케팔로스가 안티폰의 집에 안티폰을 만났을 때, 안티폰은 출발채비를 위해 청동대장장이에게 재갈을 주었다고 한다. "자연"(φύσις)과 "법"(νόμος)을 구분하는 안티폰이 자연주의적인 소피스트에게 재갈을 물리고 소크라테스와 제논, 파르메니데스의 논의에 참여하는 여행길에 나설 준비를 한다는 것을 비유적으로 표현한 구절이다. 원래 이야기를 전한 퓌토도로스에 따르면 대 아테네 축제 때 파르메니데스와 그의 총아 제논이 아테네에 와 제논의 친구 퓌토도로스의 집에 머물렀다고 하고, 당시 처음 반입된 제논의 저작 때문에 많은 사람이 모였는데, 그 중 소크라테스가 있었고 방금 30인정의 일인이 되었다고 하는 아리스토텔레스가 있었는데 소크라테스가 제논, 파르메니데스와 논의를 했다는 것이다. 그로부터 대화편의 관심은 처음부터 제논의 저작에 있고, 소크라테스가 제논이 낭송하는 것을 듣고 "첫 번째 논의의 첫 번째 전제"라고 재구성한 논의가 위에 제시한 제논의 논의이다. 여기서 플라톤은 제논의 논의의 의미를 역사적으로 한편으로는 파르메니데스와의 연관 속에서 파악하는가 하면, 다른 한편으로는 케팔로스를 대변인으로 하는 자연철학자 아낙사고라스에서 제논의 친구 퓌토도로스와 소피스트 안티폰을 매개로 하여, 저 30인정의 일인인 아리스토텔레스가 같은 이름의 플라톤의 제자 철학자 아리스토텔레스를 암시한다고 한다면, 아리스토텔레스까지 이어지는 역사에서 파악한다. 이와 같은 역사적인 문맥에서 대화편에서 플라톤을 대변해 주는 자는 소크라테스이다.

이상의 조건에서 플라톤은 앞서 제시된 제논의 논의를 제시한다. 파르메니데스 이후의 존재론의 역사를 고려할 때, 맨 처음에 고찰하여야 할 것은 "있는 것들"이란 개념이다. "있는 것"이라는 단수표현을 선호하는 엘레아학파와 비교할 때, 가장 먼저 눈에 띄는 것은 복수표현이다. 물론 이 말은 엘레아학파가 복수표현을 전혀 사용하지 않는다는 말이 아니라, 있는 것 전체는 하나라고 생각하는 엘레아학파의 경우에는 복수표현보다는 단수표현을 선호한다는 말이다. 그럼에도 불구하고 이와 같이 복수표현을 쓴다고 한다면, 이러한 표현은 무의식적으로 썼거나 다분히 의도적이라고 할 수 있다. 그런데 이와 같은 복수표현은 플라톤이 『파이돈』의 일식의 비유에서 이데아론을 전개할 때 사용한 표현이기도 하다. 여기서 복수를 사용하는 이유는, 자연에 대해 생성과 소멸의 원인을 탐구하는 데서 자신의 이력을 시작한 플라톤이 "무엇 때문에 그것이 있는지"를 묻는 물음과 관계해서이다. 자연에서 생성과 소멸이 가능하기 위해서는 최소한 둘 이상이, 실제로는 생성과 소멸이 있는 만큼 그 만큼이, 즉 여럿이 있어야 하기 때문이다. 그리고 이와 같은 복수표현이 엘레아학파의 "있는 것" 내지는 "있는 것들"이란 표현과 그렇게 다른 것이 아니라고 하는 것은, 앞서 말했듯이, 엘레아학파도 "자연"을 전제로 하여 "있는 것" 내지는 "있는 것들"을 말하기 때문이다. 다만 엘레아학파는 그와 같은 자연에서 그것이 있다고 한다면, 생성과 소멸은 사멸하는 인간 존재의 의견일 뿐, 참으로 있는 것은 생성과 소멸이 없고 항상 현재 있는 그대로 있다고 생각했을 뿐이다. 그러므로 엘레아학파에서나 플라톤의 이데아론에서는 "있는 것" 내지는 "있는 것들"에 자연이 전제되어 있다. 그런데 어떤 다른 것을 덧붙이기 이전에 "있는 것들"이란 복수표현을 그 자체로 고찰하면, 복수이기 때문에 하나, 둘, ... 수로 셀 수 있는 "있는 것들", 즉 아리스토텔레스적인 의미에서 개별적인 존재자들을 의미한다. 그런데 왜 여럿을 나타내는 복수표현인가 물으면, 있는 것들은 그 자체로 복수이기 때문에 그렇다고 할 수도 있고, 여기서는 무엇보다도 제논의 논의가 문제이기 때문에 "있는 것들"이 복수라고 할 수도 있다. 물론 제논이라면 "있다" 내지는 "있는 것"이라는 단수표현을 선호하였을 터이지만 말이다. 그리고 수로 셀 수 있다는 것 자체가, 앞서 보았듯이, 제논에게는 여럿이 가능한 이유이기도 하지만, 동시에 여럿이 있지 않는 이유이기도 하다. 그러므로 위에 제시된 논의에서 "있는 것들"이란 복수표현을 사용한다면, 여기에는 제논의 논의가 의도하는 바와는 다른 동기가 작용하고 있다고 할 것이다. 그것은 아리스토텔레스적인 동기일 수도 있고, 플라톤적인 동기일 수도 있다. 그런데 플라톤이 『파이돈』편 일식의 비유에서 이데아론을 전개할 때 "있는 것들"에 대해 말한다는 것은 플라톤의 이데아론도 출발에 있어서는 아리스토텔레스적인 의미에서 "있는 것들"에서 시작하였다는 것을 의미한다. 그러므로 위의 논의에서 "있는 것들"이란 아리스토텔레스적인 의미에서 개별적인 존재자들을 의미한다고 말해도 무방할 것이다. 다른 엘레아사람들과 마찬가지로 제논 또한 "있는 것들"을 말할 때, 그와 같은 의미로 말을 하는 것이다. 가령, "만약 여럿이라면, 있는 것들은 무한정이다."라고 말할 때, 제논은 단지 여럿이 이미 추상화되어서 공간 중에서 무한 분할될 수 있다는 의미에서 "있는 것들은 무한정" 이라고 말하고 있을 뿐만이 아니라, "있는 것들" 은, 앞서 논의한 대로, 수적으로 한정되어 있어서 그런 방식으로 "있는 것들" 이라고도 말하고 있는 것이다. 그렇기 때문에 제논에게 있는 것이 양을 지니지 않으면, 그것은 있지 않을 것이고, 그렇기에 있는 것은 양을 전제로 하는 것이다. 이와 같이 있는 것들이 양을 전제로 한다는 점에서는 자연을 전제로 하는 플라톤이나 아리스토텔레스 모두 동일한 입장이다. 여하튼, 이와 같은 입장에서 플라톤은 역사적인 제논의 논의에서 "있는 것" 내지는 "있는 것들" 을 받아들이고, 필자가 보기에는 정당한 수용이라고 생각한다.

그런데 "있는 것들이 여럿이라면", 왜 "그것들 자신은 동종이자 비동종" 이어야 하는가? 제논이 말하는 대로 그대로 양을 전제하고 수적으로 한정되어 있기 때문에 여럿이라고 하면 안 되는가? 제논에게 "동종" 이란 단어가 전문용어로 사용된 것인지는 그렇게 확실하지 않다. 그럼에도 불구하고 제논이 사용하는 "동종" 이란 단어에 전문적인 의미를 부여한다면, 앞에서 논의한 바와 같이, 파르메니데스적인 의미의 "동종" 개념이 "여럿은 있지 않다" 는 논증하는 제논에 와서 동일의 논리가 반복되어도 "동종의 것" 이란 의미로 변했다고 볼 수 있다. 하지만 위에 플라톤이 제시한 제논의 논리에서 동종의 개념이 처음부터 그와 같은 의미로 사용되었는지는 의심스럽다. 분명한 것은 플라톤이 동종과 비동종의 개념을 자신의 이데아론과 관련하여 사용한다는 것이다. 그런데 "있는 것들이 여럿이라면", 왜 "그것들 자신은 동종이자 비동종" 이어야 하는가? 논리주의자들이 말하는 것처럼, 여럿의 각각은 하나라서 동종이고, 서로서로는 다르기 때문에 비동종인가? 아니면 Proklos가 말하는 대로 하나라는 공통의 것을 지니고 있으면 동종이고, 공통의 것을 지니지 않으면 비동종인가? 그러나 플라톤이 설명하는 바에 따르면, 여러 "있는 것들" 이 동종이자 비동종인 이유는, 그것들이 동종성의 이데아에 참여하는 한에서 동종이고, 비동종성의 이데아에 참여하는 한에서 비동종이며, 양자에 참여하는 하는 한에서 동종이고 비동종이다. "한편으로 동종성에 참여하는 것들은, 그들이 참여하는 방식대로 그만큼 동종이 될 것이고, 다른 한편으로 비동종성에 참여하는 것들은 그런 만큼 비동종이, 양자에 참여하는 것들은 양자가 될 것인가?" (129a4–6) 그런데 동종성의 이데아는 이데아에 참여하는 것들이 그에 참여하여 동종이 되는 한에서 그런 참여관계에서 모든 이데아를 통칭한 것이라 할 수 있고, 비동종성의 이데아는, 앞서 설명하였듯이, 동종성의 이데아에 대립된 어떤 다른 것을, 그것이 동종성의 이데아와 관련하여 여전히 있다고 할 수 있는 한에서, 이데아라 하고, 그 이데아는 동종성의 이데아에 대해 비동종의 성격을 지니기 때문에 그렇게 부르는 것인데, 여러 "있는 것들"이 비동종성의 이데아에 참여한다는 것은, 단순히 논리적으로 동종성의 이데아에 대립되는 비동종성의 이데아에 참여한다는 뜻이라기보다는 동종성의 이데아에 대립된 비동종적인 "어떤 다른 것"에 참여한다는 뜻이다. 이 "어떤 다른 것"은, 앞서 설명했던 바와 같이, 아리스토텔레스의 "기체"와도 같은 것이다. 이것이 어떻게 있으며, 그런 이유에서 어떻게 이데아라고 불리는지는 이미 설명한 바와 같다. 그리고 이것은 Proklos가 비동종적인 것을 단순히 공통된 하나의 결여로 설명하는 것과는 다르다. 그러므로 플라톤이 "있는 것들이 여럿이라면, 그것들 자신은 동종이자 비동종이어야 한다."고 말할 때, 그는 방금 설명한 의미에서 그렇다고 말하는 것이다. 그리고 이와 같은 의미의 "동종", "비동종"은 제논의 "동종의 것"과 일치하지 않는다. 제논의 "동종의 것"은 여럿을 가능하게 한다는 점에서는 오히려 플라톤의 "비동종" 개념에 가깝고, 동일의 논리를 따른다는 점에서는 플라톤의 "동종" 개념에 가깝다. 그러므로 굳이 말하자면, 제논의 "동종의 것"은, 거기에 파르메니데스적인 의미의 "동종" 개념이 전제되어있었다는 가정하에서, 플라톤의 "동종", "비동종" 개념으로 분화, 발전되었다고 볼 수 있다.

그런데 "있는 것들이 여럿이라면, 그들 자신은 동종이자 비동종이어야 하는데", 왜 "이것은 불가능하다."고 하는가? 드는 이유는 "왜냐하면 비동종적인 것들이 동종이고 동종적인 것들이 비동종인 것은 있을 수 없기 때문인가?"인데, 플라톤은 결코 단정적으로 말하지 않고 물음의 형식으로 말함으로써 한편으로는 제논의 진의를 물으면서 다른 한편으로는 이를 의문시할 수 있는 여지를 만들어 놓았다. 그럼에도 제논의 논의를 추적하기 위하여 제시된 근거를 단정적인 것이라 간주하면, 왜 제논의 논의에서 "비동종인 것들이 동종이고 동종적인 것들이 비동종인 것"은 있을 수 없는 일인가? 그것은 논리주의자들이 말하는 대로 "비동종적인 것들이 동종이고 동종적인 것들이 비동종적인 것"이 단순히 논리적 모순이기 때문인가? 그렇다고 한다면, 왜 굳이 동종적인 것들을 취하고 비동종적인 것들 부정하여야 하며, 어째서 동종적인 것들 부정하고 비동종적인 것들을 취하면 안 되는가? 또는 양자를 다 부정하면 안 되는가? 그런데 논리주의자들에게는 이와 같은 것들을 결정할 어떤 다른 근거가 있는가? 그런데 위의 논의가 제논의 논의를 따른다고 한다면, 제시된 논의의 결론이 그렇듯이 일단 여럿을 부정하고, 제논의 논의가 원래 그렇다고 플라톤이 보고하는 바, 파르메니데스의 하나를 옹호하여야 한다. 그런데 "비동종적인 것들이 동종이고 동종적인 것들이 비동종적인 것"이 단순히 논리적인 모순이라고 한다면, 왜 그로부터 여럿은 있지 않고 오직 하나만이 있다는 결론이나와야 하는가? 오히려 하나는 있지 않고 여럿이 있다거나 또는 하나와 여럿 둘 다 있지 않다고 하는 결론이 도출되면 안 되는가? 그러나 논리주의자들은 어떤 근거에서 이와 같은 것을 말할 수 있겠는가? 그런데 제논이 여럿을 부정하고 하나를 옹호하는 이유는, 파르메니데스를 좇아 "여럿의 각각은 자기 자신과 동일하고 하나" 라고 하는 원리에 따라 각각이 있기 위해서는 자기 동일의 원리에 따라 분할될 수 없는 하나이어야 한다고 생각했기 때문이며, 만약 그것이 분할되어 여럿이 될 수 있다고 한다면, 더 이상 있는 것이 아니라고 생각했기 때문이다. 그러므로 동일한 방식으로 플라톤이 제시한 제논의 논의가 여럿을 부정하고 하나를 옹호하는 논의라고 한다면, "비동종적인 것들이 동종이고 동종적인 것들이 비동종적인 것" 이 불가능하다고 한다면, 여기에서는 비동종적인 것들이 부정되고 동종적인 것들이 옹호되어야 한다. 플라톤에게 비동종적인 것들이 부정되고 동종적인 것들이 옹호되어야 하는 이유는, 동종적인 것들은 동종성의 이데아에 참여하는 한에서 그것과 동종이 되는 것이기 때문에 하나이자 있는 것에 참여하는 것이고, 비동종적인 것들은 동종성의 이데아에 대립된 어떤 다른 것에 참여하는 한에서 동종성의 이데아와 비동종이 되는 것이기 때문에 하나가 아니라 여러 있는 것들이 여럿이 되는 원리이며 있는 것이 아니라 있지 않는 것의 원리이기 때문이다. 그런데 제논이 여럿의 각각은 자기 자신과 동일하며 하나라는 원리 아래 여럿을 말하기 위해 각각의 하나를 추상화시켜 더 이상 양을 지니지 못하게 하고 그로부터 그것을 있지 않는 것으로 만들었을 때 여럿뿐만이 아니라 또한 하나도 있지 않는 것으로 만들었던 것과 마찬가지로, 또한 플라톤의 제논의 논의의 경우에도 비동종적인 것뿐만이 아니라 또한 동종적인 것도 동종성의 이데아로부터 분리되어 있지 않는 것으로 이해할 수 있다. 그런 경우에는 "비동종적인 것들이 동종이고 동종적인 것들이 비동종인 것" 이라는 말은 여럿이 자체 내에 포함하는 모순으로서, 이러한 모순이 말하고자 하는 것은 "여럿이 라는 것"(πολλὰ εἶναι, 127e7)은 그 자체가 "불가능한 것"(ἀδύνατον, 같은 곳)이며, "만약 여럿이라면, 그것들(=있는 것들)은 불가능한 것들을 겪는다."(εἰ γὰρ πολλά εἴη, πάσχοι ἂν τὰ ἀδύνατα, 127e7-8)는 것을 의미한다. 그 결과 결론은, 있는 것들은 "여럿이 아니"(οὐ πολλά ἐστι, 127e10)며 "여럿은 있지 않다."(οὐκ ἔστι πολλά, 127e12-128a1)는 것이다. 두 가지 해석 중 어느 쪽이 더 플라톤의 제논의 논의에 적합한가라고 문제를 제기하면, 필자가 판단하기에는 플라톤이 제논의 논의를 따르고 있는 한에서 둘 다 정당하다고 생각한다. 한편으로 제논처럼 파르메니데스의 하나를 좇는 한에서는 동종적인 것들은 동종성의 이데아에 참여하여야 하고, 다른 한편으로 제논처럼 여럿의 각각을 추상화시켜 하나로부터 분리시키는 한에서는 비동종적인 것들이 동종이 되고 동종적인 것들이 비동종적인 것이 되는 모순을 일으켜야 한다.

그런데 플라톤 자신의 입장은 여럿이 전혀 있지 않다는 입장이 아니다. 131b1의 "여러 그리고 떨어져 있는 것들 안에서"(ἐν πολλοῖς καὶ χωρὶς οὖσιν, 131b1)란 표현에서 그는 "여러 떨어져 있는 것들"을 인정한다. 그리고 129a2–3에서 "이 둘이 있는 한에서 나와 너 그리고 그밖에 우리가 여럿이라고 부르는 것들은 그 둘에 참여한다."고 말한다. 이 둘은 동종성의 이데아와 비동종적인 것이다. 그러므로 플라톤은 동종성의 이데아와 비동종적인 것에의 참여를 가지고 여럿을 설명하는 것이다. 여기서 동종성의 이데아가 하나의 원리라고 한다면, 비동종적인 것은 여럿의 원리이다. 나와 너, 그리고 그밖에 우리가 여럿이라고 부르는 것들이 서로 다른 것은 서로 다른 기체를 지니고 있기 때문이다. 여기에는 양이 전제되어 있다. 그렇기 때문에 소크라테스는 자신이 하나이자 여럿이라고 하면서, 여럿인 이유를 양(또는 수량: πλῆθος, 129c8)에 참여하기 때문이라고 설명하고, 자기가 하나인 이유를 "하나"(τὸ ἕν, 129d1–2)에 참여하기 때문이라고 설명한다. 그러므로 여럿의 각각이 여럿이자 하나인 이유는 한편으로는 양에 참여하고 다른 한편으로는 하나에 참여하기 때문이다. 물론 그와 같은 방식으로 각각은 동시에 동종성의 이데아와 비동종적인 것에 참여한다고 하겠다. 그런데 이와 같은 입장에서 볼 때, 위의 논의에서 "있는 것들이 여럿이라면, 그것들 자체는 동종이자 비동종이어야 한다."는 데에는 어떠한 문제도 없어 보이며, 불가능한 것이 아니라, 오히려 마땅히 그래야 되는 것이라 생각된다. 그럼에도 불구하고 여전히 "비동종적인 것들은 동종이고 동종적인 것들은 비동종적인 것"이 불가능한가? 있는 것들이 여럿이면, 마땅히 그래야 하는 것이라 생각되는데, 128e5 아래에서 소크라테스가 설명하는 바를 보면, 그것이 불가능한 이유가, 동종성과 비동종성, 양과 하나, 정지와 운동, 등과 같은 것들이 서로 "대립되는"(τἀναντία, 129c3) 이데아들인 데 있는 듯이 보인다. 그의 설명을 다르면, 우리가 여럿이라고 부르는 것들이 동종성에 참여하여 동종이 되고 비동종성에 참여하여 양자에 참여해서 양자가 되는 데에는 아무 문제가 없다. 이러한 논리는 하나와 여럿에 대해서도 동일하게 적용된다. 문제가 되는 것은 오히려, 제논이 그랬던 것처럼, 하나 자체를 여럿이라고 하고 여럿 자체를 하나라고 하는 것이라는 것이다. 동일한 논리로 동종적인 것들을 비동종적인 것이라 하고 비동종적인 것들을 동종적인 것이라고 하는 것이 문제라는 것이다. 이것은 동종적인 것과 비동종적인 것을 "유나 이데아들 자체"(αὐτὰ τὰ γένη τε καὶ εἴδη, 129c2)로 생각하기 때문에 발생하는 문제이다. 그러므로 플라톤은 제논의 아포리아를 하나와 여럿이라는 서로 대립되는 유 내지는 이데아들의 결합 불가능성에서 발생하는 문제로 보는 듯하다. 이런 시각에서 위에 제시된 제논의 논의를 해석하면, "만약 있는 것들이 여럿이라면, 그것들 자신은 동종이자 비동종이어야" 마땅한데, 그렇다면 비동종인 것들과 동종적인 것들이란 "서로 대립되는" "유 내지는 이데아들"의 결합관계가 문제가 되는데, 이는 불가능하다는 식으로 해석된다. 그렇다면 이 논의가 의도하는 바는 무엇인가? 결합이 불가능하다면, 하나는 하나이고 여럿은 여럿인 것처럼, 동종적인 것은 동종적이고 비동종적인 것은 비동종적일 뿐이라는 것인가? 그 결과 하나나 동종적인 것은 있지만, 여럿이나 비동종적인 것은 있지 않다는 것인가? 아니면 하나나 여럿이나, 동종적인 것이나 비동종적인 것이나 모두 있지 않다는 것인가? 굳이 말하자면, 하나나 동종적인 것이 있는 것에 참여한다는 전제하에서, 하나나 동종적인 것은 있지만, 여럿이나 비동종적인 것은 있지 않다는 것 같은데, 그와 같은 전제를 하지 않을 경우에는, 하나나 동종적인 것, 여럿이나 비동종적인 것 모두 있지 않다고 할 가능성도 배제할 수 없을 것 같다. 그렇다면 이 해석은 앞의 해석과 결론에 있어 별로 다르지 않은 것 같다.

하지만 이것은 제시된 논의에 대한 올바른 해석인가? 플라톤은 "여러 있는 것들"을 인정하지 않는가? 여러 있는 것들이 있다고 할 때, 그것이 서로 대립되는 유 내지는 이데아들을 포함한다고 해서 불가능한 것으로 판정되는가? 아니라고 생각된다. 그런데 소크라테스의 설명을 잘 들어보면, 소크라테스 역시 대립되는 유 내지는 이데아들 사이의 결합에 대해 "경이"(τέρας, 129b 2) 내지 "놀라움"(θαυμάσομαι, 129c1 ἄξιον θαυμάζειν, 129c3)을 표시할 뿐, 관계가 완전히 불가능하다고 말하는 것이 아니다. 『파이돈』편에서 보이듯, 중기이데아론에서 플라톤은 논리적으로 포함관계에 있는 이데아들에 대해서는 결합관계를 인정하였지만, 서로 대립되는 이데아들에 대해서는 결합관계를 배제하였다. 그런데 이제 여기 여러 "있는 것들"이 인정되는 곳에서 필연적으로 동종적인 것과 비동종적인 것, 하나와 여럿, 정지와 운동과 같은 서로 대립되는 유 내지는 이데아들의 결합이 문제가 될 때, 플라톤은 경이 내지는 놀라움을 표시하면서 "만약 누군가가 방금 내가 말한 이데아들을, 예컨대 동종성과 비동종성, 양과 하나, 정지와 운동 및 그와 같은 모든 것들을 먼저 그 자신 자기 자신에 따라 따로 나누고, 그런 연후에 그들 자신들 안에서 이것들이 어떻게 결합되고 분리될 수 있는지를 보여준다면, 오 제논, 나는 놀라울 만치 기뻐할 것이다."고 소크라테스로 하여금 말하게 한다. 문제는 이와 같이 서로 대립되는 이데아들이 개별자 안에서 어떻게 결합하는지를 밝히는 것이 아니라, 그와 같은 이데아들을 그 자신 자기 자신에 따라 나누고는 그들 자신 안에서 어떻게 결합하는지를 밝히는 것이다. "대립되는 것들로부터"(ἐκ τῶν ἐναντίων) "대립되는 것들에 있어서의 생성"(ἡ γένεσις τοῖς ἐναντίοις, 103a)을 "각각"(ἕκαστον, 97c)의 개별자들이 이데아들에 "참여"(μετέχειν, 100b)하고, 그러한 개별자들 안에 이데아들의 "나타남"(παρουσία, 100d)을 통해서 설명하는 것은 이미 『파이돈』편에서 한 일이다. 지금의 문제는 그것이 아니라 개별적인 존재자 안에 필연적으로 대립되는 유 내지는 이데아들을 따로 구분한 다음에 이들 사이의 결합을 규명하는 일이다. 그런데 이와 같은 서로 대립되는 이데아들의 결합문제가 새롭게 발생한 것은 개별적인 존재자를 인정하였기 때문이다. 그로부터 이와 같은 서로 대립되는 이데아들의 결합은 반드시 개별적인 존재자를 매개로 하여야 한다. 다만 그것들을 개별적인 존재자의 속성으로서가 아니라 개별자의 존재의 차원에서 유 내지는 이데아들로 그들 사이의 결합을 설명하는 것이 새로운 과제이다. 소크라테스에 따르면 이와 같은 일은 자신이 행하고 있었던 일이며, 파르메니데스와 제논이 이미 "보이는 것들 안에서"(ἐν τοῖς ὁρωμένοις, 130a1) 그와 같은 일을 수행했다고 한다면, 자신은 이제 "논리적으로 파악되는 것들 안에서"(ἐν τοῖς λογισμῷ λαμβανομένοις, 130a2) 그와 같은 일을 수행하고 싶다는 것이다. 이제 이와 같은 견지에서 위에 제시된 제논의 논의를 해석하면, "만약 있는 것들이 여럿이라면", 플라톤 자신의 논리에 따라 "그것들 자신은 동종이자 비동종이어야 한다."는 것은 마땅하다. 그런데 "비동종적인 것들이 동종이며, 동종적인 것들이 비동종적인 것"이라는 것은 제논의 논리에 따라서는 그런 줄 모르겠지만, 플라톤의 논리에 따라서는 "불가능한 것"이 아니다. 그러므로 위의 논의에서 "비동종적인 것들이 동종이고 동종적인 것들이 비동적인 것은 불가능하다."고 한다면, 그것은 플라톤의 논리를 따라서가 아니라 제논의 논리를 따라서이다. 그에 반해 플라톤이 하고자 하는 일은 이와 같이 서로 대립되는 유 내지는 이데아들이 서로 어떻게 결합하는지를 규정하는 일이다. 그러나 지금은 제논의 논리에 따라 "비동종적인 것들이 동종이고 동종적인 것들이 비동종적인 것은 불가능하다"고 하고, "그것들이 여럿이라는 것"은 "불가능하다"고 하는 것이다. 그 결과 결론은 "그것들은 여럿이 아니며", "여럿은 있지 않다"는 것이다. 주목할 만한 것은, 플라톤 또한 자신이 제시한 제논의 논의에서 일차적으로 부정적인 결론에 주목한다는 것이다. 그런데 플라톤이 하듯이, 여러 있는 것들을 동종성의 이데아와 관계해서 동종이자 비동종이라 설명하고서, 제논의 논리를 따른다고 한다면, 제시된 제논의 논의는 어떻게 이해되는 것인가? 즉, 플라톤의 설명에 따라 여러 있는 것들은 동종이자 비동종이라 하고, 제논의 논리에 따라 "비동종적인 것들은 동종이고 동종적인 것들은 비동적인 것이 불가능한 것" 이라고 한다면, 어떤 의미에서 "비동종적인 것들은 동종이고 동종적인 것들은 비동종적인 것" 이라고 하는 것이 "불가능한 것" 인가? 하나로부터 여럿을 추상화시켜 독자적이게 만든 제논의 논리에 따라 마찬가지 방식으로 동종성의 이데아로부터 동종과 비동종을 추상화시켜 독자적이게 만들면, 있는 것들의 여럿을 설명하는 동종과 비동종은 처음부터 동종성의 이데아로부터 독립하여, 있는 것들은 여럿이 아니고 여럿은 있지 않는 것이 될 것이다. 이와 같은 방식으로 제시된 제논의 논의는 이해될 것이고, 또한 이와 같은 방식으로 여럿은 있지 않을 것이다.

그런데 실제로 『파르메니데스』편에서 플라톤이 동종과 비동종을 동종성의 이데아로부터 독립시킨 방식은, 130a8 아래에서 파르메니데스가 소크라테스의 "로고스들을 향한 충동"(ἡ ὁρμὴ ἡ ἐπὶ τοὺς λόγους, 130a1)을 놀랄만한 가치 있다고 평가하면서이다. 파르메니데스는 여기서 "동종성 자체" 와 "우리가 지닌 동종성" 을 구분하면서(130b4), 소크라테스가 아직도 젊은 나이 때문에 "인간들의 의견들에 주목한다."(πρὸς ἀνθρώπων ἀποβλέπεις δόξας, 130e3)고 평가하고 있다. 이데아와 관련하여 인간에게 어떻게 의견이 형성되는지는 그 앞쪽에 서술되어 있고(130b7 아래, 특히 130d3 아래를 보라), 그 뒤쪽에는 동종성, 큼, 아름다움과 올바름과 같은 이데아들에 참여하는 것들은 그와 같은 이데아들과 동종의 이름들을 지니게 된다(130e5–131a2)는 근거로 그와 같은 "이름들"(αἱ ἐπωνυμίαι, 130e6)의 견지에서 이데아들에 참여할 때의 어려움들을 수학적, 논리적, 존재론적 차원에서 전개시킨다. 그러므로 플라톤이 제논의 논의를 실제로 전개시키는 것은 소크라테스에 의거해서이고, 그는 이 문제가 파르메니데스에서 기원함을 명확히 인식하고 있었다. 그리고 130c5–d9에서 의견이 어떻게 형성되는지를 설명할 때, 거기에는 이오니아학파의 물질이 전제로 되어있으며, 이와 같은 의견의 형성에 대한 설명이 자신이 『파이돈』에서 원인이 그것 없이는 있을 수 없는 필수조건일 뿐, 참된 원인이 아니라고 도외시하였던 문제를 다시 끌어들이고 있음을 잘 알고 있었으며, 또한 131a4 아래에서 개별자가 이데아에 참여할 때의 어려움을 수학적, 논리적, 존재론적 차원에서 설명할 때, 1. 엘레아학파처럼 전체와 부분, 하나와 여럿, 내재와 초월의 문제에, 2. 이후 아리스토텔레스의 제3의 인간이나 자연에서의 생성에서처럼 무한소급의 문제에, 3. 소크라테스, 소피스트에서처럼 존재와 비존재, 인식가능성과 인식불가능성의 문제에 부닥쳐있음을 뚜렷하게 의식하고 있었다. 특히, 2번째 두 가지 무한소급 논의에서 플라톤은 제논처럼 단지 "의견" 이나 "현상" 의 차원에서뿐만이 아니라 또한 "생성" 의 차원에서 무한소급이 발생한다는 것을 보여준다. 그런데 그와 같이 생성된 것은 이데아 자체와는 어떤 다른 것이기 때문에, 플라톤은 133a5–6에서 "그러므로 동일성에 의해서는 여타의 것들이 이데아들에 참여하지 못하고, 도리어 그에 의해 (여타의 것들이 이데아들에) 참여하게 되는 어떤 다른 것을 모색하는 것이 필요하다."라고 말하는 것이다. 그리고는 이러한 문제 상황을 곧 인식과 관계된 고르기아스의 테제("있다고 하더라도 인식될 수 없다."="우리가 이데아들이 그렇게 있다고 말하는 대로 그렇게 있는 것이라고 하는 한에서 그것들은 인식된다는 것이 적절하지 않다." 133b5–6)와 연결시켜, 결론에서 고르기아스의 세 명제와 유사한 결론에 이르는 것이다. 플라톤은 자신의 논의와 제논의 논의 사이의 연관성을 분명히 인식하고 있었으며, 또한 제논의 논의와 고르기아스의 논의 사이의 연관성도 알고 있었다. 다만 고르기아스가 프로타고라스의 입장에서 제논의 논의를 논의했다면, 플라톤은 소크라테스의 입장에서 제논의 논의를 논의한다.

그런데 다시 제시된 제논의 논의로 돌아가면, 제논의 논의는 부정적인 결론으로 끝난다. 물론 플라톤 자신이 증언하였고 Simplikios가 그렇게 해석했던 바대로, 이 부정적인 결론은 단지 부정적인 것으로 끝날 필요는 없고, 귀류법으로 해석하여 실상은 파르메니데스에 반하여 여럿을 말한 자들에 대하여 제논의 논의는 "모든 것은 하나"라는 파르메니데스의 테제를 위한 어떤 도움이라고 해석할 수 있다. 그러나 135d7–8에서 플라톤이 말하는 "제논의 방법"(ὁ τρόπος Ζήνωνος)은 그와 같은 귀류법을 의미하는 것이 아니라, 단지 어떤 것을 전제하고 그로부터 결론을 도출하는 가정적인 방법을 의미할 따름이다. 그러므로 플라톤이 이해하는 제논의 방법은 반드시 귀류법일 이유가 없다. 이런 이유에서 Calogero를 포함하여 『파르메니데스』의 후반부를 귀류법으로 해석하는 사람들은 별 설득력이 없다고 생각한다. 그럼에도 불구하고 왜 플라톤이 제논의 방법을 고수하며, 그 의미가 무엇인지가 해명되어야 하는데, 제논의 방법이 어떤 것을 전제하고 그로부터 결론을 도출해내는 가정적인 방법 이외에 다른 것을 의미하는 것이 아니라고 한다면, 그 방법을 사용하는 이유는 어떤 것이 앞서 "문제적"(problematisch)이 되었을 때, 그것을 전제하고 가능한 경우를 모두 검토해 결론을 도출해내기 위해서이다. 그런데 후반부에서 파르메니데스 자신의 전제로부터 가정된 것은 "하나가 있다면"이란 전제와 "하나가 있지 않다면"이란 전제이다. 그러므로 여기에서는 "하나"와 관계해서 "있다"와 "있지 않다"가 문제로 되어있다. 그런데 "있다"는 것이 문제적이 되는 것은 오직 "있지 않다"는 것에 의해서이다. 그러므로 전반부에서는 "있지 않다"에 의해 "있다"가 문제적으로 되어있어야 한다. 그리고 전반부에서 "있다"를 문제적으로 만든 것은 가깝게는 "존재들 가운데 어떠한 것도 우리 안에는 있지 않음" 이라는 소크라테스의 테제이지만, 멀게는 논의의 처음에 나오는 제논의 논의에서부터이다. 그런데 가정적인 방법이 추구하는 것은 플라톤이 몇 번 강조해서 말하듯이 "진리"(135d6, 136c5, 136e2)이다. 진리에 근거하여야지만 가정적인 방법은 결론을 도출해낼 수 있다. 만약 어떠한 진리도 없다고 한다면, 가정적인 방법은 무엇에 근거하여 결론을 도출해낼 것인가? 그렇다고 한다면, 전반부에서도 마찬가지 논리가 적용될 수 있다. 다만 전반부에서 추구되는 진리는 있는 것을 문제적이게 만드는 있지 않는 것이고, 이것은 한편으로는 존재는 우리 안에 있지 않다는 소크라테스의 테제에서 성립하는 것이지만, 다른 한편으로는 제논의 논리에서 성립하는 것이다. 그로부터 제논의 논리에서 플라톤은 귀류법에 의한 파르메니데스의 테제에 대한 옹호를 생각한 것이 아니라, 오히려 Alexandros가 이후에 그와 같은 결론에 도달했듯이 부정적인 결론을 의도한 것이다.

그런데 플라톤은 그와 같은 제논의 논의를 단지 소크라테스의 테제와 관련하여 철학적으로 이해할 뿐 아니라 또한 제논의 논의의 영향과 관련하여 수사학적으로 이해한다. 제논의 논의가 수사학적으로 이해되는 것은 그것의 성격이 원래 수사학적이라서가 아니라 "논쟁"(φιλονικία. 128d7, 128e2)적이었기 때문이다. 논쟁의 상대는 역사적인 제논의 논의의 성격에 비추어 볼 때 피타고라스학파의 사람들이었을 것이다. 그러나 제논의 논의는 있는 것, 양, 운동 등을 전제한다는 점에서 단지 피타고라스학파에 국한되는 것이 아니라, 일반적으로 적용될 수 있을 것이다. 그럼에도 제논이 파르메니데스와 갖는 관계 때문에 논의의 성격이 엘레아학파의 특징을 지닌다는 것은 부정될 수 없다. 이와 같은 제논의 논의가 고르기아스의 논의로 이어진다는 것은 이미 지적한 바이다. 그런데 고르기아스야말로 "내보이는"(ἐπιδεικτικόν) 수사학을 처음으로 정초시킨 사람이다. MXG 979a14 아래에서 고르기아스는 "있는 것들에 대해서 말하는 사람들"(περὶ τῶν ὄντων λέγοντες)이 "한편으로는"(οἱ μὲν), 엘레아학파 사람들이 그렇듯이, "하나이고 여럿이 아니며"(ἓν καὶ οὐ πολλά) "생성되지 않는다."(ἀγένητα)고 하고, "다른 한편으로는"(οἱ δὲ), 후기 자연철학자들이 그렇듯이, "여럿이고 하나가 아니며"(πολλὰ καὶ οὐχ ἕν) "생성된다."(γενόμενα)고 하면서 "서로 대립되는 것들"(τἀναντία)을 "자기네들 사이에서 제시"(ἀποφαίνονται αὑτοῖς)하는 것을 보고는, 그들이 그러는 이유는 각각이 자기네가 "받아들인 바대로"(ὡς δοκοῦσιν) 그렇게 말로 "내보이면서"(ἐπιδεικνύντες) 제시하기 때문이라고 해석한다. 여기서 파르메니데스 이후 후기 자연철학자들에 이르기까지 "있는 것들에 대해서 말하는 자들" 의 말은 이제 "내보이는" 수사학의 말로 되고, 고르기아스는 내보이는 수사학의 정초자가 된다. 이런 연관에서 플라톤은 『고르기아스』편에서 고르기아스가 어떤 인물이며 어떤 능력을 지닌 자인지를 묻고, 그는 "수사가"(ῥητῶρ)이며 그가 지닌 능력은 "수사학"(ῥητορική)이라고 하면서 수사학이 무엇인지를 규정하고자 한다. 물론 그가 규정한 수사학은 고르기아스의 수사학이라기보다는 그의 제자 폴로스의 수사학이다. 이와 같은 상황에서 『파이드로스』편 259e 아래를 보면 엘레아의 팔라메데스 제논은 이미 수사학의 영역에서 "반박술"(ἀντιλογική, 261d)의 원조처럼 서술되어있으며, 이점은 이소크라테스의 『헬레네 찬사』 3.2에서도 마찬가지이다. 그러므로 이미 플라톤 당시에 제논의 논의는 수사학의 영역에서 반박술의 원조로 폭넓게 받아들여졌다고 봐야할 것이다. 그런데 『헬레네 찬사』에서 흥미로운 점은 제논을 프로타고라스와 고르기아스와의 연관 속에서 "소피스트들"로 취급한다는 것이다. 고르기아스가 누구보다도 과감하게 "있는 것들 중에 어떠한 것도 있지 않다"(οὐδὲν τῶν ὄντων ἔστιν)고 말한 사람이라고 한다면, 제논은 "동일한 것들이 가능하고 다시 불가능하다"(ταὐτὰ δυνατὰ καὶ πάλιν ἀδύνατα)는 것을 보여주려고 시도한 사람이라는 것이다. 그리고 "동일한 것들이 가능하고 다시 불가능하다."란 표현은 『파이드로스』편에서 약간 변형되어 나타나는바 반박술을 정식화한 표현이다. "우리가 알기에, 엘레아의 팔라메데스는 기술적으로 말하면서 듣는 사람들에게 동일한 것들이 동종이자 비동종으로, 또한 하나이자 여럿으로, 또한 다시 정지해 있으면서 이동하는 것으로 나타나게 하지 않는가?"(Τὸν οὖν Ἐλεατικὸν Παλαμήδην λέγοντα οὐκ ἴσμεν τέχνῃ, ὥστε φαίνεσθαι τοῖς ἀκούουσι τὰ αὐτὰ ὅμοια καὶ ἀνόμοια, καὶ ἓν καὶ πολλά, μένοντά τε αὖ καὶ φερόμενα;, 261d) 여기서 "동일한 것들이 동종이자 비동종이다."(τὰ αὐτὰ ὅμοια καὶ ἀνόμοια)라는 표현과 "동일한 것들이 가능하고 다시 불가능하다"(ταὐτὰ δυνατὰ καὶ πάλιν ἀδύνατα)라는 표현은 플라톤과 이소크라테스가 아직 제논의 저작을 직접 읽을 수 있는 상황에 있었다는 전제하에서 제논의 어떤 동일한 논의에 대한 약간 변형된 상이한 표현이라고 생각되는데. 필자가 생각하기에는 양자에게 공통으로 "동일한 것들"이 문제가 되는 한에서 두 표현은 Simplikios가 보고해 준 "여럿의 각각은 자기 자신과 동일하고 하나"라고 하는 원리에 근거한 논의, 즉 B2의 논의에 대한 상이한 표현이라고 판단된다. B2의 논의에 따라 "그런데 만약 있다면, 필연으로 여럿의 각각은 자기자신과 동일하고 하나"이어야 한다면, 그로부터 "동일한 것들"은 이소크라테스의 표현에 따르면 "가능한" 것이 될 것이고, 플라톤의 표현에 따르면 "동종"일 것이다. 그런데 그와 같이 동일한 것들이 논의의 결과에 따라 양을 지니지 못하고, 그 결과 있지 않을 것이라고 한다면, 그 동일한 것들은 이소크라테스의 표현에 따르면 "불가능한" 것이고, 플라톤의 표현을 따르면 "비동종적인" 것일 것이다. 그렇다고 한다면, "있는 것들이 여럿이라면, 그들 자신은 동종이자 비동종이어야 하는데, 그런데 이것은 불가능하다."는 논의는 B2에 대한 플라톤 식의 재구성이라고 할 것이다. 그런데 여기서 "동일한 것들이 동종이자 비동종"이라는 것이 어떤 방식으로 "반박술"의 원조가 되는지는 플라톤이 『파이드로스』편 261d 아래에서 직접 설명한다.

플라톤에 따르면 반박술이란 "모든 것을 모든 것과, 가능한 모든 것과 가능한 모든 것을 동일하게 하고, 다른 사람이 동일하게 하면서 (어떤 점에서) 숨길 때에는 그것을 밝히는" 기술이다. 그런데 다른 사람을 속이고 자기 자신은 속지 않으려는 사람은 "있는 것들의 동종성과 비동종성을 정확하게 분간하는 것"이 필요하다. 그런데 각각의 진리를 알지 못한다면, 알지 못하는 것에 대한 동종성이란 있을 수가 없다. 그러므로 "있는 것들의 동종성과 비동종성을 정확하게 분간하는 것"이 반박술의 원조이다. 왜냐하면 "있는 것들의 동종성"을 알고 "있는 것들"의 "비동종성"을 드러내는 것이 바로 반박술이기 때문이다. 반면, "있는 것들에 반하여 의견을 형성하는 자들"의 수사학은 플라톤에게 기술이 아니다. 왜냐하면 그와 같은 수사학은 "진리와의 접촉"(ἀληθείας ἧφθαι.)이 없기 때문이다. 그럼에도 그와 같은 수사학은 플라톤의 제논의 논의에 대한 이해에 역사적인 전제로 되어있다. 그러나 플라톤은 그와 같은 수사학을 근원으로 거슬러 올라가 비판하고 제논의 논의에 따라 반박술을 새롭게 수용한다. 이와 같은 관점에서 볼 때, 플라톤은 제논의 논의뿐만이 아니라, 또한 파르메니데스의 논의도 수사학적인 관점에서 볼 수 있었다. 먼저 플라톤은 "여럿은 있지 않다"는 제논의 논의가 "말해진 것들 모두에 반해"(παρὰ πάντα τὰ λεγόμενα, 127e9–10) "그것들(=있는 것들)은 여럿이 아니"를 논증하는 논의로 이해한다. "말해진 것들"은 그 자체로 여럿이다. 그런데 제논의 수적인 여럿에서 플라톤의 제논의 논의에서 말에서의 여럿으로 이행하는 데에는, 제논의 논의가 논쟁적 성격에서 수사학적인 의미의 반박술로 전환되어진 역사가 바탕에 놓여있다. 그리고 이와 같은 바탕에서 플라톤은 제논의 논의뿐만이 아니라 또한 파르메니데스의 논의도 수사학적으로 파악한다. 128a4 아래에서 그의 서술을 보면, 먼저 제논이 단지 다른 친분에 의해서뿐만 아니라, 저작을 통해서도 파르메니데스와 동화되길 바란다고 하고는, 어떤 방식으로 파르메니데스와 동일한 것을 저술했으면서도 마치 어떤 상이한 것을 말하듯이 전복시키면서 우리를 속이려고 시도한다고 한다. "동일한 것"에 대해 "어떤 상이한 것"을 "말한다"고 하는 것이, 바로 『파이드로스』편에서 플라톤이 규정한 "반박술"의 핵심이었다. 그리고 "속인다"는 개념은 원래 고르기아스의 수사학에서 핵심개념이었다. "영혼을 설득하고 속인 말." (B10(8)) 제논이 그와 같은 방식으로 우리를 속이려는 의도를 지니고 있었다는 데에는 역사적 근거가 없다. 그러므로 이것은 제논의 논의에 대한 플라톤의 수사학적인 파악이거나, 또는 플라톤이 말하는 역사적인 "부수사건들 가운데" (τῶν συμβεβηκότων, 128c5-6) 하나이다. 어떻든, 그리고는 플라톤은 제논의 "여럿이 아니" 뿐만이 아니라, 또한 파르메니데스의 "하나"까지도 수사학적으로 파악해, "각각이 그와 같은 방식으로 말한다." 고 한다. "하나"가 그와 같이 파악되는 것은, 앞서 보았듯이, 역사적인 제논의 논의의 결과이다. 그 결과로 이제 "하나"는 파르메니데스적인 의미에서 참된 "하나"가 아니라, 그와 같은 "하나"가 되어 수사학적인 고려의 대상이 되는 것이다. 그리고는 플라톤은 어떤 점에서 동일한 것들에 대해 말하는 자들이 그것들에 대해서는 어떠한 것도 말하지 않는다고 한다. 이것은 반박술에 따른 결론이기도 하지만, 이와 같은 입장을 고수한 사람은 소피스트 안티폰이다. 그런데 플라톤에 따르면 파르메니데스와 제논에 의해 말해진 것들은 우리를 넘어서 말해진 듯이 보이는 것들이다. 이것이 원래 파르메니데스와 제논의 입장이겠지만, 그것들은 우리를 넘어서 있기에 우리에게는 문제적인 것이고, 소피스트 안티폰에 따르면 "어떠한 것도 아닌 것" (οὐδέν)이다. 그리고 소크라테스도 또한 "존재들 가운데 어떠한 것도 우리 안에는 있지 않음"이라고 하는 점에서 이와 같은 입장에 동의한다.

그런데 128b7 아래 플라톤의 서술에 따르면, 제논은, 이 경우에 제논은 플라톤의 제논에 대한 이해에 자신의 입장을 피력하는 역사적인 제논을 말하는데, 자신의 저작은 그렇게 존중되어야 할 것이 아니며, 소크라테스가 말하는 것을 생각하면서 저술되고, 마치 어떤 큰 일을 하듯 사람들에게 감추는 것이 아니라, 소크라테스가 말하는 것은 "부수사건들 가운데 어떤 것"이라는 것이다. 그러면서 진실은 자신의 저작은 여럿을 말하는 사람들에 대해 파르메니데스의 테제를 위한 도움이였으며, 젊은 사람의 호승심에 의해 쓰인 것이고, 쓰였을 때 출판의 여부를 고려할 겨를도 없이 어떤 사람이 훔쳤다는 것이다. 어떤 사람이 훔쳤다는 이야기는 역사적인 근거가 없는 것 같고, 제논이 호승심에 의해 논쟁적인 글을 썼다는 것은 이미 말한 바와 같다. 문제는 그것이 아니라 "소크라테스가 말하는 것", 그렇게 존중되어야하고, 마치 어떤 큰일을 하듯 사람들에게 감추는 것이 무엇이냐는 것이다. 그것은 또한 뒤의 말을 보면 젊은 사람의 호승심에 의해 작성되는 것이 아니라, 나이 든 사람의 명예사랑에 의해 작성되는 것이기도 하다. 그렇다면 그것은 "반박"

(ἀντιλέγει, 128d2)이 아니라, 그럼에도 여전히 소크라테스의 입장에서 동종성의 이데아와 적극 관계 맺는 것이다. 왜냐하면 그때에만 그것은 존중되어지는 것이고 마치 어떤 큰일을 하듯 사람들에게 감추는 것이 되는 것이다. 그리고 그것은 젊은 사람의 호승심에 의해 작성되는 것이 아니라, 나이든 사람의 명예사랑에 의해 저술되는 것이다. 그런데 제논이 하는 말에 따르면 이것은 역사적인 "부수사건들 가운데 어떤 것" 이기도 하다. 그렇다면 그것은 어떤 사건을 의미하는 것인가? 그것은 필자가 보기에 다름이 아니라 여전히 소크라테스의 입장에서 제논의 논의를 역사적인 결과인 현재적 시점에서 "만약 있는 것들이 여럿이라면, 그것들 자신은 동종이자 비동종이어야 한다." 고 플라톤 식으로 재구성하고, 그것의 의미를 해명하는 것이다.

5. 나가기

제논의 논의의 플라톤에로의 발전과 수용의 문제는 결국 역사적인 제논의 논의와 플라톤의 『파르메니데스』편에 나오는 제논의 논의 사이의 역사적인 관계를 해명하는 문제이다. 역사적인 제논의 논의는, 비록 그것이 있는 것과 양을 전제한다고 하더라도, 논의의 성격상 피타고라스학파의 다원론에 대한 반박의 성격을 띠고 있으며, 그렇다고 완전히 피타고라스학파에 대한 반박의 성격으로만 특징지어지는 것이 아니라, 파르메니데스와의 관계 속에서 엘레아학파의 특징을 지닌다. 제논의 논의를 플라톤이 서술하는 바대로 상대방의 여럿을 가정하고 귀류법으로 파르메니데스의 하나를 옹호하기 위한 논의로 이해할 수도 있으나, 논의의 직접적인 결론은 그와 같이 긍정적이라기보다는 부정적이어서 여럿이 있지 않다는 결론과 동시에 하나도 있지 않다는 식으로 이해될 수 있다. 이와 같은 제논의 논증방식은 고르기아스에로 이어지고, 고르기아스는 그와 같은 논증을 "내보이는" 수사학의 논증으로 파악하였다. 그런데 고르기아스가 그와 같은 논증을 할 수 있었던 근거는 소피스트들의 기본입장을 대변하는 프로타고라스의 "인간은 만물의 척도"라고 하는 명제에 의거해서이며, 그로부터 고르기아스와 프로타고라스는 파르메니데스에 대항한다. 그러나 고르기아스나 프로타고라스의 그와 같은 입장은 우리 "사멸하는" 인간 존재는 "아무 것도 알지 못하며", 우리 "사멸하는" 인간 존재가 "진리라고 확신하고 정립한 모든 것은 이름일" 뿐이라는 파르메니데스의 통찰에서 비롯되는 것이다. 다른 한편 플라톤의 제논의 논의는 제논 자신의 논의와 마찬가지로 있는 것들과 양을 전제하지만, 플라톤 자신의 이데아론과 연관하여 동종이자 비동종으로 재구성되며, 자신의 중기 이데아론과 관계하여 이전에 참된 원인의 필요조건이라 도외시하였던 것을 이제는 적극 규정하여 "어떤 것"에 대한 "규정"이라 하고, 이러한 조건하에서 제논의 논의를 재해석하는 것이다. 그런데 이러한 조건은 소크라테스에 의해 구체화되는데, 이 소크라테스에 의해 제시된 제논의 논의는 구체적으로 전개된다. 그런데 역사적인 제논의 논의와 플라톤의 제논의 논의 사이의 역사적인 관계는 파르메니데스의 있는 것, 우리 사멸하는 인간 존재의 유한성의 통찰과 같은 공통분모도 있지만, 구체적으로는 제논의 논의의 수사학적 성격에 대한 규정에 의해 매개된다. 제논의 논의에 대한 수사학적인 이해는 먼저 고르기아스에 의해 수행되었는데, 플라톤은 고르기아스의 수사학을 다시 제논의 반박술을 통해 규정함으로써 제논의 논의와 자신의 제논의 논의 사이의 관계를 정립하였다. 그에 따르면 제논의 논의의 논쟁적 성격은 반박술의 원조격인데, 고르기아스의 수사학은 이로부터 나왔으나 기술이 아니고 수사학에서 유일한 기술은 제논의 반박술이라는 것이다. 이와 같은 반박술에 근거하여 플라톤은 『파르메니데스』편에서 제논의 논의를 전개시키는데, 결론은 긍정적인 것이 아니라 부정적이며, 이때 사용되는 방법도 귀류법이 아니라 가정적인 방법인데, 이 방법 역시 부정적인 것을 도출할 뿐 긍정적인 것을 도출하지 않는다.

참고 문헌

원문

Aristoteles, *Physica*, ed. W. D. Ross. Clarendon, Oxford 1950, 1992(10th impression).

Aristoteles, *Metaphysica*, ed. W. Jaeger. Clarendon. Oxford 1957, 1989(10th imp.).

Diels, H., und Kranz, W., *Die Fragmente der Vorsokratiker.* Griechisch und Deutsch v. Hermann Diels, hg. v. Walther Kranz. Weidmann, [6]1951.

Diogenes Laertius, *De vitis et dogmatibus clarorum philosophorum*, ed. H. S. Long. Clarendon, Oxford 1964.

Isocrates, *Orationes*, ed. G. E. Bensler. Teubner, Leipzig 1902.

Lee, H. D. P., *Zeno of Elea*, A Text, with Translation and Notes. Cambridge 1936, Adolf M. Hakkert, 1967 (Unchanged Reprint of the Edition 1936).

Platon, *Opera*, ed. J. Burnet. vols. 1–5. Clarendon, Oxford 1900–1907, [2]1905–1913.

Proclus, *Commentarius in Platonis Parmenidem*, ed. V. Cousin. Paris 1864.

Ps. Aristoteles, *de Melisso Xenophane Gorgia*, ed. O. Apelt. Teubner, Leipzig 1888.

Simplicius, *in Aristotelis physicorum libros quattuor priores commentaria*, hg. H. Diels. Berlin 1882.

_____, *in Aristotelis physicorum libros quattuor posteriores commentaria*, hg. H. Diels. Berlin 1895.

이차문헌

양태범, 「파르메니데스에서 "있다"와 "있지 않다"의 문제-고대 희랍철학의 존재-신-

논리적 구조와 관계해서」, 『헤겔연구』 21, 2007, pp. 151–226.

Allen, R. E., *Plato's Parmenides*, Translation and Analysis. Minnesota 1983.

Barnes, J., *The Presocratic Philosophers*. 1979, ²1982 London.

Brochard, V., *Études de philosophie ancienne et de philosophie moderne*. Alean, Paris 1912.

Calogero, G., *Studien über den Eleatismus* (org. Studi sull' Eleatismo, Tifografia del Senato, Roma 1932). Wissenschaftliche Buchgesellschaft, Darmstadt 1970.

Cornford, F. M., *Plato and Parmenides; Parmenides' Way of Truth and Plato's Parmenides*, translated with a running commentary. Routledge & Kegan Paul, London 1935.

Diels, H., und Kranz, W., *Die Fragmente der Vorsokratiker*. Griechisch und Deutsch v. Hermann Diels, hrsg. v. Walther Kranz. Weidmann, ⁶1951.

Fränkel, H., 'Zeno of Elea's Attacks on Plurality' (org. in: *American Journal of Philosophy*, 63, 1942, pp. 1–25, & rev. in: *Wege und Formen frühgriechischen Denkens*, Beck, 1955, 2. ed. 1960, 3. ed. München, 1968, 193–206) in: *Studies in Presocratic Philosophy* Vol. II, *The Eleatics and Pluralists*, ed. by R. E. Allen and David J. Furley. Humanities Press, 1975, pp. 102–42.

Friedländer, P., *Platon*, Bd. III, Die Platonischen Schriften Zweite und dritte Periode. Walter de Gruyter, Berlin ²1960(Zweite erweiterte und verbesserte Auflage).

Furley, D. J., 'Zeno and Indivisible Magnitudes', in: *The Presocratics*, ed. by Alexander P. D. Mourelatos. Princeton University Press, 1974, pp. 353–67.

Heidel, W. A., 'The Pythagoreans and Greek Mathematics', in: *American Journal of Philology* 51, 1940, pp. 1–65.

Kirk, G. S. & Raven, J. E., *The Presocratic Philosophers*, A Critical History with a Selection of Texts. Cambridge 1971.

Lee, H. D. P., *Zeno of Elea*, A Text, with Translation and Notes. Cambridge 1936, Adolf M. Hakkert, 1967 (Unchanged Reprint of the Edition 1936).

McKirahan, Jr. R. D., 'Zeno', in: *The Cambridge Companion to Early Greek Philosophy*, ed. by A. A. Long. Cambridge University Press, 1999, pp. 134–58.

Milhaud, G., *Les Philosophes–Géomètres de la Grèce*. Paris 1908.

Morrow, G. R. & Dillon, J. M., *Proclus' Commentary on Plato's Parmenides*, translated by Glenn R. Morrow and John M. Dillon with Introduction and Notes by John M. Dillon. Princeton 1987.

Owen, G. E. L., 'Zeno and the Mathematicians' (org. 1958), in: *Studies in Presocratic Philosophy* Vol. II, *The Eleatics and Pluralists*, ed. by R. E. Allen and David J. Furley. Humanities Press, 1975, pp. 143–65.

Solmsen, F., 'The Tradition about Zeno of Elea Re–examined' (org. in: *Phronesis*, 16, 1971, pp. 116–41), in: *The Presocratics*, ed. by Alexander P. D. Mourelatos. Princeton University Press, 1974, pp. 368–93.

Tannery, P., *Pour l'Histoire de la Science Hellène*. Paris [2]1930.

_____ , Revues philosophiques XX. 1885, pp. 385–410.

Vlastos, G., 'A Note on Zeno B I', in: *Studies in Presocratic Philosophy* Vol. II, *The Eleatics and Pluralists*, ed. by R. E. Allen and David J. Furley. Humanities Press, 1975, pp. 177–83.

_____ , 'A Note on Zeno's Arrow', in: *Studies in Presocratic Philosophy* Vol. II, *The Eleatics and Pluralists*, ed. by R. E. Allen and David J. Furley. Humanities Press, 1975, pp. 184–200.

Yang, T.–B., *Platon in der philosophischen Geschichte des Problems des Nichts*. Königshausen & Neumann, Würzburg 2005.

_____ , *Das Problem des Nichtseienden in Platons Parmenides, Zur neuen Interpretation des Platonischen Dialogs Parmenides*. Königshausen & Neumann, Würzburg 2008.

Zeller, E., *Die Philosophie der Griechen in ihrer geschichtlichen Entwicklung*, ed. by W. Nestle. Reisland, Leipzig [6]1919.

A Study in the Development and Reception from the historical Zeno to the Zeno in the Parmenides of Plato

Yang, Tai-Bum

The task is to elucidate how the arguments of the historical Zeno are related to the argument of the Zeno in the *Parmenides* of Plato. Even if Plato says that the argument in his dialogue is "the first hypothesis of the first argument" of Zeno, the relation of the historical Zeno to the Zeno in the dialogue is not so simple. Plato seems to reconstruct the arguments of the historical Zeno in his own way as we know it through his use of the terminologies 'like' and 'unlike' in respect to the theory of Ideas. And, it is sceptical that the structure of the argument as Plato reports it is constructed in a way that it supports Parmenides' thesis that all existing things are one through the negation of the many because it has been said by Eudemus as early as 4th century B.C. that it also denied the true One in Parmenidean sense.

But the arguments of the historical Zeno are problematic in themselves, so that the article reconstructs them according to Simplicius. His utterance that "each of the many is the same and one with itself" is the principle of reconstruction. The arguments, as many interpreters say, have a characteristic against the Pythagorean pluralism, but are conditioned through the being and the magnitude in relation to Parmenides. Plato knew it so that he began with the hypothesis in mind that the beings are many. This hypothesis means that the beings are countable because they are conditioned though something individual which is unlike to the Idea of Likeness. However, the relation of the argument in Plato's dialogue to those of the historical Zeno is problematic. Why is it impossible that the unlike is like and the like is unlike when Plato says that if the beings are many, they should be like and unlike? It can be explained through Plato's appeal to Zeno's antilogike. According to the *Phaidrus*, the antilogike is a technic for making everything possible the same with everything possible and for revealing it when someone else does it in order to deceive him. Historically, Gorgias' epideictic rhetoric which shows that if anything is, it is necessary to be neither one nor many nor non-becoming nor becoming so that nothing could be, comes from it. So, if Plato regards Parmenides' one and Zeno's not many only as different ways of saying the same thing to deceive us, it is from this rhetorical standpoint that Plato can ascertain that it is impossible that the unlike is like and the like is unlike so that the beings are not many and many does not exist by following Zeno's argument. So, the direct result from the argument is not to support the Parmenidean One through a reduction to absurdity but to conclude that it is not many and the many does not exist. The negative conclusion is the same if he uses Zeno's method in the latter part of the dialogue because it does not mean a sort of reduction to absurdity but only a kind of hypothetical method which is used when something is problematical.

keywords: historical, Zeno, Plato, Parmenides, reception, one, many, is, not

변용과 연관의 인과론

– 스피노자 인과 이론에 대한 한 가지 해석

진 태 원

요약문

이 논문은 스피노자의 인과론을 변용과 연관이라는 개념을 중심으로 재해석하는 것을 목표로 한다. 스피노자 인과론은 "신은 만물의 내재적 원인이지 타동적 원인이 아니다"라는 『윤리학』 1부 정리 18을 따라 내재적 인과론으로 이해되어 왔다. 문제는 대개의 주석가들이 내재적 원인과 타동적 원인의 관계를 이원적으로, 또는 적어도 상호 외재적인 것으로 이해한다는 점이다. 하지만 이러한 해석은 스피노자 철학이 갈릴레이와 뉴턴에 의해 성립한 근대 물리학과 맺고 있는 관계를 제대로 이해하기 어렵게 할뿐더러, 스피노자 인과론의 윤리적 함의도 정확히 파악하지 못하게 만든다. 이러한 난점을 해결하기 위해 이 논문은 첫째, 흔히 타동적 인과관계의 전형으로 해석되는 『윤리학』 1부 정리 28의 인과론은 근대 물리학의 상대론적 인과론과 합치하는 것이며, 연관의 인과성(또는 구조적 인과성)을 나타낸다는 점을 입증한다. 연관의 인과성은 내재성과 타동성을 추상적으로 대립시키는 기존의 해석들과 달리, 스피노자의 내재적 인과론은 독특한 실재들의 외재적 상호 연관과 다르지 않으며, 스피노자 철학의 근원적인 반목적론적 성격은 여기에 기초를 둔다는 점을 보여준다. 둘째, 스피노자의 변용 개념은 독특한 실재들의 본질은 다른 실재들과의 관계, 따라서 외재성의 산물이라는 점을 정확히 파악할 수 있게 해준다. 따라서 스피노자 인과론의 윤리적 함의를 정확히 이해하기 위해서는 변용과 수동성을 혼동하지 않는 것이 중요하다.

● 주요어 : 스피노자, 변용, 연관, 내재적 인과성, 타동적 인과성, 비선형적 인과성, 수동성

I. 머리말

스피노자의 인과 이론은 그의 철학 체계의 다른 부분들에 비해 그다지 큰 주목을 받지 못했다. 예컨대 근대 철학의 인과론을 다루는 책(Nadler 1993)의 「서문」에서 스티븐 내이들러는 근대 철학의 인과론을 데카르트의 상호작용론과 기회원인론, 라이프니츠의 예정조화론으로 분류하고 있으며, 스피노자의 인과론에는 아무런 자리도 마련해 놓지 않고 있다.[1] 또 그의 인과론에 대해 논의하는 경우에도 다소 막연하거나 모호한 주석에 그치는 경우가 많았다. 예컨대 갈릴레이에서 흄에 이르는 근대 철학에서 인과론의 문제를 다루는 책에서 엘하난 야키라(Elhanan Yakira)는 스피노자를 말브랑슈, 라이프니츠와 더불어 근대의 기계적 인과론에 대한 "반대자"(dissidents)로 분류하면서 그의 인과론을 간략히 소개하고 있지만, 형이상학적 차원의 몇 가지 언급에 그치고 있다.[2] 근대 철학에서 인과론 논쟁에 관해 최근에 출간된 또 다른 개론서의 경우[3]는 "원인들과 충족 이유"라는 제목이 붙은 한 장에 걸쳐 스피노자를 라이프니츠와 더불어 다루고 있지만, 라이프니츠와 달리 스피노자의 인과론에 대해서는 간략한 요약 정도로 그치고 있다.

스피노자 연구자들의 논문이나 저서에서도 스피노자의 인과론에 관한 논의는 상당히 드문 편이다. 스피노자의 인과론만을 전적으로 다루는 글은 거의 찾아보기

1) 1996년 The Monist의 "인과관계"에 관한 특집호(Vol. 79 Issue 3)에도 역시 스피노자의 인과이론에 관한 논문은 빠져 있다.
2) Yakira 1994, pp. 80 이하 참조.
3) Clatterbaugh 1999. 이 책은 서양근대철학에서 인과이론을 개관하는 데 상당히 유용한 책이지만, 뒤에서 살펴볼 것처럼 스피노자의 인과이론에 대한 전형적인 오해 중 한 가지를 반복하고 있다.

어려운 편이고[4], 몇몇 연구서나 주석서를 제외하면[5], 스피노자의 인과론을 독립적인 주제로 논의하는 경우는 찾아보기 어렵다. 그리고 뒤에서 살펴보겠지만, 스피노자의 인과론에 대한 여러 주석가들의 논의에는 상당한 오해가 담겨 있다. 이처럼 스피노자의 인과이론에 관한 논의가 드물 뿐만 아니라 많은 오해를 불러일으키고 있는 데는 몇 가지 이유가 있다.

우선 스피노자가 자연철학에 관한 체계적인 저술을 남기지 않았다는 데서 그 이유를 찾을 수 있다. 근대 철학에서 인과론에 대한 문제가 제기된 것은 갈릴레이의 물리학 혁명이 계기가 되었으며 그 이후에도 인과론에 대한 논의는 주로 자연학과 관련하여 전개되었다는 점을 고려한다면, 스피노자 철학에 체계적인 자연철학이 부재하다는 사실은 스피노자가 자신만의 독자적인 인과론을 지니고 있었는지 의심해 볼 만한 이유가 될 수 있기 때문이다.

둘째, 근대 철학에서 인과론의 또 다른 쟁점은 신체와 정신, 물질과 사고의 관계에 대한 문제였다.[6] 데카르트가 신체의 형상으로서 영혼/정신이라는 중세적인 사고방식을 거부하고 사유와 연장을 엄격하게 구분한 이후, 인간이라는 하나의 통일체(적어도 우리의 경험에 의거했을 때)를 이루는 두 부분인 신체와 정신의 관계는 무엇인가라는 문제가 새롭게 제기된 것이다. 그리고 이 문제에 관해 데카르트가 제기한 해법, 곧 신체와 정신 사이의 상호작용이라는 해법이 내포하는 애매모호함 때문에, 스피노자와 말브랑슈, 라이프니츠 같은 철학자들은 각자 이 문제에 대해 독자적인 대안을 모색했다. 하지만 다른 철학자들과 달리 스피노자는 신체와 정신을 하나의 통일체로 간주했기 때문에, 적어도 인과론의 측면에서 본다면 그리 주목을 끌 만한 입장이 되지 못했으리라고 짐작할 수 있다.[7]

그러나 이런 이유들에도 불구하고 스피노자 철학에는 인과론에 대한 매우 체계적인 관점이 담겨 있다는 것이 우리의 생각이다. 스피노자의 인과론은, 그 자신의 표현을 빌리자면(E I P18)[8] **내재적** 인과론이라고 할 수 있는데, 중요한 것은 여기서 "내재적"이라는 관형어가 지니는 의미가 무엇인지 밝혀내는 일이다. 왜냐하면 대개의 주석가들은 내재적 인과관계를 협소하게 해석하여 유한 양태들 사이에 존재

4) 주목할 만한 논의로는 Wilson 1989; Balibar 1996 참조.

5) Gueroult I, 8-10장; Donagan 1988 중 6장 1-4절; Macherey 1992a 등 참조. 그 이외에 Deleuze 1999의 "자기원인" 항목도 참조.

6) 앞서 말한 나이들러의 분류는 심신 관계를 기준으로 하고 있다.

7) 하지만 Della Rocca는 정신과 신체의 동일성에 관한 스피노자의 주장은 그의 인과론에 기초를 두고 있다고 주장한다. Della Rocca 1991 참조.

하는 (이른바 "타동적") 인과관계와 **대립하는** 것으로, 또는 그것과 **외재적인** 관계에 있는 것으로 해석하기 때문이다. 하지만 스피노자의 인과론이 내재적 인과론이라고 해서, 이를 근대 자연과학에서 확립된 외재적 인과관계(상대성 이론적 인과론이라는 의미에서)와 대립시키는 것은 잘못이다. 이는 내재적, 외재적이라는 용어를 상식적인 관점에 따라 잘못 이해하는 것일뿐더러, 자칫 전근대적인 자연학으로 후퇴할 위험을 안고 있다. 스피노자의 내재적 인과론은 갈릴레이 이후 확립된 상대론적 인과론을 전제하고 있으며, 이를 동역학적 관점에서 발전시키려는 시도로 간주되어야 한다.

따라서 스피노자 인과론의 쟁점은 외재적 인과론을 수용하면서 어떻게 각각의 물체들에게 내재적인 인과역량을 부여할 수 있는지 이해하는 데 있으며, 우리가 보기에 이 문제에 대한 해법은 **변용**(affectio)과 **연관**(connexio)이라는 두 개념에서 찾아야 한다. 변용이라는 용어는 『윤리학』에서 매우 빈번하게 사용되고 있고 존재론에서 인간학에 이르는 스피노자 철학 체계의 일관성을 파악하는 데 핵심적인 개념이지만, 이상하게도 그동안 주석가들에 의해 별로 주목을 받지 못했다. 또한 연관—또는 연쇄(concatenatio)—이라는 개념은 빈도가 매우 드물긴 하지만, 스피노자의 용어법들이 대개 그렇듯이 매우 전형적이고 일관된 용법을 보여주고 있다. 이 두 개념은 스피노자가 말하는 내재적 인과론이, 내면적 인과론 내지는 신과 피조물 사이에 존재하는 수직적 인과론이라기보다는 유한 양태들의 외재적이고 무한한 변용의 인과연쇄를 통해 전개되는 인과론이라는 점을 밝혀줄 수 있다.

II. 내재적 원인과 타동적 원인

1. 초기 저작의 인과론

인과론과 관련하여 초기 저작과 『윤리학』 사이의 가장 큰 차이점은 초기에 사용

---

8) 이하에서 스피노자 저작은 다음과 같은 약어로 표시하겠다. 스피노자 전집은 G라는 약칭 아래 권 수는 로마자로, 페이지 수는 아라비아 숫자로 표시할 것이다. 스피노자의 각각의 저작 및 『윤리학』의 정의와 공리, 정리, 증명, 주석 등은 다음과 같은 방식으로 표시한다.
『지성개선론』: TIE, 『소론』: KV, 『데카르트의 철학원리』: PPD, 『윤리학』: E
정의: D, 공리: A, 정리: P, 증명: d, 따름정리: c, 주석: s, 보조정리: L
E II P29s → 『윤리학』 2부 정리 29의 주석
KV II, 17, §5 → 『소론』 2부 17장 5절

되던 스콜라철학적 용어법이 『윤리학』에서는 거의 자취를 감추었으며, 더 나아가 용어들이 상당히 단순해졌다는 점이다. 초기 저작 가운데 인과론에 관한 용어법들이 가장 잘 나타나 있는 곳은 『소론』 1부 3장이다. 스피노자는 여기서 8가지 측면에서 작용인을 구분하면서 신이 어떤 원인인가를 밝히고 있다.

작용인을 여덟 개의 부분으로 나누는 게 관례적이므로, 이제 신이 어떻게, 그리고 어떤 방식으로 원인인지 탐구해보기로 하자.

1. 우리는 신이 그의 행위의 유출적 또는 생산적 원인(uytvloejende ofte daarstellende oorzaak/emanantive or productive cause)이며, 행위의 발생과 관련해서는 능동적 또는 작용적 원인(doende ofte werkende oorzaak/active or efficient cause)이라고 말한다. 우리는 이를 한 가지로 취급하는데, 왜냐하면 이것들은 서로를 함축하기 때문이다.
2. 그는 내재적 원인(inblyvende oorzaak/immanent cause)이지 타동적 원인(overgaande oorzaak/transitive cause)이 아닌데, 왜냐하면 그는 모든 것을 자기 자신 안에서 실행하지 자기 바깥에서 실행하지는 않기 때문이다(왜냐하면 그의 바깥에는 아무것도 없기 때문이다).
3. 신은 자유 원인이지 자연적 원인이 아니다. 〔...〕
4. 신은 자기 자신을 통한 원인(oorzaak door zig zelfs/cause through himself)이지 우연적 원인(toeval oorzaak/accidental cause)이 아니다. 〔...〕
5. 신은 그가 직접 창조한 결과들(물질 속의 운동 등과 같은)의 주요 원인이며, 여기에는 부차적 원인을 위한 여지는 존재하지 않는다. 부차적 원인은 특별한 실재들로만 한정된다(신이 강한 바람으로 바다를 마르게 할 때라든가, 이와 유사한 자연 중의 다른 모든 특별한 실재들의 경우처럼). 〔...〕
6. 우리의 앞선 증명들로부터 명백하듯이, 신만이 최초의 또는 창시적인 원인(eerste ofte beginnende oorzaak/first or initiating cause)이다.
7. 신은 또한 일반적 원인이지만, 이는 그가 상이한 실재들을 생산한다는 관점에서 그럴 뿐이다. 그렇지 않으면 이는 신에 대해서는 결코 언급될 수 없다. 왜냐하면 그는 결과를 생산하기 위해 아무것도 필요로 하지 않기 때문이다.
8. 신은 무한하고 부동적인, 그리고 우리가 그가 직접 창조했다고 말하는 실재들의 가까운 원인(naaste oorzaak/proximate cause)이지만, 그는 어떤 의미에서는 모든 특수한 실재들로부터 떨어져 있는 원인(laaste oorzaak/remote cause)이다.(KV I 3 §2; G I

35-36)

"관례적"이라는 표현에서 알 수 있듯이 인과론에 대한 이러한 구분은 당대의 강단철학의 용어법들에 기초를 두고 있지만, 다른 한편으로는 스피노자 자신의 관점에 따라 얼마간 변형된 것이다.[9] 게루에 따르면 이 구분법은 6가지 측면에서 독창적인데, 이 중에서 주목할 만한 것은 세 가지 점이다. 첫째, 스피노자는 여기서 이미 신의 내재성을 확립하고 있다. 그런데 이러한 내재성은 "단지 원인과 결과가 동일한 존재 안에 있다"는 것만이 아니라, "열이 불 안에 포함되어 있고 빛이 태양 안에 있듯이 결과가 원인 안에 담겨 있기 때문에, 모순에 빠지지 않고서는 하나 없이 다른 것을 정립할 수 없다는" 점까지 함축한다(Gueroult 1968, p. 250). 따라서 이는 『윤리학』에 나오는 내재적 원인 개념과 거의 동일한 개념이라고 볼 수 있다. 둘째, 신을 자유 원인으로 규정하되, 이를 자연의 필연성과 대립시키지 않고 동일시한다는 점이다. 셋째, 강단철학자들이 기초로 삼던 아리스토텔레스식의 4원인론에 대해서는 아무런 언급도 하지 않는 데서 알 수 있듯이, 스피노자가 작용인만을 유일한 원인으로 간주한다는 점이다.

이러한 용어법들 중 『윤리학』에서 사용하는 용어들은 내재적 원인과 타동적 원인, 자유 원인[10]과 떨어져 있는 원인/가까운 원인뿐이며, 나머지 용어들은 더는 사용되지 않고 있다. 더욱이 떨어져 있는 원인/가까운 원인은 『소론』보다 훨씬 더 내재적인 관점에서 이해되고 있다. 가령 우리가 뒤에서 살펴볼 『윤리학』 1부 정리 28의 주석의 용법에서 이를 엿볼 수 있다. 따라서 『윤리학』의 용어법은 『소론』보다 훨씬 더 단순해졌을 뿐만 아니라, 원인의 내재성을 좀더 강조하는 방향으로 변모했음을 알 수 있다.

2. 『윤리학』에서 내재적 원인과 타동적 원인

따라서 내재적 원인과 타동적 원인이라는 용어의 의미가 중요한 문제로 제기된다. 스피노자는 『윤리학』 1부 정리 18에서 다음과 같이 말한다.

---

9) 게루에 따르면 이는 Adrien Heereboord라는 레이든 대학의 철학교수의 『논리학 해설』(Hermeniea Logica)(1650)이라는 책에 기초를 두고 있으며, 이 책은 그의 스승인 Franco Bürgersdijk의 『논리학 개요』(Synopsis Burgersdiciana)에 대한 해설이다. Gueroult 1968, p. 245-46의 주 7) 참조.

10) 예컨대 다음과 같은 용법 참조. E I P29s/G II 71; E I P32/G II 72.

신은 만물의 내재적 원인이지 타동적 원인이 아니다(Deus est omnium rerum causa immanens, non vero transiens).[11]

이 정리는 보통 스피노자의 인과론이 내재적 인과론이라는 점을 보여주는 전거로 많이 활용된다. 그런데 이 정리에서 좀더 주목해야 할 점은 뒷부분에 나오는 "타동적 원인"의 의미가 무엇이며, 내재적 원인과 타동적 원인 사이의 관계가 무엇인가 하는 문제다. 곧 신이 내재적 원인이라면, 따라서 신과 양태들 사이의 관계가 내재적 인과관계라면, 반대로 양태들, 특히 유한 양태들 사이의 관계는 어떤 것인가 하는 점이다. 이는 타동적인 인과관계인가? 만약 그렇다면, 스피노자에게는 신과 양태들 사이에 성립하는 내재적 인과관계와 유한 양태들 사이에 성립하는 타동적 인과관계라는 이중적 인과관계가 존재하는 것인가? 하지만 『윤리학』 어디에서도 유한 양태들 사이의 인과관계가 타동적 인과관계라고 말하고 있지 않다.[12] 그리고 타동적 인과관계의 원래 의미, 곧 "타동적 원인은 자기 바깥에 결과들을 생산하는 것이다"(causa transiens est quae producit effectum extra se)[13]라는 의미를 생각했을 때, 만약 유한 양태들 사이에 성립하는 관계가 타동적 인과관계라면, 유한 양태들은 자신들이 지닌 원인으로서의 지위를 어떤 타자, 곧 신에게 의존하는 것으로 보인다. 하지만 그렇다면, 스피노자의 신은 정리 18에서 내재적 원인으로 제시되기는 하지만(또는 오히려 바로 그 때문에), 데카르트의 신과 마찬가지로 피조물 또는 유한 양태들의 인과적 힘을 독점하는 존재자가 아닌가 하는 의문이 들게 된다.[14] 또한 이는 스피노자가 연장에 내적인 역량을 부여하고 운동과 정지를 연장의 무한 양태로 만들어, 자연 안에서 작용하는 힘을 자연에 내재적인 것으로 만들었다는 사실과 어긋날 수밖에 없다.[15] 따라서 스피노자가 말하는 타동적 원인이라는 개념의 의미가 무엇인지, 그리고 이것과 내재적 원인 사이의 관계가 무엇인지가

---

11) 이와 거의 동일한 표현이 73번째 편지에도 나온다. "왜냐하면 저는 신은 만물의 타동적 원인이 아니라 내재적 원인이라고 생각하기 때문입니다." G IV 307.

12) 사실 "타동적 원인"이라는 표현은 『윤리학』에서 단 두 차례, 곧 1부 정리 18과 그 증명에서만 사용되고 있다.

13) Heereboord, Hermeneia I, c. 17, p. 98; Gueroult 1968, p. 246의 주 10)에서 재인용.

14) Clatterbaugh는 바로 이런 관점을 보여준다. "따라서 특수한 실재들의 영역에서는, 각각의 특수한 실재의 과거와 미래에까지 미치는 신을 넘어서는 원인들의 무한한 연쇄가 존재한다. 데이비드 사반(David Savan)이 지적하듯이 "각각의 유한 양태는 이러한 두 가지 인과적 축의 교차(intersection다)." 이러한 "교차"를 의미 있게 생각하려면, 신과 창조의 관계에 대한 스피노자의 관점은 데카르트의 협력론과 아주 강한 유사성을 띠어야 한다." (Clatterbaugh 1999, p. 136)

해명되지 않는 한, 스피노자의 인과론을 정확히 해명하는 일은 어려워질 수밖에 없다.

3. 타동적 원인은 무엇을 의미하는가? 『윤리학』 1부 정리 28

이 문제와 관련하여 중심적인 논의 대상이 되는 것은 『윤리학』 1부 정리 28이다. 왜냐하면 여러 주석가들은 이 정리에서 타동적 인과성이 예시된다고 간주하기 때문이다. 만약 이 정리가 타동적 인과성을 제시한 것이라면, 스피노자 철학에는 신과 양태들 사이에 성립하는 내재적 인과성과 유한 양태들 간에 성립하는 타동적 인과성이라는 두 가지 종류의 인과성이 존재하는 셈이 되며, 그 경우에는 이 두 종류의 인과성 사이에 어떤 관계가 존재하는지 해명하는 것이 주석가들의 주요 과제가 된다. 반면 우리가 이를 타동적 인과성을 예시한 것으로 보지 않는다면, 이 정리에서 스피노자가 말하는 것이 무엇인지 해명하는 것이 문제가 된다. 그리고 여기 제시된 인과성이 내재적 인과성과 어떻게 관련되는지 역시 해명할 수 있어야 한다.

우선 1부 정리 28을 살펴보자.

> 모든 독특한 실재, 곧 유한하고 규정된 실존을 갖는 모든 실재는(Quodcumque singulare, sive quaevis res, quae finita est), 역시 유한하고 규정된 실존을 갖는 다른 원인에 의해 실존하고 작업하도록 규정되지 않는 한(nisi ad existendum et operandum determinetur ab alia causa), 실존하고 작업하도록 규정될 수 없으며, 이 후자의 원인 역시 유한하고 규정된 실존을 갖는 다른 원인에 의해 실존하고 작업하도록 규정되지 않는 한 실존하고 작업하도록 규정될 수 없으며, 이처럼 무한하게 나아간다(et sic in infinitum).

이는 얼핏 보기에는 하나의 유한양태가 다른 유한양태에 의해 실존하고 작업하도록 규정되는 관계가 무한한 수의 유한 양태에 이르기까지 계속 **선형적으로** 지속되는 양상을 표현하는 것으로 보인다. 그래서 가장 탁월한 스피노자 연구자들까지도 이 정리를 일종의 "악무한"의 한 형태, 곧 유한한 실재들 사이에 존재하는 외재

15) 스피노자는 연장을 신의 속성 중 하나로 격상시킴으로써 데카르트와 달리 연장을 단순한 "길이, 넓이, 깊이"가 아니라 "연장하는 행위"(actum extendendi)(PPD II D1)로 이해할 수 있었으며, 연장에 독자적인 역량을 부여할 수 있었다. 취른하우스(Tschirnhaus)에게 보내는 81번째 편지에서 스피노자가 명시하고 있는 점이 바로 이것이다. 스피노자에서 연장의 지위에 관한 좋은 논의로는 Jaquet 2004; Matheron 1998 참조.

적 인과론 내지 타동적 인과론의 전형적인 양상을 표현하는 것으로 해석해 왔다.[16] 그런데 이렇게 되면 문제는 (1) 여기서 나타나는 외재적 인과론과 다른, 좀더 본질적이고 좀더 동역학적인 인과론의 모델을 찾아내고 (2) 이러한 인과론의 모델에 기초하여 외재적 인과론, 타동적 인과론의 한계를 평가하는 게 된다. 예컨대 다음과 같은 견해가 이런 관점을 전형적으로 보여준다.

> 일시적 연쇄의 각각의 고리는 독특한 실재의 한 관념이며, "각각의 독특한 실재는 〔...〕 다른 독특한 실재에 의해 실존하고 작업하도록 규정되어야 하며, 이 후자의 실재 역시 다른 실재에 의해 규정되어야 하고, 이처럼 무한히 나아간다."(『윤리학』 1부 정리 28) 이러한 "무한히"는 하나의 포괄적이고 일관된 전체를 지시하지 않는다. 반대로 내재적인 관념들의 연쇄의 무한성은 전혀 상이한 종류의 것이다. 〔...〕 내재적 연쇄의 무한성은 실재의 포괄적이고 통합된 측면을 지시한다. 〔...〕 내재적 연쇄는 하나의 자기원인으로서의 신은 그의 속성들의 양태들인 모든 특수한 실재의 원인이라는 점을 가리킨다. 〔...〕 타동적 인과 연쇄의 고리들은 기껏해야 원인들의 **집계**(aggregate)를 구성하는 반면, 내재적 인과 연쇄의 고리들은 일관된 총체적 체계를 구성한다.(Gilead 1990, p. 456)

흥미 있는 것은 이런 주석가들은 다음과 같은 1부 정리 25의 주석의 의미도 이원론적으로 해석한다는 점이다.

> 그리고 한 마디로 말하면, 신은 자기원인이라고 말하는 것과 같은 의미에서 또한 만물의 원인이라고 말해야 한다(ut vero dicam, eo sensu, quo Deus dicitur causa sui, etiam omnium rerum causa dicendus est).(E I P25s)

다시 말해 그들은 "신은 자기원인이라고 말하는 것과 같은 의미에서 또한 만물의 원인"이라는 명제의 의미를, **타동적 인과연쇄와 구분되는** 내재적 인과관계를 가리키는 것으로 해석한다. 우리가 인용한 주석가는 이 점에서도 전형적이다. 그는 1

16) 이러한 경향은 Joachim 1901, pp. 70 이하에서 전형적으로 나타나며, 게루에게서도 엿볼 수 있다(Gueroult 1968, pp. 338 이하 참조). 게루는 다음과 같이 말한다. "독특한 실재들은 이중의 필연적 규정—하나는 신에게 유래한 규정(정리 26-27)이고 다른 하나는 외적 원인들에서 유래한 규정(정리 28)—에 종속되어 있기 때문에, 완전히 규정되어 있다."(같은 책, p. 340) 그리고 매우 미묘한 방식이기는 하지만, 들뢰즈(Deleuze 1969)나 마슈레(Macherey 1992b; 2004)에서도 부분적으로 나타난다.

부 정리 25의 주석에 준거하면서 "내재적 연쇄는 하나의 자기원인으로서의 신은 그의 속성들의 양태들인 모든 특수한 실재의 원인이라는 점을 가리킨다"고 말하기 때문이다. 그러나 그렇다면, 타동적 인과연쇄는 무엇인가? 내재적 인과관계가 이미 신과 만물의 인과관계를 포괄한다면, 이는 신과 무관한 연쇄란 말인가? 다시 이를 해석하는 데는 두 가지 방식이 존재한다. 첫 번째 부류는 이러한 인과연쇄를 가상이나 착각에 불과한 것으로, 곧 인간의 유한한 인식의 결과인 것으로 간주한다. 이는 요아힘과 같은 관념론적 입장의 해석가들에게서 전형적으로 나타나는 관점이다. 다른 한편 이러한 인과연쇄를 단순한 가상이나 착각으로 간주하지는 않지만, 어쨌든 진정한 인과관계, 신와 양태들 사이의 내재적 인과관계에 대해서는 외재적이거나 부수적인 것으로 간주하는 입장이 있다. 이들에 따르면 신과 양태들 사이의 내재적 인과관계가 양태들의 **본질의 질서**를 표현한다면, 이러한 타동적 인과관계는 양태들, 특히 유한 양태들 사이의 **실존의 질서**를 표현한다. 들뢰즈나 마슈레의 저작 일부에서 이런 입장을 엿볼 수 있다.[17] 따라서 역설적이게도 이들은 내재적 인과관계의 내재성을 부단히 강조하면서도 결국 진정한 인과관계로서 내재적 인과관계와 대립 상태에 있는 외재적 인과관계를 설정하며, 이렇게 해서 스피노자의 인과관계를 이원론적으로 파악하게 된다. 우리가 보기에 이는 스피노자가 자신의 자연학 및 인과이론에서 전제하고 있는 근대 물리학의 상대성 이론의 관점을 제대로 고려하지 못한 데서 나오는 결과인 것 같다.[18]

---

17) Deleuze 1969, pp. 179 이하; Macherey 2004, 250쪽 이하. 예컨대 다음과 같은 구절을 보자. "모든 유한 양태는 무한한 원인들의 연쇄에 의해 규정되기 때문이다. 이는 모든 유한한 규정이 자신의 내재적 원인—이는 실체 자체다—의 무한한 역량에 의해 무한한 동시에 자신의 타동적 원인들의 무한한 다양성에 의해서도 무한하다는 것을 의미한다." 그런데 이는 같은 책의 다른 부분에 나오는 구절과 어긋나는 것으로 보인다. "따라서 무한자와 유한자의 절대적 동일성이라는 결론을 내려야 한다. 무한자와 유한자는 그 사이에 대응이나 종속 관계만 확립될 수 있는 두 개의 독립적인 질서가 아니다. 이 둘을 분리시키는 상상의 추상적 관점이 아닌 다음에야 다른 것 없이는 나머지 하나는 아무것도 아니며, 이것들은 각자의 바깥에서는 아무것도 아닌 것들이다. 규정 개념에 대한 헤겔 식 해석은 마치 변용들은 실체의 불변적 본질에 비한다면 작위적인 실존자들에 불과하다는 듯 실체와 변용들을 분리시키는 경향이 있다. 그러한 해석은 유지될 수 없다."(같은 책, 261쪽)

III. 변용과 연관 : 1부 정리 28의 인과론적 의미

1. 『윤리학』 1부 정리 28 해석의 쟁점

다시 1부 정리 28로 돌아가 보면, 여기서 스피노자가 말하는 독특한 실재들의 인과연쇄가 신과 유한 양태들 사이의 내재적 인과연쇄와 다르지 않다는 점은 1부 정리 26에 의해 간단히 입증될 수 있다. 왜냐하면 여기서 스피노자는 "어떤 것을 작업하도록 규정된 실재는 필연적으로 신에 의해 그렇게 규정된다(a Deo necessario sic fuit determinata)"고 말하기 때문이다. 곧 정리 26은 "실재들이 작업하도록 규정하는" 원인을 신으로 제시하고 있으며, 정리 28에서는 이 동일한 실재들이 실존하고 작업하도록 규정하는 원인을 다른 독특한 실재로 제시하고 있다. 이는 곧 정리 28에 나오는 무한하게 많은 독특한 실재들이 적어도 다른 실재들이 실존하고 작업하는 것을 규정하는 **원인이라는 점에서는** 신과 다르지 않음을 의미한다. 더 나아가 1부 정리 26의 증명에 따르면 이처럼 "실재들이 그에 따라 어떤 것을 작업하도록 규정된다고 이야기되는 것(Id, per quod res determinatae ad aliquid operandum dicuntur)은 **필연적으로 실정적인 어떤 것**(quid positivum)이다."(강조는 인용자) 따라서 정리 28에 나오는 각각의 독특한 실재들은 단순한 착각이나 가상이라고 할 수 없으며, 더 나아가 **내재적 인과관계 바깥에 있는** 타동적 원인들로 간주할 수도 없음

---

18) 주지하다시피 상대론적 인과론이란 갈릴레이(및 데카르트)가 정식화한 등속직선운동 개념에 입각하여 뉴턴이 제시하고 아인슈타인이 이론적으로 완성한 것을 의미한다. 관성원리에 따르면 모든 물체는 외부의 작용이 없는 한 계속해서 등속직선운동을 하게 된다. 하지만 외부 원인이 작용할 경우 이러한 운동은 방해를 받아 직선으로 나아가지 못하고 운동의 방향이 변화된다. 직선에서의 이러한 일탈은 마치 직선에 접한 원의 곡선과 같은 궤도를 따라 움직이게 되는데, 뉴턴은 계속해서 이러한 변화를 일으키는 원인을 설명하기 위해 "힘" 개념을 도입했다. 아인슈타인은 이를 다음과 같이 간명하게 정식화한 바 있다. "뉴턴의 목표는 다음 질문에 답하는 것이었다. 우리 행성계 천체들의 한 순간의 운동 상태가 알려지면 이 천체들의 운동을 완전히 계산해낼 수 있는 단순한 규칙이 있는가? (...) 뉴턴의 운동 법칙은 다음 질문에 답하는 것임을 주목해야 한다. 질점의 운동 상태가 **외력의 영향 하에서 무한히 짧은 시간 안에 어떻게 변화하는가?** 뉴턴이 모든 운동에 적용되는 공식에 도달한 것은 무한히 짧은 시간 동안 일어나는 것을 고려함으로써(미분법칙) 이루어진 것이었다." Einstein 2003, 303-304쪽(강조는 인용자) 스피노자는 아직 뉴턴적인 의미의 "힘" 개념을 알지 못했으며, 따라서 뉴턴-아인슈타인적인 의미의 상대론적 인과론을 정식화하지는 못했다. 하지만 갈릴레이가 정식화한 등속직선운동 개념을 정확히 알고 있었으며(이 점에 대해서는 Lécrivain 1977; 1978 참조), 그것을 기반으로 자신의 내재적 인과론을 정식화한다. 이런 의미에서 갈릴레이가 발견해낸 등속직선운동, 곧 관성 원리와 스피노자의 내재적 인과론을 대립시키는 것은 스피노자 인과론을 정확히 이해하는 데 장애가 된다.

이 분명하다.

하지만 그렇다면, 대개의 연구자들만이 아니라 게루나 들뢰즈, 마슈레 같은 스피노자 연구의 대가들도 이 간단한 내용을 파악하지 못해서 1부 정리 28에 제시된 인과관계를 타동적 인과관계로 간주하고, 그리하여 스피노자의 인과론을 내재적 인과론과 타동적 인과론이라는 이중적 인과론으로 해석하는 것인가? 이는 너무 안이한 생각인 것처럼 보인다.

우리가 보기에 주석가들의 이런 경향은 1부 정리 24 및 그 따름정리의 내용을 본질과 실존의 이원론의 방향에서 해석하는 데서도 유래하지만[19], 또한 근대 물리학이 이룩한 상대론적 함의를 과소평가하는 데에도 그 이유가 있는 것 같다. 다시 말해 대부분의 주석가들은 갈릴레이와 데카르트가 제시하고 있는 관성 원리를 단순히 기계적인 인과"을 나타내는 것으로 치부하는 경향이 있다. 그런데 이런 관점에서는 물체들이나 유한 양태들은 자기 내부에 인과적인 힘을 지니지 못한 채 외부 원인의 작용에 따라 타동적이거나 수동적으로 움직이는 것으로 간주된다. 그렇다면 유한 양태들 사이의 인과성을 제시하고 있는 1부 정리 28이 타동적 인과관계를 표현하는 것으로 간주되는 것도 무리는 아니다. 또 스피노자 철학이 이러한 인과론의 한계를 넘어선다는 것을 보여주기 위해 주석가들이 될 수 있는 한 1부 정리 28의 의미를 축소하고 그 대신 신과 유한 양태들 사이의 내재적 인과론을 부각시키려고 애쓰는 것도 자연스러운 결과라고 할 수 있다. 그러나 그렇게 된다면, 스피노자 철학과 근대 물리학의 이론적 연관성을 보여주는 것은 더욱더 어려워질 수밖에 없으며, 내재적 인과론이라는 미명 아래 오히려 운동의 상대성 원리 이전의 자연학으로 후퇴하는 결과를 낳을 수도 있다. 따라서 신과 유한 양태들 사이의 인과론과 유한 양태들 사이의 인과론을 **서로 배타적인 것으로** 해석하지 말고, 또 **이들 각각을 내재적 인과론과 타동적 인과론으로** 해석하지도 말고, 오히려 둘 사이의 필연적 연관성, 더 나아가 동일성을 보여줄 수 있는 길을 찾아야 한다.

---

19) 들뢰즈는 정리 24와 정리 25에 근거하여 양태의 본질이 양태의 실존과 구분되는 본질만의 독자적인 실존을 지니고 있다는 특이한 주장을 제시하고 있다.(Deleuze 1969, pp. 174 이하) 이는 들뢰즈의 스피노자 독해의 라이프니츠주의적 성격이 가장 뚜렷하게 드러난 사례 중 하나로 볼 수 있다. 필자가 보기에 정리 24와 정리 25는 신이라는 용어를 사용하면서 비창조론적인 사고를 하는 것이 얼마나 어려운가를 반증하는 것 그 이상이 아니며, 이를 본질과 실존의 이원론적 사고를 위한 지주로 활용하는 것은 스피노자 철학의 고유성을 침해하는 결과를 낳을 뿐이다.

2. '자연학 소론'

이를 위해서는 우선 1부 정리 28이 운동의 상대성 원리나 관성 원리와 어떻게 연결되어 있는지 살펴볼 필요가 있다. 스피노자는 이미 『데카르트의 철학원리』 정리 14와 15에서 관성 원리를 간결하게 제시하면서, 한 걸음 더 나아가 이를 동역학적 관점에서 파악하려고 시도한다.[20] 하지만 『데카르트의 철학원리』는 데카르트의 자연학에 대한 해설이라는 틀 안에서 논의를 전개하기 때문에, 스피노자 자신의 관점을 충분히 담고 있지 못하다. 따라서 이 문제에 관한 스피노자의 독자적인 관점을 파악하려면 『윤리학』 2부의 「자연학 소론」을 검토해봐야 한다.

스피노자는 보조정리 3과 그 따름정리에서 1부 정리 28에 나오는 인과성 모델을 관성 원리와 결부시켜 논의한다. 우선 보조정리 3은 1부 정리 28을 운동과 정지의 관점에서 다시 서술한다.

> 보조정리 3
>
> 운동중이거나 정지해 있는 물체는 다른 물체에 의해(ab alio) 정지하거나 운동하도록 규정되었어야 했으며, 이 다른 물체 역시 다른 것에 의해 운동하거나 정지하도록 규정되었고, 이처럼 무한하게 나아간다(et sic infinitum).

이 정식과 1부 정리 28의 유일한 차이점은, 여기서는 운동 중이거나 정지해 있는 물체들 사이의 인과관계가 고찰되는 반면, 1부 정리 28에서는 독특한 실재로서의 유한 양태들 사이의 인과관계가 고찰된다는 점이다. 곧 여기서 고찰되는 물체들은 부분들을 갖고 있지 않고 부분들 사이의 관계도 갖고 있지 않은 단순 물체들이다[21]. 따라서 이 물체들은 운동이나 정지와 같은 한 가지 상태로 특징지어진다. 그리

---

20) 정리 14는 관성 운동을 하고 있는 물체에서 속도의 지속을 가리키며, 정리 15는 운동 방향의 지속을 가리킨다. 더 나아가 스피노자는 『데카르트의 철학원리』에서부터 이미 갈릴레이와 데카르트의 운동학적 관점에 만족하지 않고, 이를 동역학적인 관점에서 변형시키고 있다. 이는 스피노자가 2부 정의 8의 두 번째 논평에서 운동과 힘을 분리시키고 있다는 점에서부터 분명히 드러난다. 레크리뱅은 이를 다음과 같이 명료하게 지적하고 있다. "운동 개념과 힘 개념의 분리는 갈릴레이 작업의 엄격한 연장선상에서 힘은 더 이상 아리스토텔레스적인 방식으로 **운동의 원인**으로 간주될 수 없으며, 운동을 변용시키는 변화들, 곧 가속, 감속, 방향의 **변화의 원인**으로 간주되어야 함을 보여준다." (Lécrivain 1978, p. 113—강조는 인용자)

21) 이는 실제로 단순 물체들, 또는 "가장 단순한 물체들"이 실존한다는 의미는 아니다. 이 물체들은 복합 물체, 곧 개체가 운동과 정지의 관점에서 추상적으로 고찰되는 것에 불과하다.

고 바로 이 때문에 이는 운동의 상대성 원리나 관성 원리와의 관련성을 좀더 정확히 보여준다.

이 물체들이 단순하다는 것, 곧 이 물체들이 한 가지 상태로만 특징지어진다는 것은 이 물체들은 아직 자신의 본질, 자신의 내면성을 지니고 있지 않다는 것을 의미한다. 따라서 이 물체들은 **외부**의 물체들과 거의 구분되지 않는 것이다. 오히려 이 물체들은 그 자체로 **외재성의 상태**에 있다고 할 수 있다. 이 물체들은 운동하고 있느냐 정지하고 있느냐에 따라서만 구분될 뿐이기 때문이다. 그런데 갈릴레이가 확립한 운동의 상대성 원리의 가장 큰 특징 중 하나는 물체의 운동이나 정지는 그 본성에 따라 규정되지 않고 다른 운동체와의 관계를 통해서만 규정된다는 점에 있다. 운동은 어떤 물체의 본성과는 무관한, 다른 운동과의 연관성 속에서만 존재하며, 그 속에서만 식별될 수 있다(동일한 운동도 우리가 어떤 좌표계를 택하느냐에 따라 운동하거나 정지하는 것으로 평가될 수 있다).[22] 이런 의미에서 운동은 물체의 본성과 무관하다는 의미에서 **외재적**이며, 또 다른 운동과의 관련 속에서만 존재할 수 있다는 의미에서 **관계적**이라고 할 수 있다.[23] 보조정리 3에서 제시되는 인과관계는 바로 이러한 두 가지 특성, 곧 운동의 외재성과 관계성을 집약적으로 보여준다.

하지만 우리가 관심을 갖는 1부 정리 28의 독특한 실재들은 이런 의미의 단순한 물체들이 아니다. 그것들은 자신의 본질을 지니며 자신을 합성하는 부분들도 지닌 존재자들이다. 따라서 우리가 보조정리 3으로부터 1부 정리 28로 나아가기 위해서는 아직 몇 가지 측면을 더 살펴보아야 한다. 우선 「자연학 소론」에서 개체, 곧 복합 물체를 어떻게 정의하는지 살펴보자. 스피노자는 다음과 같이 개체를 정의한다.

> 같은 크기를 지니고 있거나 크기가 서로 다른 일정한 수의 물체들이 다른 물체들에 의해 제약되어/압력을 받아(coercentur) 서로 의지할 때, 또는 그것들이 같은 속도나 서로 다른 속도로 운동하고 있을 경우에는 일정하게 규정된 어떤 관계에 따라 자신들의 운동을 서로 전달할 때, 우리는 이 물체들이 서로 연합되어 있으며, 이것들 모두가 단 하나의 물체 또는 개체를 합성하고 있다고 말한다. 그리고 이 개체는 물체들 사이의 이러한 연

22) 『프톨레마이오스와 코페르니쿠스의 두 체계에 관한 대화』(1632)에 나오는 둘째 날 대화에서 살비아티(Salviati)와 심플리키오(Simplicio), 사그레도(Sagredo) 사이에서 전개되는 논쟁의 핵심 쟁점이 바로 이것이다. Galilei 1967, pp. 116 이하 참조. 이에 관한 좋은 주석으로는 Balibar 1983 및 Koyré 1966 참조.

23) 이 점에 관한 좀더 상세한 논의는 Balibar 1983, pp. 33 이하; Koyré 1966, pp. 239 이하를 참조.

합에 의해 다른 모든 개체들과 구분된다.(G II 99-100)

이 정의에 대한 좀더 자세한 분석을 위해서는 별도의 논의가 필요하므로 여기서는 간단하게 이 정의의 핵심 논점만 추출해보자. 이 정의에 따르면 개체는 부분들로 합성되어 있는 복합 물체이며, 개체의 개체성을 구성하는 것은 "일정하게 규정된 어떤 관계에 따라 자신들의 운동을 전달하는"(ut motus suos invicem certa quadam ratione communicent) 부분들이다. 곧 개체의 개체성은 단순히 부분들로 합성되어 있다는 사실에서 성립하는 것이 아니라 그것들이 서로 일정하게 규정된 어떤 관계에 따라 운동을 전달한다는 점에서, 또는 보조정리 5의 표현을 빌리자면 "운동과 정지의 관계"(motus & quietus rationem)를 지닌다는 점에서 성립한다. 따라서 복합 물체들이나 독특한 실재들 일반의 개체성은 부분들이 서로 주고받는 운동과 정지의 어떤 관계에 의거한다. 그리고 이러한 개체들 자체도 또한 서로 일정한 운동과 정지의 관계를 맺게 되면, 새로운 개체를 형성하게 된다.

그러나 개체의 부분들이 서로 주고받는 이러한 운동과 정지의 관계는 폐쇄적인 관계가 아니다. 왜냐하면 「자연학 소론」의 요청 3에 따르면, 물체를 이루고 있는 개체들은 여러 가지 방식으로(인간 신체의 경우에는 매우 많은 방식으로) 외부 물체에 의해 변용되기 때문이다.[24] 또한 요청 4에 따르면 개체는 자신의 보존을 위해서는 여러 가지 다른 물체들을 필요로 하며, 이러한 다른 물체들을 통해 지속적으로 재생되기 때문이다.[25] 그렇다면 어떤 개체를 구성하는 부분들 사이의 운동과 정지의 관계는 **처음부터 외부 물체들과 관계를 맺고 있다**고 할 수 있으며, 더 나아가 이러한 외부 물체들과의 관계가 개체의 보존에 필수적이기 때문에, 개체의 개체성, 곧 개체의 내면성은 **항상 이미 외재성을 함축**하고 있다고 할 수 있다. 그리고 이처럼 복합 물체인 개체들의 본질을 구성하는 부분들 사이의 관계가 처음부터 외부 물체들과의 관계를 함축한다면, 보조정리 3에서 본 것처럼 가장 단순한 물체들의 차원에서 성립하는 운동의 외재성과 연관성은 여전히 복합 물체들의 차원에서도 성립한다고 할 수 있다.

---

24) "요청 3. 인간 신체를 합성하는 개체들, 따라서 인간 신체 그 자체는 매우 많은 방식으로 외부 물체들에 의해 변용된다."

25) "요청 4. 인간 신체는 자신을 보존하기 위해 매우 많은 수의 다른 물체들을 필요로 하며, 이것들은 말하자면 인간 신체를 지속적으로 재생시킨다(a quibus continuo quasi regeneratur)." 예컨대 공기를 들이마시는 것이나 음식물을 통해 양분을 섭취하는 것 등이 이것의 사례가 될 수 있다.

3. 변용과 연관의 인과론

여기서 다시 1부 정리 28로 돌아가서, 지금까지의 논의에 근거하여 그것이 제시하는 인과관계의 특성을 검토해보자. 1부 정리 28에 제시된 인과관계는, 지금까지의 논의에 따르면 외재성과 연관성이라는 두 가지 특징을 지니고 있다. 왜냐하면 모든 독특한 실재는 일차적으로 **자기 자신의 역량에 의해서가 아니라** 다른 독특한 실재에 의해서만 실존하고 작업하도록 규정되어 있으며, 이 후자의 독특한 실재 역시 다른 독특한 실재에 의해 그렇게 규정되어 있다는 점에서, 독특한 실재들 사이의 인과관계는 외재성을 띠고 있기 때문이다. 더 나아가 독특한 실재들 사이의 이러한 관계는, 하나의 독특한 실재의 실존과 작업을 규정하는 원인 **역시 다른 원인에 의해 항상 이미** 규정되어 있는 한에서 선형적일 수 없으며, 또한 폐쇄적인 것도 아니다.

1부 정리 28이 지니고 있는 이러한 두 가지 특성을 가장 정확하게 지적해주는 사람은 에티엔 발리바르다. 그는 프랑스의 과학철학자였던 질베르 시몽동(Gilbert Simondon)이 20세기 중반 전기공학 이론을 "변조"(modulation) 이론으로 재구성한 데서 실마리를 얻어, 스피노자의 인과이론을 변용의 인과이론으로 재구성하고 있다. 그의 핵심 논점은 『윤리학』 1부 정리 28을 비선형적인 인과도식으로 재해석하는 데 있다. 그는 1부 정리 28을 다음과 같은 방식으로 해석하자고 제안한다.

> 실존하기는 작업하기(opérer), 또는 다른 실재들에 대해 활동하기(agir)를 의미한다. 하지만 이 작업 자체는 항상 필연적으로 다른 실재 또는 원인에 의해 규정되어 있다. 따라서 "원인 짓기"는 다른 사물이 작업하는 (또는 결과를 생산하는) 방식 자체를 변양시키는 (또는 시몽동이 신호이론의 어휘를 빌려와서 말하듯이 "변조하는") 사물의 작업이다. 이 때문에 원인들의 무한한 연관은 독립적인 선형적 계열들의 추가나 원인과 결과의 계보(A는 B를 "원인 짓고", B는 C를 "원인 짓고", C는 ...)가 아니라, 독특한 변조들의 무한한 연관망에 의해서만, 또는 변조하면서 동시에 변조되는 활동들의 동역학적 통일성에 의해서만 제대로 표상될 수 있다(어떤 A의 작업에 대한 B의 변조 활동은 어떤 C들의 활동에 의해 변조되며, C들은 어떤 D들의 활동에 의해 또한 변조되고 ...).(Balibar 2005, 216-17쪽)[26]

그리고 그에 따르면 1부 정리 28이 제시하는 스피노자의 인과론 도식은 두 가지

26) 이는 Balibar 1996, 217쪽, 주 135)에 나오는 도식을 통해 좀더 간명하게 표현될 수 있다.

특징을 지니고 있다.

> 첫째, 이 위상학은 비선형적이다. 곧 다수의 항들의 상호작용은 여기서 파생되는 것이 아니라, 인과 활동의 "기본 구조" 안에 항상 이미 함축되어 있는 원초적인 것이다. 둘째, 이 위상학을 구성하는 "연관의 질서"(ordo et connexio 또는 concatenatio)는 원자적인 항들(이것이 대상들이든 사건들이든 아니면 현상들이든 간에) 사이에서가 아니라, 사실상으로는 항상 개체들인 독특한 실재들(res singulares) 사이에서 확립된다.(Balibar 2005, 215-16쪽)

사실 1부 정리 28에 따르면 어떤 독특한 실재가 실존하고 작업하기 위해서는, 곧 원인으로서 작용하기 위해서는 그 실재는 먼저 다른 독특한 실재에 의해 실존하고 작업하도록 규정되어야 한다. 예컨대 A가 원인으로서 작용하기 위한 조건은 A가 B의 결과이어야 한다는 점이다. 따라서 A는 **결과일 때, 오직 그 때에만 원인으로서 작용할 수 있다**. 이는 자연 안에는 절대적인 원인, 곧 어떤 무엇의 결과도 아니고 스스로 원인인 그런 존재자 내지 실재는 존재하지 않음을 의미한다[27]. 그러나 그렇다면 이는 **인과 연쇄의 최초의 항과 같은 것은 존재하지 않음**을 뜻하는데, 왜냐하면 최초의 항은 정의상 결과 없는 원인, 다른 어떤 것의 결과가 아닌 원인을 가정하기 때문이다. 따라서 스피노자가 정리 28에서 제시하고 있는 연쇄는 선형적인 연쇄라기보다는 구조적인 연관망에 가깝다고 할 수 있다.

이를 개념적으로 요약해서 말한다면 스피노자의 인과론 개념은 일차적으로 **연관의 인과론**이라고 말할 수 있다. 그런데 연관의 인과론이라는 말은 단순히 동어반복적인 표현에 불과한 것처럼 보인다. 왜냐하면 인과론은 기본적으로 원인과 결과의 관계, 따라서 인과 연관을 전제하고 있기 때문이다. 따라서 "연관"(connexio 또는 concatenatio)이라는 개념은 다음과 같이 좀 강한 의미로 이해되어야 한다.

1) 연관이라는 개념은 무엇보다도 개체들은 다른 개체들과의 관계에서 독립하여 성립하지 않음을 의미한다. 곧 관계들 이전에 **미리** 이러저러한 개체들이 존재하고 **그 이후에** 비로소 이 개체들이 서로 인과관계를 맺는 것이 아니라, 개체들은 관계들을 통해 성립하며 관계들을 통해 자신을 재생산하고 존속할 수 있다. 연관의 인과론에서는 최초의 개별적인 항이라는 것은 성립할 수 없으며, **항상 이미** (무한하게) 많은 원인들이 서로 관계를 맺고 있다. 이는 스피노자의 철학이 함축하는 반

27) 물론 자연 그 자체인 실체는 예외다. 그러나 엄밀히 말해 실체는 하나의 존재자나 실재가 아니라는 점을 감안하면, 어떤 존재자나 실재도 절대적 원인일 수는 없다고 말할 수 있다.

목적론의 또 다른 측면이다. 왜냐하면 목적이라는 개념이 성립하기 위해서는 세계의 시작이라는 의미에서 창조나 기원이라는 개념이 전제되어야 하기 때문이다. 인과관계에서 이러한 기원이나 시초는 결과 없는 원인, 최초의 원인이라는 형태로 등장한다. 따라서 역으로 목적론을 배제하기 위해서는 우선 기원이나 시초를 전제하지 않아야 하며, 더 나아가 원인과 결과의 관계가 선형적인 형태로 나타나지 않아야 한다.

2) 연관의 인과론은 또한 외부와 내부의 구분이 상대적인 것에 불과하다는 점을 함축한다. 「자연학 소론」의 요청 3이나 요청 4가 잘 보여주듯이 개체는 관계를 통해 성립하며, 개체의 내면성을 이루는 관계들은 외부의 물체들이 지니고 있는 관계들로부터 계속 충원되고 대체되기 때문이다. 더 나아가 이러한 관계들은 각각의 개체들의 본질을 형성하기 때문에, 각각의 개체가 지니고 있는 인과 역량, 가장 내밀한 개체의 본질은 항상 이미 외재성을 포함하고 있으며 그것으로부터 성립한다고 말할 수 있다. 따라서 내재적 인과성과 외재적이거나 타동적인 인과성을 대립시키는 주석가들의 관점은 스피노자 인과론이 본질적으로 연관의 인과론이라는 점을 간과한 데서 비롯한다.

우리는 위에서 "A는 결과일 때, 오직 그 때에만 원인으로서 작용할 수 있다"는 말을 강조했는데, 이는 각각의 독특한 실재들이 지니고 있는 내적 본질 또는 내적 인과 역량의 원천이라는 문제를 다루기 위해서다. 물체의 역량, 독특한 실재가 지닌 인과역량이란 무엇인가? 그것은 가장 단순한 수준에서, 곧 기초적인 관성 원리의 차원에서 말한다면, 자신이 수행하는 운동을 지속하고, 또 자신이 멈춰 있는 상태에서 계속 멈춰 있을 수 있는 힘이다. 따라서 기초적인 차원에서 본다면 물체가 지닌 인과 역량은 사실 그것이 지닌 운동의 외재성 및 연관성과 다른 것이 아니라, 바로 그 외재성 및 연관성과 동일한 차원에 놓여 있는 것임을 알 수 있다.

그렇다면 이는 복합 물체의 수준, 독특한 실재의 수준에서는 달라지는가? 복합 물체 또는 독특한 실재가 자신의 고유한 내면성이나 본질을 지니고 있다는 점에서 본다면, 이는 분명히 단순한 물체와 다르다고 할 수 있다. 단순 물체의 수준에서 자신의 운동을 지속하고 또 정지의 상태를 지속할 수 있는 힘은 주어져 있는 것으로 가정되는 데 반해, 복합 물체의 수준에서 이는 그 물체 자체의 내적 본질, 내적 역량에서 나오기 때문이다. 하지만 복합 물체나 독특한 실재 일반의 본질 내지 역량은 바로 그 물체의 부분들 사이에서 성립하는 운동과 정지의 관계에서 생겨나고 이러한 운동과 정지의 관계는 외부 물체들과의 끊임없는 재생을 통해 유지된다면, 사실 독특한 실재가 지닌 내적 역량은 여전히 외재적 관계를 통해 형성되고, 더 나아가 그것에 의해 증대하거나 감소하는 것이다. 그렇다면, 독특한 실재의 인과 역량의 원천은 외부와 대립하는 내부에 있는 것이 아니라 **외부로 이루어진 내부, 내면성 속의 외재성**에 있다고 할 수 있다.[28)]

이러한 해석은 좀 멀리 떨어져 있지만, 4부 정리 29 및 그 증명에서도 확인된다. 4부 정리 29에서 스피노자는 이로움과 해로움의 조건은 본성의 공통성에 있음을 지적한다. "우리의 본성과는 전혀 다른 어떤 독특한 실재는 우리의 행위 역량을 북돋울 수도 저해할 수도 없으며, 절대적으로 말하자면, 어떤 실재가 우리와 아무런 공통적인 것도 갖지 못한다면, 그것은 우리에게 좋거나 나쁠 수가 없다." 그리고 스피노자는 다음과 같은 증명을 제시한다.

> 어떤 독특한 실재, 따라서(2부 정리 10의 따름정리에 따라) **인간이 실존하고 작업하는 역량은 다른 독특한 실재에 의해서만 규정되는데**(1부 정리 28에 따라), 이 다른 독특한 실재의 본성은 (2부 정리 6에 따라) 인간의 본성이 인식되게 해주는 것과 동일한 속성에 의해 파악되어야 한다.(강조는 인용자)

우리에게 중요한 것은 인간을 비롯한 모든 독특한 실재의 역량은 다른 독특한 실재에 의해서만 규정된다는 문장이다. 바로 1부 정리 28에 준거하는 이 문장은 1부 정리 28에서 제시된 인과연쇄가 일체의 힘을 결여한 순수하게 타동적인 인과론으로 이해될 수 없다는 점을 입증해준다.

Ⅳ. 맺음말 : 스피노자 인과론의 윤리적 함의

이런 측면에서 본다면, 스피노자의 인과론을 내재적 인과론과 타동적 인과론으로 분리해서 다루는 주석가들의 공통적인 문제점 중 하나는 그들이 **스피노자에서 변용과 수동성을 혼동한다**는 점이다. 사실 변용은 매우 다양한 차원에서 활용되는 스피노자 철학의 근간 개념 중 하나다. 이 개념은 『윤리학』 1부에서는 양태, 따라서 독특한 실재들과 동의어로 사용된다. 하지만 이는 일의적으로 규정되기보다는

28) 반대로 데카르트는 신에 의해 실재들이 보존되는 방식과 실재들이 서로를 규정하는 방식을 분리시킨다. 『세계』의 한 구절은 이를 명백히 보여준다. "오직 신만이 세계 안에 있는 모든 운동—그것들이 실존하는 한에서, 그리고 직선적인 한에서—의 작자(auteur)다. 하지만 물질의 다양한 성향이 이 운동들을 불규칙적이고 곡선적인 것으로 만든다." (AT XI 46)

주목할 만한 이중성을 보여준다. 왜냐하면 스피노자는 어떤 경우에는 변용들이 지니는 **의존성**, 따라서 수동성을 부각시키며, 반대로 다른 경우에는 변용들을 신의 본질을 표현하는 것으로 간주하고, 따라서 그것이 지닌 **능동성**, 또는 적어도 **작용성**에 주목하기 때문이다. 가령 전자는 1부 정의 5에서 잘 드러난다. "나는 양태를 실체의 변용들로, 곧 다른 것 안에 있으며, 이 다른 것에 의해 인식되는 것으로 파악한다."(E I D5) 또한 후자의 용법은 1부 정리 25의 따름정리에서 볼 수 있다. "특수한 실재들은 신의 속성들이 일정하게 규정된 방식으로 표현되는 신의 속성들의 변용들 또는 양태들과 다르지 않다."

이러한 이중성은 변용의 동사적 형태로는 "변용되기"(affici)와 "변용하기"(afficere)로 표현된다. 변용되기가 다른 개체들에 대한, 타자들에 대한 개체의 의존을 표현한다면, 변용하기는 각각의 개체가 다른 개체들에 대해 행사하는 작용, 영향력을 의미한다. 중요한 것은 스피노자가 이 개념을 통해 양태들의 역량의 형성과 증대/감소의 문제를 사고한다는 점이다. 이는 위에서 인용한 4부 정리 29의 증명에서 잘 나타날 뿐만 아니라, 2부 정리 14에서도 분명히 드러난다.

> 인간 정신은 매우 많은 수의 실재들을 지각할 수 있는 소질을 지니고 있으며(apta est plurima percipiendum), 그 신체가 매우 많은 방식으로 배치될 수 있으면 있을수록 이러한 소질은 더욱 커진다(eo aptior quo ejus corpus pluribus modis disponi potest).

증명에서 요청 3과 요청 6에 준거하고 있는 데서 알 수 있듯이 이는 「자연학 소론」의 결론에서 직접 따라 나오는 정리다. 이 정리가 첫 번째로 지적하는 것은 매우 많은 실재들을 지각할 수 있는 인간 정신의 소질이나 능력은 신체가 매우 많은 방식으로 배치되는 능력에 비례한다는 점이다. 곧 신체가 외부 물체들로부터 많은 방식으로 변용되고(요청 3) 이를 통해 얻은 변용의 역량으로 매우 많은 방식으로 외부 물체들을 변용하고 배치할 수 있게 되면(요청 6), 그만큼 정신의 지각의 능력도 증대된다는 것이다. 따라서 정신의 능력은 신체의 능력에 비례하며, 신체의 능력은 변용되는 능력과 변용하는 능력의 증대와 다르지 않다. 그리고 바로 이러한 정신의 지각 능력과 신체의 변용 능력이 스피노자에게는 양태의 인과 능력을 형성한다. 따라서 게루나 들뢰즈, 마슈레를 비롯한 해석가들이 사고하듯이 유한 양태들의 역량은 타동적 인과론과 독립적으로 존재하는 신과의 내적 인과론을 통해 양태들에게 부여되는 것이 아니라, 실존하는 다른 양태들과의 관계를 통해 형성되고 증대/감소되는 것임을 알 수 있다.

그런데 인과론을 이원적으로 해석하는 주석가들은 이러한 변용을 곧 수동성과 같은 것으로 사고하는 경향이 있다. 다시 말해 변용 그 자체는 수동적이지도 능동적이지도 않으며 오히려 수동성과 능동성으로의 분화를 가능하게 하는 일반적인 존재론적, 인식론적 범주임에도 불구하고, **타자에 의해 변용된다는 사실을 수동성과 동일시하는 것**이다. 그러나 이렇게 되면 역으로 능동성은 타자에 의해 변용되지 않는 것으로, 곧 타자에 의해 영향을 받지 않는 것으로 사고될 수밖에 없으며, 유한 양태들이 지니는 인과 역량 역시 독특한 실재들 사이의 변용과 무관한 관계, 곧 (양태들과 독립해 있는) 신과의 직접적인 관계(그들은 이것이 내재적 인과론의 의미라고 이해한다)를 통해서 획득되는 것으로 간주된다. 하지만 이는 우리가 지금까지 살펴본 것처럼 스피노자의 인과론이 근대 물리학의 이론적 핵심과 어떤 관계를 맺고 있는지 파악하기 어렵게 만들 뿐만 아니라, 스피노자의 인간학 및 윤리학의 특징도 이해하기 힘들게 만든다. 왜냐하면 능동성과 수동성 또는 적합성과 부적합성은 스피노자의 인간학과 윤리학의 핵심 범주들인데, 이 범주들에 대한 올바른 이해는 변용 개념에 대한 이해를 전제하기 때문이다. 변용을 수동성과 동일시하게 되면, 끊임없는 변용하기-변용되기의 관계 속에서 실존하는 인간의 삶 자체에서 어떻게 합리적인 인식의 형성이 가능하고 또 실존 조건들에 대한 능동적인 개조가 가능한지 이해할 수 없는 것이다. 스피노자를 숙명론자나 신비주의자로 해석하는 대개의 관점들은 바로 여기서 생겨나게 된다고 해도 과언이 아닐 것이다.

참고 문헌

1. 스피노자의 저작

Spinoza, Benedictus de(1925): *Spinoza opera*, vol. 1-4, Carl Gebhardt ed., Heidelberg: Carl Winter, 1925.(G로 약칭).

_____, (1990): 강영계 옮김, 『에티카』, 서울: 서광사.

_____, (1985): *The Collected Works of Spinoza*, vol.1, ed. & trans. Edwin Curley, Princeton, N. J.: Princeton University Press.

_____, (1999): *Ethique*, trans. Bernard Pautrat, Paris: Seuil.

_____, (2002): *Spinoza. Complete Works*, trans. Samuel Shirley, Indianapolis: Hackett.

2. 기타 문헌

Adler, Jacob(2001): "Spinoza's Physical Philosophy", in Lloyd 2001.

Balibar, Etienne(1996): "Individualité et transindividualité chez Spinoza", in *Architectures de la raison. Mélanges offerts à Alexandre Matheron*, Fontenay-aux-Roses: ENS Editions.

_____, (2005): 『스피노자와 정치』, 진태원 옮김, 서울: 이제이북스.

Balibar, Françoise(1983): *Galilée, Newton lus par Einstein: Espace et relativité*, Paris: PUF.

Clatterbaugh, Kenneth(1999): *The Causation Debate in Modern Philosophy*, 1637-1739, New York and London: Routledge.

Deleuze, Gilles(1969): *Spinoza et le problème de l'expression*, Paris: Minuit.

_____, (1981): *Spinoza: Philosophie pratique*, Paris: Minuit.

_____, (1999): 박기순 옮김, 『스피노자의 철학』, 서울: 민음사.

Della Rocca, Michael(1991): "Causation and Spinoza's Claim of Identity", in

Lloyd 2001 II.

Descartes, Renée(1964-1974) : *Oeuvre de Descartes*, C. Adam & P. Tannery, eds., Paris : Vrin(AT로 약칭).

_____, (2002) : 『철학의 원리』 원석영 옮김, 서울 : 아카넷.

Donagan, Alan(1988) : *Spinoza*, Harvester.

Einstein, Albert(2003) : 『아인슈타인의 나의 세계관』 구자현 · 홍수원 옮김, 서울 : 중심.

Galilei, Galileo(1967) : *Dialogue Concerning the Two Chief World Systems : Ptolemaic and Copernican*, trans. Stillman Drake, Berkeley : University of California Press.

Gilead, Amihud(1999) : "Spinoza's Two Causal Chains", *Kant-Studien* 81/4.

Gueroult, Martial(1968) : *Spinoza*, vol. 1 : Dieu, Paris : Aubier.

Jaquet, Chantal(2004) : "Le problème de l'attribution de l'étendu à Dieu dans les *Pensées métaphysiques* I, ch. 2", in *Les* Pensées métaphysiques *de Spinoza*, Paris : PUPS, 2004.

Joachim, Harold H.(1901) : *A Study of the Ethics of Spinoza*, Oxford : Clarendon.

Koyré, Alexandre(1966) : *Études galiléennes*, Paris : Hermann.

Lécrivain, André(1977) : "Spinoza et la physique cartésienne I", *Cahiers Spinoza* 1.

_____, (1978) : "Spinoza et la physique cartésienne II", *Cahiers Spinoza* 2.

Lloyd, Genevieve(2001).ed. : *Spinoza : Critical Assessments* Vol. I-IV, New York : Routledge.

Macherey, Pierre(1992a) : *Introduction à l'Ethique de Spinoza*, vol. 2, Paris : PUF.

_____, (1992b) : "Sur la signification éthique du *De Deo*", in *Avec Spinoza*, Paris : PUF.

_____, (2004) : 『헤겔 또는 스피노자』 진태원 옮김, 서울 : 이제이북스.

Matheron, Alexandre(1991) : "Physique et ontologie chez Spinoza", *Cahiers Spinoza* 6.

Nadler, Steven(1993).ed.: *Causation in Early Modern Philosophy*. Pennsylvania State University Press.

Wilson, Margaret(1989) : "Spinoza's Causal Axiom", in Yirmiyahu Yovel ed., *God and Nature : Spinoza's Metaphysics*, E. J. Brill.

Yakira, Elhanan(1994) : *La causalité de Galilée à Kant*, Paris : PUF.

The Causality of affections and connections: An Interpretation of the Theory of Causality in Spinoza' s Philosophy

Jin, Tae-Won

abstract

This paper aims to reinterpret the Spinozist causality through the concepts of *affectio* and of *connexio*. The Spinozist causality has been understood as an immanent causality according to the proposition 18 of *De Deo* ("God is the immanent, not the transitive, cause of all things"). The problem of this interpretation is that the majority of the commentators understand the relationship between immanent causality and transitive causality as a dual, or at least exterior relationship. But this interpretation makes difficult to understand the implicit connection between Spinoza's philosophy and the modern physics established by Galilei and Newton, and also the ethical significance of the Spinozist conception of causality. In order to resolve this difficulty, we need to revisit the causality in the proposition 28 of the 1st part of the *Ethics*. It has been considered as an example of transitive or linear causality in opposition to the immanent causality in the proposition 18. I demonstrate that it is rather a causality which is relevant to the relativistic causality of modern physics, so it can be conceived as a non-linear, connective(or structural) causality. Contrary to the most interpretations which oppose the immanence to the transitivity, the connective causality could show that the immanent causality is not different to the exterior co-relations between singular things, and that the basis of radical anti-teleology of Spinoza's philosophy is to be found here. The second thesis of this paper is that with the concept of affection, we can understand that the essence of a singular thing is a product of the relations with the other singular things, so that the interiority of it is constituted by the exteriority. It is necessary, therefore, to avoid the confusion between the affection and the passivity, if we want to elucidate the ethical significance of the Spinozistic conception of causality.

keywords: Spinoza, affections, connections, immanent causality, transitive causality, non-linear causality, passivity

1950년대 실존주의 수용사 연구*

– '교양'으로서의 실존주의를 중심으로

나 종 석

요약문

이 글의 목적은 1950년대 실존주의의 수용사를 철학 교양교육의 제도화라는 맥락에서 검토하는 것이다. 달리 말하자면, 이 글은 1950년대 한국사회, 특히 한국 대학 및 지성사회에서 실존철학이 어떤 방식으로 '지식인'의 '교양'으로 수용되는지 그리고 그 의미가 무엇이었는지를 철학교재 및 잡지 분석을 실마리로 하여 탐구하는 것을 목표로 삼는다.

이 연구는 한국철학사 연구의 공백을 채우고자 하는 작업의 일환이기도 하다. 한국철학사 연구는 이제 막 시작되고 있다. 따라서 각 시대별로 서양 철학의 수용사를 탐구하는 작업은 전무한 실정이다. 이 글의 탐구대상인 실존주의가 50년대 한국사회에서 큰 영향력을 행사한 사실에 비추어 볼 때, 이 시기의 실존주의의 수용에 대한 연구가 철학의 영역에서 전무하다는 것은 문제가 아닐 수 없다. 더 나아가 이 글은 50년대 실존주의에 대한 학제 연구의 활성화에 기여하고자 한다. 문학사 연구와 철학사 연구의 결합 없이 진행되는 50년대의 실존주의 연구는 극히 일면적일 수 밖에 없다. 실존주의는 50년대 철학의 영역에 국한되어 있지 않고 비평과 문학 그리고 문화 전반에 걸쳐 받아들여졌기 때문이다. 그러므로 이 글은 1950년대 실존주의적 영향을 받은 문학에 대한 연구경향을 비판적으로 검토하여 학제적 연구에 기여하고자 한다.

● 주요어 : 교양, 1950년대, 근대화 담론, 박종홍, 사르트르, 『사상계』, 실존주의, 조가경.

들어가는 말

한국에서 서양철학이 수용된 역사가 어느 덧 한 세기가 되었다. 그에 따라 서양철학의 수용사 및 20세기 한국철학의 역사에 대한 연구들이 조금씩 늘고 있다. 기존의 연구들은 앞으로의 연구에 소중한 디딤돌이 되고 있다. 기존 연구 경향은 대략 세 가지로 정리될 수 있을 것 같다. 첫째로 들 수 있는 것은 통시적 연구들이다. 20세기 한국 서양철학의 흐름을 통시적으로 정리하는 연구는 지난 90년 중반 이후 꽤나 나왔다. 예를 들면 윤사순과 이광래가 지은 『우리사상 100년』(현암사, 2002)과 백종현의 『독일철학과 20세기 한국의 철학』(철학과현실사, 2000) 등이 있다. 이광래는 앞의 저서를 기초로 해서 『한국의 서양사상수용사』(열린책들, 2003)를 펴냈다. 이 외에도 김석수의 『한국 현대 실천철학』(돌베개, 2008)과 김재현의『한국사회철학의 수용과 전개』(동녘, 2002)도 대표적인 통시적인 연구이다.

첫째 경향과 일정 부분 중첩되지만 다른 연구 경향으로는 개별철학자들에 대한 연구가 있다. 박종홍이나 신남철, 박치우 등 일제시기부터 20세기 한국철학의 토착화 과정에서 커다란 족적을 남긴 인물들에 대한 연구가 한 흐름을 차지하고 있다. 예를 들어 김석수의 『현실 속의 철학 철학 속의 현실- 박종홍에 대한 또 하나의 해석』(책세상, 2001), 이병수의 박사학위 논문인 『열암 박종홍의 철학사상-천명사상을 중심으로』(한국학술정보, 2005) 등의 단행본이 있다. 그 외에도 신남철, 박치우, 그리고 박종홍 등에 대한 개별 연구들이 상당수 존재한다.[1] 마지막으로 언급될 수 있는 연구 경향은 현상학, 분석철학 그리고 윤리학 등 철학의 개별 분과 영역별

* 이 논문은 2008년 한국연구재단지원을 받아 수행된 연구임(KRF-2008-361-A00003)

수용사에 대한 연구이다. 이에 대한 몇 가지 사례는 다음과 같다. 『철학연구 50년』(이화여자대학교 한국문화연구원 편, 혜안, 2003) 과 『현대철학의 정체성과 한국철학의 정립』(철학연구회 편, 철학과현실사, 2002) 등이 그것이다.

20세기 한국철학의 연구 경향을 총괄해보면 특정한 시대에 한정하여 그 시대의 철학 사조의 의미를 탐구하는 작업이 이루어지고 있지 않음을 알 수 있다.[2)] 이 글에서 시도하고자 하는 것이 바로 이런 연구이다. 특히 이 글의 대상인 1950년대 한국 철학사는 아직 본격적인 연구 대상으로 되고 있지 않다. 문학의 영역에서 50년대에 대한 연구가 비교적 활발하게 진행되고 있다면, 지성사 연구에서의 불균형은 시정되어야 할 필요가 있다. 이 글의 목적은 1950년대 한국사회, 특히 한국 대학 및 지성사회에서 실존철학이 어떤 방식으로 '지식인'의 '교양'으로 수용되는지 그리고 그 의미가 무엇이었는지를 철학교재 및 잡지 분석을 실마리로 하여 탐구하는 것이다.

특정 시대의 사조, 그러니까 예를 들어 50년대 실존철학의 연구를 당대의 지성사 및 정치 · 사회사의 맥락에서 연구하고자 하는 모색은 한국철학사 연구의 공백을 채우는 데 그치지 않는다. 이 글은 학력 엘리트들의 교양을 담당하는 대학이라는 제도가 50년대 한국사회에서 자리잡아가는 과정이 지니는 의미를 당대의 시대 상황 속에서 분석해보고자 한다. 더 나아가 이 글은 간접적이고 부차적인 방식으로나마 학제 연구의 활성화에 기여하는 목적을 겨냥한다. 문학사 연구와 철학사 연구의 결합 없이 진행되는 50년대의 지성사 연구는 극히 일면적일 수 밖에 없다. 지성사 내지 정신사를 가능한 한 총체적으로 접근하는 것이 필요하다는 것을 부인하기 어렵다. 그러므로 이런 문제의식은 지극히 일반적인 것이 아닌가 하는 인상을 불러일으킬지도 모른다. 그러나 실상은 그렇지 않다. 특히 50년대의 지성사가 인문학의 분과 체제가 제도적으로 공고화되는 출발 시기에 속하기에, 요즈음처럼 철학과 문학 등의 분과 학문 체계가 그렇게 전면적이지 않았다는 점을 주목할 필요가 있다. 따라서 철학과 문학 등의 연구가 서로 분리되어 진행되는 현상이 바람직하지 않다. 그러므로 이 글에서 문학연구자들의 1950년대 실존주의적 영향을 받

1) 예를 들어 권용혁의 글 「서구 철학의 수용과 '현실'」, 『철학과 현실-실천철학 II』, 울산대학교 출판부, 2004. 그 외에도 20세기 한국의 서양철학 수용의 양상에 대한 체계적인 연구로는 서울대학교 철학사상연구소가 펴낸 연구결과가 손꼽힌다.(『철학사상』4-7, 1994-97)

2) 이병수의 글은 예외에 속한다. 「1930년대 서양철학 수용에 나타난 철학1세대의 철학함의 특징과 이론적 경향」, 『시대와 철학』, 2006년 제 17권 2호, 81-112쪽. 그러나 이 글 역시 교양의 문제와 무관할 뿐 아니라 사회 전반의 변동의 연관 속에서 연구하고 있지 않다.

은 문학에 대한 연구 경향을 비판적으로 검토해볼 것이다.

1. 1950년대 철학 교양교육의 제도화와 실존주의

분단 및 한국전쟁의 여파는 한국사회 전반에 지울 수 없는 결과들을 가져왔다. 한국전쟁은 사상과 문화의 영역에서도 구조적인 변동을 초래했다. 남한에 국한해 보자면 전쟁 후에 반공·반북 이데올로기는 반공 독재국가의 강화와 상응하면서 상호 공생의 관계에 들어갔다. 이에 따라 공산주의나 북한과 연관된 모든 사고체계와 언어는 금기시되어 남한의 일반 사람들의 정신구조를 왜곡했다. 이런 현상을 박명림은 '분단의 정신구조'로 보고 그 본질적 특성을 '보편의 상실'이라고 진단한다. 즉 분단과 전쟁의 여파로 인해 남은 남대로 북은 북대로 지나치게 일면적인 사고방식이 지배적이 되고 세계를 다양한 눈으로 보는 능력이 크게 훼손되었다는 것이다.[3] 이는 전쟁시기의 참혹했던 기억들로 인한 공포감과 함께 사람들로 하여금 체제에 순응하는 태도를 체질화하는 것으로 이어졌다.[4]

사상과 학문의 활동을 제약하는 1950년대의 구조적인 요인에도 불구하고 한국사회가 그저 정체되어 있었던 것은 아니다. 이 시기 문화 활동은 상당히 역동적이었다. 한국전쟁이 초래한 급속한 사회문화적 변동과 미국 중심의 자본주의적 세계체제에의 철저한 편입으로 인한 영향력 외에도 1950년대 한국 문화의 재편을 촉진한 구조적인 요인으로는 국가 권력의 능동적 역할 및 지식인을 중심으로 해서 50년대 중반 이후 형성되기 시작한 자율적인 시민사회의 활동이 있다. 실제로 한국전쟁 이후에 대한민국 국가권력은 '근대화 기획'을 수행하는 가장 중요한 행위자로서 1950년대 한국 문화의 구조적 변동에 크게 개입했다. 즉, 국가권력은 전쟁을 통해 더욱 강화되었고, 이 강화된 권력을 바탕으로 여타 사회 영역에 대해 커다란 자율성을 획득한 국가가 정치경제적인 영역은 말할 것도 없고 사회문화적인 영역에 대해서도 그 내부의 세력 관계를 재조정할 수 있는 영향력을 발휘하게 되었다는 것이다. 사회문화적인 영역에 국한해서 보자면 국가가 이 영역의 구조를 변동시키기 위해 가동시킨 장치들은 '국민 개병제도, 보통선거제도, 의무교육제도, 그리고 문맹퇴치운동' 등이다. 이런 장치들을 통해 국가는 50년대 반공국민으로서의

3) 박명림, 『한국 1950년 전쟁과 평화』, 나남, 2002, 35쪽 참조.
4) 강준만, 『한국현대사산책-1950년대편 1권』, 인물과사상사, 2004, 10쪽 이하.

정체성을 지닌 국민을 형성할 수 있었다고 한다. 특히 국가권력은 의무교육제도와 문맹퇴치운동을 근대화 기획의 핵심적인 기제로 간주하고 이에 많은 역량을 투입했다.[5] 그 결과 1954년~1959년 동안 실시된 '선량한 시민으로서의 자질 향상'을 목표로 한 의므교육 완성 6개년 계획이 실시되었다. 그로 인해 취학률이 급격하게 향상되었으며 교육시설의 확충이 이루어졌다. 예를 들어 한국전쟁 동안 교육시설의 상당부분이 손실되었는데[6] 이는 전후 급속하게 재건되었다. 취학률의 증가도 성공적으로 진행되었다. 1959년 적령 아동의 취학률은 96%에 달하였다.[7] 문화발전의 가장 큰 장애요인으로 손꼽히던 문맹률도 1945년 78%에서 1953년 26%로 그리고 1958년에는 4.1%로 급격하게 낮아진다.[8]

물론 교육기회의 확대와 더불어 고등교육기관의 수가 급증한 현상은 해방 이후 미군정 시기에서부터 시작된 것이다. 한국고등교육의 역사에서 1946~1948년을 1차 팽창기로 1952~1955년을 2차 팽창기로 본다고 한다.[9] 특히 미군정기에는 사립대학 중심으로 대학 설립 붐이 일어났다.[10] 대학의 확대는 50년대 초반에도 계속되었다. 그 결과 1955년 현재 대학 수는 총 71개이고 학생 수는 78,000명을 넘어선 것으로 알려져 있다.[11] 1950년대의 '대학 붐'은 "지식의 제도화와 지식 집단의 조직화"를 가져왔다고 평가된다. 달리 말하자면 대학은 국가를 기반으로 하는 고등 교육의 최고의 권위 있는 제도로 인정받게 되고 이런 공인된 권위를 통해 지식에 대한 사회적 열망을 흡수하는 장치로 자리 잡게 되었다는 것이다. 대학이 국가의 권위 있는 교육 기관의 정점으로 자리를 잡아 감에 따라 자연스럽게 대학 내에서 분과 학문의 영역을 넘어서는 일반적인 지식 교육, 즉 교양 지식의 중요성이 대

5) 이봉범, 「프롤로그. 폐쇄된 개방, 허용된 일탈-1950년대 검열과 문화 지형」, 『아프레걸 思想界를 읽다-1950년대 문화의 자유와 통제』, 권보드레 외 지음, 동국대학교출판부, 2009, 20쪽 이하.

6) 한국전쟁 이전에 각급 학교 교실 수는 47,451실이었는데 그 중 23%에 해당되는 10,891 교실이 전쟁의 와중에 전소되거나 완전 파손되었다. 부분 파손까지 합하면 약 50%의 교실수가 피해를 입었다는 통계가 있다. 중앙대학교 부설 한국교육문제연구소, 『文敎史 1945~1973』, 1974, 187쪽 참조.

7) 같은 책, 190쪽 참조.

8) 이봉범, 「프롤로그. 폐쇄된 개방, 허용된 일탈-1950년대 검열과 문화 지형」, 앞의 글, 21쪽과 같은 쪽 주석 21 참조.

9) 김건우, 「한국문학의 제도적 자율성의 형성-대학제도를 중심으로-」, 『동방학지』149, 2010, 180쪽 참조.

10) 해방 이후 미군정기의 대학 등 고등교육기관의 급속한 팽창에 대해서는 강명숙, 「미군정기 고등교육 연구」, 서울대학교 박사논문, 2002, 47쪽 이하 참조.

11) 서은주, 「1950년대 대학과 '교양' 독자」, 『현대문학의 연구』40, 2010, 9쪽 참조.

두된다.[12)]

제도적으로 교양 교육이 대학교육에 본격적으로 도입되게 된 시기는 역시 미군정기이다. 이 시기에 대학은 처음으로 필수과목과 선택과목을 구분하고 교양과목도 필수과목 내에 개설했다. 이는 일제 시기 대학운영에서는 볼 수 없었던 새로운 것이었다.[13)] 물론 일제 시기에도 근대적인 교양 담론이 없지는 않았다.[14)] 그러나 일제시기에 교양과목에 해당되는 전공 이외의 기초과목에 대한 교육은 예과나 대학 전 단계의 교육에서만 담당했을 뿐이었다.[15)] 미군정기의 교양교육 정책은 대한민국이 정식으로 출범한 이후에도 지속된다. 그리하여 대한민국의 교육이념에 입각하여 50년대에 대학에서 철학에 관한 교양교육이 실시되었다. 국립서울대학의 경우 1952년에는 '교육법시행령 제정'을 통해 일반교양 과목이 "일반 지도적 인격을 도야함에 필요한 과목"으로 규정된다. 이 법령은 1954년에 시행되는데 이로 인해 서울대학교의 일반교양 과정의 기본 골격이 형성된다. 그 결과 교양 과목 이수 학점이 종래 40학점에서 46학점으로 늘어나고, 철학은 국어 및 영어 등과 함께 교양필수과목으로 분류된다. 이 시기 서울대 이외의 연세(연희)대학교와 고려대학교에서도 철학개론이 교양 필수로 개설된다.[16)]

50년대 철학은 교양교육에서 중요한 위치를 차지하고 있었다. 1958년 서울대학교 교양과목교재출판위원회의 철학과분과위원회에서 출판한 『대학교양과정 철학』을 예를 들어 살펴보자. 이 책은 자연과학 및 문화사 과목과 함께 철학을 대학의 교양과목 중 중요한 과목의 하나로 설정한 당시 서울대학교의 대학교육의 편제의 결과이다. 이 철학교양 교재의 서문에서 이 책을 편집한 편집위원의 대표로 고형곤은 대학교양 과목으로서 철학이 맡아야하는 직책이 무엇인지에 대해 자문하면서 그에 대한 답을 다음과 같이 설명한다. 교양으로서의 철학은 "인간생활에서 가장 필요한 지식인 자연과학과 문화사를 어떠한 연관으로 통일하며, 어떻게 그것들로 하여금 그 실용에 있어서 조화롭게 하며, 그 본질에 있어서 整齊케 하느냐 하는 문제"를 해결하는 지식이다. 왜냐하면 "비록 철학은 자연과학과 같이 치밀하지 못하야 이따금 思辨에 흐르며, 또 문화사와 같이 또렷한 형태를 갖지 못하여 朦朧

12) 같은 글, 10쪽 이하.

13) 강명숙, 「미군정기 고등교육 연구」, 앞의 글, 132쪽 참조.

14) 1920~1930년대 교양담론에 대해서는 소영현 「근대 인쇄매체와 수양론, 교양론, 입신출세주의」, 『상허학보』18, 2008 그리고 해방 전 1940년대의 교양주의에 대해서는 허병식 「교양의 정치학」, 『민족문학사연구』40, 2009 등이 있다.

15) 강명숙, 「미군정기 고등교육 연구」, 앞의 글, 132쪽 참조.

16) 서은주, 「1950년대 대학과 '교양' 독자」, 앞의 글, 13쪽 이하 참조.

하지만, 치밀하지 않은 탓으로 철학은 넓은 시야를 조망할 수 있고, 또렷한 형상으로 나타나지 않는 탓으로 전체를 파악할 가능성이 남겨져 있다." 고형곤은 사태를 넓은 시야를 갖고 전체적으로 이해할 수 있는 학문은 철학이며, 철학만이 그런 고유한 기능을 갖고 있다고 말한다. 따라서 교양과목으로서의 철학이 추구해야 하는 목표는 자명하다. 그 목표란 다름 아닌 "지나친 과학적 분석이나 고정된 형상에 구애함이 없이 넓은 조망과 풍부한 寬大를" 학생들이 지닐 수 있도록 그들을 지도하고 길러냄에 있다.[17]

교양 교육이 대학 교육의 핵심으로 체계적인 방식으로 제도화 된 것은 서구 근대의 산물이라는 것은 주지의 사실이다. 특히 괴테의 영향을 받은 훔볼트(Humboldt)의 대학교양 이념이 많은 영향을 끼쳤다는 사실도 널리 알려져 있다. 훔볼트는 나폴레옹과의 전쟁에서 패배한 프로이센이 개혁을 시도하는 과정에서 교육부 장관으로 프로이센 교육제도의 틀을 형성하는 데 지대한 공헌을 한 인물이다. 그는 1810년 베를린 대학을 세워 학문 연구와 강의의 통일을 연계시키도록 했다. 독일적 교양이념은 여러 나라 학교 교과과정은 물론이고 대학의 인문학 연구의 토대로 자리 잡게 되었다.[18] 그러나 독일식 교양 교육의 이념이 50년대 한국의 교양 교육에 어떤 방식으로 전유되었는지에 대해서는 확정짓기가 쉽지 않다. 50년대 한국의 대학 교양 교육에서 '교양'이 어떻게 이해되었는지를 보여주는 구체적 자료는 찾기 어렵기 때문이다. 또 이 글에서는 교양에 대한 메타적 차원의 분석을 생략하고자 한다. 즉, 교양에 대한 이론적 천착은 다음 기회로 미루고 철학이 교양으로 대학생들이 배워야 할 과목으로 제도화되어 있었다는 점에 주목하는데 만족한다. 이런 제도화의 결과 대학생들은 교양과목을 통해 특정한 철학이론을 그들이 반드시 배워 습득해야 할 '교양知'로 접할 수 있게 되었다.

그러나 위에서 언급한 서울대학교의 교양 교재에 드러난 철학교육의 이념은 당시 서울대학교가 교양교육의 일반적인 이념이자 목표로서 무엇을 설정했는지를 추론해볼 수 있는 자료이다. 고형곤에 의하면 철학 교양은 세상을 전체적으로 조망할 수 있는 시야와 더불어 세계에 대한 관용적인 태도를 육성하는 것을 지향한다. 이는 물론 고전이라고 일컫어지는 책 읽기를 통해서 실현된다. 즉 인류의 고전적인 철학서들을 읽고 이를 통해 사람들은 자신 자신에게만 관계하는 고립되고 편

17) 서울대학교교양과목교재출판위원회 철학분과위원회, 『대학교양과정 철학』, 1958, 1쪽 이하.

18) 디트리히 슈바니츠, 『교양』, 안성기 외 옮김, 들녘, 2004, 234쪽과 300쪽 참조. 일본의 대학제도 편성이 독일대학제도를 표준으로 해서 성립되었다는 점에 대해서는 스즈키 사다미, 『일본의 문학개념』, 김채수 옮김, 보고사, 2001, 253쪽 이하 참조.

협된 마음을 극복하고 사물을 넓은 마음으로 볼 수 있는 확장된 정신을 체득하게 된다는 것이다. 이런 풍부한 확장된 정신의 함양을 바로 교양일반, 특히 철학 교양의 목적으로 규정하고 있음을 우리는 고형곤의 설명에서 볼 수 있다.

그렇다면 왜 실존주의는 50년대 한국 대학의 철학 교양의 핵심으로 부상할 수 있었던 것일까? 철학 교양 수업에서 실존주의 철학이 중요한 내용을 차지하게 된 이유는 여러 가지이다. 우선 한국전쟁으로 인해 분단이 고착화되면서 서구, 특히 미국 및 서구 유럽의 학문이 '보편적'인 학문의 지위를 더욱 더 공고하게 차지하게 되었다는 사실이 언급되어야 할 것이다. 실제로 일제 시기 및 해방 후에 한국사회에서 마르크스주의는 실존주의보다도 더 많은 영향력을 행사했다. 그러나 50년대 한국사회에서 마르크스주의는 극복과 비판의 대상으로만 언급될 뿐 적극적으로 수용하고 배워야 할 학문으로 인정받지 못했다. 그러므로 실존주의가 50년대 철학, 심지어 교양 일반의 대명사로 간주되기에 이른 사실은 전쟁으로 인해 공고화된 분단체제와 결부되어 있는 반공 · 반북 이데올로기의 영향의 결과이다. 분단체제는 미국과 구 소련 사이의 전 지구적 차원에서 형성된 냉전 질서의 결과임은 이미 언급한 바 있다. 분단체제의 고착화가 가져온 이론 지형의 일면적인 경향의 강화는 철학의 영역에서만 나타난 것은 아니다. 문학과 비평의 영역에서도 사정은 마찬가지였다. 서구 문학을 수용하면서도 냉전체제의 작용의 결과 인류 문화의 다양한 성과들을 균형감 있게 소화하지 못하고 주로 미국, 영국 그리고 프랑스 등 서구 자본주의 국가의 이론만을 편향적으로 수입하게 되었다.[19]

박종홍이 주장하듯이 실존철학은 부산피난을 계기로 한국사회에서 일반적으로 논의되기 시작했다. "우리나라에서도 철학적으로 실존사상이 문제되어 온 것은 8 · 15해방 훨씬 이전부에서부터 시작된 것은 사실이나, 일반적으로 논의되기는 1 · 4후퇴 때 부산 피난을 계기로 한 것이다."[20] 한국전쟁이후 한국사회에 광풍처럼 밀어닥친 실존주의 열풍은 전쟁으로 인해 한국인들이 체험하게 된 삶의 불안과 부조리의 인식의 광범위한 확산과 무관하지 않다. 전후 상황의 극도의 혼란스러움은 이런 위기의식과 불안의식을 증폭시켰다. 실존주의를 통해 한국인들, 특히 전후 세대는 전쟁으로 인해 야기된 위기와 불안의식을 이해할 수 있다고 생각했다. 불안과 절망이 횡행하는 시대에 부조리, 허무, 고독 등과 같은 실존주의적인 용어들과 실존주의는 당대의 상황을 설명할 수 있는 설득력 있는 이론으로 전후 세대

19) 한수영, 『한국 현대비평의 이념과 성격』, 국학자료원, 2000, 38쪽 참조.
20) 박종홍, 「전환하는 현대철학」, 열암기념사업회 엮음, 『박종홍전집II』, 민음사, 1998, 461쪽.

들에게 인식되었던 것이다. 그러므로 50년대 한국문학의 대표자의 한 사람인 조연현은 1953년 「실존주의 해의」라는 글에서 현대라는 시대야말로 "진정으로 누구나 실존주의를 말할 수 있는 숙명적인 시간"이라고 말한다.[21)]

50년대 지식인 사회에서 실존주의가 크게 유행하면서 많은 한국인들은 제2차 세계대전을 경험한 서구인들과 동시대적인 인간이라는 인식을 갖게 되었다. 한국전쟁 후의 한국의 현실을 두 차례의 전쟁을 경험했던 서구의 그것과 동일시하는 태도는 "50년대 실존주의 수용방식의 가장 커다란 특징"이라고 평가된다. 50년대의 지식인들과 문학자들은 서구인과 한국인이 동일한 역사적 시간과 공간 속에서 살아가고 있다는 의식을 지녔기 때문에 이들은 한국 전쟁의 특수성과 역사적 맥락에 대한 정확한 인식을 추구하는 데에서 일정한 한계와 문제점을 보여준다. 이런 현상을 흔히 50년대 실존주의를 비판적으로 연구하는 사람들은 '보편성의 미망'이라고 지적한다.[22)] 남한에서 손우성, 정명환 등과 함께 실존주의를 한국에 적극적으로 소개한 비평가 김붕구는 한국전쟁에 대한 한국인의 체험을 서구인들이 양차대전에서 겪은 체험과 동일한 것으로 보고 이런 동시대성을 '현대'의 특징으로 그리고 실존주의를 이런 '현대의 사상'으로 보았다. 50년대에 활동한 비평가 이영일도 1955년에 "6 · 25 사변을 겪고 있는 동안에 그 전쟁 성격과 마찬가지로 어느새 우리의 의식 속에는 세계의식이 뿌리파고 들어온 것을 알게 되었다"고 강조한다.[23)] 그래서 김건우가 말하듯이 한국전쟁의 체험은 전후 세대의 한국인들에게 "세계사에 동등한 자격으로 참여케 하는 자부심의 근거"였다.[24)] 박종홍은 이와는 좀 다르다. 나중에 더 상세하게 다룰 것이지만 그는 '실존주의'라든가 '현대'라든가 하는 것을 무작정 옹호하지도 않고 서구와 한국사회의 동시성과 함께 차이성도 염두에 두면서 실존주의 사조를 소화하고자 했기 때문이다.

그럼 이제 50년대 철학개론에서 실존주의가 어떻게 소개되고 있는지에 대해 구체적으로 알아보자. 1940년대에는 한국에 5종의 철학개론서가 새로 나왔다. 김준섭 『철학요론』(1946, 웅변구락부)과 동일인의 『철학개론』(1946, 세계서림), 김용배의 『철학新講』(금룡도서)이 1947년에 안호상의 『철학개론』(박문서관)이 1948년에 그

---

21) 조연현, 「실존주의 해의」, 최예열 엮음, 『1950년대 전후문학비평 자료 2』, 월인, 2005, 68쪽.
22) 한수영, 『한국 현대비평의 이념과 성격』, 앞의 책, 145쪽.
23) 이영일, 「차원의 이질성과 지양」, 최예열 엮음, 『1950년대 전후문학비평 자료 1』, 월인, 2005, 569쪽.
24) 김건우, 『사상계와 1950년대 문학』, 소명출판, 2003, 120쪽 이하. 물론 김붕구도 50년대 후반으로 갈수록 역사적인 특수성을 사고하게 된다. 같은 책, 121쪽 참조.

리고 전무학의 『통속 철학강화』(정의사)가 1948년에 나왔다.[25] 1950년대에도 새로 9종의 철학개론이 나왔다.[26] 그 중 중요한 몇 가지를 들면 다음과 같다. 우선 1950년 5월에 나온 철학개론으로는 한치진의 『철학개론』(263면)을 들 수 있다. 이 책은 그 당시 조선문화연구소에서 나온 5판이었다. 이 책은 1936년 1월에 나온 단행본이었다. 이 책은 1942년에 나온 안호상의 『철학강론』(서울 동광당 서점, 286면)과 일제 시기 한국 철학자에 의해 저술된 최초의 철학개론서이다. 이 두 저서는 독일철학의 영향으로 작성된 것이다.[27] 이 저서에는 실존주의에 대한 소개가 전면에 드러나지 않는다. 박종홍은 1954년 『철학개설』(박영사)를 펴냈는데 이는 철학책으로 대단히 많이 팔린 것으로 알려져 있다. 조희영에 의하면 이 책은 50년대 실존주의에 대한 관심의 증가와 더불어 책방에서 철학 책은 박종홍의 책밖에 팔리지 않는다고 말할 정도로 매년 판을 거듭했다고 한다.[28] 이 책에서 박종홍은 실존주의의 여러 흐름들을 비교적 상세하게 소개하고 있다. 그는 실존주의를 단순히 소개하는 차원을 넘어서 그에 대한 비판적 성찰은 물론이고 실존철학과 동양사상, 특히 유교와의 창조적인 결합의 가능성도 모색한다. 현재 박종홍 전집II에 이 책이 수록되어 있다.

분량의 많고 적음을 떠나 이런 현상은 50년대에 나온 거의 모든 철학개론서에 공통적이다. 이는 실존주의가 50년대 한국사회 및 철학계에서 현대철학 뿐 아니라 철학 일반에서 아주 중요한 부분으로 받아들여졌다는 점을 보여준다. 앞에서 언급한 적이 있는 1958년 서울대학교 교양과목교재출판위원회의 철학과분과위원회에서 출판한 『대학교양과정 철학』을 보아도 실존주의가 상세하게 소개되어 있다. 이 책은 고형곤을 포함하여 총 16명의 철학자들이 공동으로 만든 것이다. 이 책은 373면으로 구성되었는데. 그 중 실존주의 철학이 155-210쪽에 걸쳐서 설명되고 있다. 여기에서는 특히 하이데거와 야스퍼스의 철학만이 집중적으로 다루어지고 있다는 점이 눈에 띈다. 이 책이 나온 58년도에는 이미 사르트르나 카뮈 등 프랑스 계통의 실존주의 철학과 문학이 상당히 대중적으로 알려져 있었음에도 불구하고 이에 대해서는 독자적인 항목으로 다루고 있지 않다.

당시 서울대 철학과 교수이던 1958년에 나온 김준섭의 『현대철학』(서울 정음사,

25) 이훈, 「연구를 위한 자료의 통계적 분석」, 『철학사상』4, 서울대학교 철학사상연구소, 1994, 112쪽 참조.

26) 같은 글, 112쪽 참조

27) 백종현, 『독일철학과 20세기 한국철학』, 철학과현실사, 2000, 47쪽 이하 참조.

28) 조희영, 「한국의 현대 사상에 미친 서양 철학의 영향」, 『철학사상』7, 서울대학교 철학사상연구소, 1997, 127쪽.

457면)에서도 듀이의 사상과 더불어 사르트르 실존주의 및 실존주의가 중요하게 소개되고 있다. 그는 연희전문학교 철학과를 졸업하고 1948년에는 미국에 유학하여 콜롬비아 대학교에서 1952년 철학박사 학위를 받은 인물이다. 그런 경력답게 그의 책에는 실존주의와 더불어 미국의 실용주의와 과학철학에 대한 글들이 실려 있다. 그는 1958년 『실존철학』(서울 정음사, 241면)을 출판해서 실존철학을 대중들에게 알기 쉽게 전달하려는 시도를 한다. 이 책에서 김준섭은 책을 쓰게 된 동기를 설명하는 글을 적고 있다. 그 글에서 그는 많은 사람들이 철학이라고 하면 어려운 학문이고 현실과는 괴리가 있는 논의라는 편견을 품고 있다는 점을 아쉬워한다. 그러면서 50년대에 실존철학에 대해 많은 사람들이 관심을 표하고 있음을 언급한다. 그 이유 중의 하나로 그는 당대 한국사회가 처한 불안하고 어려운 처지를 거론하다. 이와 더불어 실존철학이 문학작품에 커다란 관계를 맺고 있다는 점도 젊은 이들 사이에 실존철학이 유행하게 된 중요한 이유일 것이라고 말한다.

2. 1950년대 한국의 대표적 철학자와 실존주의

50년대 한국철학계에서 실존철학을 체계적으로 연구하고 이를 알리는 데 중요한 역할을 한 인물은 박종홍과 조가경이다. 그러므로 이하에서는 이 두 사람을 중심으로 50년더 한국에서 실존철학이 어떻게 수용되는지를 살펴볼 것이다. 박종홍은 일제시기부터 실존주의, 특히 하이데거의 철학에 큰 영향을 받은 인물이다. 그러나 그는 하이데거나 야스퍼스의 이론을 무조건적으로 추종하거나 수용하는 태도를 보이지 않았다. 박종홍은 실존철학이 지나치게 주관적인 내면에 몰두하고 사회적 현실에 대한 관심이 적은 것에 대해 비판적이었다.

박종홍은 철학과 현실의 만남의 가능성에 대해 평생 동안 고민했다. 철학이 현실 속에서 살아 움직이는 힘이어야 한다는 것이 그의 지론이었다. 현실로부터 괴리된 철학은 그가 보기에 쓸모가 없는 것이었다. 철학과 현실의 만남에 대해서 고민하는 박종홍에게 실존주의는 항상 긍정성과 한계를 동시에 갖고 있는 사상이었다. 50년대에 가장 널리 읽혀진 철학개론이라고 할 수 있는 박종홍의 『철학개설』 및 50년대에 작성된 실존주의 관련 글을 중심으로 실존주의에 대한 그의 생각들을 정리해보자. 박종홍은 실존주의를 "향내적 현실파악의 현대적 유형"의 철학으로 정의한다.[29] 실존주의의 철학 내부에서 여러 입장 차이가 존재하지만 "내면적인 심각성을 띠고 있다는 점에서 모두가 일치"한다고 평가한다. 달리 말하자면 실존주의의 공통성은 "보편타당적인 객관적 진리보다도 한계정세에 놓여진 구체적인 인간의 혼을 일깨워 주는 힘을 가진 주체적 진리"를 중요시한다는 데 있다. 이와 같이 진정한 내면적인 자기를 회복하려는 결단을 강조하는 실존주의 철학에서 실존은 "인간의 본래적인 존재방식"을 의미한다. 실존철학자들은 이러한 본래적인 자기가 일상생활이나 현대의 여러 어두운 측면 등에 의해 망각되고 있다고 보고 현실의 부조리와 모순을 폭로 · 비판한다.[30)]

그러나 박종홍이 보기에 실존주의는 현실 문제를 해결하는 데에는 역부족의 사상이었다. 따라서 그는 실존주의가 역사적 구체성을 파악할 수 없고 주관적인 계기만을 고수한 나머지 "민족이나 국가에 대한 적극적인 이론"을 발전시킬 수 없었다고 비판한다.[31)] 개인의 내면적 세계가 객관적 세계와의 관련을 맺지 않는다면 그 주체는 공허하고 허무에 빠지게 된다는 점에서 이를 극복하여 외부 세계와의 적극적인 관계를 모색하는 것이 필요하다고 박종홍은 생각한다. 그러므로 그가 현실에 대한 참여의식을 강조하는 사르트르의 실존철학을 높이 평가하는 것은 당연하다. "최근에 사르트르는 (…) 이 현실적인 사회에 있어서의 실존의 기능을 더 한층 이론적으로 밝히려고 기도하였다고 할 수 있다. 분명히 현대의 실존철학은 다시금 고독을 떠나 관계에 치중하게 되었고 더욱 구체적인 현실사회에 있어서의 관계를 중요시하면서 새로운 전환을 하고 있음이 사실이라고 하겠다."[32)]

일제 식민지시기에 경성제대에서 철학을 배운 박종홍과는 달리 조가경은 서울대학교 철학과에서 철학을 배운 후 독일에서 철학을 전공으로 하여 박사학위를 받은 인물이다. 조가경이 졸업한 때는 1952년이다. 그는 부산 대신동에 있는 당시 '전시연합대학교'라는 초라한 판잣집에서 졸업을 했다고 회고한다. 그는 부산에서 1년 남짓 박종홍으로부터 사사받았다. 52년 봄에 졸업한 후에 그는 독일 외무성의 장학생으로 독일로 유학을 하게 된다.[33)] 독일 하이델베르크에서 철학박사학위를 받고(1957) 귀국하여 그 해 4월부터 서울대학교 철학과 교수로 활동한다. 귀국 후 그는 대학에서 실존철학을 강의했고 그의 강의는 많은 학생들과 당대의 지성인들에게 영향을 주었다. 그가 1961년에 출간한 『실존철학』은 실존철학에 대한

---

29) 박종홍, 「철학개설」, 열암기념사업회 엮음, 『박종홍전집 II』, 앞의 책, 263쪽.
30) 같은 글, 264쪽.
31) 같은 글, 443쪽 이하.
32) 박종홍, 「전환하는 현대철학」, 열암기념사업회 엮음, 『박종홍전집 II』, 앞의 책, 475쪽.
33) 조가경, 「나의 학문 편력기」, 한국현상학회 편, 『자연의 현상학』, 철학과현실사, 1998, 327-331쪽 참조.

아주 방대하고 체계적인 연구서로 정평이 나 있다.

조가경은 『실존철학』에서 왜 실존철학이 많은 사람들에게 널리 알려지게 되었는가에 대해 다음과 같이 설명한다. "실존철학이 비교적 짧은 시일 내에 마치 하나의 유행인 양 일어나고, 한편 단순한 유행으로서는 뜻밖에도 지속적인 영향을 주게 된 데에는 두 가지 이유가 있다. 그 하나는 의심할 바도 없이 이 사상이 위에서 지적한 대로 외부세계의 환멸을 느끼고 고립화된 개인의 내면적 자각에 적절한 표현을 주었고 그런 한에 있어서 현실을 진지하게 파악하였다는 점이다. 다른 하나는 더 엄숙한 실존의 인간상을 자유와 필연의 변증법을 통하여 투영시킴으로써 산문적이고 지루한 현실의 피난처를 마련하였다는 점이다. 실존의 정세는 현실의 진리보다도 엄숙한 진리의 분위기를 자아냈다."[34]

조가경 역시 실존주의 철학의 긍정성을 인정하지만 그 한계와 문제점을 극복하려는 자세를 보인다. 그는 박종홍의 뒤를 이어 동서양 철학의 종합이라는 보다 큰 틀에서 실존주의 철학에 대한 연구를 진행한다. "만일에 실존철학이 특히 젊은 학도들에게 '실존적으로 호소하는' 힘이 큰 것이 사실이라면 그 이유는 아마도 청년들이 주어진 현실과 쉽게 타협하기를 꺼리고 이를 넘어서서, 보다 높은 이상을 쫓으려는 갈망을 가지기 때문이 아닌가 한다. 거기에는 확실히 사이비 종교적 동기가 있다. 그러나 실존철학은 유감스럽게도 그의 엄숙한 세계관으로 유혹되어 모여든 사람들을 현실세계에 통하는 길로 인도하는 대신에 각자의 내면적 세계에 다시금 잠기기를 권한다."[35] 조가경에 의하면 "실존철학을 알고자 하는 의욕"은 "우리의 주체성을 반성하며 확립하려는 필요"에서 나왔다. 그러므로 그는 실존주의 철학을 다룰 때에는 반드시 그 한계를 극복함을 지향해야 함을 역설하면서 이 비판을 우리의 주체성 자각에의 물음과 연결시킨다. 물론 그가 볼 때 이 극복의 방향은 동양의 사상, 특히 노자적인 동양의 자연 사상이다.[36]

또 하나 강조되어야 할 점은 조가경이 실존철학을 비판적으로 다루면서 마르크스주의 및 역사의 문제에 대해서 염두에 두고 있다는 점이다. 그는 "유물사관과의 비판적 대결"을 천명하면서도 그것이 갖고 있는 긍정성도 언급한다. 즉 "역사와 사회의 객관적인 진리를 위하여 근세철학이 기울인 거대한 노력이 정치성에 예속되고 말았다는 이유 하에, 또는 철학의 관조적 순수성을 지키려는 편견 때문에 부

34) 조가경, 『실존철학』, 박영사, 1961, 422쪽.
35) 같은 책, 488쪽.
36) 같은 책, 5쪽.

당히 희생되어서는 안 된다."[37] 이와 같이 종합과 통일에의 추구와 현실에 대한 관심은 조가경이 박종홍의 사상적 제자임을 분명하게 보여준다.[38] 무엇보다도 조가경의 철학에서 흥미로운 점은 그가 역사에 대하여 다시금 성찰하고자 하는 태도이다. 그는 자신의 지도교수였던 칼 뢰비트(Karl Löwith)의 자연철학적 물음에 대해서도 비판적으로 접근하는 지적 용기를 보여준다. 그는 뢰비트의 영향을 받긴 했지만 뢰비트가 "품었던 역사에 대한 회의를 따르지는 않았다"고 회고한다.[39]

박종홍이나 조가경과 같은 50년대 철학자들과 문학자들이 주로 거론하는 실존주의 흐름이 차이가 있다는 점도 언급될 필요가 있다. 간단하게 말해 박종홍과 조가경 같은 철학자들은 사르트르의 중요성을 인정하면서도 독일철학의 흐름, 즉 하이데거나 야스퍼스의 이론에 더 비중을 두었는데 반해 문인들은 카뮈나 말로 등 프랑스 실존주의 흐름을 자신의 것으로 삼았다.[40] 이런 차이는 50년대 이후 한국 사회에서 철학자들과 문인들의 사회 참여 방식의 차이를 낳은 사상적 배경의 하나가 아닌가 한다. 특히 분단 과정에서 마르크스주의에 호의적인 사람들이 북한으로 가거나 죽거나 해서 남한에서 좌파적인 헤겔 해석이 전무해진 상황은 철학계 내부의 다양성을 크게 훼손했다. 해방 후 좌우익 투쟁 시기 그리고 분단과 전쟁 이후 남한에서 사회주의 철학은 위험한 사상으로 몰리기 시작했다. 물론 이런 현상은 지식인 사회 전반의 특성이었다. 한국현대사에서 가장 큰 족적을 남긴 잡지의 하나로 인정받는 『사상계』도 마르크스주의 철학 및 공산주의를 철저히 비판하면서 자유민주주의 체제의 정당성을 알리는 계몽활동에 주력했다.

그렇지만 남북분단으로 인해서 남한의 철학계가 받았던 부정적인 충격은 더 컸던 것으로 보인다. 철학계 자체가 그리 크지 않은 상태인데다가 철학의 발전을 가능하게 하는 내부의 다양성의 토대 자체가 거의 무너져 버렸다는 점은 50년대 한국 철학논의의 장을 위축시키는 것으로 귀결되었다. 게다가 남한에 남은 독일철학에 호의적인 철학자들 중 박종홍이나 안호상 같은 대표적인 철학자들은 결국 헤겔 우파적인 국가지상주의적 흐름을 완전히 극복하지 못하였다. 역사에 가정이란 없는 법이겠지만, 만약에 통일된 조국이 탄생했다면 그 속에서 철학은 다양한 방식으로 전개되었을 것이다. 분단으로 인해 사상의 지형도가 지극히 협소해짐에 따라 남한에서의 학문적 공론의 영역도 단일한 색조를 띠고 사상의 동력을 상실했다.

37) 같은 책, 6쪽.
38) 물론 조가경과 박종홍의 차이점도 존재한다. 이에 대해서는 별도의 글로 다루고자 한다.
39) 조가경, 「나의 학문 편력기」, 앞의 글, 1998,
40) 고은, 『1950년대』, 청하, 1989, 387쪽 참조.

이런 토양 위에서 박종홍이나 안호상 같은 오랫동안 한국을 대표한 철학자들이 독재정권과 자발적으로 협력하게 된 것이 아닌가 한다. 주지하듯이 독일철학에 연관되어 비판사회이론이나 마르크스주의에 대한 관심이 한국사회에 다시 등장하기 시작한 것은 70년대 이후이다.

3. 잡지 매체를 통한 교양으로서의 실존주의의 확산

50년대 실존주의는 대학의 교재로 사용된 여러 철학개론서를 통해서만 유통된 것은 아니다. 여러 잡지들 역시 실존주의를 대중화하는데 중요한 매체였다. 그러니까 50년대 한국사회, 적어도 한국 지식인 사회나 대학사회에서 누구나 알아야 하는 '교양'을 생산하고 유포하는 중요한 제도적 장치는 대학의 인문 철학 교양 수업과 『사상계』등과 같은 잡지 매체였다. 앞에서 보았듯이 50년대에 일어난 주목할 만한 현상인 대학의 급속한 팽창 및 교육기회의 확대는 독자적인 지식인 사회, 더 나아가 국가로부터 독립된 시민사회의 형성을 가능하게 하는 유리한 조건으로 작용했다. 대학을 졸업한 사람의 수가 증가하고 대학생의 수가 급증함과 더불어 진행된 지식인 사회의 형성은 출판업이 활성화될 조건이 되었음은 물론이다. 이런 조건에서 『사상계』나 『새벽』 등의 잡지 등이 50년대에 등장하였다.[41] 김건우에 의하면 1950년대 후반 『사상계』의 주도 하에 형성되는 '논의' 공간은 상당히 개방적인 공론영역으로서 문학을 알리는 중요한 통로 역할을 수행했다. 이런 매체와 결합하여 비로소 문학은 '전인적 교양'과 동의어로 될 수 있었으며 공동체를 위한 계몽의 역할을 수행할 수 있었다고 한다.[42]

『사상계』는 1953년 4월 창간되어 1970년 김지하의 〈오적〉 필화사건으로 폐간된 잡지로 해방이후 한국사회에서 가장 큰 영향력을 끼친 잡지라고 평가된다. 『사상계』의 전신인 『사상』은 한국전쟁 당시 문교부 산하 국민사상연구원에서 일하던 장준하가 1952년 9월부터 12월까지 부산에서 발행한 월간지였다. 그러나 이 잡지는 4호까지만 발행되고 종간되었는데 그 이유는 외부의 압력이었다고 한다.[43] 창간호부터 3천부를 발행하는 『사상계』는 1956년 함석헌과 윤형중의 논쟁이 『사상계』를

41) 박태순 · 김동춘, 『1960년대의 사회운동』, 까치, 1991, 52쪽 참조.
42) 김건우, 『사상계와 1950년대 문학』, 앞의 책, 67쪽.
43) 이상록, 「사상계에 나타난 자유민주주의론 연구」, 한양대학교 박사학위 논문, 2010, 43쪽.

통해 진행되자 발행부수는 4만에 달했다고 한다. 4 · 19 시기에는 최고 9만 7천부를 발행할 정도로 성장했다. 1950년대 말 동아일보 및 조선일보 등 유력 일간신문 발행부수가 10만부를 넘지 않았던 상황을 감안하면 『사상계』가 지식인 사회에 얼마나 큰 영향력을 미치고 있었는지가 잘 드러난다.[44] 물론 50년대를 대표하는 여러 다른 잡지들도 실존주의를 소개하고 대중화하는데 앞장을 섰다. 예를 들어 『자유문학』이나 『현대문학』 등과 같은 50년대의 중요 잡지도 철학자들과 불문학자들의 실존주의 관련 글을 소개했다. 그러나 실존주의를 한국사회에 수용하는 과정에서 『사상계』는 그 어떤 잡지 매체보다도 중요한 역할을 했다.

철학의 영역에서 뿐만 아니라 문학의 영역에서 실존주의의 영향은 대단했다. 이는 "문학이 마치 실존주의의 해설판처럼 되어 있는 듯한" 상황이라는 1956년의 최일수 평가에서 잘 나타나 있다.[45] 이런 시대적 분위기에서 『사상계』는 1955년 문학 면과 문화 면을 강화하고 『硏究論文』란을 신설한다. 이 코너는 나중에 『教養』란으로 이름이 바뀌지만 이 코너는 지속적으로 서구의 사상과 우리나라의 사상이나 전통을 소개하는 역할을 담당했다. 이 코너에서는 플라톤에서부터 스피노자, 파스칼 등은 말할 것도 없고 칸트, 헤겔 등 서구의 중요한 철학자들이 소개되었다. 서구 사상의 전통을 소개하면서 당연히 『사상계』는 키에르케고르, 니체, 하이데거, 야스퍼스 등은 물론이고 사르트르, 카뮈 등과 같은 서구의 실존주의 철학자 및 문학자들의 사상이 차례차례 소개되었다.[46] 『사상계』는 변변한 대학교재가 없었던 이 시기에 대학생들에게 일종의 대학교재를 대신하는 기능을 담당했다고 한다.[47] 이렇게 잡지 매체들을 통해 실존주의가 꾸준하게 소개된 결과 50년대 후반에 문화의 핵심 키워드로 등장한 '교양'에서 실존주의는 당대의 '사상'이자 '문화'로 받아들여지게 되었다는 평가를 받는다.[48]

박종홍과 조가경은 대학 강단에서 강의 및 철학개론서 들을 통해서 실존철학을 소개하는데 그치지 않았다.[49] 그들은 잡지 등에 기고를 통해 실존주의 철학이 한국

44) 같은 책, 44쪽 주석 62 참조 그리고 김건우, 『사상계와 1950년대 문학』, 앞의 책, 46쪽 이하 참조.
45) 최일수, 「우리 문학의 현대적 방향」, 최예열 엮음, 『1950년대 전후문학비평 자료 1』, 앞의 책, 178쪽.
46) 장세진, 「상상된 아메리카와 1950년대 한국 문학의 자기 표상」, 연세대학교 박사논문, 2007, 184쪽 참조.
47) 서은주, 「1950년대 대학과 '교양' 독자」, 앞의 글, 16쪽 참조.
48) 천정환, 「처세 · 교양 · 실존－1960년대의 '자기계발'과 문학문화」, 『민족문학사연구』40, 2009, 111쪽 및 118쪽 참조.

사회에 갖고 있는 의미와 문제점을 지적하면서 나름대로 실존주의를 한국적 상황에 어울리게 변형시키고 있다. 예를 들어 박종홍은 『사상계』의 1958년 8월호에 소개된 글에서 실존철학과 동양사상의 창조적인 만남의 가능성을 모색한다. 이 글에서 박종홍은 실존의 주체적 자각이 사회참여와 저항의식으로까지 확산되어야 한다는 『사상계』를 주도하는 지식인 집단[50]의 신념과 공통성을 보여준다.

장준하와 박종홍의 실존주의의 부정적 측면에 대한 비판이 유사성을 띠고 있다는 점도 흥미롭다. 장준하는 『사상계』의 1955년 10월호 「권두언-소위 위기의식에 대하여」라는 글에서 실존주의를 위기와 절망을 부르짖는 "패자의 철학" 이라고 규정하고 이를 맹목적으로 받아들여서는 안 된다고 강조한다. 또 60년 5월호의 「편집후기」에서도 "비록 오늘의 인간조건이 유례없이 심각한 모순이라 할지라도 우리는 언제까지나 니힐의 미학만을 반추하고 있을 수는 없다" 고 하면서 "부정의 정신을 넘어 새로운 질서를 위한 긍정의 윤리" 를 갖추어야 함을 역설한다. 이런 태도와 유사하게 박종홍은 『사상계』의 1958년 8월호의 글 「실존철학과 동양사상-특히 유학사상과의 비교」에서 다음과 같이 말한다. "그런데 사르트르에게 있어서 인간이란 자기 스스로 만든 것 이외의 아무 것도 아니니다. 인간을 그의 실존 앞서 규정지을 본질은 없다. 인간은 스스로 자기 자신을 실존시키기고 있다. 그리하여 내가 나 자신의 실존을 본질의 규정을 받음이 없이 나 스스로 자유로 선택한 이상 불가불 그에 대한 책임은 선택한 나에게 있을 수밖에 없다. 여기에 실존의 주체성의 깊은 의의가 있다고 하겠다. 사르트르의 실존주의를 그의 소설을 섣불리 잠깐 읽고 나서 마치 방탕한 순간적 정열주의의 표본인 양 간단히 상상함은 속단이 아닐까 한다. 적어도 그의 실존사상은 실존이 본질보다 앞서며 선택과 행동의 자유에 대한 책임을 생각하여야 되는 것이기 때문에 도리어 성실하게 살아야 한다는 것이다."[51]

위에서 나타나는 박종홍의 주장은 두 가지 점에서 대단히 흥미롭다. 첫째로 박종홍의 실존주의의 한계성에 대한 지적은 장준하의 그것과 공통성을 띤다. 이는 이미 앞에서 지적한 바 있다. 현실에 대한 추수나 허무적인 태도가 아니라 실존의 주체성과 깊게 결부된 책임의식에서 실존주의의 참다운 정신을 발견할 수 있다고

49) 50년대에 실존주의를 소개한 철학자들로는 박종홍과 조가경 외에도 김형석, 고범서, 박상현 그리고 안병욱 등이 있다.

50) 『사상계』 지식인 집단의 범위와 이 집단에서 중요한 역할을 담당한 인물들에 대해서는 김건우, 『사상계와 1950년대 문학』, 앞의 책, 11쪽 참조.

51) 박종홍, 「실존철학과 동양사상-특히 유학사상과의 비교」, 열암기념사업회 엮음, 『박종홍전집II』, 앞의 글, 501쪽.

박종홍은 생각하고 있기 때문이다. 게다가 박종홍은 "실존을 고독한 자기의 내면적인 성실에서 찾으려한" 니체나 키에르케고르의 한계를 넘어서 사회를 문제시하고 "연대책임"을 고민하는 사르트르의 실존주의로 변하고 있음을 긍정적인 시선으로 바라본다.[52] 두 번째로 흥미로운 사실은 박종홍이 이 글을 『사상계』에 실었다는 점과 그 주제가 실존주의와 동양사상의 연결 가능성의 모색이라는 점이다. 이 글이 1958년에 『사상계』에 실린 것은 결코 우연한 일이 아니다. 허은의 연구가 잘 보여주듯이 50년대 후반에는 한국사회의 여러 분야에서 한미 관계에 대한 비판이 제기되기 시작한 시기이다. 특히 한국전쟁을 거치면서 미국의 문화정책으로 인해 미국문화는 한국사회에 거침없이 수입되었다. 이런 미국문화의 무분별한 유입은 한국인의 근검절약하고 정직함의 미덕을 낡은 것으로 허물어뜨리는 그릇된 가치관을 조장하는 주범으로 여겨지기 시작했다. 그러므로 '찰나주의'나 '황금만능주의' 등 미국 및 서구의 외래 문화를 무분별하고 몰주체적으로 수입함에 의해 생겨난 문화적 병리 현상을 극복하기 위해 신일철은 여러 인물들과 동학사상과 같은 민족사상을 연구하기 시작했다. 최동희와 신일철 등 당시 소장학자들이 중심이 되어 58년 '한국사상연구회'를 조직하고 박종홍을 회장에 그리고 이상은을 부회장으로 추대했다. 그들은 또 이 연구회의 회지인 『한국사상』 이란 잡지를 창간하고 한국의 사상적 주체성을 모색하고자 했다. 박종홍은 이 잡지에 실린 글에서 "사상적 독립과 유리된 정치, 경제적 독립은 현실적인 의미가 없다"고 강조하였다. 박종홍이 '창조의 철학'을 구상한 것도 『한국사상』에 '한국철학사'를 연재하면서이다.[53]

『사상계』 역시 미국문화의 무분별한 수입에 대해서 비판적 태도는 보였다. 소설가 김성한은 『사상계』 1958년 4월호에서 서양으로부터 유입된 문화와 전통적인 문화가 서로 조화를 이루지 못해 한국사회는 '정신적 공황상태'에 빠져들게 되었다고 진단했다.[54] 그러므로 『사상계』도 한국 문화의 전통을 재해석하여 이런 문화적인 위기상황을 극복하고자 하는 문제의식을 갖고 있었음이 드러난다. 물론 이는 『사상계』에 국한된 현상이 아니다. 미국문화의 영향이 지나치게 비대해짐에 따라

52) 같은 글, 503쪽 이하.

53) 허은, 『미국의 헤게모니와 한국 민족주의 – 냉전시대(1945–1965) 문화적 경계의 구축과 균열의 동반』, 고려대학교 민족문화연구원, 2008, 373쪽 이하 참조.

54) 「좌담회: 우리사회와 문화의 기본문제를 해부한다」, 『사상계』 1958년 4월호, 281쪽. 미국의 문화유입에 대한 50년대의 한국 지식인들의 대응에 대한 거의 대부분의 정보는 허은의 글 『미국의 헤게모니와 한국 민족주의–냉전시대(1945–1965) 문화적 경계의 구축과 균열의 동반』에서 얻은 것임을 밝혀둔다.

미국 문화 수용에 대하여 한국 지식인 사회에서 비판적인 성찰의 목소리가 크게 대두되었다고 한다. 그리하여 1959년에 『자유세계』, 『신태양』, 『사상계』등 당시 한국사회의 주요 잡지들은 미국의 문화적 영향의 빛과 어두운 그림자를 평가하는 자리를 마련했다. 『사상계』가 이승만 정부와 대립각을 세우면서도 반공주의와 자유민주주의의 틀 내에서 미국에 대해 상당히 우호적인 잡지였음을 감안하면[55] 미국문화의 유입에 대한 사회적 관심이 굉장히 컸음을 능히 짐작할 수 있다. 그래서 『사상계』는 한국사회가 지나친 사대주의와 주체적 의식의 부재 속에 있다고 판단하고 미국문화의 영향이 초래한 결과를 비판적으로 검토하는 작업에 들어간다.[56] 이상과 같은 시대적 배경 속에서 박종홍의 글이 『사상계』에 등장하게 된 것이다.

실존주의의 긍정성과 부정성을 논하면서 실존주의의 문제점을 극복할 수 있는 사상적 자원이 동양사상과 한국사상에 존재한다고 강조하는 박종홍의 글은 50년대 후반 한국사회가 안고 있는 문제를 비판적으로 성찰하면서 근대화의 길을 모색하려는 『사상계』의 노력과 큰 맥락에서 일치하는 것이다. 『사상계』는 한국 전통을 서구 근대의 관점에서 비판적으로 보았지만, 결코 한국의 문화적 전통 전반을 싸잡아 비판하지는 않았다. 그 대신에 『사상계』는 한국 문화에서 서구적 근대와 접목될 수 있는 가능성을 탐구하는 방식으로 한국의 전통을 비판적으로 재해석하고자 시도했다. 예를 들어 『사상계』를 중심으로 한 문화적 민족주의자들은 서구 근대의 맹아를 조선 후기의 실학에서 구했다. 조선 후기 사회에서 교조적으로 변질된 성리학적 유교에 대항하여 새로운 학풍을 세워 조선을 개혁하고자 한 일련의 실학자들을 발굴해내고 재평가하는 작업에 많은 공을 들였다.[57] 『사상계』에 실린 조선 후기 실학사상에 대한 발굴과 평가의 글을 보면 영·정조시기 실학자들이 당쟁의 소용돌이 속에서 좌절하고 마는 상황이 조선의 내재적인 근대화로의 발전의 가능성을 압살한 것으로 해석된다.[58] 이런 방향과 박종홍의 전통관은 일치한다. 그는 1958년 10월호 『사상계』에 실린 글 「문화의 전승·섭취·창조」에서 외국문화의 창조적 섭취를 강조했다. 즉, 그는 전통문화에 대한 폐쇄적이고 독단적인 입장을 고수하는 것도 아니요, 그렇다고 무분별하게 외국문화를 숭배하고 추종하는

---

55) 『사상계』사가 어떻게 미국의 가치관관 역사를 전파하는데 힘을 기울였는가에 대해서는 장세진, 「상상된 아메리카와 1950년대 한국 문학의 자기 표상」, 앞의 글, 145쪽 참조.

56) 허은, 『미국의 헤게모니와 한국 민족주의-냉전시대(1945-1965) 문화적 경계의 구축과 균열의 동반』, 앞의 책, 373쪽 이하 참조.

57) 장세진, 「상상된 아메리카와 1950년대 한국 문학의 자기 표상」, 앞의 글, 185쪽 참조,

58) 김용덕, 「근세당쟁사론」, 『사상계』, 1957.10.

몰주체적인 입장을 찬양하는 것도 아니였다. 그는 새로운 사회를 창조적으로 건설하려는 마음가짐과 전통문화의 섭취 및 계승의 의지는 상호 연결될 수 있다는 입장을 옹호하고자 했다. 즉, "전승의 문제는 또 필연적으로 현대적인 것의 섭취와의 관련을 생각 아니할 수 없게 된다"는 것이다.[59] 이는 분명 전통에 대한 창조적 계승을 통해 주체적 근대화의 길을 모색하는 박종홍의 입장과 장준하를 비롯한 『사상계』와 관련된 일련의 지식인 집단의 모색이 서로 통하고 있음을 잘 보여준다.

4. 실존주의와 근대화 담론의 결합의 문제

앞에서 본 것처럼 50년대에 한국사회에서 실존주의는 교양으로서 가장 광범위하게 받아들여진 사조이다. 이 장에서는 실존주의가 한국사회의 근대성의 문제에 어떤 방식으로 개입하였는지를 살펴보고자 한다. 실존주의가 근대성 담론과 결부되는 것은 『사상계』를 통해서다. 『사상계』가 50년대 실존주의와 맺는 관계는 독특하다. 이 잡지는 서구의 실존주의의 사조에 대한 여러 글들을 소개하는데 그치지 않고 이를 당시 한국 상황에 창조적으로 수용하는데 주도적인 역할을 담당했기 때문이다. 간단하게 말해 이 잡지는 실존주의를 자유민주주의의 구체화라는 근대화 기획과 결부하여 받아들이는 입장을 취했다.

『사상계』는 1950년대 한국 실존주의 논쟁에서 실존주의를 현실에 대한 '비판'과 보다 바람직한 질서의 '창조'를 정당화하는 것으로 수용하는데 앞장섰다. 장준하는 1955년에 서구 실존주의가 위기와 절망의 '패자의 철학'을 주장하는 것으로 보고, 이런 실존주의가 "자유세계의 지성을 좀먹어 들어가는 것"을 염려한다. 그러므로 그는 이런 사조를 맹목적으로 수용해서는 안 된다고 강조한다.[60] 허무주의를 극복할 수 있는 새로운 현실을 창조하려는 움직임은 실존주의를 휴머니즘으로 적극 수용하려는 태도로 변화한다. 이런 변화를 가장 잘 보여주는 것이 『사상계』가 1957년 6월호에 실은 「문학자, 철학자가 오늘과 내일을 말하는 좌담회-휴머니즘을 중심으로」이다. 이 대담회의 회의를 본 사람은 당시 『사상계』 편집위원인 철학자 안병욱이었고, 이에 참석한 사람은 박종홍, 불문학자 손우성, 고려대 철학과

59) 박종홍, 「문화의 전승·섭취·창조」, 열암기념사업회 엮음, 『박종홍전집 V』, 민음사, 1998, 534쪽.
60) 장준하, 「권두언」, 『사상계』, 1955.10.

교수인 이종우 그리고 영문학자이자 당시 연세대 교수인 최재서 등이었다. 박종홍은 이 대담에서 서구의 실존주의적 논의들은 한국의 상황과는 어울리지 않는 측면이 있음을 다음과 같이 강조한다. "저로서는 실존주의와 관련해서 생각되는 것은 근대라든가 현대라든가 '휴매니즘'이라든가 또는 실존주의라든가 하는 것이 서양 사람과 전통이 다른 우리로서 그네들과 꼭 같은 느낌을 가지고 대할 수 있는가 하는 것입니다." 이러면서 박종홍은 한국은 서구와는 달리 르네상스와 같은 문예부흥을 경험한 적도 없고 종교나 과학기술 문명에 관련해서도 서구에서처럼 종교나 과학문명이 인간의 자유를 질곡에 빠뜨릴 정도의 경험을 가져본 적이 없다는 점을 지적한다. 그러므로 그가 보기에 실존주의에 대한 느낌이 서구의 그것과는 다를 수밖에 없다는 것이다. "서양 사람이 근대 과학 문명에 인제 그만 진저리가 나서 인간의 본래적인 참된 면목으로 돌아가자는 실존주의가 요구된 것이라면 그만한 과학문명도 합리적 이론도 가져본 일이 없는 우리로서 비록 실존주의에 공명되는 바가 있다 하더라도 그야말로 좀 다른 생리에서 통하는 점이 있는 것이 아닐까요?"[61]

그러면 서구와는 전통과 역사적 상황이 다른 한국에서 실존주의는 어떤 방식으로 재해석되어 수용되는 것이 바람직하다고 박종홍은 보는 것인가? 이에 대한 대답은 '휴머니즘'에 대한 논의와 결부되어 있다. 대담회 사회를 본 안병욱이 '휴머니즘'을 통해 현대사회의 위기를 돌파할 수 있으리라는 의견을 피력하면서 실존주의를 새로운 '휴머니즘'의 원리로 지양하려는 의도를 보여주고 있기 때문이다. 우선 안병욱의 주장을 보자. "오늘날 인간이 커다란 위기에 처해 있다는 것은 누구나 부인할 수 없는 사실인데 어떻게 해서 이러한 위기에 봉착하게 되었으냐에 관해서 여러 가지 입장에서 말씀이 나왔습니다. [......] 우리는 그러한 현대의 위기에 처해 있습니다만 이 위기를 극복하는 원리를 찾는다면 아무래도 '휴매니즘'의 원리가 아니면 안 될 것입니다. [......] 그러므로 새로 형성되어야 할 현대의 방향과 세계관을 구체적으로 본다면 현대에 맞는 새로운 '휴매니즘'이라야만 하겠습니다."[62]

사회자인 안병욱의 문제제기를 이어 받아 박종홍은 휴매니즘의 핵심을 인간의 자유와 해방으로 규정하면서 참다운 인간의 자유를 부정적인 현실에 대한 거부에 그치는 것이 아니라 현실의 적극적인 창조와 건설의 행위에서 구한다. "휴매니즘은 자유를 떠나서 생각할 수 없지만, 이 자유를 모든 기성적인 것에 대한 항거, 해

61) 「문학자, 철학자가 오늘과 내일을 말하는 좌담회-휴머니즘을 중심으로」, 『사상계』, 1957.6.
62) 같은 글.

방의 면에서 보니까 허무주의가 되기 쉽지요. 적극적인 건설적인 면이 없으니까. 〔......〕 그러나 언제나 자유는 해방인 동시에 무엇을 위한 자유인 줄 압니다. 적극적인 건설에 대한 방향을 가져야 할 줄 압니다."[63] 이 부분에서 우리는 다시금 박종홍이 왜 실존주의가 허무주의적인 경향을 갖고 있다고 보는지 그리고 이를 극복하기 위한 대한으로 적극적인 건설의 측면에 대한 모색의 필요성을 강조하고 있음을 발견한다.

'자유는 해방인 동시에 무엇을 위한 자유'라는 박종홍의 짧은 주장은 대단히 함축적인 의미를 갖고 있다. 이는 실존주의의 자유가 공허하고 내용이 없다는 실존주의의 한계에 대한 박종홍의 비판의식을 압축적으로 표현하고 있다. 주지하듯이 사르트르의 실존주의적 자유도 그 스스로 자인하듯이 아무런 내용을 갖고 있지 않다. 실존이 본질에 앞선다는 실존주의의 제일원리에서 분명하게 알 수 있듯이 인간이 지향해야 할 보편적인 기준이나 본질을 거부하는 사르트르에게 인간이 자유로운 존재라는 것은 결단의 중요성에 있는 것이다. 인간 본성이 없다고 보는 사르트르에게 "인간은 인간 스스로가 구상하는 무엇이며 또한 인간 스스로가 원하는 무엇일 뿐" 인 존재이기 때문이다.[64] 달리 말하자면 사르트르의 실존주의에서 인간은 선택하는 인간으로서 간주되기 때문이다. 이 선택 행위를 통해 인간은 비로소 스스로 인간으로서 존재하게 되는 것이다. 그러므로 사르트르에게 반드시 인간이 선택하도록 정해진 그 어떤 보편적인 것이란 존재하지 않는 것이다. 같은 논리적 맥락에서 사르트르는 심지어 사람들이 "전체주의를 수립하기로 결정" 하면 전체주의는 "인간적 진리"가 된다고 주장한다.[65]

그렇다면 박종홍은 무엇을 위한 자유에서 구체적으로 염두에 두는 것은 어떤 것일까? 이에 대한 그의 의견은 안병욱이 "한국의 휴매니즘이 해결해야 할 역사적 사회적 혹은 시대적 과제"가 무엇인지 말씀해달라는 질문에 대한 대답에 잘 나타나 있다. 박종홍은 '빈곤'에서의 해방을 언급하는 안병욱의 말에 공감하면서 다음과 같이 말한다. "실존주의니 뭐니 다 좋기는 한데 〔......〕 제 생각에는 그것도 우선 먹고 나서 ......(笑聲) 먹고 나서 하는 사람들의 타령인 것 같아요. 괴롭다, 어떻다 하는 것은 그래도 아직 관계치 않은 때 같아요. 정신을 차릴 수 있을 만한 정도니까 괴로움도 의식할 수가 있지요. 정말 괴로우면 괴로운 것조차 자각하지 못합니다.

63) 같은 글.
64) 장 폴 사르트르, 『실존주의는 휴머니즘이다』, 박정태 옮김, 이학사, 2009, 33쪽.
65) 같은 책, 56쪽.

독일이나 불란서나 매우 비참하여 침울한 생활들을 하고 있는 줄 알았는데 실지로 가서 보니 명랑하게 우리보다 모두 잘 살고 있지 않아요? 그러면서 실존이니 무엇이니 부르짖는데 오히려 생활이 그들만 못한 '에집트'니 '그리이쓰'니 그런 나라에 실존이 문제되고 있다는 말 아직 듣지 못하였습니다. 생활에 너무 쫄리면 그런 사상에 대한 흥미조차 별로 느끼지 않는 것이 아닙니까?"[66]

이처럼 대담회는 실존주의를 휴머니즘의 원리로 수용하면서 그것이 갖고 있는 허무적이고 부정적인 경향을 현실에 대한 저항과 비판 그리고 참여의 정신으로 변형시키려는 노력을 보여준다. 그리고 저항의 대상, 즉 극복되고 타파되어야 할 구체적인 대상은 '무지'나 '부정'(不正) 그리고 '빈곤'으로 요약되어 있다.

앞에서 고찰한 것을 토대로 실존주의와 근대화론의 결합은 장준하를 중심으로 한 한국의 온건 자유주의 세력이 자각적으로 시도한 것으로 보아야 한다는 결론이 도출된다. 이런 해석은 1950년대 실존주의 철학과 문학의 수용사에 대한 기존 연구 경향을 비판적으로 검토할 수 있는 발판이 된다. 50년대 실존주의 연구에서 늘 언급되는 쟁점 중의 하나는 바로 실존주의 철학에 대한 이해의 정확성 여부이다. 달리 말하자면 50년대 철학과 문학 영역에서 실존주의 수용을 둘러싸고 진행되는 논쟁에서 당대의 지식인들이 실존주의를 잘못 이해하고 있었다든지 혹은 제대로 이해할 수 없는 상황에서 실존주의적 개념이나 용어들을 그저 자의적으로 차용했었던 것에 그쳤다든지 하는 등의 문제들이 반복해서 제기된다는 것이다.[67] 최근에 이런 입장을 극복하고자 하는 시도가 이루어졌고, 그에 따라 주목할 만한 연구들이 등장했다. 과문한 탓도 있겠지만 그 중 대표적인 것을 들라면 다음 세 가지일 것이다. 한수영(『한국 현대비평의 이념과 성격』, 국학자료원, 2000), 김건우(『사상계와 1950년대 문학』, 소명출판, 2003) 그리고 권보드레 외(『아프레걸 사상계를 읽다-1950년대 문화의 자유와 통제』, 동국대학교출판부, 2009)가 바로 그것이다. 이들 연구는 실존주의의 수용사에 대한 과거 연구에 비해 진일보한 것임에는 분명하지만 문제점도 존재한다.

앞에서 필자는 실존주의와 50년대 한국의 계몽 담론으로서의 근대화론 사이의 결합을 박종홍 및 『사상계』에 초점을 두고 살펴보았다. 본래 실존주의가 근대화

---

66) 「문학자, 철학자가 오늘과 내일을 말하는 좌담회-휴머니즘을 중심으로」, 앞의 글.

67) 특히 50년대 문학에 대해 김현이 가한 비판, 즉 50년대의 문학과 비평은 서구이론을 무비판적이고도 부정확한 방식으로 수용하고 맹종했던 시기라는 평가는 대표적이다. 김현의 평가는 50년대 비평을 부정적으로 보는 사람들의 "공통적인 논거"가 되었다고 한다. 한수영, 『한국 현대비평의 이념과 성격』, 앞의 책, 19쪽 참조.

담론으로서 계몽주의적인 방식으로 수용되었다는 점에 대하여 체계적으로 분석한 사람은 김건우이다. 그러므로 이 글은 그의 연구결과에 공감하는 면도 크다. 그러나 그의 해석이 안고 있는 문제점도 존재한다. 김건우는 말한다. "결국 실존주의는 1950년대 후반의 한국에 와서 굴절되어 '계몽'의 담론으로 화하게 되었다. 표층에는 '실존' 담론이 있었지만 실상 그것은 서구적 의미 그대로의 '실존주의'는 아니었으며, 지식인들의 '근대화'에 대한 강한 열망과 더불어 그 심층에 '계몽'의 담론이 강하게 자리잡아가고 있었던 것이다."[68]

김건우의 해석에는 실존주의와 근대화론의 만남은 본래 이상하다거나 어딘가 모르게 불편한 관계인 것이라는 의구심이 깔려 있다. 그런데 실상을 보면 실존주의 철학 내부에도 어떤 방식으로든지 사회에 대해 참여하려는 태도와 정신을 갖고 있었다. 실존주의를 둘러싼 프랑스나 독일의 논의를 회고해 본다면 박종홍이나 조가경 등과 같은 철학자들이나 50년대 진보적 민족문학론의 옹호자인 최일수[69] 등의 지적이 특별히 이상하거나 논리적인 근거를 결여하고 있지는 않다. 앞에서 서술한 바 있는 실존주의적인 자유 개념의 비규정성으로 인해서 결국은 모든 것을 허용하고 마는 사르트르의 입장이 이를 잘 보여준다. 사실 그가 실존주의와 마르크스주의의 결합을 시도하는 것도 자신이 주장한 실존주의의가 안고 있는 문제점에 대한 자각의 결과라고 해석될 수 있다. 간단하게 말해 박종홍이나 조가경 역시 사르트르와 마찬가지의 정신으로 실존주의(특정한 국면의)의 부정적인 양상을 극복하고자 주체적으로 애썼던 것이다. 다만 그들은 이런 비판을 한국사회에서의 근대화 기획과 연결시키고자 노력했다는 점에서 서구에서의 실존주의를 둘러싼 논쟁의 양상과 구별될 뿐이다. 이는 이론이 특정한 역사적 맥락을 갖고 있는 다른 사회에 들어올 때 생기는 당연한 현상으로 이해되어야 할 것이다.

그러므로 한국적 상황에서 실존주의의 정신이 근대화론 및 자유민주주의와 결합해서 한국사회의 부조리하고 부당한 현실을 극복하려는 움직임으로 나타난 것이 반드시 실존주의의 정신과 배치되는 것은 아니라고 본다. 사르트르의 경우 사회참여가 공산주의와의 연대로 드러난 것을 보면 50년대 한국의 지식인 집단이 지나치게 자유진영 대 공산진영이라는 진영의식과 냉전적 사유의 틀에 속박되어 있는 것으로도 해석될 수 있다. 이는 어떤 면에서는 분명 정확한 것이다. 이런 문제

68) 김건우, 『사상계와 1950년대 문학』, 앞의 책, 127쪽.
69) 최일수의 실존주의 비판에 대해서는 한수영 『한국 현대비평의 이념과 성격』, 앞의 책, 제4장 그리고 이명원, 『종언이후–최일수와 전후비평』(새움, 2006) 참조.

점으로 인해 리영희가 50년대 후반기와 60년대 초반기에 한국 지식인 사회의 길잡이였던 『사상계』에 깊은 공감을 하지 못했던 것이다. 즉 그는 『사상계』로 대변되는 친미적이고 미국 중심적 사고방식에 동의할 수 없었던 것이고, 그런 시각으로는 한국사회의 모순의 토대인 국제관계 및 남북관계에 대한 현실적인 분석을 도모할 수 없다는 비판의식을 갖고 있었던 것이다.[70] 그러므로 50년대 한국 지식인 사회가 극우반공주의와 광적인 폭력성이 분단 및 미국과 소련의 냉전질서와 연결된 것임을 충분하게 자각하여 이에 대한 치열한 문제제기를 하지 못했다는 점은 아쉽다고 할 수 있을 것이다.

실존주의와 자유민주주의적인 근대화 담론과의 결합에 대한 김건우의 연구가 갖고 있는 또 다른 문제점으로 넘어가 보자. 김건우는 실존주의가 한국사회에서 수용되는 여러 방식에 대해 충분하게 주목하고 있지 않다. 실존주의는 근대화론과 결합했을 뿐만 아니라 한국 전통사상과도 결합도 했다. 이는 박종홍과 조가경의 작업이 잘 보여준다. 특히 박종홍은 실존주의를 동양 및 한국 전통사상과의 친화성을 강조할 뿐 아니라, 동양의 유학사상이 실존주의의 결함을 치유할 수 있는 보다 폭넓은 사유방식임을 밝히고자 애썼다. 물론 전통사상에 대한 강조도 『사상계』의 움직임과 연관되어 해석될 소지가 있다. 이는 이미 앞에서 강조되었다.

그럼에도 한국의 전통사상을 강조하는 것은 동서양을 대비하고 동양 내지 한국을 새로운 인류사의 정점으로 재해석할 수 있는 흐름과 결부될 수 있다는 점에서 좀 더 세심한 분석이 요구된다. 이 흐름은 일제 식민지 시기부터 존재했던 일종의 탈근대적 관점 혹은 '근대의 초극'에 대한 관점이 한국사회에서도 지속적으로 존재했음을 보여준다. 물론 박종홍은 근대의 초극을 적극적으로 내세운 인물은 아니다.[71] 박정희 독재정권의 경제적 근대화에 적극 참여한 그의 이력이 잘 말해주듯이 그는 한국사회가 근대화되어야 함을 의심하지는 않았다. 그러나 사상적으로 그는 서양의 과학기술 문명보다도 그리고 실존주의의 지나친 내면지향적인 사유방식보다도 동양의 유학전통의 위대성을 강조했다. 그러면서 하이데거와 야스퍼스 같은

70) 리영희 · 임헌영, 『대화』, 한길사, 2009, 202쪽 참조.

71) 김기석이라는 철학자는 50년대와 60년대에 근대의 초극의 논리를 한국적 상황에 맞게 재구성한 대표적 인물이다. 그는 동양과 서양을 대비시키고 한국을 서구 근대 극복의 주체로 설정했고 한국의 역사 과정을 서구 근대 극복을 체현하는 것으로 해석하고자 노력했다. 그는 한국전쟁을 세계사의 철학으로 해석한다. 그에 의하면 한국전쟁은 세계사의 중심이 한국으로 이동하는 계기로 해석되어야 한다. 이에 대해서는 허은, 『미국의 헤게모니와 한국 민족주의 – 냉전시대(1945–1965) 문화적 경계의 구축과 균열의 동반』, 앞의 책, 367–372쪽 참조.

탁월한 서양사상가들도 서양이 안고 있는 문제를 극복하기 위해 동양 사상에 대한 관심을 기울이는 태도를 높이 사고 이로부터 큰 고무를 받았던 것이다.[72] 여기에서 우리는 박종홍 사상이 근대의 초극의 관점을 일정 정도 자신의 것으로 삼고 있음을 볼 수 있다.

박종홍과 근대의 초극과의 연관성을 좀 더 살펴보자. 주지하듯이 박종홍은 현대의 위기를 극복하기 위해서 동서양의 정신적 및 문화적인 교류의 필요성을 인정하였다. 더구나 그는 전통사상을 강조하면서도 서구의 과학적인 사유방식을 시급히 배워야 함을 강조했다.[73] 그럼에도 그는 서구의 인권사상이나 민주주의의 중요성에 대해서는 비교적 관심을 덜 갖는다. 동서양 사상을 비교하는 과정에서 그리고 현대의 위기를 극복하는 과정에서 민주주의 및 인권이나 자율성이 갖고 있는 의미는 과학사상의 중요성에 비해 큰 비중을 차지하지 않는다. 그에게는 다음과 같은 생각으로 충분했던 것이다. "현대의 실존철학이 성실성에 의한 결단을 통하여 본래적인 자아로 돌아감으로써 인간의 존엄성을 그의 소외된 頹廢性으로부터 구출 탈환하려는 기본적 자세야말로 동양의 전통적인 주류사상을 연상케 한다 하겠거니와 가장 첨단적인 착상처럼 외치고 있는 사회참여 같은 것도 동양에서는 유교에서 이미 불가결한 계기로 다루어 온 것이요, 오히려 더 나가가 大地의 化育을 돕는 것까지를 이상으로 삼아 온 것이다."[74]

조가경은 박종홍의 결합 방식이 안고 있는 문제점을 예리하게 지적한 바 있다. 그에 의하면 실존철학이 영미계통의 소위 향외적 형태의 철학과 종합되는 것을 통해서는 향내적으로만 치닫는 사유의 단점이 완전히 극복될 수 없다.[75] 완전히 극복되기 위해서는 "응당 역사철학과 당대의 지배적인 이데올로기와의 적극적 대결에까지 전진" 할 필요성이 있다고 그는 강조한다.[76] 간단하게 말해 조가경이 보기에 박종홍은 인간의 상호주관적 세계에 대한 정확한 인식과 철학적 반성을 소홀히 하고 있다. 이는 바로 내면적, 도덕적 결단이 "출중한 인격으로서의 선택과 행동" 일지언정 그런 선택과 결단 자체가 바로 그 행위의 정당성을 보장해주는 것은 아니라는 비판으로 이어진다. 그래서 조가경은 실존철학의 주관적 내면성을 완전히 극

---

72) 박종홍, 「전환하는 현대철학」, 열암기념사업회, 『박종홍전집 II』, 앞의 책, 475쪽 이하 참조. 「실존철학과 동양사상- 특히 유학사상과의 비교」, 같은 책, 506쪽 이하 참조.

73) 같은 글, 507쪽 그리고 「동양사상이 서구에 미친 영향」, 같은 책, 529쪽 참조.

74) 박종홍, 「동양사상이 서구에 미친 영향」, 열암기념사업회, 『박종홍전집 II』, 앞의 책, 529쪽 이하.

75) 조가경, 『실존철학』, 앞의 책, 420쪽 이하. 특히 423쪽.

76) 같은 책, 423쪽.

복하기 위해서는 바로 "보편적 도덕성의 전체를 구체적으로 규정"하는 데에까지 이르러야 한다고 강조하는 것이다.[77)]

박종홍이 박정희의 군사독재 정권에 적극적으로 동참하는 것도 그가 민주주의적 이념을 충분하게 체화하지 못한 데에서 기인한다고 보아야 할 것이다. 한국 현실에서 가장 중요한 근대화의 과제는 빈곤 및 가난으로부터의 해방이라고 생각했을 뿐 아니라, 그의 이론은 결단에 대한 실존주의적 강조가 안고 있는 계몽주의적인 엘리트주의의 위험성을 안고 있었다. 이런 요소들은 앞에서도 언급한 인간의 사회성에 대한 역사적 인식 및 민주주의에 대한 확고한 신념의 결여와 상호작용하면서 독재 권력의 정당화에 이른다. 그는 개인의 실천과 목적은 시대의 흐름이 무엇인지 정확하게 인식하고 있는 지도자를 중심으로 뭉칠 때 비로소 '역사창조의 힘'으로 전환될 수 있다고 생각했다.[78)] 박종홍은 근대화의 길을 걷는 과정에서는 민주주의나 인간의 기본권 등은 민족의 번영과 발전을 위해서 제한될 수 있다고 생각했다. 그는 유신독재 체제도 민족의 번영과 통일의 이름으로 정당화될 수 있다고 생각했다. 평생 동안 박종홍이 지도자나 선각자의 길을 한국민족을 구원할 유일한 길이라고 생각하지는 않았다. 그러나 이미 일제 식민지시기에도 박종홍은 현실파악의 힘은 아주 힘든 것으로 "극소수의 예외자"에게만 허용된 것으로 "현실파악의 길"은 "형극의 길, 死鬪의 피의 길"로 이해되고 있다. 더 나아가 이 예외자는 "선각적 지도자"로서 "대중의 첨단적 대표적 소임"을 떠맡는 존재임을 박종홍은 강조한다. 이 죽음을 건 선각자의 길은 "문화의 창조를 위한 투쟁"과 "국가 건설을 위한 성전"으로 자리 매김 되는 것이다.[79)]

나가는 말

앞에서 살펴보았듯이 실존주의는 50년대에 근대화의 기획과 더불어 적극적으

77) 같은 책, 423쪽.

78) 박종홍, 「새 역사의 창조-유신시대의 기초철학」, 열암기념사업회 엮음, 『박종홍전집VI』, 민음사, 1998, 559쪽 이하 참조.

79) 박종홍, 「현실파악」, 열암기념사업회 엮음, 『박종홍전집 I 』, 민음사, 1998, 432쪽. 박종홍의 결단의 윤리를 하이데거의 히틀러 지지와 비교한 것으로는 다음 글 참조. 김윤식, 『한국현대문학 비평사』, 서울대학교출판부, 1982, 219쪽 참조, 김윤식의 입장에 대한 비판은 다음의 글 참조. 이병수, 『열암 박종홍의 철학사상-천명사상을 중심으로』, 한국학술정보, 2005, 58쪽 이하 주석35.

로 수용되었다. 달리 말하자면 실존주의는 전쟁 이후의 상처와 허무주의적 심성을 토로하는 기능을 넘어서 한국의 후진적 상황과 독재 권력이 횡횡하는 상황에 대한 저항의 의식과 결합되어 수용되었다. 이런 긍정적인 측면에도 불구하고 한국의 실존주의 수용은 철저하게 냉전의식의 틀에 매몰되어 있었다. 50년대 한국사회의 가장 표준적인 개혁성향의 집단이라 할 수 있는 『사상계』 역시 미국식 자유민주주의를 문명의 보편적 기준으로 설정하고 이에 미치지 못하는 후진적인 한국의 상황을 미국적 가치와 기준에 맞게 근대화하려는 입장에 서 있었다. 마찬가지로 실존적 자유에 대한 강조는 서구의 자유민주주의적인 가치의 옹호와 연결되어 수용되었음은 이미 언급한 바 있다.

냉전질서 및 분단 상황에 대한 철저한 인식과 그에 대한 극복의 움직임이 50년대에 아주 없었던 것은 아니다. 최일수의 민족문학론이 보여주듯이 50년대에도 우리 역사의 현실을 정면으로 응시하고자 하는 모색은 존재했다. 그러므로 50년대의 실존주의 철학의 의미를 제대로 이해하기 위해서는 미국 중심의 세계질서 재편에 적극적으로 편입된 한국전쟁 이후의 상황과 더불어 50년대 국내의 여러 지적인 흐름들을 종합적으로 연구하는 작업이 요청된다.

물론 50년대 지성사의 총체적인 연구는 말할 것도 없고 당대의 실존주의에 대한 총체적인 연구조차도 그리 활성화되어 있지 않음은 분명하다. 주지하듯이 실존주의는 철학의 영역 외에도 문학과 비평 그리고 대중문화의 영역에서도 큰 영향을 주었다. 그러므로 이들 영역에서 실존주의가 어떤 방식으로 수용되는지 그리고 그것이 철학에서의 수용사와 어떤 연관 속에 있는지를 연구하지 않으면 안 될 것이다. 그러나 이런 문제의식을 온전히 담아내기에는 한 편의 글로써는 감당할 수 없는 과제이다. 따라서 이들 문제들에 대한 보다 깊은 연구는 추후의 과제로 남기고자 한다.

참고 문헌

강명숙,「미군정기 고등교육 연구」, 서울대학교 박사논문, 2002.

강준만,『한국현대사산책-1950년대편 1권』, 인물과사상사, 2004.

고은,『1950년대』, 청하, 1989.

권용혁,「서구 철학의 수용과 '현실'」,『철학과 현실-실천철학 II』, 울산대학교출판부, 2004.

김건우,『사상계와 1950년대 문학』, 소명출판, 2003.

_____,「한국문학의 제도적 자율성의 형성-대학제도를 중심으로-」,『동방학지』149, 2010.

김용덕,「근세당쟁사론」,『사상계』, 1957.10.

리영희 · 임헌영,『대화』, 한길사, 2009.

박명림,『한국 1950년 전쟁과 평화』, 나남, 2002.

박종홍,「현실파악」, 열암기념사업회,『박종홍전집 I』, 민음사, 1998.

_____,「전환하는 현대철학」, 열암기념사업회 엮음,『박종홍전집 II』, 민음사, 1998.

_____,「철학개설」, 열암기념사업회 엮음,『박종홍전집 II』, 민음사, 1998.

_____,「동양사상이 서구에 미친 영향」, 열암기념사업회 엮음,『박종홍전집 II』, 민음사, 1998.

_____,「실존철학과 동양사상-특히 유학사상과의 비교」, 열암기념사업회 엮음,『박종홍전집 II』, 민음사, 1998.

_____,「문화의 전승 · 섭취 · 창조」, 열암기념사업회 엮음,『박종홍전집 V』, 민음사, 1998.

_____,「새 역사의 창조-유신시대의 기초철학」, 열암기념사업회 엮음,『박종홍전집 VI』, 민음사, 1998.

박종홍 외,「문학자, 철학자가 오늘과 내일을 말하는 좌담회-휴머니즘을 중심으로」,『사상계』, 1957.6.

박태순 · 김동춘,『1960년대의 사회운동』, 까치, 1991.

백종현,『독일철학과 20세기 한국철학』, 철학과현실사, 2000.

서울대학교교양과목교재출판위원회 철학분과위원회 엮음, 『대학교양과정 철학』, 1958.

서울대학교 철학사상연구소 엮음, 『철학사상』 4-7, 1994-97.

서은주, 「1950년대 대학과 '교양' 독자」, 『현대문학의 연구』 40, 2010.

소영현, 「근대 인쇄매체와 수양론, 교양론, 입신출세주의」, 『상허학보』 18, 2008.

이명원, 『종언이후-최일수와 전후비평』, 새움, 2006.

이병수, 「1930년대 서양철학 수용에 나타난 철학1세대의 철학함의 특징과 이론적 경향」, 『시대와 철학』, 2006년 제 17권 2호.

_____, 『열암 박종홍의 철학사상-천명사상을 중심으로』, 한국학술정보, 2005.

이봉범, 「프롤로그. 폐쇄된 개방, 허용된 일탈-1950년대 검열과 문화 지형」, 『아프레걸 思想界를 읽다-1950년대 문화의 자유와 통제』, 권보드레 외 지음, 동국대학교출판부, 2009.

이상록, 「사상계에 나타난 자유민주주의론 연구」, 한양대학교 박사학위 논문, 2010.

이영일, 「차원의 이질성과 지양」, 최예열 엮음, 『1950년대 전후문학비평 자료 1』, 월인, 2005.

이훈, 「연구를 위한 자료의 통계적 분석」, 『철학사상』 4, 서울대학교 철학사상연구소, 1994.

장세진, 「상상된 아메리카와 1950년대 한국 문학의 자기 표상」, 연세대학교 박사논문, 2007.

장준하, 「권두언」, 『사상계』, 1955.10.

조가경, 『실존철학』, 박영사, 1961.

_____, 「나의 학문 편력기」, 한국현상학회 편, 『자연의 현상학』, 철학과현실사, 1998.

조연현, 「실존주의 해의」, 최예열 엮음, 『1950년대 전후문학비평 자료 2』, 월인, 2005.

조희영, 「한국의 현대 사상에 미친 서양 철학의 영향」, 『철학사상』 7, 서울대학교 철학사상연구소, 1997.

중앙대학교 부설 한국교육문제연구소, 『文敎史 1945~1973』, 1974.

천정환, 「처세 · 교양 · 실존-1960년대의 '자기계발'과 문학문화」, 『민족문학사연구』 40, 2009.

최일수, 「우리 문학의 현대적 방향」, 최예열 엮음, 『1950년대 전후문학비평 자료 1』, 월인, 2005.

한수영, 『한국 현대비평의 이념과 성격』, 국학자료원, 2000.

허병식, 「교양의 정치학」, 『민족문학사연구』 40, 2009.

「좌담회: 우리사회와 문화의 기본문제를 해부한다」, 『사상계』 1958년 4월호.

장 폴 사르트르, 『실존주의는 휴머니즘이다』, 박정태 옮김, 이학사, 2009.
디트리히 슈바니츠, 『교양』, 들녘, 2004.
스즈키 사다미, 『일본의 문학개념』, 김채수 옮김, 보고사, 2001.

The Study on the Acceptance history of Existentialism in the 1950s–Focusing on existentialism as "culture"(Bildung)

Na, Jong-Seok

Abstract

The goal of this article is to research the acceptance history of existentialism in the 1950s of South-korea in the context of the institutionalization of philosophical 'culture education'. In other words, the author examined how the existentialism has been accepted by the intellectual society and universities as 'culture' of intellectuals in the 1950s of South-korea. This study is closely connected with the research on the history of modern Korea philosophy in the 20th century. Furthermore, this paper is aimed at contribution to invigorate the interdisciplinary research on the existentialism in the 1950s of South-korea. It is widely acknowledged that the existentialism exerted a strong influence on literature and literary criticism in addition to philosophy. It is therefore necessary to carry out the interdisciplinary research on the existentialism in 1950s. Finally, the author tried to criticize some important streams of the research on existentialism in the 1950s in the literature field.

keywords: culture(Bildung), the 1950s, modernization-discourse, Sartre, Sasangge Monthly, existentialism, Jong Hong Park, Kah Kyung Cho.

제3부

부록

편집 후기

생명에 이르는 병

윤병태

질병은 생명체의 생리적 현상이다. 살다보면 누구나 여기저기 다치기도 하고 두통, 치통, 복통 등등의 아픈 경험을 하게 마련이다. 겉보기에 멀쩡해도 상사병에 골병이 들 대로 든 소심한 사람, 평생을 함께 살아온 가족을 어느날 갑자기 몰라보는 사람, 골격이나 목소리가 분명 남자인데도 자신이 여자라고 믿고 그렇게 행동하는 사람을 보는 것은 결코 드물지 않다. 원인이 인체 내에 있거나 밖에 있거나 생리적 기능에 장애를 보이는 경우 우리는 그것을 객관적 의미의 질병이라 한다. 그러나 병의 종류는 생의 종류만큼이나 다양해서 당대의 온갖 재주를 동원해도 기관 손상이나 장애를 찾아낼 수 없는 특이한 고통과 통증을 호소하는 주관적 질환도 허다하며, 본인 스스로 어떤 이상 증후를 느끼지 못하고 객관적으로도 병의 징후들이 나타나지 않음에도 개인을 서서히 비정상적으로 몰락시키는 괴이한 병들도 얼마든지 있다. 페스트처럼 서양인의 세계관을 근본적으로 바꾼 병도 있고, 매독이나 에이즈같이 환자뿐 아니라 그 배우자나 친구까지 창피하게 만드는 질병도 있고, 폐병처럼 창백함과 사랑의 범벅으로 측은하게 묘사되는 질병도 있다. 빨리 성장해 팔기에도 잡아먹기에도 이익이 된다고 여겨져 파렴치한 인간 욕심이 초식동물에게 육식을 시켜 생겨나는 광우병도 있다. 최근에는 제약회사들이 국가 또는 세계보건행정기구와 야합하여 만들어낸 신종 질병들이 무궁무진하게 생겨나는 추세이다. 개인적 목적으로 꾸며낸 병이나 병원 의사들의 특정 목적이나 오진에 의해 만들어지는 병도 헤아릴 수 없이 많은 것이 오늘의 현실이다. 병이 지배하는 사회가 된 것이다.

무슨 병이든, 어디가 아프든 아픈 부위는 그것만으로 독립적인 것이 아니라 몸 전체와 연결되어 있기 때문에 그에 영향을 받는 것은 유기체 몸 전체이다. 손가락이 아프다고 손가락만의 문제가 아니라 몸 전체의 문제인 것이다. 게다가 몸은 의식과 연결되어 하나의 통일된 생명체를 이루는 것이니 손가락이 아프면 몸이 아프고, 몸만 아픈 것이 아니라 정신도 아프다. 병이 신체적 경험만이 아니라 정신적 경험의 지평으로 부상하는 것은 병의 특성이 아니라 생명체 자체의 본성 때문인 것이다.

아마도 산다는 것 자체, 즉 생은 병일지도 모른다. 끊임없이 순간순간을 고쳐 완성해나간다는 점에서도 그렇고, 고통을 수반한다는 점에서도 그렇고, 그 최후가 죽음이라는 데서도 그렇고, 죽음에서 모든 고통이 사라진다는 점에서도 그렇다. 플라톤의 「파이돈」은 생을 질병과 동일시하는 소크라테스에 대해 말한다. 아테네 청년들의 정신을 타락시켜 병들게 한 죄목으로 감옥에 수감되어 있다가 사형집행 당일 친구 크리톤의 면회 및 입회에서 그와 나누는 마지막 대화로 원숙기 플라톤 사상의 중요한 면모를 보여주는 작품이 바로 「파이돈」이다.[1] 「파이돈」의 마지막은 죽기 직전 친구 크리톤에게 다음과 같이 유언하는 장면으로 끝을 맺고 있다. "오! 크리톤. 아스클레피오스 신에게 닭 한 마리를 바쳐야 하네. 잊지 말고 봉헌해 드리게." 이 말은 크리톤이 장례에 대해 묻자 "시체는 더이상 소크라테스가 아니니 알아서 하라"고 대꾸하고 형리로부터 사약을 받아 마신 직후의 일이었다. 아스클레피오스는 고대 그리스의 의술의 신이다. 병이 회복되면 감사의 표시로 닭을 바치는 것이 당시 가난한 서민들의 관례였고 소크라테스는 죽음을 통해 비로소 생이라는 병이 치유되었으니 의신에게 감사의 표시를 하자는 것이다. 영혼불멸을 믿든 안 믿든 죽음은 생의 고통을 치유하는 확실한 처방이므로 질병의 완쾌요, 철학은 건전한 영혼의 정련이라는 점에서 죽음에 대한 연습과 훈련 이외에 아무것도 아니라는 것이 그의 지론이었다.

그러나 대부분의 일상인들에게 병은 살아 있음의 또 다른 징표이다. 병의 결말을 죽음으로 이끌어서 아니되는 이유는 생의 현실적 목적이 바로 그 지속이기 때

---

1) 플라톤의 원숙기 저작들은 그의 사상의 집대성일 뿐만 아니라 세계문학의 걸작으로 평가된다. 「파이돈」은 죽음에 대한 대화이며 그의 영혼불멸사상의 핵심이다. 인간은 감각과 감성적 세계 때문에 죽을 수밖에 없는데 죽는 것은 육체이고 남는 것은 영혼이며 육체에서 해방된 영혼은 이데아 세계로 이행한다. 이것을 아는 것은 철학, 즉 순수지에 의한 것이다. 이는 「향연」이 삶에 대해 말하고 아름다움을 향한 에로스를 통해 영혼이 영원한 삶의 나라로 올라간다는 주장과 대조를 이룬다.

문이다. 환자나 환자의 질병 치료를 위탁받은 의사 또는 병원이 해야 할 일은 병의 원인과 고통을 제거하여 건강을 회복시키는 것이다. 인류 출현과 더불어 나타난 질병은 자연스럽게 의술과 의사, 종교와 종교인을 탄생시켰다. 인류학적 관점에서 생성 순서상 종교와 종교인이 먼저일 수도 있다. 질병과 죽음과 절망과 고통과 배고픔은 갈등과 전쟁과 자연재해와 함께 개인은 물론 그가 속한 집단에게 나쁜 것, 즉 악으로 표상되고 그 악을 제거하는 위력으로 선한 신을 상정하는 것은 자연스러운 일이다. 악에 대한 저주와 선에 대한 찬송과 구원의 기도는 종교의 특징이다. 초기 인류에서 원시시대에 이르기까지 질병은 악의 근원 표상이고 그 병을 고치는 신은 선의 근원 표상이었다. 주술과 주문과 기도는 리듬과 운율을 가진 노래이며 악기들이 동원되는 음악이며 오페라이다. 무당이나 종교인들은 주술과 주문을 분명하게 들어줄 신을 상정하고 그 전능성을 선포하고 모두에게 맹목적 순종과 믿음을 강요한다. 이 외에도 세례를 하거나 신체의 아픈 부분을 문지르거나 주무르는 행위가 수반되기도 하고 술이나 약초 또는 그 밖의 특정 물질의 주입, 음용을 지시하기도 한다.

주술사나 무당 또는 종교인이 환자에게 행하는 이런 의식은 오늘날의 용어로 정리하면 약물치료와 물리치료의 병행이라 하겠다. 진단과 치료에서 초월적 위력이나 신을 배제하고 순전히 체험과 경험적 분석만을 이용하는 이들 또한 원시시대부터 있어왔다. 인류 초기 이 부류의 전문가들은 무당 또는 종교인과 경쟁자 관계이기도 하고 동업자 관계이기도 했다. 종교로부터의 절대 독립이라 하기는 어려우나 의신으로 추앙받는 아스클레피오스는 히포크라테스의 조상, 즉 직업적 의사와 의술의 종조이다. 그는 종교적 의학을 의학적 종교로 전환시키고 히포크라테스는 이로부터 종교성보다 합리성을 전통으로 확립하면서, 원시적이기는 하나 객관적 질병과 주관적 질환을 구분한다. 이때쯤 대부분 신들이 가진 것으로 사람들이 믿었던 병 치료 능력이 아스클레피오스와 그 후손들의 전유물로 정착해간다. 『일리아스』에서 신이 내린 분노의 결과로 질병과 기근 및 전쟁은 신에 대한 믿음과 순종과 봉헌으로 역전되고 회복된다는 종교적 · 미신적 신앙은 합리적 직업 의술 집단인 아스클레피오스 가문의 의사들의 의료 기술에 대한 믿음으로 서서히 바뀌어간다.

동서고금을 막론하고 신흥종교는 병 고침을 제일 조건으로 교세를 확장해나간다. 신체적 질병뿐 아니라 정신적 고민이나 괴로움 등을 교주 또는 교리에 대한 신앙의 힘으로 고칠수 있다는 주장이 대부분 종교의 복음이다. 합리적 의술이 서서히 뿌리를 내릴 때쯤 이에 맞서는 새로운 종교적 치료 신앙이 다시 부활한다. 기적적 치료의 유일한 예는 죽을 사람을 고치는 것이 아니라 죽은 사람을 살려내는 것이다. 의사는 죽은 사람을 살려낼 수 없고 그런 능력이 있다 해도 함부로 살려내서도 안 된다. 이는 의신 아스클레피오스가 파이드라의 애증의 결과로 죽은 테세우스의 아들 히폴리토스를 살려냈으나 죽은 자가 살아나서는 안 된다는 하늘의 법칙을 어긴 죄로 제우스의 벼락에 맞아 죽는 것을 상기해보면 된다. 죽은 사람을 살려낼 수 있는 능력을 가진 유일한 이는 구세주 하느님이다. 예수는 앉은뱅이와 장님과 문둥이는 물론 그 앞에서 치유를 갈구하는 대부분이 환자를 고치고 심지어는 죽은 자를 살려내기도 한 인류 역사상 최고의 종교 신 의사이다. 아스클레피오스가 잘못 치료한 덕분에 죽어서 신으로 추앙된 신 인간이라면 예수는 환자의 믿음이 절대적이라는 조건만 있으면 그의 옷을 만지기만 해도, 그와 눈이 마주치기만 해도 불치의 병이 낫게 한다. 믿음만 있으면 그가 만지거나 응시하기만 해도, 말 한마디로도 깨끗하게 치료된다. 병은 종류나 증상에 상관없이 모두 다 마귀의 놀이요 악의 장난이다. 예수만 기적의 치유 능력이 있는 것이 아니라 그의 제자들도 병을 고치는 능력이 있다는 증언으로 보아 이들을 특정 방식과 기술로 병을 고치는 종교 의학 집단으로 볼 수 있다. 이 예증들은 수많은 수도원들에 남아 있는 기록들에 의해 더욱 확실하게 밝혀진다.[2)]

히포크라테스 이래 합리주의 의학의 근본 문제는 '질병이란 무엇인가'와 '건강이란 무엇인가'이지만 이 문제는 본래는 철학의 문제였다. 근대까지 의학이 철학의 그늘 아래 있을 수밖에 없었던 이유는 병과 건강에 대한 정의가 단순히 육체적 고통과 고통의 소멸이라는 것만으로는 충분하지 않다는 오래된 반성 때문이다. 철학은 그 출발인 탈레스에서부터 조화와 부조화의 대립쌍 개념으로 우주와 자연은 물론 정신과 육체의 건강과 질병을 설명한다. 몸과 마음의 균형과 조화는 신체의 각 장기들의 건강한 기능을 산출하여 정상 생활을 영위하고 그렇지 못할 경우 건강을 잃고 병을 얻게 된다. 마찬가지로 주거지의 자연과 환경이 조화롭지 못하거나 균형이 깨질 때 여러가지 질병이 생기며 따라서 균형적 자연원소와 정신 및 신체의 균형원소가 무엇인지 탐구하는 것은 철학에서 매우 중요하다. 우주 구성 원소설이나 인간 체액설 등은 이런 철학적 사유의 결과물이다.

일찍이 의신 아스클레피오스는 칼과 약과 음악으로 환자를 치료했다. 칼은 환부를 도려내거나 절제하는 수술 칼로서 여기에는 더 이상 덧나지 않도록 하는 소작

2) 과학이 종교를 대신하는 현대에 "종교 과학" 또는 "기독교 과학"이라는 용어가 생겨나 믿음에 의한 신앙 치료를 여기에 포함시키지만 이것은 엄밀한 의미의 과학으로서 치료 체계는 아니다. 그러나 지나치게 인간을 기계로 보는 현대의 기계론적 사고 결함에 대한 반성적 의미를 제공한다.

(불이나 달군 쇠로 지지는 것)과 뒤처리까지를 의미한다. 약물은 당시의 민간요법에서 사용되던 효능 있는 동물, 식물, 광물 등등을, 음악은 온갖 리듬과 장단을 맞춘 주문과 기도와 때로는 흔들어대는 춤까지 포함되는 일체의 행위를 일컫는다. 현대의 의술에서도 음악, 주술이나 기도 음악을 제외한 나머지 두 가지는 변함없이 사용되고 있다. 고대 그리스에서 이미 종교적 주술이나 기원이 아닌 화려하고 경쾌한 리듬의 순수 음악의 치료 효과가 문서로 전해진다. "노래가 질병 치료에 이용되었음을 증명하는 여러 기록들이 있다. 필리스티온(Philistion) 형제는 저서 제22권 『치료법에 대하여』(On Remidies)에서 어떤 피리 연주자가 통풍이 있는 환자의 신체 부위에 대고 특별한 멜로디를 연주했더니 몹시 떨리고 욱신욱신 쑤시던 부위에 통증이 사라지면서 환자가 편안해졌다는 내용을 적었다."[3] 데모크리토스 역시 피리 연주가 환부의 통증을 줄여준다고 믿었으며, 음악이 훌륭한 치료법 중 하나라고 겔리우스(Aulus Gellius)는 전언하고 있다.[4] 우리나라의 전통적 무당 푸닥거리 역시 대사와 춤과 음악의 오페라적 절묘한 조화로 귀신(병)을 쫓아내는데, 이 같은 치료법은 오늘날에도 서로 다른 원시 문화권에서 공통적으로 보이는 현상이기도 하다.

지금은 역사 속에서 사라졌지만 음악만이 유일한 치료법이었던 타란티즘이라는 질병이 있었다. 13세기부터 18세기까지 남이탈리아의 아풀리아 지방과 남스페인의 일부 지역에서 발생했던 이 병은 의학사에 가장 특이한 질병 중 하나로 평가된다. 이 병에 대한 믿을 만한 서술로는 병의 발생 지역인 아풀리아에서 20년 동안 의사 생활을 한 에피파니우스 페르디난두스(Epiphanius Ferdinandus)의 의학서와[5] 지오르기오 바글리비(Giorgio Baglivi)의 논문이 있다.[6] 특히 바글리비는 이 병의 발병지가 이탈리아 최남단 동쪽의 항구이므로 동방과의 교역이 활발한 데다 여름에는 비도 바람도 없이 작열하는 태양 아래 가마솥 찜통같이 뜨거운 공기 속에 주민들이 살아야 했다는 것에 주목한다. 그는 주민들이 정열적인 데다 다혈질이며 기질은 강인하나 체질은 왜소하고 심술궂고 급하고 흥분하기 쉬우며 고집스럽고 이방인에게는 경계심이 심하나 자기네끼리는 단결력이 강해 잘 어울린다는 것, 그런

3) 헨리 지거리스트, 『문명과 질병』, 황상익 역, 한길사, 2008, 344쪽.
4) Gellius, Attic Nights, 위의 책, 355쪽 참조.
5) Epiphanius Ferdinandus, Centrum Historiae seu Observationes et casus Medici, venetiis, 1621. Histonia LXXXI, seu Casus octuagesimus primus, Demorsu Tarantulae, pp 248~268.
6) "Dissertatio de Anatome, Morsu, dt Effectibus Taratulae", reprinted in the various editions of the Opera Omnia Medico-Practica et Anatomica, 1695(eng.), A Dissertations of the Anatomy, Bitings and other Effects of the venemous Spider, call'd Tarantula, London, 1723.

데 염증과 질병에는 취약하고 광기와 우울증이 걷잡을 수 없다는 것을 기록하고 그 원인이 이곳의 작열하는 태양의 열기 때문일 것이라는 추측을 덧붙인다. 이 지역에 별나게 미친 개가 많다는 것은 별나게 우울증 환자와 미친 사람이 많다는 것과 필연적 무슨 상관관계가 있어 보이기도 한다. 미친 개가 많으니 물린 사람도, 미친 사람도 당연히 많았으리라. 아풀리아 지방의 주 도시는 타란토(그리스어로는 타라스, 라틴어로는 타렌툼)인데 이 지방 전체에 타란툴라라는 왕거미가 살고 주민들의 민속춤인 타란텔라가 성행했다고 한다.

타란툴라라는 이름의 거미는 세계적으로 무수히 많으나 독이 있는 경우는 매우 드물다. 또 독이 있다 해도 타 지방 사람들은 대단찮은 증세를 보이지만 아풀리아 사람들은 이 거미에 물리면 춤 바람병이 걸린다고 믿는다. 타란티즘이란 타란툴라에 물려 그 독이 퍼져 생긴 타란티스모인데 이 병에 걸린 사람을 일컬어 타란티티라 한다. 이 병은 열기가 가장 맹위를 부리는 7월에서 8월 사이의 한여름 한 달 동안 발생한다. 깨어 있거나 잠들어 있거나 상관없이 갑자기 따끔한 느낌과 더불어 발병하는데 환자는 벌에 쏘인 것처럼 화끈거린다고 말하면서 안절부절못한다. 거미를 보았다는 이도 있지만 못 본 이들이 언제나 더 많다. 한 가지 공통점은 그들 모두가 타란툴라 거미에 물렸다는 확신이다. 그들은 식구들과 조용히 의논하여 의사를 찾는 대신 다짜고짜 집 밖으로 뛰쳐나와 길거리에, 시장에 모여들고 순식간에 수십 명 아니 수백 명으로 뭉쳐 극도로 흥분하면서 춤을 춘다. 길바닥 춤이란 습성상 사람이 모여들게 마련이고 모여들면 함께 흔들어대게 마련이다. 춤판은 슬슬 커지고 커지기 위해 음악이 요구된다. 그들은 모두가 타란툴라에 물렸거나 전에 물린 경험이 있는 이들이다. 지금 막 물리지 않았지만 흔들어대는 이에게 물어보면 올해는 아니지만 작년 또는 재작년에 물린 적이 있는데 그 독이 올해 다시 퍼진 것이라고 증언한다. 이것은 치료 불가능함을 의미한다. 동일 증세가 언제나 다시 나타난다는 것은 치료해도 그 순간일 뿐 다시 그 고통을 겪는다는 증거이기 때문이다. 그래서 사람들은 독이 체내에 있다가 열기가 사라지면 독도 사라지고 열기가 시작되면 독이 다시 활성화되는 희귀병이라고 믿게 되었다.

이 병을 단순한 지방병이나 집단 꾀병으로 매도할 수 없었던 것은 모든 연령대에서 모든 직업에서 골고루 나타나는 특징 때문이다. 대부분의 환자들이 혈기 왕성한 청년층이었지만 다섯 살 어린애에서부터 94세 노인층에 이르기까지, 남녀를 가리지 않았으나 남자보다 여자들이 훨씬 많았다고 보고되고 있었다. 특히 젊은 시골 여자들과 농민들의 증세가 심했지만 도시의 남녀들은 물론 수녀와 신부들까지 계층을 가리지 않았다. 인종 역시 토박이뿐 아니라 이주자들, 흑인, 백인 가릴 것 없었고 따라서 집시들도 있었고 흑인들도 있었다. 흑백 남녀노소가 길바닥에서 열나게 춤추는 모습을 상상해보라! 게다가 춤이란 맨 정신보다 한잔 술이 더욱 흥을 돋우는 것은 동서고금이 다르지 않다. 한 손에 술병을 들고 한 손으로는 다른 사람의 어깨나 허리를 잡고 흔들고 돌면서 거리와 광장을 난무한다. 괴상한 옷차림과 기괴하고 음탕하고 파렴치한 행동이 아무렇지도 않게 인정되고 일탈과 비정상이 자연스런 현상으로 여겨지고 사람들은 이런 행위에서 신바람과 희열을 느낀다. "때때로 그들은 일시적 기분 때문에 값비싼 의복, 호사스런 조끼, 목걸이, 장신구들을 착용하곤 한다 …… 그들은 화사한 색깔의 옷을 잘 입는데 주로 빨간색, 초록색, 노란색 옷들이다. 반면에 검은색은 도저히 참을 수 없다. 검은색을 보자마자 크게 한숨을 쉰다든지, 그들 앞에 서 있는 사람 중 누군가가 검은색 옷을 입으면 마구 때려 쫓아내기 일쑤이다."[7] 밝고 화려한 원색의 옷을 입고 아무 생각 없이 나오는 대로 악을 쓰고 울부짖으며 노래하다 땅에 주저앉아 흥얼거리거나 구덩이를 파거나 진흙탕에서 뒹굴거나 하면서 음악이 나오면 어김없이 흔들어대면서 광기의 춤을 춘다.[8] 술과 음악과 춤은 언제나 함께 붙어 있어서 어디서나 쉽게 구할 수 있었다. 역설적이게도 술과 음악과 춤이 한데 어우러지면 질수록 거미의 공격도 심해지고 그럴수록 광란의 춤판 축제는 더욱 고조된다. 연주가 돈이 되자 음악가 집단이 조직화되고 수가 불어나면서 춤판은 더욱 커진다. 일단 춤판에 끼어들면 누구나 거미에 물린 것으로 여겨지니 악사들의 지갑은 더욱 두터워져 갔다. 이들이 연주한 것은 매우 빠르고 템포도 8분의 6박자로 반복되는 단순한 멜로디로 이 곡조를 일컬어 타란텔라라 하는데 이로부터 후세에 타란텔라라는 춤과 댄스음악이 생겨나고 쇼팽, 리스트, 베버는 이 춤을 위한 피아노곡을 작곡하기도 한다. 어쨌거나 17세기 중반 수도사이며 학자인 키르허(Athanasius Kircher)는 그 당시 춤판에서 불려진 노래를 기록하므로써 이 음악이 단지 기악만이 아니라 노래도 있었다는 것을 확실하게 입증한다.[9] "……어미 탈란툴라도, 새끼 탈란툴라도 아니었어요. 그것은 바로 큰 잔에 담긴 와인이었어요. 어디가 물렸나요. 사랑하는 사람아. 오, 다리였군요, 오, 젖가슴이었군요." "바다로 데려가 주세요. 절 낫게 하려면. 바다로, 바다로. 거기엔 절 사랑해줄 연인이 있어요. 바다로, 바다로. 이 생명 다하는 날까

7) Baglivi, 위의 책, 347쪽. 지거리스토, 앞의 책 355에서 재인용.

8) 지거리스트, 356쪽 참조.

9) A. Kircher, Magnes sive de Arte Magnetica Opus Tripartium, Roma, 1641, Editio Secunda Post multo Correctior, Coloniae Agrippinae, 1643, P.760, 764 지거리스트, 위의책 357에서 재인용.

지 당신을 사랑할 거예요". 노래 가사는 거의가 남녀간의 사랑과 육체관계의 직간접적 갈구의 표현으로 되어 있다.

이 춤과 연주는 짧게는 3~4일 길게는 1~2주일 지속되었고, 해가 뜰 때 시작하고 밤늦게 끝난다고 한다. 중간중간 잠깐씩 쉬는 것은 지쳐서가 아니라 악기 줄이 늘어나 음정이 맞지 않기 때문이며 정오가 되면 춤을 멈추고 집으로 돌아가 침대에서 이불을 뒤집어쓰고 땀을 푹 낸 뒤 가벼운 음식과 죽으로 식사를 하고 휴식을 취한 뒤, 오후 두 시쯤 다시 모여 춤추기를 반복하고 저녁에는 침대에서 땀을 내고 휴식을 취하고 잠자리에 든다.[10] 이렇게 며칠 또는 1~2주일 춤추고 땀내고 자기를 반복하면 병이 낫는다고 사람들은 믿지만 이듬해 열기가 심해지는 여름이 오면 다시 재발할 것이라는 것 또한 아무도 의심하지 않는다.[11] 흥미 있는 것은 이 병에 걸렸다고 낙담하거나 절망하는 이가 하나도 없다는 것이다. 반대로 춤바람에 끼어들기 위해 이 병에 걸린 것처럼 행세하는 가짜 환자들, 즉 사랑에 빠졌거나 실연한 사람, 외로움에서 탈출하고자 하는 사람 등 꾀병 환자들이 늘어났고 춤추는 때가 왔을 때 더욱 정열적으로 뜨거워지기 위해 의도적으로 그 이전 성행위를 참는 이들조차 허다했다한다.[12]

이 병의 원인과 증상 및 결과에 의사들이 깊은 관심을 갖게 된 것은 17세기 들어와서이다. 이전에도 물론 병에 대한 여러 보고가 있었으나 왜 유독 아풀리아 지방의 타란툴라만 독이 있어 병을 일으키는지, 타란툴라 거미도 음악을 들으면 춤을 추는지, 다른 지방의 동종 거미에 물려도 왜 춤추는 증상은 나타나지 않는지 등의 의문을 품고 주의 깊게 관찰 분석한 자료들은 1600년경 중반부터 생겨난다. 타 지방 의사들이 그 거미를 구해 스스로 물려보고 음악을 연주케 하여도 물린 부위가 약간 부풀어 오르는 것 외에는 춤추고 싶은 어떤 충동도 일어나지 않는 것을 관찰하고는 춤병의 원인이 거미가 아니라 아풀리아 지방의 불볕더위와 열기가 쉬이 빠져나가지 못하는 구릉과 해안 지형의 특성 때문일 것으로 추측되기도 하였다. 그러나 기후와 지형이 유사한 다른 지방에서는 그 거미에 물려도 두통, 호흡 곤란, 갈증, 욱신거림 등의 통증은 생겨도 춤병도, 춤추고 싶은 증후도 없었다. 4~5일 또는 일주일 이상 정신없이 춤추고 땀 흘려 녹초가 되면 낫지만 이듬해 그때쯤 다시 발병하는 것도, 또 그 춤의 흥을 돋우는 빠르고 경쾌한 리듬곡이 수세기 동안 아풀리

10) 지거리스트, 360쪽 이하.
11) 같은 곳, 361쪽.
12) 지거리스트, 361쪽.

아 지방에서 연주되던 바로 그 곡일 경우에만 춤의 치료 효과가 있는 것도 합리적으로 설명하기 어려웠다. 결국 당시 의사들이 내린 결론은 그 지방 거미의 독이 인체의 체액을 응고시켜 정신을 비정상적으로 흥분시켜 부들부들 떨림과 경련을 일으킨다는 것, 이 흥분 상태를 진정시키기 위해 음악에 맞춰 격렬한 춤을 땀 흘려 춘다는 것, 이때 응고된 체액이 풀리면서 안정을 찾으며 음악은 춤을 추게 할 뿐 아니라 아직 알려지지 않은 어떤 치료 효과를 주는 것 같다는 것 정도이다.

타란티즘은 18세기 중엽을 거치면서 급격히 감소된다. 이 병에 대한 의학적 · 과학적 · 문화적 관심이 유럽 전역에 퍼져나가고 의사들이 보다 더 과학적 태도를 취하면서 타란툴라 거미의 독이 비슷한 기후대의 동종 수준 이상이 아니며 벌레에 물린 정도라는 것이 밝혀지면서 병이 아닐지도 모른다는 의혹에 무게가 실리기 시작한다. 그렇다고 또 다른 의혹들, 가령 왜 부자나 귀족들보다 가난하고 헐벗은 사람들과 젊은 남녀들이 별나게 많이 이 병에 걸리는지, 왜 이 병을 치료하기 의해(춤추기 위해) 없는 주머니를 털어 악사들의 연주료를 지불하는지 의심스러웠다. 이 지방에서 20여 년 의사로 있으면서 이 병에 대한 여러 가지 설들을 수집했던 페르디난두스는 "어떤 이들은 이 병이 병이 아니라 한다는 것, 또 어떤 이들은 이 병이 거미에 물려 생기는 것이 아니라 정신병이나 우울증이다"라고도 한다는 것을 서술하고 타란티즘에 대한 음악 치료 효과와 아풀리아 지방이 옛날 그리스 전통이 깊게 남아 있다는 것을 언급한다.[13] 이 지방은 고대 그리스 식민지로 기원전 6세기 후반 사모스 출신의 피타고라스가 이주하여 죽을 때까지 후학을 양성한 바로 그곳이다. 위대한 의사 크로톤의 알크마이온과, 이미 지구가 우주의 중심이 아니라 변두리라는 것을 간파한 천문학자 필로라우스도 이곳 피타고라스학파의 제자들이다. 피타고라스의 가르침은 오르페우스의 음악을 구원의 수단으로 하고, 수학, 기하학, 천문학, 의학을 중시하는 학문 전통과 금욕과 절제를 실천 덕목으로 중시한다. 이 학파에서는 음악이 단순한 여가를 보내는 놀이가 아니라 인간 영혼을 순화시키고 우주의 조화와 질서를 체득케 하는 근원적 훈련이고 배움이며 어지러운 정신과 마음을 바로 잡는 순수 기관으로 이해한다. 더구나 이 지방은 고대 그리스 시대 이래 디오니소스와 대지의 여신 데메테르를 모시는 풍습이 오랫동안 지속되었다. 특히 고대에도 디오니소스 제전은 음악과 춤과 술과 섹스가 하나가 되어 수일 동안 지속되는 것으로 유명하다. 밤이나 낮이나 빨강, 파랑, 노랑 등의 원색의 옷을 입고 포도 덩굴로 치장된 티루소스 지팡이를 흔들면서 서로 음담패설을 하면서 꼬

---

13) 지거리스트, 367쪽.

집고 물어뜯고 채찍질하다가 끌어안고 한 몸이 되는 것에서 절정을 이룬다. 고대 종교나 문화에 대한 전통도 지식도 사라졌다고 생각된 근대의 도시 타란토, 디오니소스 축제와 제전이 1,000여 년 전 이미 흔적도 없이 사라졌다고 여겨지는 아풀리아의 타란티즘에 대한 다음과 같은 목격담은 무엇을 의미하는가? "춤추는 도중에 포도 넝쿨이나 갈대의 초록색 가지를 허공에 대고 마구 흔들거나 또는 그 가지를 물에 담그면서 괴상하게 즐거워하고 또는 그 가지를 얼굴과 목 주위에 힘차게 감는 행동을 하는 사람들도 있다."[14] 그들이 춤추면서 부르는 노래에는 "탈란투라가 당신 어디를 물었나요? 치마 속을 물었지"라는 후렴구가 마치 우리나라의 '강강수월래'처럼 끊임없이 반복적으로 이어지기도 한다.[15]

타란티즘은 디오니소스 제전의 시대적 변용으로 보는 것이 오늘날의 일반적 정설이다. 기독교가 유입되어 제국의 국교로 정착되면서 그리스 신전은 헐리고 그 자리에 교회가 들어서고 일체의 이신 의식은 기독교 의식으로 대치된다. 그렇다고 옛 전통의 흔적이 완전히 사라지지는 않았다. 성공적 정착을 위해서 기독교는 민간신앙 의식을 어느 정도 수용할 수밖에 없었고 이것은 기독교 전파사에서 보편적 경향이다. 고대 디오니소스 신앙을 서서히 지울 수는 있었다 해도 그 의식까지 사라진 것은 아니었다. 주민들은 주민들대로 전통을 살리면서 기독교를 자연스럽게 받아들이는 집단 지성을 발휘한 것이다. 아마도 외래 기독교 믿음의 강요에 대한 토속신앙 주민들의 원초적 꼼수였는지도 모른다. 춤과 노래와 음악을 악과 동일시하는 열병이 아니라 자연 또는 계절과 동일시되는 타란툴라의 독성에 돌림으로써 전통도 살리고 기독교의 경건주의에 대한 믿음도 살리는 절묘한 선택인 것이다. 지거리스트는 필자와는 약간 다른 해석을 한다. "디오니소스에 대한 선정적인 숭배 의식을 기독교가 동화해나갈 수는 없었다. 이에 대해서는 싸워야 했다. 하지만 바로 이 의식들은 이곳 주민들에게는 아주 뿌리 깊은 원초적 본능에 속하는 것이었다. 그래서 이러한 의식은 그대로 남을 수밖에 없었고 사람들은 비밀리에 모여 고래로부터의 그 춤을 계속 추었을 것이라는 것도 어렵지 않게 상상할 수 있다."[16] 세월이 지남에 따라 기독교 권위가 강화되고 결국은 인간의 원초적 본능에 속하는 춤과 음악만이 잔여물로 남아 전승하게 되었다는 것이다. 급기야 이것이 질병으로 규정되고 또 질병이라는 이름 아래 그것이 고쳐질 때 까지는 증상, 즉 격렬한 춤과

14) Bagilivi. 위의책, 347쪽. 지거리스트, 355쪽에서 재 인용.
15) 지거리스트, 358쪽 참조.
16) 지거리스트, 368쪽.

노래와 과격한 행동과 욕설과 패설이 용납되고 정당화된 것이다. 이제 죄인이나 이교도가 아니라 환자 취급을 받기만 하면 된다.

현대에는 더 이상 타란툴라 거미를 핑계 삼아 춤추지 않아도 된다. 마음만 먹으면 온 동네 온 도시인들이 연합하지 않고도 언제 어디서나 노래하고 춤출 수 있는 노래방도 있고 룸살롱도 있다. 혼자 출 수도 있고 둘이 출 수도 있고 여럿이 출 수도 있고 또 그렇게 해도 병에다 죄를 덮어씌울 필요도 없다. 필자는 타란티즘이 개인이나 군소 집단으로는 결코 대항할 수 없는 막강한 폭력에 맞서 원초적 생명성을 지키려는 인간 본능의 처절한 표현이라고 생각한다. 현대에는 종교가 교회나 사원에 갇혀 무소불위의 권력을 상실한 시대이다. '신은 죽었다', '우리가 그를 죽였다'고 이미 한 세기 전에 니체가 외쳐도 지금까지 무능하게 들을 수조차 없는 귀머거리 처지가 된 것이 오늘날의 종교요 기독교이다. 다른 종교라고 해서 처지가 다르지 않다. 삼바 축제나 베니스 축제, 옥토버 훼스트 등과 같은 특정 종교나 정치색을 배제한 현대의 축제 역시 부자나 귀족들보다는 그 사회의 중하층의 놀이 문화이며 축제 문화이다. 축제가 끝난 열 달 후에 증가하는 그 지역 신생아의 수를 확인해보는 것은 누구에게나 즐거운 일일 것이다. 음악과 춤과 섹스가 한데 어우러진 신나는 잔치를 지금도 병이라 한다면 그것은 생명에 이르는 병이 아닐까? 부활과 생명과 축제의 신을 위한 고대인의 찬가를 한번 들어보자.

"머지않아 이 나라 전체가 춤을 추게 되리라. / 경배하는 무리들을 인도하시는 분은 다름 아닌 브로미우스이시라네. / 산으로 산으로! / 그곳에는 여인들의 무리가 디오니소스에 의해 북과 베틀에서 / 쫓겨나 기다리고 있다네."[17)]

"들판에는 젖이 흐르고 포도주가 흐르고 / 벌들의 넥타르가 흐른다네. / 박코스 신은 지팡이에서 쉬리아산 향연처럼 / 송진불이 활활 타오르게 하신다네. / 뛰고 춤추고 / 환호성을 지르도록 / 떠돌아다니는 자들을 고무하시며, / …… / 황금을 흘려보내는 트몰로스 산의 자랑거리여, / 우렁찬 팀파니소리에 맞춰 / 디오니소스를 찬미하라 / 환호하는 신을 환호하며 찬양하라 / ……."[18)]

17) 「박코스의 여신도들」, 『에우리피데스 비극』, 천병희 역, 단국대 출판부, 110~115, 493쪽. 브로미우스는 디오니소스의 별명으로 떠들썩하는 자라는 뜻임.

18) 앞의 책, 140~167, 494쪽 이하.

필자 약력(가나다순)

권대중

계명대학교 철학과 교수. 서울대학교 미학과를 졸업하고, 같은 대학 대학원에서 석사학위를, 그리고 독일 아헨대학(RWTH Aachen)에서 박사학위를 취득했다. 주요 저서로는 *Das Ende der Kunst. Analyse und Kritik der Voraussetzungen von Hegels These* (Würzburg 2004), 『미학의 역사』(공저), 『미학의 문제와 방법』(공저) 등이, 역서로는 『예술의 죽음과 부활』(편역), 『헤겔의 체계 1』(비토리오 회슬레), 『세계의 밀착』(페터 슬로터다이크) 등이 있으며, 논문으로는 「헤겔의 〈이론정신철학〉에서의 "사유"」, 「전통적 진리대응론의 전개 및 문제점들: 플라톤에서 칸트까지」, 「헤겔의 '예술의 종언' 명제의 수정가능성 모색」, 「관념론적 정합론으로서의 헤겔의 진리관」, 「3의 변증법과 4의 변증법」, 「헤겔의 언어철학」 등이 있다.

나종석

독일 에센(Essen)대학교 철학박사. 현재 연세대학교 국학연구원 HK연구교수. 저서로는 『차이와 연대』(길, 2007)가 있고, 역서로는 『존재와 가상』(용의 숲, 2008)이 있다. 「민족주의와 세계시민주의」, 「탈민족주의 담론에 대한 비판적 성찰」, 「신자유주의적 시장 유토피아에 대한 비판」, 「학회를 통해 본 공공성과 학문성의 결합 가능성- 한국사회와철학연구회를 중심으로 -」등 여러 편의 논문을 발표하였다.

소병일

고려대학교 철학과에서 학 · 석 · 박사학위(논문명: 헤겔의 욕망론)를 취득하였다. 현재 고려대학교 철학연구소 중점문제연구소 연구교수이며, 고려대학교와 서울여자대학교 등에 출강하고 있다. 헤겔을 비롯한 근대철학을 중심으로 욕망과 감성의 문제를 연구 중이며 이에 관한 논문들을 발표하였다. 논문으로는 「헤겔철학에서 나타난 감성의 운동구조」, 「헤겔 철학의 관점에서 본 욕망의 지위와 역할」, 「사랑에서 인정으로: 청년기 헤겔의 사랑개념과 예나 시기 인정개념의 실천철학적 연관성에 관하여」, 「예나 시기 헤겔의 욕망과 인정 개념－피히테와 헤겔의 차이를 중심으로」, 「생리학적 욕망과 기하학적 이성 간의 갈등」등이 있다.

양태범

성균관대학교 불어불문학과 학사, 연세대학교 철학과 대학원 석사, 독일 마인츠대학 철학전공, 그리스, 라틴고전학 부전공, 철학박사. 현재 연세대학교 인문학 연구원 전문연구원, 연세대학교, 한양대학교, 상명대학교 출강. 박사학위논문 Platon in der philosophischen Geschichte des Problems des Nichts, Königshausen & Neumann, Würzburg 2005이외에도 저서로는 Das Problem des Nichtseienden in Platons Parmenides - Zur neuen Interpretation des Platonischen Dialogs *Parmenides*, Königshausen & Neumann, Würzburg 2008가 있으며, 그 밖에도 「파르메니데스에게 있어서 "있다"와 "있지 않다"의 문제 - 고대 희랍철학의 존재-신-논리적 구조와 관계해서」, 「플라톤의 『국가』편에서 "좋은 것"(善)의 이데아와 『파르메니데스』편에서 "하나인 것"(一者) 사이의 관계에 관하여」등 다수의 논문이 있다.

윤병태

연세대학교 철학과 교수. 연세대학교 철학과 졸업. 독일 마부르크대학교 졸업. 괴팅겐대학교 철학박사. 저서 『개념 논리학』, 『삶의 논리 』, 『청년기 헤겔철학』, 『칸트 그리고 헤겔』 외 논문 다수.

이광모

숙명여자대학교 의사소통센터 조교수. 성균관대 철학과와 같은 대학교 대학원을 졸업하고, 독일 빌레펠트 대학에서 철학박사학위를 받았다. 주요 논문으로 「헤겔 논리학, 범주론인가 아니면 신지학인가」, 「개념이란 무엇인가-객관적 논리학과 주관적 논리학의 관계에 대하여」, 「철학적 증명에 관하여-칸트로부터 헤겔로의 전개를 중심으로」, 「철학의 원리에 관하여-아리스토텔레스와 헤겔을 중심으로」, 「그리스 비극의 공동체적 의사소통기능」 등이 있고, 저서로는 『헤겔철학과 학문의 본질』 등이 있다.

이동희

한신대학교 졸업, 독일 하이델베르크 대학 철학박사, 한신대학교 학술연구교수, 현재 한국학 중앙연구원 고전학 연구소 선임연구원, 저서 『Der in die Natur versenkte Geist』, 『헤겔과 자연』, 『변증법과 해석학의 대화』와 「헤겔에 있어 자연과 정신의 통일」등 논문 다수.

조종화

고려대학교 심리학과(학사)와 동 대학원 철학과(석사)를 졸업하고, 독일 마인츠-요한네스 구텐베르크 대학과 본-프리드리히 빌헬름 대학에서 철학을 수학하였으며, 베를린-훔볼트 대학에서 철학 박사 학위를 받았다. 현재 동덕여자대학교 지식융합연구소에서 학술연구교수로 재직 중이며, 주요 논문으로는 「헤겔의 반성 개념 - 헤겔 '논리학의 학'의 본질논리학과 관련해서」(박사학위논문, 2006)와 이외에 「헤겔 '정신현상학'에서 '전도된 세계'의 방법론적 의미」, 「헤겔 모순개념의 객관성과 구조」 그리고 「플라톤의 관여의 변증법과 헤겔의 모순의 변증법 - 상이성 또는 타자성 개념을 중심으로」 등이 있다.

진태원

연세대학교 철학과 및 같은 대학원을 졸업하고(석사), 서울대학교 철학과에서 『스피노자 철학에 대한 관계론적 해석』이라는 논문으로 박사학위를 받았다. 스피노자 철학을 비롯한 근대 철학에 관심이 있으며, 알튀세르, 데리다, 푸코, 발리바르, 랑시에르 등의 현대 철학에 대해서도 연구를 병행하고 있다. 현재 고려대학교 민족문화연구원 HK 연구교수로 재직하고 있다. 저서에 『라깡의 재탄생』(공저), 『서양근대철학의 열 가지 쟁점』(공저) 등이 있으며, 데리다의 『법의 힘』, 『마르크스의 유령들』, 피에르 마슈레의 『헤겔 또는 스피노자』, 에티엔 발리바르의 『우리, 유럽의 시민들?』 등을 번역했다.

『헤겔연구』 목차 _제20호부터 26호까지

제20호 낭만주의 쟁점과 헤겔(2006. 12. 용의 숲)

제21호 철학의 고전적 담론들(2007. 6. 용의 숲)

제22호 로고스인가 사튀로스인가(2007. 12. 용의 숲)

제23호 오늘 우리에게 헤겔철학은 무엇인가(2008. 6. 용의 숲)

제24호 주체와 타자(2008. 12. 용의 숲)

제25호 개인과 사회(2009. 6. 용의 숲)

한국헤겔학회 윤리 장전

한국헤겔학회의 회원은 학술 연구를 수행함에 있어 연구 윤리를 준수하고 바람직한 연구 문화 정착에 앞장 서 나갈 것이다. 이를 위해 아래와 같이 연구 윤리 장전을 실천해 나갈 것을 서약한다.

1. 학회 임원진 및 모든 회원은 회칙에서 규정한 연구윤리 규정을 성실히 이행한다.

2. 학회 회원은 연구 활동 및 그 결과 발표에 있어서 학자의 본분과 양심에 따라 거짓없이 진실되게 행동한다.

3. 학회 회원은 타인의 연구 성과를 존중하며, 표절 금지 원칙에 준하여 어떤 경우에도 표절하지 않는다.

4. 학회 편집위원은 학회지 〔헤겔 연구〕의 제반 업무를 학회 규정에 의거하여 공평하고 공정하게 집행한다.

5. 학회 회원은 각종 논문 및 연구 관련 심사시 학자의 양심에 따라 공정하게 심사한다.

2007년 12월 30일
한국헤겔학회

한국헤겔학회 윤리 규정

제1조(목적 및 구성)

한국헤겔학회(이하 학회)의 윤리 규정은 학회의 모든 회원이 연구, 결과물 발표, 심사를 포함한 모든 학술적 행위에서 준수해야 할 연구윤리의 원칙과 기준을 제시한다. 본 윤리규정은 학회의 모든 회원이 학문 연구의 가치를 상호 인정하고, 학문의 진보와 윤리문화 정착에 기여하려는 목적으로 마련된 것이다. 본 윤리규정은 학회의 윤리위원회 구성 및 운영에 관한 조항, 연구 윤리에 관한 조항, 심사 윤리에 관한 조항, 편집위원회에 관한 조항, 그리고 윤리규정 시행지침으로 구성된다.

제2조(윤리위원회 구성 및 운영)

1. 학회는 윤리 규정의 목적을 달성하기 위해 '윤리위원회'를 설치한다.
2. 윤리위원회는 위원장을 포함하여 5명으로 구성하며, 이사회의 추천을 받아 학회장이 임명한다.
3. 윤리위원의 임기는 2년으로 하며, 재임에 관한 제한은 없다.
4. 윤리위원장은 윤리위원들의 호선으로 선출한다.
5. 윤리위원회는 윤리규정 위반으로 제소된 사안에 대해 제보자, 피조사자, 증인, 참고인 및 증거자료 등을 포괄적으로 심의하고 의결하는 권한을 지닌다.
6. 윤리위원회는 제소된 사안에 대해 접수된 날로부터 30일 이내에 심의 결과를 의결하여 회장에게 통보한다.
7. 윤리위원회의 징계 건의가 있을 경우, 학회장은 이사회를 소집하여 징계 여부 및 내용을 결정한다.

제3조(연구 윤리)

1. 타인의 연구 결과물(저서, 논문 게재 및 학술대회 발표 등)을 자신의 것처럼 보이게 하는 모든 행위는 원칙적으로 '표절'로 간주한다.
2. 어떤 이유에서건 인용 및 참고 여부를 밝히지 않는 행위는 '표절'로 간주한다.

3. 타인의 연구 결과물을 직, 간접적으로 인용할 때 학회가 제시한 원고 작성 요령에 준하여 인용 및 참고 여부를 분명히 밝혀야 한다.
4. 이미 발표된 연구 결과물을 중복해서 발표하는 것도 '표절'로 간주한다. 다만, 특별한 사정에 의해 중복 발표할 경우, 이전에 발표한 연구 결과물의 출처를 명확히 밝혀야 한다.

제4조(심사 윤리)

1. 모든 회원은 학회가 규정한 심사 규정에 의거 모든 심사를 객관적이고 공정하게 심사해야 한다.
2. 심사자는 연구자 및 심사 결과에 대한 비밀을 준수해야 한다.
3. 심사자는 심사 대상물의 표절 여부를 면밀히 판정하여야 한다.
4. 만일 심사자의 심사 결과에 대해 추후 문제가 제기될 경우, 윤리위원회의 심의를 거쳐 차후 심사 자격을 박탈할 수 있다.
5. 모든 회원은 각종 심사 결과를 통보받은 후 1주일 내로 재심을 의뢰할 수 있다.
6. 연구 결과물 재심은 기존 심사자를 제외한 3인 이상의 심사자에게 의뢰해야 한다.

제5조(편집위원회)

1. 편집위원회는 학회의 〔헤겔 연구〕지 편집 및 발행에 관련된 모든 일에 책임있는 결정을 내려야 할 의무가 있다.
2. 편집위원회는 투고논문의 공정한 심사를 위해 관련 전문 분야의 심사자 3인 이상에게 심사를 의뢰해야 한다.
3. 편집위원회는 투고논문의 심사결과 및 그 사유를 반드시 정해진 기한 내에 투고자에게 통보하여야 한다.
4. 재심을 의뢰받은 경우, 편집위원회는 기존 심사자를 제외한 3인 이상의 심사자에게 재심을 의뢰하고, 재심 결과를 의뢰자에게 정해진 기한 내에 통보하여야 한다.

제6조(시행지침)

1. 모든 회원은 연구 윤리 위반으로 제소되었을 경우 윤리위원회의 조사에 성실히 임할 의무가 있다.
2. 윤리 규정 위반으로 제소된 회원에게는 충분한 소명 기회가 주어져야 한다. 소명 방식은 당사자의 의견을 수렴하여 윤리위원회가 결정한다.
3. 윤리위원회는 모든 심의 및 의결과정에서 회원의 신원을 노출해서는 안된다.
4. 윤리 규정을 위반한 회원에 대해서는 윤리위원회의 결정에 따라 경고, 투고 및 발

표 제한, 임원 해촉, 회원 자격 정지 및 박탈 등의 징계를 할 수 있고, 이 조치를 여타 개인 기관과 공유할 수 있다.

5. 윤리 규정의 수정은 본 학회의 회칙 개정 절차에 준하여 정기 총회에서 결정한다.

부칙

본 규정은 2008년 1월 1일부터 시행한다.

『헤겔연구』 논문 투고 및 심사 규정

I. 『헤겔연구』 논문 투고 규정

1. 발간 시기 : 연 2회(6월 15일 여름호, 12월 15일 겨울호)
   원고 접수: 연중 수시

2. 원고 종류

1) 철학(哲學)과 사상사(思想史) 전반에 관련된 자유 주제, 특히 독일 관념론 및 헤겔 사상과 관련성이 있는 미발표 논문(특별 주제의 경우 별도로 공고한다.)
2) 서평: 최근 3년 이내에 출간된 국문 저서 혹은 번역서, 연구사적 의의가 있는 외국문 저서
3) 논문평: 최근 2년 이내에 발표된 국내외 주요 연구 성과, 특히 이미 『헤겔연구』에 수록된 논문 및 국내 주요 연구 동향에 대한 논쟁적 언급
4) 번역: 헤겔 및 독일관념론 전반과 관련 있는 원서(분량 등 기준은 일반 논문 투고의 기준에 따른다.)

3. 분량

1) 논문 기본 게재료 : 참고 문헌을 포함하여 200자 원고지 80매 이상 130매 이하, 전임 이상 회원: 20만원, 비전임 회원: 13만원.
2) 131매 이상의 초과분에 대해서는 원고지 장당 3,000원의 초과 게재료를 납부한다.(정해진 게재료 미납시 편집위원회의 결정에 따라 논문 게재를 보류할 수 있다.)
3) "… 연구비 지원에 의한 연구 결과물임"이 표시된 투고 논문에 대해서는 게재료 30만원을 징수하고, 게재료 수납 때 영수증을 발부함.
4) 서평 : 200자 원고지 50매 내외
5) 논문평 : 200자 원고지 30매 내외

4. 투고 요령
1) 워드프로세서(아래아 한글 프로그램)로 작성
2) 디스켓과 함께 출력 원고 4부 제출: 디스켓과 출력물에는 반드시 논문 제목(한글/외국어), 저자 성명(한글/외국어), 저자 약력, 주요 검색어(한글/외국어), 논문 요약문(한글/외국어), 논문, 참고 문헌 순서로 포함되어 있어야 한다.
3) 저자 약력에는 투고자의 소속, 주소, 전화번호, 이메일 주소를 정확하게 명기해야 한다.

5. 접수처
- 서울특별시 서대문구 신촌동 134 연세대학교 외솔관(제1인문관) 508호 윤병태 교수 연구실 (한국헤겔학회 편집위원회)
- 전화: 02-2123-2399 / 휴대폰: 010-3885-6267
e-mail: seocrates@hanmail.net

6. 투고 시 주의 사항
1) 논문 투고의 기본 자격은 본 학회의 회원으로 한다.(회원이 아닌 경우 투고 전 회원에 가입해야 한다. 회원이더라도 회비 미납 사실이 있을 경우에는 회비를 완납한 후 투고할 수 있다.)
2) 동일 제목의 논문을 1, 2, 3 등의 형태로 연속적으로 투고할 수 없다.
3) 외국어로 작성된 논문은 편집위원회의 심사를 거쳐 번역 게재한다.
4) 분량이나 주제가 본 연구지의 기준이나 취지에 전혀 부합하지 않을 경우 심사 대상에서 제외한다.
5) 다른 학술지나 출판 등록된 저서에 이미 게재된 논문은 심사 대상에서 제외한다.

7. 원고 작성 시 주의 사항
- 원고를 투고할 때에는 반드시 다음 사항을 주의하여 작성하여야 한다.
1) 투고자는 논문 작성 시 단독연구인지 공동연구인지를 명기해야 한다. 접수 시 1명의 성명이 기재되어 있을 경우, 이를 단독연구로 접수한다. 공동연구의 경우, 책임연구자와 공동연구자를 구분하여 명기해야 한다.
2) 논문의 마지막 부분에 참고 문헌을 반드시 첨가하여야 한다. 참고 문헌의 수록 순서는 국한문 문헌 다음에 외국 문헌을 싣되, 각각 저자 이름의 가나다와 알파벳 순서로 기재한다.

참고 문헌 작성법 예

Hegel, G. W. F., *Phänomenologie des Geistes,* in: *Gesammelte Werke,* Bd. 9, hrsg. von W. Bonsiepen & R. Heede, Hamburg 1980.
Hegel, G. W. F., 임석진 옮김, 『정신현상학』 지식산업사, 1988.
Gadamer, H. G., Hegel und die antike Dialektik, in: *Hegel-Studien,* Bd. 1, hrsg. von F. Nicolin & O. Pöggeler, Bonn 1961.
홍길동, 「헤겔의 자유개념」, 『헤겔연구』, 제9호, 한길사, 2001.

3) 각주의 경우 다음과 같은 작성법의 예를 따른다.

각주 작성법 예

G. W. F. Hegel, *Phänomenologie des Geistes,* in: *Gesammelte Werke,* Bd. 9, hrsg. von W. Bonsiepen & R. Heede, Hamburg 1980, 13-14쪽 참조.
G. W. F. Hegel, 임석진 옮김, 『정신현상학』, 지식산업사, 1988, 17쪽.
H. G. Gadamer, Hegel und die antike Dialektik, in: *Hegel-Studien,* Bd. 1, hrsg. von F. Nicolin & O. Pöggeler, Bonn 1961, 10쪽 이하 참조.
홍길동, 「헤겔의 자유개념」, 『헤겔연구』, 제9호, 한길사, 2001, 18쪽.

4) 각주에서 이미 앞에서 인용된 논문에는 〈저자 이름, 같은 글, 쪽수〉로 표기하고, 저서에는 〈저자 이름, 같은 책, 쪽수〉로 표기한다. 만일 동일한 저자의 논문이나 저서 등이 중복될 경우에는 〈저자, 논문명 혹은 저서명, 쪽수〉로 표기한다. 그리고 바로 이전의 각주와 동일한 논문이나 저서가 인용될 경우에는 〈같은 곳, 같은 글 혹은 같은 책, 쪽수〉로 표기한다.
5) 주요 저작의 경우 필자가 약호 규정을 사용하여 본문이나 각주에서 표기할 수 있다. 가능한 한 각주 1에서 약호 규정을 구체적으로 명기해야 한다.
6) 편집의 일관성을 위하여 가능한 한 장, 절, 항, 목을 I, 1, 1), ①로 표시한다.
7) 강조는 ‘ ’ 부호로 표기하고, 인용문에서 가운데 단어나 구절의 일부 생략은 ‘…’

로 표기하고, 완전한 문장의 생략은 '(……)'로 표기한다.

8) 논문 투고 시에는 본 학회에서 정한 작성 요령에 따라 논문 요약문 및 주요 검색어를 함께 제출하여야 한다. 외국어(영문 및 독문) 요약문 및 주요 검색어는 국문에 준해 함께 제출하여야 한다.

논문 요약문 및 주요 검색어 작성 요령

- 요약문 원고는 주제 분류(학술진흥재단에서 제공하는 학문 분류표 참조), 5단어 이내의 주요 검색어, 논문의 요약문으로 구성된다.
- 분량은 500자 정도(원고지 3매 정도)
- 주요 검색어는 논문에서 논의되는 주요 개념들이나 주제들 또는 인물들을 언급하되, 다섯 개념 이내로 한다.
- 요약문은 논문 전체의 핵심 내용을 논문 내용에 부합하게 작성한다.

9) 투고된 원고와 디스켓은 반환하지 않는다.

II. 『헤겔연구』 논문 심사 규정

1. 논문 심사 및 게재 원칙

1) 투고 논문 심사는 원고 마감 후 4월과 10월 연 2회 실시한다.

2) 각 논문은 편집위원회에서 위촉한 심사위원 2~3인이 심사한다.

3) 심사 시 논문 투고자의 성명과 소속 등을 알 수 없도록 한다.

4) 각 심사위원은 투고 논문들을 본 편집위원회에서 규정한 아래의 '개별 심사 항목'에 따라 종합적으로 검토 평가한다.

개별 심사 항목

- 논문의 주제 의식이 명확하며 논리적이고 타당한 근거들이 제시되었는가?
- 창의적이고 비판적인 논제, 개념, 논거, 관점 등이 제시되었는가?
- 관련 분야에 대한 기초 문헌과 2차 문헌에 대한 적절한 논의가 이루어졌는가?
- 국내의 선행 연구 논저들에 대한 논의가 이루어졌는가?
- 논문의 형식적 요건(각주 인용, 참고 문헌 표기, 분량 등 본 학회에서 요구한 논문 작성에 관련된 사항)을 정확히 갖추었는가?〔논문 요약문 및 주요 검색어 작성 요령〕

5) 종합 평가는 개별 항목에 대한 평가를 근거로 '게재 가', '수정 후 게재 가', '게재 불가'로 판정한다.
6) 2인 이상으로부터 '게재 가' 판정을 받은 논문은 수정 없이 바로 게재할 수 있다.
7) 심사에서 수정이 요구된 사항은 필자에게 〈심사 결과 통보서〉에 첨부된 〈수정 요구서〉를 통해 고지하여 반드시 수정 후 게재한다.

2. 편집위원 선정 기준과 절차
1) 본 학회의 편집위원회는 위원장 1명, 위원 15명 이내로 구성한다.
2) 편집위원은 반드시 본 학회의 정회원이어야 하며, 학회 발전에 공이 많은 자로 학회 이사들의 추천으로 후보가 된다.
3) 추천된 후보들 중 학회 이사들의 과반수 이상의 찬성으로 선정한다.
4) 가급적 지역 안배를 고려하여 각 도에 최소 1명씩 위원을 두며, 다양한 연구 분야를 고려하여 선정한다.
5) 편집위원의 임기는 2년으로 하며 연임할 수 있다.

한국헤겔학회 임원 명단

헤겔연구 제27호

감성과 이성

1판 1쇄 인쇄 2010년 6월 8일
1판 1쇄 발행 2010년 6월 15일

편집 한국헤겔학회
펴낸이 윤병태
펴낸곳 도서출판 용의 숲
주소 서울시 서대문구 신촌동 134 연세대학교
제1인문관 508호 한국헤겔학회 편집위원회
전화 02-2123-2399
휴대폰 010-3885-6267
E-mail seocrates@hanmail.net
출판등록 2004년 3월 29일 제 313-2004-00078호

주문처 한국출판협동조합
전화 070-7119-1741 | 팩스 031-944-8234~6

ISSN 1598-9410(27)
가격 16,000원